お詫び

『移行する沖縄の教員世界――戦時体制から米軍占領下へ』二四六頁に収載した「石垣市長時代の桃原用永」は同氏を撮影した写真ではないことが判明いたしました。

沖縄県公文書館所蔵（写真番号053522）写真に付された書誌情報が誤っていたことに起因するものですが、他資料との照合が行き届かなかった編集上の過誤でもあります。

関係者、ならびに読者のみなさまにお詫び申し上げます。

不二出版

二〇一六年一二月七日

移行する沖縄の教員世界——戦時体制から米軍占領下へ

藤澤健一 編

不二出版

沖縄・奄美における軍政機構と民政機構の変遷（1945－1972年）

<table>
<tr><td rowspan="2">軍政機構</td><td colspan="4">民政機構</td></tr>
<tr><td>沖縄</td><td>宮古</td><td>八重山</td><td>奄美</td></tr>
<tr><td rowspan="3">米国海軍軍政府
1945年4月
|
1946年6月

米国陸軍軍政府
1946年7月
|
1950年12月</td><td>沖縄諮詢会
1945年8月
|
1946年4月</td><td>宮古支庁
1945年12月
|
1947年3月</td><td>八重山支庁・八重山仮支庁
1945年12月
|
1947年3月</td><td>大島支庁
1946年2月
|
1946年10月</td></tr>
<tr><td>沖縄民政府
1946年4月
|
1950年11月</td><td>宮古民政府
1947年3月
|
1950年11月</td><td>八重山民政府
1947年3月
|
1950年11月</td><td>臨時北部南西諸島政庁
1946年10月
|
1950年11月</td></tr>
<tr><td>沖縄群島政府
1950年11月
|
1952年3月</td><td>宮古群島政府
1950年11月
|
1952年3月</td><td>八重山群島政府
1950年11月
|
1952年3月</td><td>奄美群島政府
1950年11月
|
1952年3月</td></tr>
<tr><td rowspan="2">琉球列島米国民政府
1950年12月
|
1972年5月</td><td colspan="4">琉球臨時中央政府
1951年4月－1952年3月</td></tr>
<tr><td colspan="4">琉球政府（宮古地方庁・八重山地方庁・奄美地方庁）
1952年4月－1972年5月　＊奄美地方庁のみ1953年12月まで</td></tr>
</table>

（出典）琉球政府内務局『行政機構図（1962年6月）』1962年、琉球政府総務局渉外広報部文書課『文書だより』11号、1971年ほか。

（注記）機構が短期間で改編された場合など、記述を省略した場合がある。また、軍政長官など、軍政機構の上部組織は省略した。

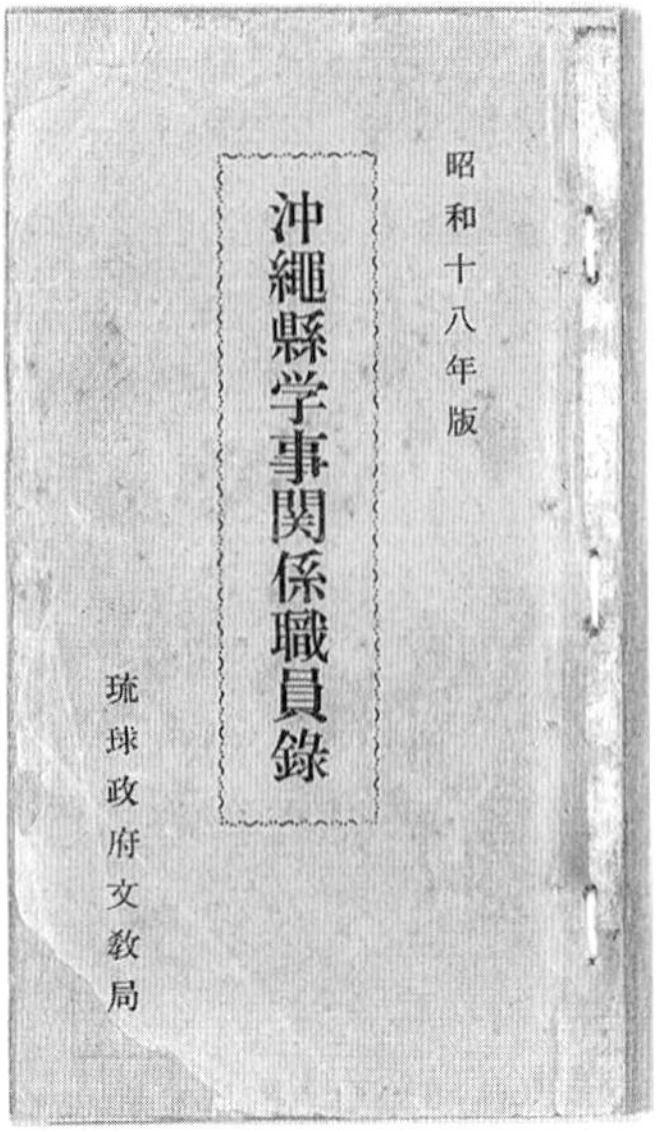

1　琉球政府文教局によって1954年に再刊された『沖縄県学事関係職員録　昭和18年版』表紙（34、102頁参照）＝沖縄県公文書館所蔵

2　首里所在の校舎＝1945年4月30日撮影、沖縄県公文書館所蔵

3　配給米の計量係を兼務しているとされる教員と子どもたち（場所不明）＝1945年4月16日撮影、沖縄県公文書館所蔵

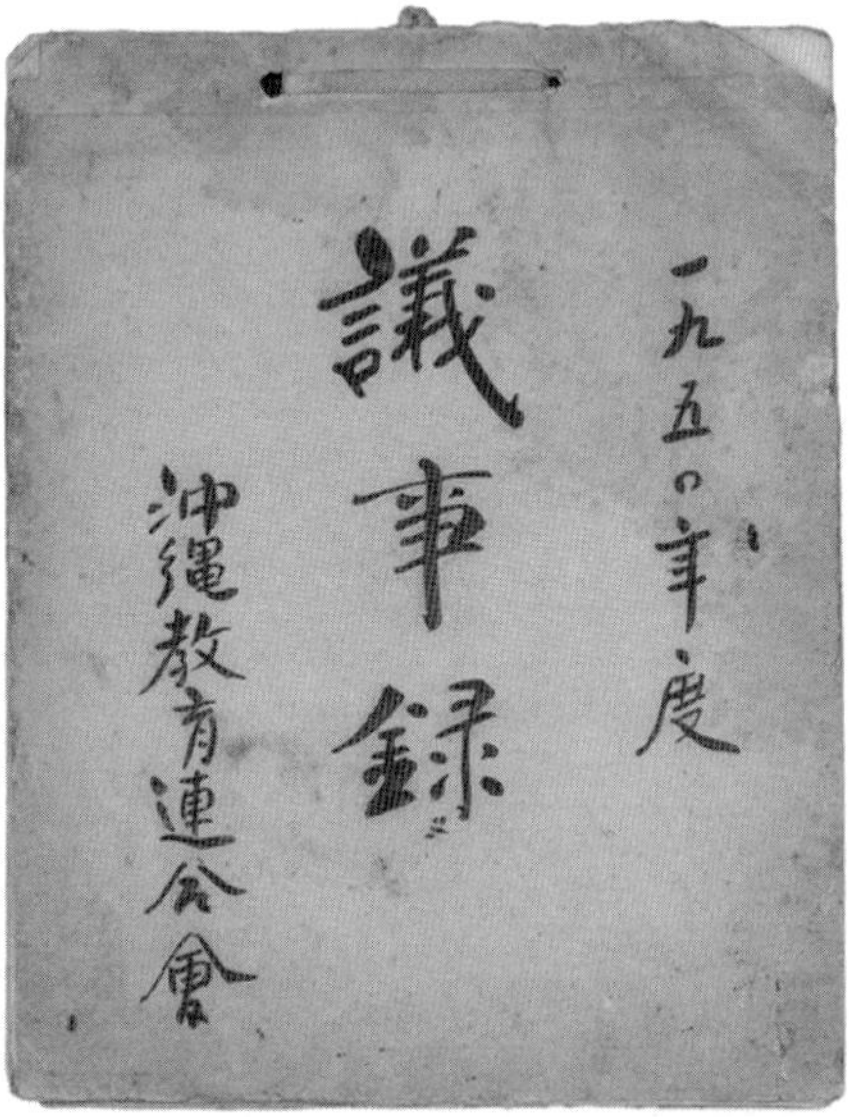

4　沖縄教育連合会『1950年度　議事録』表紙（142頁参照）＝読谷村教育委員会所蔵

5　開校目前の沖縄文教学校（現在のうるま市具志川）と米軍関係者（88－92頁参照）＝1945年12月撮影、沖縄県公文書館所蔵

6　琉球大学教育学部卒業者（92－93頁参照）＝1960年3月10日撮影、沖縄県公文書館所蔵

移行する沖縄の教員世界——戦時体制から米軍占領下へ　＊目次

Ⅱ　数量 47

Ⅲ　組織――109

補論　移行期を生きた個性たち――211

［凡例］

一　歴史的用語については括弧を付すべきものがあるが、煩雑をさけるために省略した場合がある。また、機関名や書誌事項を略記した場合がある。

二　引用文については、読みやすさを優先させ、以下の点に配慮した場合がある。

①句読点、濁点をあらたに付した。

②旧字体を通用の字体に、旧仮名遣いを新仮名遣いにあらためた。

③合字などはひらいた。

④あきらかな誤字、脱字、不自然な表記などは訂正した。

⑤傍点などは削除した。

⑥原文の改行部位は示さなかった。

⑦引用文中の（―引用者）、および亀甲括弧〔　〕は引用者による注記を、…は原則として引用文の省略を示した。

□は解読できないことを示した。

三　各史料の所蔵先を記す場合、沖縄県公文書館所蔵分については、原則として、当該資料コードを記すにとどめた。巻末に掲載の文献一覧も同様の取り扱いとした。

四　引用文などをのぞき、年号表記は西暦年とした。本文中の敬称は省略した。

五　巻末には沖縄教員史関係年表、図表一覧のほか、人名索引と事項索引を掲載した。

はじめに――なぜ、移行期なのか

本書は、沖縄をめぐるひとつの歴史記述のこころみである。その対象時期は一九四〇年代の戦時体制から沖縄戦を経て、一九五〇年代の米軍占領期にかけてである。ほぼ二〇年におよぶ同時期の教員世界について本書はひとつづきの移行期としてあらたに捉え直す。

この主題のもつ意義について、やや長い歴史的な射程から説明する。琉球王国の解体と沖縄県設置（一八七九年）からはじまった沖縄の近代において、学校は外来の機関として移植された性質が顕著であった。戦前期において沖縄県令・県知事が一貫して大和人であったことはよく知られる。教育関係では中等学校や師範学校の教員は大和人が圧倒的に優勢であった。小学校においては、置県から一九〇〇年代以前の段階では教員の中心は大和人であり、当該時期において教員はあきらかに異質の存在であったといえる。おおむね同年代以後、教育規模の拡充にともない、すくなくとも小学校における教員層は沖縄人によって構成される傾向を強めた。沖縄師範学校がその供給源として機能することで、置県当初には余儀なくされた、大和からの教員の輸入に依存したものではなく、沖縄内部からの教員養成・配置が着実に組織化されていた。その結果、置県から六〇年以上の期間を経た沖縄戦時下において教員層は、沖縄人が大勢を占めるまでに大きく変容していた。いま、その実例を三代にわたる家族のつながりとして、時間の進行とは逆に沖縄戦から置県まで遡及することで具体的に描き出してみよう[1]。

沖縄戦でいのちをうばわれた教員のひとりに佐敷村出身の安里昌英がいる。戦時下、防衛隊に属していた昌英は三〇歳代後半であった。一九〇八年前後に出生した昌英は、一九二七年に沖縄師範学校本科二部を卒業、島尻郡内で教員としての経歴をかさね将来を嘱望されていたはずである。沖縄戦時下に昌英が在勤していた学校が所在する島尻郡教育部会長（大里第一国民学校長・照屋堅竹）がそうであるように、郡内各学校の校長などは、そのほとんどが沖縄師範学校卒業の沖縄出身者であった。また、勤務先などで昌英が日常的に接していた同僚教員もその多くは沖縄出身であった。島の言葉はときに口をついたが、官民挙げての励行運動により学校のなかでは標準語が常用されていたであろう。

一方、昌英の父、安里昌睦は一九〇六年三月に同師範学校甲種講習科を修了し、二年程度、教員として勤務した。しかし、昌英の出生前後に昌睦は逝去したため、父子は教員として時間を共有することはなかった。昌睦が課程を修了した甲種科は同師範学校内部に設置されていた臨時的教員養成課程の一種であり、有資格者の増員を目的とした。その夭折により昌睦はわずかな期間しか勤務できなかったが、それは本科だけの教員養成ではもはや追いつかないほどに教員需要が着実に増加していた時期であった。教員希望者は沖縄の全域にまでひろがっていた。また、女性教員の姿が徐々にとはいえ確実に増え始めていた。しかし、さらに世代をさかのぼれば、様相は大きく異なる。

昌英の祖父、安里昌一は同師範学校における最初期の卒業生であった(一八八二年四月、速成科)。沖縄において職業としての教員は農業、漁業といった生産関係には直接関与することのない俸給者としてあらたに登場した。同窓生には那覇や首里の士族が多く、郡部や宮古、八重山の出身者はまだ少数であった。昌一の卒業時点では女性教員はいまだ一人もいない(2)。教員としての在職中、昌一は「学校の施設経営は勿論、生徒の学に志すもの少く幾多の辛苦を重ね」たという。勤務先の校長や一八八七年に設立された島尻郡教育部会長などの指導者は大和人によって占められた。女児を中心とした就学への拒否など、孫にあたる昌英がのちに体験する教員としての日常とは異なった職務を経験していたはずである。現実に教室では島の言葉を使わなければ、教育内容を伝達できない局面が多々あったであろう。

三代にわたるこの家族のつながりが示すものはなにか。置県から六〇年以上の時間を経る過程において、いわば外部的に移植された、異質な職業が地域性をともなった存在として沖縄社会に内部化されていたことの経過ではないだろうか。沖縄社会において占める教員の位置にかかわるこの趨勢は敗戦後の占領体制下においてさらに強まる。米軍の統制を受けながらも、文教担当部局などの指導者層をふくめ沖縄の教育界は沖縄人自身によって組織運営されるという、歴史上はじめての時期をむかえていたためである。米軍占領下の沖縄において教員たちは、収容所や帰還後の郷里を復興するうえで地域社会に不可欠の存在であった。

先取りしていえば、ここからの展開は意外といえば意外であり、必然的といえば必然的であった。というのは米軍占領下、米軍による離日化の誘導にもかかわらず、教育界が総意として志向したのは、それとは逆に日本への再帰属をもとめるという選択であった。むろん、この選択はあくまで結果にすぎない。そこに行き着くまでの過程は、さまざまな位相において複雑に入り組み、平板な集約をこばむ。問われるべきは、戦時体制から占領体制という、教育理念と職務意識が激変した時期において、教員がどのような環境に置かれ、思考・行動していたのかである。移行期にあった沖縄の教員世界が日本への再帰属という選択へといたる歴史的な過程こそが慎重に解き明かされなければならない。この場合の歴史的な過程は、単に政策的な誘導や権力的な強制によって表層的に形成されたものではない。それは長期的に構成されると同時に、深部から駆動されたというべき変容であった。この歴史的な過程を問うことは、現在へといたる沖縄のありようを表層ではなく、そのふかみにおいて捉えることに直結する。その際、歴史的な過程のなかでも分岐点に立ち返って見定めることが切要ではないか。むろんここでいう分岐点とは沖縄戦をさすが、それは沖縄史においてひとつの時代の終点であり、同時にあらたな時代の起点でもあった。このことを沖縄教育史からみれば、それまでの教育体制の崩壊とあたらしい教育体制への模索の過程だったといえる。

従来、こうした分岐点にかかわる事実関係は断片的に記述されるという水準にとどまる。その背景には、戦災による史料の物理的な消滅にくわえ､占領下の混乱や度重なる統治機構の変更などが総合的に起因している。もとより、本書もまたこうした制約を被ることで、分析の視野において制限的であることにちがいはない。そのうえで本書では現行の環境において、はたせるかぎりにおいて最大限の史料活用を旨とし、その事実経過についての解明をこころみた。しかし、誤解のないように確認したいのは、筆者の真の意図はいわば研究史上の欠落箇所の補填ということにあるのではない。本書の問題意識を直截に表明すれば、分岐点にあった沖縄において教員のはたした役割、機能とはどのようなものであったのか、その固有性を解明することである。そのことにかかわり、とくに触れておきたい史料がある。それはつぎのように沖縄における教員の社会的位置を説明する。

沖縄に於ては、教育者が社会の最も大きな根幹をなし最高の指導者であり、その社会的地位は極めて高い。彼等は学校に於て生徒児童を教育することはもとより、絶えず一般社会の指導教化に当って居る。

おなじ史料は「最高の指導者」という同一の表現をふたたび用いて学校長の役割をつぎのようにつづける。

戦前も戦後もその村又は地区はもとより、（学校長は──引用者）沖縄全島最高の指導者である。彼等は村や区、全島に起る各種の諸問題を解決する重要な役割を持ち、或は民の厚生増産諸工事の実施等諸方面の指導をなしている。

これは沖縄戦の終結から間もない時期、再興のはじまっていた小学校での教員俸給を減ずる軍政府からの指令（軍政府指令二〇号、一九四六年一二月一日）に対応した沖縄側からの再検討を求める請願文にあるくだりである。(3) もっぱら教員俸給の削減を食い止めることを目的としたという、特定の意図をもつ。たとえそうした偏差を差し引いたとしても、沖縄における教員の社会的位置にかかわる一定の根拠にもとづく実感がこの請願にはこめられている。ここでいう根拠とは、戦前と戦後を通じて発揮された、地域社会への教員の指導性と調整力の際立つ高さである。じじつ戦時体制下においては地域社会をたばねる戦争協力者として、米軍占領下には民衆側の調整指導者として、そして復帰運動においてはその先導者として、教員は時代背景に応じた役割を発揮しつづけた。その特徴は、沖縄社会との密着性をもちながら同時にいわば末端権力者としての権力性をもつという、背反するふたつの方向性を兼ね備えていたと集約できよう。本書において焦点化するのは、こうした特徴をもつ教員世界が、価値観の大転換をはらんだ移行期において具体的にどのような変容を遂げていたのかという問いである。

こうした本書の問題意識を立ち上げるにいたった経緯について、近年の史料調査の進展に即して説明しよう。振り返れば本書の基礎的な調査を進めるに際しては、ふたつの契機が欠かせないものとしてあった。ひとつは、二〇〇九年から配本が開始された、沖縄教育会・沖縄県教育会機関誌『沖縄教育』(一九〇六―一九四四年)の復刻事業である(現時点で全三九巻と解説などを収載した別冊から構成、不二出版)。依然、同誌の残存は想定される全体の五割強にとどまる。そのうえでも比較的、長い期間にわたり同誌にかかわる書誌的調査に取り組むことによって、沖縄教育史を総体として捉えるための課題意識がゆっくりと、しかし、着実に筆者のなかで醸成された。ここでいう総体として捉えるとは、本書の表題にも託したように、沖縄戦によって沖縄教育史の時系列的な進行を断ち切るのではない、あらたな視点の可能性に気づいたことを意味する。その気付きは、もうひとつの契機において決定的なものとなった。それは同前事業の延長において必然的に招来された、米軍占領下におかれた奄美・沖縄・宮古・八重山における教員団体機関誌『教育大島』『教育と文化』『新教育』『宮古教育』『教育時報』『新世代』の復刻事業である(編集復刻版『占領下の奄美・琉球における教員団体関係史料集成』二〇一五年一二月配本開始、おなじく全七巻と解説などを収載した別冊から構成、同前刊)[4]。おなじくいずれも全号を備えるにはおよばず、ひきつづき調査上の課題をのこす。しかし、課題意識への気づきは、沖縄戦によって沖縄史の潮流を裁断することが、後世による思い込みにすぎないと確信するまでに変転した。時間と空間による対象の限定という調査研究上の一般的な作法は、このかぎりにおいてその効力を失するほかない。

戦前と戦後、近代と現代など、どのように表現しようとも、沖縄の人びとはその分岐点をくぐりぬけ、いのちをつないできた。この歴史的経緯に正面から応じることのできる教育史はいまだ形成されていない。本書は、教員史というひとつの窓口から、その一端を歴史記述の営みとして提示することをこころみたものである。本書がめざすのは、沖縄における教員世界の固有のあゆみとその役割に着目し、歴史との対話において〈現在〉を捉え直すこと、表層に現れる形姿のふかみに到達すること、摘み取られ、ついえた希望を見出し、あり得たかもしれない未来を提示することである。

ここまで筆者は「教員世界」という表現を注釈なくいくどかにわたり使用してきた。本書の表題としても託されたこの表現は、教員たちが生きた時空間を大枠として捉え、総称するためのあくまで便宜的な術語である。本書における教員史という表現についてもおなじ意図にもとづく(教員層という表現については四〇頁参照)。こうした意味における沖縄における教員世界について木書が総体として提示できたと筆者は考えてはいない。給与や資格をはじめとした処遇の制度的内実にかかわる事実経過、および教員の生活史的側面について本書は視点がほとんどおよばないことなどが例示できる。この点をあらかじめお断りしたい。

本書は編者をふくめた六名の執筆者の論稿から構成された共同作品である。一書としての統一的な観点から全編にわたる調整を編者が担った。ゆえに本書全体にかかわる責任は編者にある。執筆分担を総覧すれば以下のようである。編者による「はじめに」「おわりに」「文献一覧」「人名索引」「事項索引」、および各論稿の副題はいずれも省略した。本文中、各論稿(以下、章などと記述する場合がある)の末尾には各執筆者名をあらためて記載している。

Ⅰ　構想(編者)
Ⅱ　数量(編者)
Ⅲ　組織
一　戦時体制下の沖縄県教育会と沖縄県庁(近藤健一郎)
二　沖縄群島における教員団体(編者)

三　宮古群島における教員団体（編者）
四　八重山群島における教員団体（田中萌葵）
五　沖縄教職員会（戸邉秀明）
六　組織における変容過程（編者）
補論　移行期を生きた個性たち
一　新里清篤（櫻澤誠）
二　砂川フユ（高橋順子）
三　桃原用永（田中萌葵）
沖縄の教員世界における連続と断絶（編者）
沖縄教員史関係年表（田中萌葵）

本文に先駆けて以下の点をとくに記しておきたい。わかりやすい言辞を弄して示される、単純化された歴史記述は、その場かぎりの印象論の域を結局のところ出ない。流行の概念からの裁断も同類である。筆者がめざすのはその対極というべき歴史記述である。それは錯綜に錯綜をかさねる歴史の内実に分け入ることを通じて得られた見識というべきであり、それにこそ筆者は未来につながるたしかな希望を託したい。本書が斯界における史料調査と歴史分析の水準を刷新するにとどまらず、沖縄史をその深層において知るための一助となる作品としてひろく読み継がれることを祈りたい。

（藤澤健一）

［補注］

1　以下、逐一、引用先を示さないが、「親子三代にわたって教職に身を献ぐ　佐敷村安里昌英氏一家」『琉球新報』一九四〇年八月一七日、「教育功労者―県教育会で伝達式挙行」『琉球新報』一九四〇年一一月二一日参照。このほか、沖縄県教育会島尻郡部会『島尻教育部会二五年記念誌』一九一二年（三六巻）、沖縄県師範学校『沖縄県師範学校一覧』一九一四年、佐敷村『佐敷村誌』一九六四年参照。

2　藤澤健一編『沖縄の教師像――数量・組織・個体の近代史』榕樹書林、二〇一四年、六七―七一頁参照。

3　以上、「教員待遇に関する請願の件」沖縄民政府文教部長・山城篤男から沖縄民政府知事・志喜屋孝信宛、一九四六年一二月一九日付。琉球政府文教局研究調査課『琉球史料』三集、一九五八年、三九一頁。

4　本書では沖縄県教育会機関誌『沖縄教育』、ならびに同前教員団体機関誌からの引用などに際し、いずれも当該復刻版に依拠する。引用にあたり、当該箇所の末尾に復刻版に適用された巻数を付記する（従前もおなじ）。なお、後者の別冊は、藤澤編『占領下の奄美・琉球における教員団体関係史料集成　解説・総目次・索引』不二出版、二〇一六年である。

I

構想

一　沖縄教員史を構築する――課題と方法

本書の課題は、一九四〇年代から沖縄戦をはさんだ一九五〇年代までの二〇年あまりの期間を対象として、沖縄の教員世界がたどった移行過程を実証的に解明することである。

アジア・太平洋戦争と沖縄戦、その終結を経て、当該時期は「琉球処分」(一八七九年)から六〇年以上におよんだ大日本帝国による統治機構が崩壊し、沖縄社会は米軍占領下へと世替りをむかえた。本書が総体として解明をこころみるように、沖縄戦終結を契機として沖縄の教員は「断絶」と「連続」(以下、本書ではいずれも括弧をはずす)を同時に経験した。本書では、その態様の歴史的個性が実証的に分析される。この場合の断絶とは、教員にとっては教育にかかわる法制度上の理念や教育内容の変更であり、なにより多くの戦死者を出したことに象徴される。たとえ戦死を免れた場合でも、勤務を断念するなど教員はさまざまな事情から職歴や人生行路の変更を余儀なくされた。一方、おなじく連続とは、一時的な途絶をはさみながらも、近代的な制度としての学校がほぼ維持存続されていたこと、また、一部の教育関係機構は存続したこと、そして、なにより激変した環境にあっても、結果的に勤務の継続を選択した教員の存在が象徴する。

こうした断絶と連続について、本書はいわば択一の問題としてではなく、本書の題目に示したように「移行」(以下、従前の記述をふくめ括弧をはずし、移行期または移行過程として記述)という用語に依拠することで両者を統一的に把握する。本書がめざすのは、連続性と断絶性があったのかなかったのかを判別することではない。当該時期において混在していた両者の動態的な変容過程が、島々の個別性に即して具体的にあきらかにされる。むろん、沖縄史の移行過程については、より長期の時間軸を設定することが可能である。たとえば、「琉球処分」から一九七二年(日本国への施政権返還)までの九〇年あまりにわたる、沖縄教員史を通史として捉えるという主題はとりわけ斬新である。このことを将来的な課題として遠望しつつも、つぎの三つの理由から本書の対象時期を限定した。

第一に当該時期が、「琉球処分」から沖縄戦までの通説的な意味における「近代」と、沖縄戦終結以後のおなじく「現代」とを連結する機能をはたしたためである（以下、いずれも括弧をはずす）。このことを教員史に即して仮説的に言い換えてみよう。近代において体系的に組織化された沖縄における教員世界は、そのおびただしい戦死者にみるように沖縄戦により破壊され断絶した。と同時に逆説的ではあるが、その影響力は沖縄戦終結以後においても人的、理念的に連続し、現代沖縄の教育と社会を根本的に方向付けた。その初期条件が形成されたのが、ほかでもなく当該時期であった。当該時期を移行期と見立てる所以である。したがって、同時期にかかわる分析は、以後の復帰運動はもとより、現在の沖縄を近現代の歴史的な流れのなかに位置づけ直すために欠かせない。

第二は対象時期の始期と筆者の従前の研究経緯にかかわる。かねて筆者は、近代沖縄における教員史を通覧するという課題に挑んだ。(1) そこでは一八七九年（同前）から沖縄戦までの時期を対象とした。しかし、とくに史料的な制約から一九四〇年代についてはほぼ空白としなければならなかった。本書は、いわばその続編として位置づけられるが、単純に時系列的な延長として付加されるものではない。本書において筆者が始期を一九四〇年代としたのは、のちに判読するように学校数や教員数をはじめとした同年代前半の教員史にかかわる数量的な規模が一九五〇年代はじめの水準にまで到達していたためである。つまり、同年代前半において、戦後期の基礎はすでに形成されていた。沖縄戦終結以後における教員史が法制度や教育理念・目的における根本的な変更にもとづき、あたかもあたらしく出発したというのは表層的な解釈である。このことを教員史の実態に即して精細に解明したいという意図である。

理由の第三は対象時期の終期にかかわる。一九五二年四月二八日の対日講和条約の発効、さらに奄美群島の「復帰」（一九五三年一二月二五日）、さらに高等弁務官制度の開始（一九五七年）やB円からドルへの通貨切り替え

（一九五八年）など、統治機構や行政組織、経済・財政史上の画期となる事象は数多い。これらの合間には、たとえば、沖縄群島における初等学校令（一九四六年四月）や各群島における教育基本法、琉球教育法（一九五二年二月）など、教育法制度史の展開がある。そのうえでも、本書が一九五〇年代末までを分析の終期として設定したのは、人的構成をはじめとした教員史の内在的な変容過程を意識したことによる。このことの内実は、本論においてくわしく分析されるが、統治機構や行政組織上の改編といった事象とは相対的な独自性をもつことで、沖縄における教員世界は同年代中に質的な変容を遂げていた。ただし、あらかじめ注意を促せば、一口に変容といっても、地域や学校段階、職位、また、組織機構などにおいて、その内実は一律ではない。

これらの理由にもとづき本書では、一九四〇年代から一九五〇年代までの期間を沖縄の教員世界における移行期として大局的に捉える。本書の題目は、以上で述べた筆者の意図を端的に表現した。後述のように、そこに託した「米軍占領」という文言は、対象期間中に軍政府から民政府に移管した制度史上の事実と齟齬をきたす。にもかかわらず、こうした表現をあえて採択したのは、本文中に登場する幾多の事例が示すように、制度の形式的な変化にもかかわらず、軍事基地の安定使用を最優先とする米軍による抑圧と管理を通じた軍事占領が実際には継続しており、教員史の観点においてもやはりこうした事実が確認できることにもとづく。

つぎに課題を解明するための方法について、本書の構成とかさねつつ述べる。本書の方法は「数量」と「組織」というふたつの視点を設定することで、移行期にあった沖縄の教員世界の解明をこころみることである。むろん本書の題目に託した「教員世界」との用法には、本書の冒頭にも記したように、「数量」と「組織」だけではおよばない外延が存在する。しかし、当該期における教員世界を形成していた枠組みについては、ふたつの視点により相応に捕捉できるであろう。以下、それぞれについて説明をくわえる。

第一、「数量」では、児童・生徒数や学校数などをはじめとした教員史にかかわる前提的な事象の推移を分析することで移行期を俯瞰する。そのうえで、戦死、あるいは戦後に継続して勤務した教員などの構成比を可能なかぎり解明する。その際、沖縄戦以前における教員としての職歴の有無について、属性としてとくに着目する。すなわち、沖縄戦以前に教員としての職歴を有する教員を「戦前教員」、それ以降の教員を「戦後教員」として仮に設定する（以下、それぞれ括弧をはずす）[2]。両者の構成比率が数量としてどのように変化していたのか、この点について分析する。さらに離職といった教員層からの「流出」、引揚者や新制学校卒業者による教員層への「流入」という、教員層をめぐるふたつの相反する人的な流れを数量的にあきらかにする。以上をふまえ、戦前期と戦後期との連続と断絶について、具体的な数量として解明する。

第二、「組織」では、教員のほか教育関係者によって構成された機構と団体に着目する。具体的には戦前期における沖縄県教育会および沖縄県学務担当部局、戦後期においては、沖縄教育連合会と宮古と八重山における教員団体、沖縄教職員会を対象として取り上げる。その際、それぞれの機構と人的構成に着目し、その変容を個別具体的に分析する。

以上にくわえて当該時期を生きた個人史を補論として設定した。ここで取り上げるのは三名の戦前教員である。年齢層、出身地などの選定はかならずしも網羅的、体系的ではない。また、史料状況などに起因して結果的には指導者層に偏ることは免れない。そのうえでも、沖縄群島と八重山群島における教員団体の役員経験者（新里清篤、桃原用永）、宮古群島では、沖縄初の女性校長就任者（砂川フユ）という、一定のひろがりを意識した構成となっている。ただし、事例を提示することがここでの意図ではない。個別具体的な個人史の機微に即することを通じて、教員世界の変容過程を個人レベルにおいて解明すること、ここでのねらいはこのように集約できる。教員として沖縄戦をくぐり抜けてきたという共通性とともに、沖縄の教員世界におけるそれぞれの位置の多様性が浮き彫りにされる。「数量」にかかわる巨視的視点との対比でいえば、さきにみた「組織」は中範囲的視点であり、この場合の個人史は微視的視点として関係づけられよう。巨視的ならびに中範囲的な変化が各個人においてどのように反映していたのか、この点の個別性が具体的にあきらかにされる。なお、補論として配置される各章における方法、ならびに活用・依拠する関係史資料については、それぞれの固有性に照応しており一律ではない。したがって、それぞれは一定の独立性をもった論稿としてもお読みいただきたい。

二　到達点——研究史

つぎに研究史において本書が占める位置と意義についてあきらかにする。本書の課題にかかわる事象については、従前、教育史にかぎらず複数の領域からの論策がある。したがって、研究史の把握は必然的に輻輳的になる。以下ではそれらについての網羅的な概観ではなく、近現代沖縄教育史にかかわる研究蓄積に焦点化させることで大局的な観点から研究史の経緯についてその潮流を見極める。この目的に照らし、個別の研究成果にはあえて立ち入らない。(3) そのうえで当該研究における現在的な課題について提示したい。

1　経緯と蓄積

近現代沖縄教育史にかかわる研究については、一九五〇年から一九六〇年代を起点に着手された。安里彦紀、阿波根直誠、上沼八郎による比較的、初期の業績のほか、森田俊男、島袋哲、玉城嗣久、小林文人、川井勇、浅野誠、佐竹道盛などによるおおむね一九九〇年代までの研究が知られる（個別の研究については、原則として巻末の文献一覧を参照。以下、おなじ）。これらは「琉球処分」期から沖縄戦にいたるまでの時期、ならびに沖縄戦以後の米軍占領期について、教育政策を中心に行政制度、教科書や教育内容、社会教育などを対象として、それぞれの視点から分析をくわえた。教員史という表題を掲げない場合でも、そこではひとつの主要な論点として、師範学校史などに代表される養成段階を中心に教員層が視野に収められる。とはいえ教員史は主題として据えられていたわけではない。このほかに自治体、学校や団体などによって編まれた記念誌の蓄積は、いずれも教員史にかかわる記述をふくんだ調査研究の成果として挙げることができる。ただし、おおむね一九九〇年代以前の研究では、国民国家日本の一部としての沖縄という認識が分析の前提とされた。この背景には、いうまでもなく復帰運動という政治的契機の影響があった。

これらの蓄積を基礎として近現代沖縄教育史に関する研究は史料的な視野の拡大をともないつつ、歴史記述としての精密の度合いを高め、現時にいたる。とくに一九九〇年代以降には事象別、問題別の事実解明が従来に比して大きく進展した。教育政策史の解明は、ひきつづき焦点化されるとともに、ことばをはじめとした教育内容、教育会や移民教育などへの進展がみられる。これらは他府県と並列化できない、沖縄の歴史的、文化的な固有性に着目し、国民国家日本の一部としての沖縄という認識をかならずしも分析の前提とはしないという点において、従来の研究と質的に異なる。そうした視点は教育学だけでなく、歴史学はもとより政治学や社会学などの複数の専門分野においてほぼ定説化しているといってよい。また、それらは沖縄教職員会といった教員団体への着目を筆頭に当該時期の教員史に対しても視野をおよぼす。しかし、すぐのちにみるように沖縄戦の終結前後から一九五〇年代にかかわる一次史料は、その散逸がはげしく史料調査がいちじるしく遅れているという現状がある。このため、例証すれば、本書におけるひとつの作業課題となる教員の人的構成の解明については、いずれも断片的な指摘にとどまる。あるいは沖縄県教育委員会編『沖縄の戦後教育史』一九七七年、沖縄県教職員組合宮古支部『宮古教職員会二〇年史』一九七三年、戦後八重山教育のあゆみ編集委員会『戦後八重山教育のあゆみ』一九八二年などといった、既存の編年史における記述を整序し直す水準を脱していない。こうした現状にかんがみて本書では、沖縄における教員世界の変容過程について、数量と組織という接近方法にもとづき、いずれも可能なかぎり一次史料に依拠しつつ精細な分析を提示する。

以上にみるように、沖縄教員史の変容過程を主題化しようとする、本書の課題に照応するだけの成果はこれまでの研究蓄積には確認できない。それはなぜなのか。その要因を問うことは、同時に近現代沖縄教育史にかかわる研究において焦点化すべき、現在的な課題とはなにかを浮き彫りにすることにつながる。つぎにその要因について三点に整理する。

2　現在的な課題

第一は、従来の研究が教育政策・制度史の解明を優先してきたことにある。[4] むろん教員史は教育政策・制度史の下部領域といえる。しかし、一般論としても、教員史について、無前提にそれをいわば従属変数とみなすことは歴史を単純化することにつながる。教員史の実態はかならずしも教育政策の意図したとおりであったとは考えられないためである。なかでも本書が焦点化しようとする人的構成は、教員の属性が不可避的に関係することから、教育政策が管理・制御しがたい要素を多分にもつ。この意味において教育政策・制度史の一環としてではない、沖縄教員史という領域を主題として確立させることは、依然として現在における課題というべきである。[5]

第二は従前の研究における時間軸の設定にかかわる。すなわち、これまでの研究は、おおむね一九四五年三月から六月前後の時期、すなわち沖縄戦の戦闘行為の開始からその終結前後の時期について沖縄教育史における断絶として捉える。もとより事実として同時期を境界に従前の教育政策・制度は途絶えており、軍国主義を前提とした理念としての教員像はその否定へと一大転換を遂げた。いうまでもなく大日本帝国の崩壊という統治形態上の変化においては、他府県がそうであったのと同様の断絶を沖縄史においても確認できる。[6] この断絶に着目する通説的な理解では、沖縄戦以前は近代沖縄教育史として、おなじく以後は現代沖縄教育史という、時系列に沿った形式的分類が暗黙の前提とされる。この前提は沖縄教育史についての理解を進化させるうえで、はたして有効なのであろうか。あらかじめ必要なかぎりで記せば、本書で具体的にみるように、じつは教員史にかかわる組織機構や人的構成などにおいて、こうした前提は決して自明のものではない。移行期・移行過程という用語に依拠することにより断絶と連続との統一的な把握を意図した本書は、教員史の変容過程に即して、

この前提の正当性を問い直すというあらたな課題に挑む。(7)

第三の要因として、従来の研究における言説史分析の限界が指摘できる。のちの行論との関係から、ここではひきつづき沖縄教職員会にかかわる記述を事例として挙げる。もとより沖縄教職員会史は沖縄教員史と同義ではない。しかし、現行の研究状況が示すように、沖縄現代史、なかでも復帰運動史や社会運動史に占める同会の位置は不可欠というべきである。そのうえでいえば、沖縄教職員会にかかわる既存の分析においては、その言説史への着目が一定の比重を占める。半面、組織機構や人的構成の変容といった基礎的な事象についての分析は進んでいない。こうした基礎的な事象についての正確な理解を欠いたままでは、言説史的な分析は、その拠って立つ基盤において不安定というべきである。くわえていえば、対象時期の陥没についても見逃せない。とりわけ沖縄戦終結前後から沖縄教職員会が結成（一九五二年）される以前の時期については、いわば前史として概説的な紹介の水準にとどまる。本書では、こうした限界を見極めたうえで、教員史を言説史的に分析するという方法ではなく、組織機構や人的構成の変容という事象にこそ着目する。

これら三点の要因にくわえ、従来の研究における関係史料の限界を同時に指摘できるが、この点については、すぐのちに述べる。

以上で示した、近現代沖縄教育史における研究蓄積ならびにその現在的な課題をふまえつつ、本書の課題は構想された。沖縄における教員史を主題化し、有効な接近方法を確立することは、研究史において依然として未発であるといえる。こうした研究史上の必然性にもとづき、本書は沖縄教員史という主題を掲げるとともに、その重要性にもかかわらず見過ごされてきた、一九四〇年代から米軍占領期の初期に限定したうえで、その変容過程を実証的に解明する。

三　史料群

沖縄戦前後における教員世界の変容過程について分析する際に必要となるのは、教員数の推移といった基礎的事項にくわえ、教員の個人名や勤務先、職歴などにかかわる史料群である。それは以下のように概括できる。

沖縄戦以前の史料として、新垣庸一編『沖縄県学事関係職員録　昭和十八年』沖縄県教育会、一九四三年（以下、一九四三年名簿と略記）がもっとも網羅的である。一九四四、一九四五年において沖縄県内全域を収めた同種の職員録は確認されておらず、同名簿が沖縄戦の終結以前としては最後発となる。このため、一九四三年名簿が編集刊行された時点以後に着任した教員については、のちに個別に取り上げるように履歴書を通じた個人単位での確証が可能な場合、また、当事者の記憶や証言にもとづく復元が可能な場合、(8) 地域的に偏在する一部(9)をのぞき、そのほとんどを捕捉できない。一方、沖縄戦以後の史料としては、沖縄教職員会『沖縄教育関係職員録』一九五二年が一九四三年名簿と同格の史料として照応する。ただし、宮古・八重山の両地域の情報には欠ける。しかも沖縄戦の終結時期からおよそ七年もの時間が経過している。そこで沖縄戦後に刊行ないしは編纂された資料を複合的かつ補完的に組み合わせることが必要となる。それらは、以下のように大きく四つに分類できる（いずれも書誌の委細については巻末の一覧を参照）。

第一、沖縄戦時下の動静をふくめ、とくに「戦死」にかかわる史資料である。教員の戦死者については以下の三点に主として依拠する。①琉球政府行政主席官房人事課『沖縄戦に於ける殉職者名簿』一九五五年、②沖縄教職員会婦人部『未亡人調査書綴』一九五七年、③「教員殉職者調」琉球政府文教局研究調査課編『琉球史料』三集、一九五八年。いずれも個人単位において死亡の時期などが特定できる。ただし、この場合も沖縄戦時下における全教員の動静が完全に補足できるわけではない。このため、以上にくわえ沖縄師範学校関係者に限定されるが、大田昌秀・外間守善編『沖縄県健児隊』日本出版協同、一九五三年、沖縄師範学校龍潭同窓会『龍潭

同窓会会員名簿』一九七八年などを補助的に用いる。(10)

第二、沖縄諮詢委員会、各民政府・群島政府、琉球政府関係史資料、ならびに各教員団体機関誌などがある。前者に『琉球教育要覧』各年版(11)などを代表として例示できる。後者として、米軍による占領初期(一九五二年の琉球政府設立以前)に設立された教員団体に沖縄教育連合会、宮古教育会、八重山教育会などが挙げられる。それぞれの機関誌として、『新教育』『新教育ニュース』(沖縄教育連合会)、『宮古教育』『教育時報』(宮古教育会)、『新世代』(八重山教育会)がある。これら機関誌は一九五二年名簿以前の空白を埋める史料として重要な位置をもつ。

第三、主として一九五〇年代以降に公刊された各種の人事録や名簿類、卒業学校を単位とした各種の同窓会誌(12)、ならびに新聞に掲載された人事関係記事や自治体による各種の記念誌などである。このうち人事録、名簿類については、どの個人を採択するかという掲載基準において恣意性は免れない。当該資料に掲載されるのは、圧倒的に男性が中心であり、しかも政界と実業界関係者に偏るという傾向をもつ。くわえて当該資料に掲載されていない場合には、たとえ教員として継続的に勤務していた場合でも捕捉できないことになる。同窓会誌や新聞に掲載された人事関係記事、自治体記念誌も、おなじく収録対象者の偏在という傾向をもつ。とはいえ掲載された個人にかかわる情報として、これらの資料を軽視することはできない。なかでも同窓会誌にみられるように、当事者と近接的な関係にあった者によってのみ知られる詳細な情報を掲載している場合がある。該当する情報として、転地や転職、異動などの時期、さらに改姓や改名の具体的な内容のほか、出征、復員などの実態が挙げられる。このため、以上の限界性を確認しつつ、以下ではこれらについて、とくに個人を同定する際に補助的に活用する。同様の史料的な限界性については、各学校の編纂になる沿革誌・記念誌にもいえる。それらのなかには、沖縄戦終結直後からの教員組織を学校単位で掲載したものが見受けられる。とくに史料のとぼしい一九四五年から一九五〇年代はじめにかけての時期を分析するうえで重要な情報を提示する。しかし、所属校のほかは氏名のみが掲出されている事例がほとんどであり、出生年や出身地、旧所属校などの属性関係にかかわる同定がむずかしい。このことにかんがみて、以下では学校沿革誌に限定のうえ活用することとし、学校記念誌については、史料として採択することを見合わせた。なお、学校沿革誌については、原則として公共機関に所蔵され、公開されているものにかぎる。

第四は、複数の領域や体系に属する公文書に収載された履歴書類、ならびに公刊された個人史、自治体誌などが挙げられる。これらは相対的に少数にとどまるという難点があるものの、学歴、職歴などをふくめた個人の履歴について詳細に捕捉できるため有用である。確認すれば、個人の同定にあたり、同姓同名者の誤認をさけることが必要不可欠である。このため単に表面的に氏名を照合することにとどまらず、勤務先といった所属、出身地などの属性によって、各個人を同定することを本書での分析における原則とする。この場合、史料的な確証が得られない場合でも、複数の史料的な根拠があるなど、当該個人としての同定が強く推定される場合をふくむ。

四　用語説明——いくつかの概念

本書の分析対象となる地域や機関、事象は多岐にわたる。このため必然的に全体構図との関係性や整合性が、各論においては捉えにくくなる嫌いがある。不必要な混線を回避するため、重要な位置づけをもつ用語の外延および本書での用法について、以下であらかじめ概念を整理しておく。

1　「戦前期」と「戦後期」

本書では、アジア・太平洋戦争末期の沖縄戦における組織的戦闘行為の終結（一九四五年六月二三日）から、米軍との降伏文書に日本守備軍が調印した日（同年九月七日）までの二ヶ月あまりの期間を分岐点としたうえで、それ以前を「戦前期」、それ以後を「戦後期」として称する（従前もおなじ。いずれも戦前、戦後として略記のうえ括弧をはずす場合がある）。[13] この用法は、その後の米軍による軍事占領と軍事優先政策という歴史的現実と見合わない。現在においても依然として見出される不発弾、未収集のままの遺骨の存在、さらに今日にまでつらなる在日米軍基地の偏在という事実は、沖縄にはかつてもいまも「戦後」がなかったことを明示してあまりある。事実上の戦争状態が継続してきた沖縄の歴史的過程を説明する概念として、この用法はあきらかに整合性に欠く。そのうえでもあくまで便宜的な時期区分として本書では同用法を踏襲する。

2 「沖縄」と「琉球」

本書の題目には「沖縄」という用語を冠した。その意図を端的にいえば、本書が同時期の奄美群島にかかわる分析にまでおよばないことを言明したかったことによる。事実経過の要目を確認すれば、奄美群島では一九四六年二月二日の連合軍最高司令部による行政分離を宣言した「若干の外郭地域を政治上行政上日本から分離することに関する覚書」ののち、一九五三年一二月二五日の施政権返還までのおよそ八年間、本書が対象とする各群島とおなじく米軍による直接占領下に置かれた（このうち最後半の一年八ヶ月のあいだ、奄美群島は琉球政府の行政管轄下にあった）。この間、占領地域となった琉球列島についての米軍側からの呼称は「沖縄」や「琉球」、また、個別に奄美群島については「北部南西諸島」などが適用され、当初はかならずしも一貫しない。同地域の呼称が「琉球」として米軍側においてほぼ特定されはじめるのは、海軍から陸軍への軍政移管（一九四六年七月一日）以後のことであった。[14] これ以降、北緯三〇度以南の島嶼部を米国側は「琉球」と総称する。したがって、それ以後における本書の対象地域の名称は、制度的には「琉球」であった。

確認すれば、占領統治した側にかかわる、こうした事実経過とは別に島尾敏雄のヤポネシア論に示された、文化的概念としての「琉球文化圏」は、奄美群島をむしろ不可欠のものとして視野に収める。そこでは沖縄県と鹿児島県大島郡という、行政的な区分を超えた、歴史的な地域呼称として、琉球王国の版図に相応する地域の呼称として「琉球」という用語が積極的に採択されてきた。しかし、沖縄戦前後の時期における教員史分析を主題化した本書の役割に即していえば、このかぎりの「琉球」をそのまま分析対象として設定することは困難である。むしろ両者を意識的に区分することが不可欠と筆者は捉えている。そのように判断するのは、表裏一体というべき以下のふたつの理由にもとづく。ひとつは移行過程を分析する際の根拠となる史資料群が共有化されないことによる。すなわち、県域を異にした戦前期はもとより、戦後期の米軍による占領は群島別の分割統治として開始された。この結果、関係史資料は「沖縄」と奄美群島においてほとんどの場合、かさなることはない。そのことの帰結でもあるが、もうひとつの理由として、近現代における奄美群島の教育史にかかわる研究蓄積は、その史料的な整備をふくめ、すくなくとも沖縄教育史研究と同様の水準にはない。これらをふまえ、本書では、現行の沖縄県による行政区域を「沖縄」と総称したうえで基本的な対象地域とする（そのうえでも、今後の研究展望を図るため、一部に奄美群島との比較研究を提示していることをあらかじめお断りしたい）[15]。

以上を前提としたうえで、本書では沖縄内部の各地域呼称については、所轄行政官公署の制度的変遷（くわしくは巻頭の表を参照）にかかわらず、沖縄群島、宮古群島、八重山群島として表記する。この用法は、あくまで便宜性を重視したものであり、群島組織法（一九五〇年八月四日　布令二二号）にもとづく各群島政府とは同一ではないことに注意を促したい。ただし、とくに戦前期にかかわる事象などを中心に「群島」という文言を省略のうえで表記する場合、単に地域という用法を用いる場合がある。

3 「軍政府」と「民政府」

戦後期における沖縄の軍事占領は、米軍による戦時体制の延長においてはじめられた。先述した一九四六年七月一日の海軍から陸軍への軍政移管以後、沖縄軍政は琉球軍司令部（Ryukyus-Command：ＲＹＣＯＭ）の所轄となった。こののち米軍側の統治機構は改編をかさねたが、なかでも画期となったのは、一九四九年一〇月一日、国家安全保障会議文書がトルーマン大統領によって承認され、琉球諸島の長期占領が政策的に固定化されたことである。これを受け琉球列島米国民政府（ＵＳＣＡＲ）が設立され、米国による占領形態は形態のうえで「軍政」から「民政」へと移管された（一九五〇年一二月一五日）。この間、沖縄、宮古、八重山、奄美においては住民側の機関として民政府や群島政府が設置され群島別の分割占領を経験した。こののち一九五一年四月の琉球臨時中央政府の設立を経て一九五二年四月には琉球政府の設立にいたる。

以上の経緯にかんがみて本書では、住民側の行政機関としての民政府などとの混線を避けるため、米国側の統治機関については、それぞれ「米軍政府」、「米民政府」・「米国民政府」として記述し、時期や事象に応じて使い分ける。ただし、文脈によって「米軍側」あるいは「米国側」として表記する場合がある（以下、いずれも括弧をはずす）。

4　「教員」と「学校」

本書では、学校での教育活動に携わった教育担当職員について「教員」として総称する。むろん、このように一括する場合でも、各時期に有効であった免許制度に照応して、その内実は一律ではない。本書における教員の範疇は制度史的にみて多元的である。しかし、あらかじめ記せば、移行過程にあった制度について分析する場合には焦点化されるべき、旧免許の切り替え、免許制度の再構築へといたる一連の経緯について、本書では委細に立ち入らない[16]（公選制をはじめ、独自の展開を遂げていた教育委員会制度などについてもおなじ[17]）。

本書が分析対象として設定する期間中の免許制度の変容として重要なのは、戦前期の制度が事実上、戦後期においても維持、継承されていた時期、また、各群島政庁において分立して運営されていた時期、日本の教育職員免許法が準用されることで免許制度が統合化された時期などが混在したことである。こうした経緯をふまえ、本書では、あくまで便宜的な理由にもとづき、免許の種類や職階などにかかわらず、教員として統一のうえ表記した。その際、本書ではつぎの二点を原則とする。第一、主として戦前期を対象とする場合、初等段階の教育に従事した教育担当職員、ならびにその経験者を分析の中心とする。第二、戦後期を対象とする場合には、初等段階から新制高等学校までの教育に従事した教育担当職員として広義に捉える。こうした差配は、沖縄戦を契機として戦前期の初等段階担当の教員が戦後期には中等段階までをふくめた広範な職務に就いていたという実態に照応したものである。したがって、戦前期における初等段階以外の教員、つまり、旧制中等学校や師範学校などの教育担当職員とその経験者といった教育指導者層については、一部をのぞき分析対象からはずれる(この点については、本書以後の展望として後述)。以上を前提としたうえで、教員を一定の層として記述する場合、本書では、括弧をともなわずに「教員層」とする場合がある(従前もおなじ)。

一方、本書における「学校」の用法についても説明をくわえたい。本書では、たとえば「初等学校」と「小学校」といった、主として初等段階に位置づけられる学校の制度的呼称にかかわる用語が混在する。この背景には、当該学校の呼称が時期や群島においてかならずしも統一的に変遷しなかったという事実経過がある。たとえば、沖縄群島の場合、当初は「初等学校令」(一九四六年四月)により八年制の義務制初等学校が組織され、一九四八年から実施の六・三・三制以後も呼称としては引き継がれた。他方、たとえば、宮古群島においては、「国民学校」という呼称を継続させていたが、「初等学校」に変更ののち、一九四八年以降には「小学校」に変更された(一九四八年四月一日、宮古民政府告示一二号)[18]。これらは、とりわけ戦後初期において、学校にかかわる呼称が群島間で一定していなかったことを示す。以上の経緯にかんがみて、本書では史料的に正確を期す必要がある場合をのぞき、読みやすさを優先させ、初等学校の呼称として「小学校」という一般的な用法を原則として採用する。

5　時代背景

以上の主要な概念にくわえ、本書を通読するうえでさいごに補足しておくべき点がある。それは米軍占領下の沖縄（琉球諸島）においては市民的自由への統制が実態として課せられていたということである。このことは、同時期の日本において、日本国憲法の公布（一九四七年）により、集会や結社、出版など表現の自由、検閲の禁止、通信の秘密（二一条）について法令上の保障がすくなくとも明文化されていたことと対照的であった。[19] この場合、留意すべきは規制の内容や根拠法令が多岐にわたることである。

こうした制度史的な展開について、本書では逐一、立ち入ることはしない。[20] そのうえでも、以下での行論の必要から、以下のふたつの関係法令については、ここで確認しておきたい。両者は一見したところ好対照をなすが、米軍による沖縄占領の内実を端的に象徴する。ひとつは「琉球列島米国民政府に関する指示」である（極東軍司令部発、琉球軍司令官宛、一九五〇年一二月五日、沖縄群島政府『公報』号外、一九五一年一月五日）。そこでは「民主主義国家の基本的自由即ち言論、集会、陳情、信教及び出版の自由を保障」すべきことが指示された。軍政下であっても体面上は「基本的自由」を保障することが謳われるが、ここで確認されるべきは、いずれも「占領軍の政策に反せぬ限り」との前提が付されていたことである。この前提を敷衍するのが、ここで確認したいもうひとつの法令である。一九四九年六月二八日に公布された「刑法並に訴訟手続法典」（軍政府布令一号）が該当する。同法典以前においても、軍政府の許可がない場合に新聞、雑誌などの印刷と発行は禁じられるなどの措置がすでに講じられていた（一九四五年、米国海軍軍政府布告八号、一九四七年、「政党に就て」特別布告二三号ほか）。同法典は、それらの単一基準として明文化されたものであり、司法の組織、手続きなどを大系として示すものであった。その骨子は、米国軍隊の安全と財産を確保するとともに占領政策の安定を図ることと集約できる。同法典は、軍政府への挑発的、敵対的な印刷物、文書の発行と配布などを明確に禁止するとともに、新聞、雑誌などの発

行をいずれも許可制とした。(21)

本書の分析では、市民的自由や言論への統制にかかわるこうした法的規制が、個人や教員団体などに関する分析において陰に陽に登場する。しかし、ふたたび確認すれば、本書の主題にかんがみ、それらの法的根拠とその変遷については必要最小限にのみ立ち入るにとどめる。

（藤澤健一）

［補注］

1 藤澤健一編『沖縄の教師像——数量・組織・個体の近代史』榕樹書林、二〇一四年参照。

2 もとよりここでいう戦前教員と戦後教員の区分は自明ではない。その主な理由は、当該時期の制度的な変遷が入り組んでいることから、両者を一律に区分することが困難なためである。旧制度下の師範学校入学者が沖縄戦終結以後に新制度下の教員養成学校に在籍するといった典型的な事例がある。

3 近現代沖縄教育史にかかわる研究史について、時系列的、ならびに事象的な整理をふくめ、ここでは必要なかぎりでの簡明な記述にとどめる。

4 とくに一九四〇年代については、教育政策・制度史自体を描き出すことが困難である。この背景には、後述する史料的な制約がある。じじつ同年代に関する既存の分析は、戦場動員や疎開、および「方言論争」といった、比較的、広く知られる個別事象に収斂される傾向にある。この隘路を克服することは、本書をふくめ、今後の課題である。

5 一般に主題として確立する際の条件は、当該領域を構成する視点の体系的な配置がなされていることである。この場合、近代日本教員史に関する研究が相応の蓄積をもつ。そこでは理念としての教員像をはじめ、養成・資格・研修などの政策・制度史を中心としつつ、生活史、運動史などにまで視野がおよぶ。くわえて各自治体史と随伴しつつ、地域教育史に関する研究が当該地域の教員史に着目してきた。これらは師範学校史ならびに教育会史をも視野に収める。

6 ただし、教育にかかわる組織構成上の内実に立ち入れば、他府県と沖縄の経験はかならずしも同一ではない。よく知られるように、連合国軍占領下の日本では、教育勅語体制から憲法・教育基本法体制へという教育理念の転換、おなじく勅令主義から法律主義へという教育行政上の転換があった。これとは対照的に、米軍の直接占領を受けた沖縄（ならびに米軍占領下の奄美群島をふくむ。以下、おなじ）では、憲法・教育基本法はもとより、すくなくとも同時期の日本と同一の意味における教育行政の法律主義は適用されなかった。このかぎりで沖縄教育史は他府県と並列的に取り扱われるべき課題ではない。研究史をみれば、占領期の日本教育史にかかわる分析として、阿部彰『戦後地方教育制度成立過程の研究』風間書房、一九八三年、鈴木英一『日本占領と教育改革』勁草書房、一九八三年、久保義三『対日占領政策と戦後教育改革』三省堂、一九八四年などが代表的な成果として知られる。しかし、それらはいずれも同時期の沖縄を除外したうえで「占領期」を記述する点で共通する。占領の組織と形態を異にした、同時代の日本と沖縄との比較占領史は、その構想が指摘されて久しいが、すくなくとも教育史の領域において、それは未発のままにある。背景には実証的な分析を進めるための史料的な環境が現時においても整備されていないことがある。以上、竹前栄治『占領戦後史』岩波書店、二〇〇二年、四三一頁ほか。

7

沖縄教員史における時間軸の設定にかかわり示唆を得られる近作として、川手摂『戦後琉球の公務員制度史―米軍統治下における「日本化」の諸相』東京大学出版会、二〇一二年がある。同書において川手は、戦前期との通時的連続性と日本との共時的連続性という概念を立て、米軍占領下の沖縄・奄美における公務員制度を分析した。当該制度における給与と任用、職階制の関係分析を通じ、通時的な「戦前との連続性」が共時的な「日本との連続性」へと「転形」＝「日本化」していく態様が同書において縦横に描き出された。直接的な対象を異にするものの、同書は「連続性」にかかわる分析という本書における課題設定と共振する点がある。とくに琉球政府本局と地方庁に勤務した課長級などの職員五一一名の職歴異動データにもとづく分析は興味深い。そこでは行政職公務員における「戦前派」とされる職員の沖縄戦以後における継続的な勤務状況が具体的な数値をともなって論証され、同時に「戦後派」との「入れ替わり現象」が発生していく過程が動態的に描き出される。ただし、当該データには琉球政府文教局は「除外」されており、本書の課題にかんがみていえば、論証の空白をのこす。また、いうまでもなく本書の主題である教員層と行政職公務員の変容過程を同一視することはできない。養成や職務内容の法制度的なちがいはもとより、「連続性」の内実こそが、分析対象に照応して実証的に解明されなければならない。なお、文教局局長を分析対象として視野に収めた川手による論稿に以下がある。川手摂「琉球政府の特別職公務員―その任用と『政治性』の検証」『都市問題』一〇三巻七号、二〇一二年。くわえて、中野晃一『戦後日本の国家保守主義―内務・自治官僚の軌跡』岩波書店、二〇一三年参照。

8　一例として、沖縄師範学校女子部および沖縄県立第一高等女学校教員の沖縄戦時下における状況を集約した、ひめゆり平和祈念資料館『戦後七〇年特別展　ひめゆり学徒隊の引率教師たち　図録』二〇一六年三月がある（六―七頁）。

9　おなじく一九四四年以後の宮古における着任と転出の状況については、宮古教育誌編纂委員会『宮古教育誌』一九七二年ほかにおいて、比較的、総体として捕捉できるが、この場合でも氏名と職名などにかぎられる。

10　前者は沖縄戦時における同校在籍者にくわえ、附属小学校訓導として勤務した教員の氏名などが確認できる。後者では卒業年・課程に区分のうえ、同校卒業者の氏名が通年的に掲出される。なお、ここでいう「戦死」は、沖縄戦時下にかぎらず、ひろく第二次世界大戦下の戦争関連死をさす。「戦死」あるいは戦前に「死亡」として記載された場合に「戦死」とみなした。ただし、「死亡」とのみ記載された場合にはひろく同書の刊行時点までがふくまれる。この点でおのずから限界があるものの、両者は判明するかぎりで区別した。確認すれば、同校卒業者のすべてが沖縄において小学校教員として勤務していたわけではない。また、後者には個人の職歴の委細までは記載されていない。そのうえでも両者を補助的に活用したのは、沖縄の教員層において同校卒業者がその最大の供給源であったためである。この場合、同姓同名者の誤認を回避するため、他の資料から得られる卒業年などの情報を勘案した。

11　『琉球教育要覧』は一九五五年版が琉球政府文教局研究調査課によって同年六月に刊行された。その際の統計は一九五四年分が対象とされた。この例にみるように、通常は刊行年の前年分の統計が掲出される。この規則性は部分的に踏襲されない場合がある。この場合、当該年の数値を除外することがある。他の統計類による補完は不可能ではないが、根拠資料としての一貫性を確保するため、そうした措置は講じない。

12　これら同窓会誌のなかには、対外的な公開を前提として公刊された場合、対照的に、主として関係者間での記憶の共有を意図して作成された場合がある。前者は公共機関に所蔵され閲覧に供されるものの、後者についてはそのかぎりではない。なかでも男性教員と比較して、女性教員にかかわる当該資料類は少数である。本書はこうした史料的な限界と無関係ではない。後者の一例として、九苗会『沖女師卒業五十周年記念　思い出』一九八四年が挙げられる。

13　ここで二ヶ月あまりの期間を分岐点としてみなしたのは、実態としての戦前と戦後が沖縄史においては截然と区別できないことにもとづく。たとえば、すくなくとも一九四五年五月七日以降には収容所内において一定の組織性をともなった教育活動がすでに実施されていたことが明示するように、通常は「戦前期」とされる時期において事実上の戦後が出発していた（「学校設立当時ノ状況報告」文教局研究調査課編、前掲『琉球史料』三集、三〇―三一頁）。逆に組織的な戦闘行為が終了し、「戦後期」とされるはずの時期においても地域によっては依然、戦闘が継続していた。

14 鹿野政直『戦後沖縄の思想像』朝日新聞社、一九八七年、五七頁、同『沖縄の戦後思想を考える』岩波書店、二〇一一年、二三―二四頁。

15 このような限定のもとでも、宮古と八重山の両地域を「沖縄」として包摂することの問題性を指摘すべきである。本書の対象地域を過不足なく厳密に表現できる呼称は見つけ難いといえる。

16 戦後期の沖縄における教員免許にかかわる制度史的な経緯は、戦後期の統治機構の改編などにともない複雑に変動した。「教育職員免許規則」一九五三年のほか、「教員、校長及び教育長免許令」(琉球列島米国民政府布令一三四号、一九五四年六月八日)、「教育職員免許法」(立法九七号、一九五八年一一月一〇日)など。

17 沖縄における教育委員会制度は任命制として出発した(「教育委員会規程」一九四九年)。「沖縄群島教育委員会条例」(一九五一年)などを経て、一九五二年公布の「琉球教育法」からは公選制が導入され、同時代の日本とは異なる独自の変容を遂げた。

18 「名称を変更　小学校に」『みやこ新報』一九四八年四月一〇日。

19 周知のように占領下の日本においても、占領政策の安定化を企図した検閲をはじめ言論統制は組織的に実行されていた。たとえば、山本武利『GHQの検閲・諜報・宣伝工作』岩波書店、二〇一三年参照。

20 とくに言論にかかわる米国側からの統制について、辻村明・大田昌秀『沖縄の言論―新聞と放送』南方同胞援護会、一九六六年、門奈直樹『アメリカ占領時代沖縄言論統制史―言論の自由への闘い』雄山閣出版、一九九六年参照。

21 この許可制は琉球政府の設立にともない、制度上は米国民政府から同政府に移管された。そののち「刑法並に訴訟手続法典」の改正にともない一九六五年二月一五日をもって廃止される。以上、米国民政府指令一四号、一九五二年六月二六日、琉球政府『公報』一三号、一九五二年七月七日、同前『公報』一六号、一九六五年二月二六日。

Ⅱ 数量

住民を巻き込む地上戦となった沖縄戦は、教員層はもとよりその養成段階に対し、深刻で修復しがたい影響をおよぼした。それはつぎのような印象的な記述によって知られる。

当時（沖縄戦終結の直後をさす—引用者）、沖縄の教職員は質量ともに劣悪な状態におかれていた。なにしろ教職員の三分の一は戦争で死んだのだ。しかも、教師の卵である師範学校の生徒は、女子はひめゆり看護隊、男子は鉄血勤皇隊師範健児隊として、沖縄戦の前線にたち、全滅した。亡くなったのは四、五百人と推定されるが、それは三、四年分の教職員養成が途絶えたことを意味する。(1)

別の史料では「教育関係戦没者」を約六二〇〇名(2)としてやや具体的に示したうえで、「凡そ四割近くの中堅教育者を失い背柱を抜き取られた状態」と記される。(3)提示される数値や割合こそ一定ではないが、「教師の卵」とされる師範学校生徒などをふくめ、教員の戦死者が沖縄戦終結後の教育に大きな影響をおよぼしたことを記している。しかし、それらはいずれも教員の戦死者数を正確に提示したものではない。おなじく戦後期においても継続して勤務していた教員がどれだけの比率でいたのかを示さない。この背景には、根拠となる史料的な限界と散逸があることはいうまでもない。なにより戦死者の同定すら不可能なまま今日にいたるという戦禍のすさまじさがある。もとより、本書もこうした制約と無関係ではない。そのうえでも、各史料の一貫性を可能なかぎり確保しつつ、複数の史料を補完的に組み合わせることで、沖縄戦前後における教員構成の移行過程の全体像を具体的なかたちで数量史的に解明することは不可能ではない。以下で提示される分析は、そのひとつのこころみである。

突き放していえば、ここで取り扱う事象は一見したところ無機質な数量の束ともいえる。個別性と偶然性に

一　分析の前提

みちた個体史と比べたとき、数量史は対照的なというべき位置づけをもつ。しかし、全体像への接近を欠いたままでは、変化の諸相を大局的な観点から捉えきれない。この点にかんがみて、以下では、史料的な制約からあくまで推計にとどまることを承知のうえで、沖縄戦をはさんだ時期の教員層の移行にかかわる数量的な変容過程を描き出す。その際、移行期間を時系列に即してふたつに区分のうえ当該時期を分析する。ひとつは、沖縄戦前後にわたる期間である。のちに具体的にみるように一九四三年時点の教員にかかわる網羅的な名簿を基準とし、沖縄戦が教員層にどのような影響をあたえたのかを分析する。もうひとつは、一定の継続性をもった史料的な視野が確保できる一九五〇年代である。本書では前者について「前期移行期」と称し、おなじく後者を「後期移行期」とする(以下、いずれも括弧をはずす)。

両移行期にかかわる分析に立ち入るための前提として、まず、当該時期における学校数・児童生徒数、教員数といった、いわば分析の基礎となる事象の推移について、主として『文部省年報』『琉球教育要覧』に依拠して、その概括を提示する。その際、つぎの三点をあらかじめ注記する。第一、史料的な制約から、各事象を一貫した統計枠組みにおいて通史的に捕捉することはできない。このため、次善の策として各種の統計を複合的に活用することで、当該時期の数量的な変容をみる。おなじ事象の場合でも、史資料において実数値が異なる場合があるが、煩雑を避けるため、逐一、注記することはひかえる。第二、当該時期のうち一九四五年から一九五三年までの時期については、おなじく沖縄全体にかかわる統計を見出すことができない(4)。このかぎりで、以下の分析は、当該期間について、基本的には空白としなければならない。第三、具体的には後述のように、沖縄戦をはさんで学校体系は大幅な改編をみた。このため同一年齢であっても就学先学校・学年は同一であるとはかぎらない。こうした就学年齢や年数、就学期間などの齟齬を前提としながらも、戦前期の国民学校(高等科ふくむ)と戦後期の六・三制小中学校(以下、戦後小中学校)とを同格とみなす場合がある。おなじく戦前期の中等諸学校(以下、旧制中等学校)と戦後期の高等学校(以下、新制高等学校)については同格とみなす場合がある。

図Ⅱ―1　国民学校・戦後小中学校数の推移（1940―1959年）　単位（校）

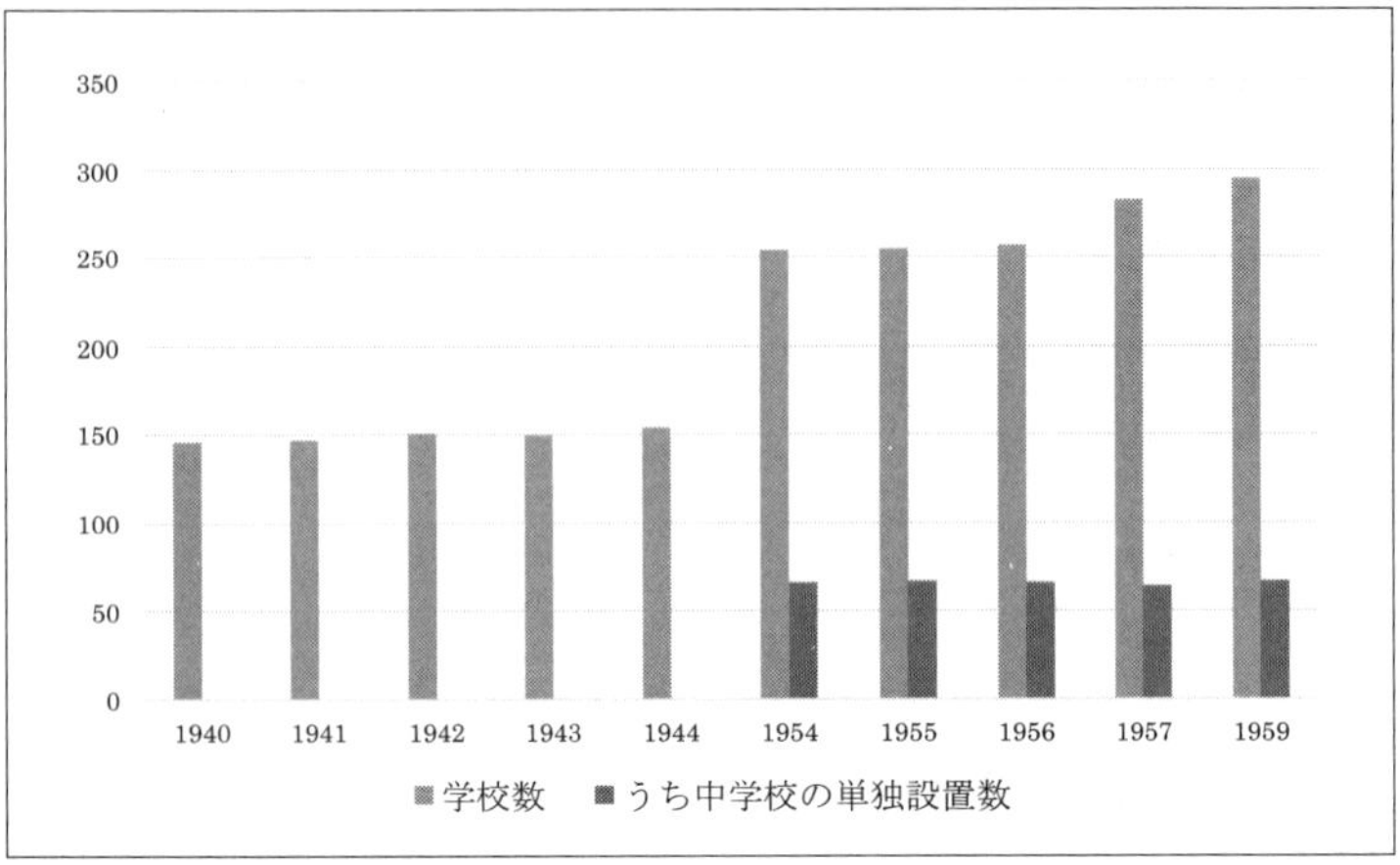

（出典）『文部省年報』『琉球教育要覧』。
（注記）学校数は、1944年以前は国民学校初等科のほか高等科をふくみ、1954年以後は小学校と中学校、ならびに小中併設校を合算した。統計上の一貫性を確保するため、分校・分教場はいずれも本校にふくめた。専任校長の配置がない小学校、中学校などについては、一部の例外をのぞき、本校と一括した。盲学校、ろう学校、ならびに澄井小中学校、稲沖小中学校は学校数に組み入れた。なお、1945年度の数値は「沖縄県は史料の提出がなかった」（「凡例」『文部省第七三年報』）ため記載していない（以下、おなじ）。

1　学校数、児童・生徒数の推移

一九四〇年から一九五〇年代にいたるおよそ二〇年の期間における学校数、ならびに児童・生徒数の推移については、順に以下の各図にみるとおりである。

一九五〇年代以降の学校数は、戦前期に比して、およそ一・七倍にまで増加した。その内実は、上の図Ⅱ―1にみるように、あらたに設置された中学校の増加だけではない。小中学校併設校をふくめ、小学校自体の校数においても増加傾向が確認できる。この背景には、次頁の図Ⅱ―2にみるように、戦後期において就学児童・生徒数自体が増加していたことが挙げられる。

ここで戦後期の沖縄群島をひとつの事例として、学校体系の変遷を確認すれば、沖縄戦前後の混乱期を経て一九四六年四月から二年間は、幼稚園（一年）、初等学校（八年）、高等学校（四年）の八・四制が一時的に施行されていた。[5] 現行と同様の六・三・三制が施行された

図II―2　国民学校・戦後小中学校　児童・生徒数の推移（1940―1959年）　単位（人）

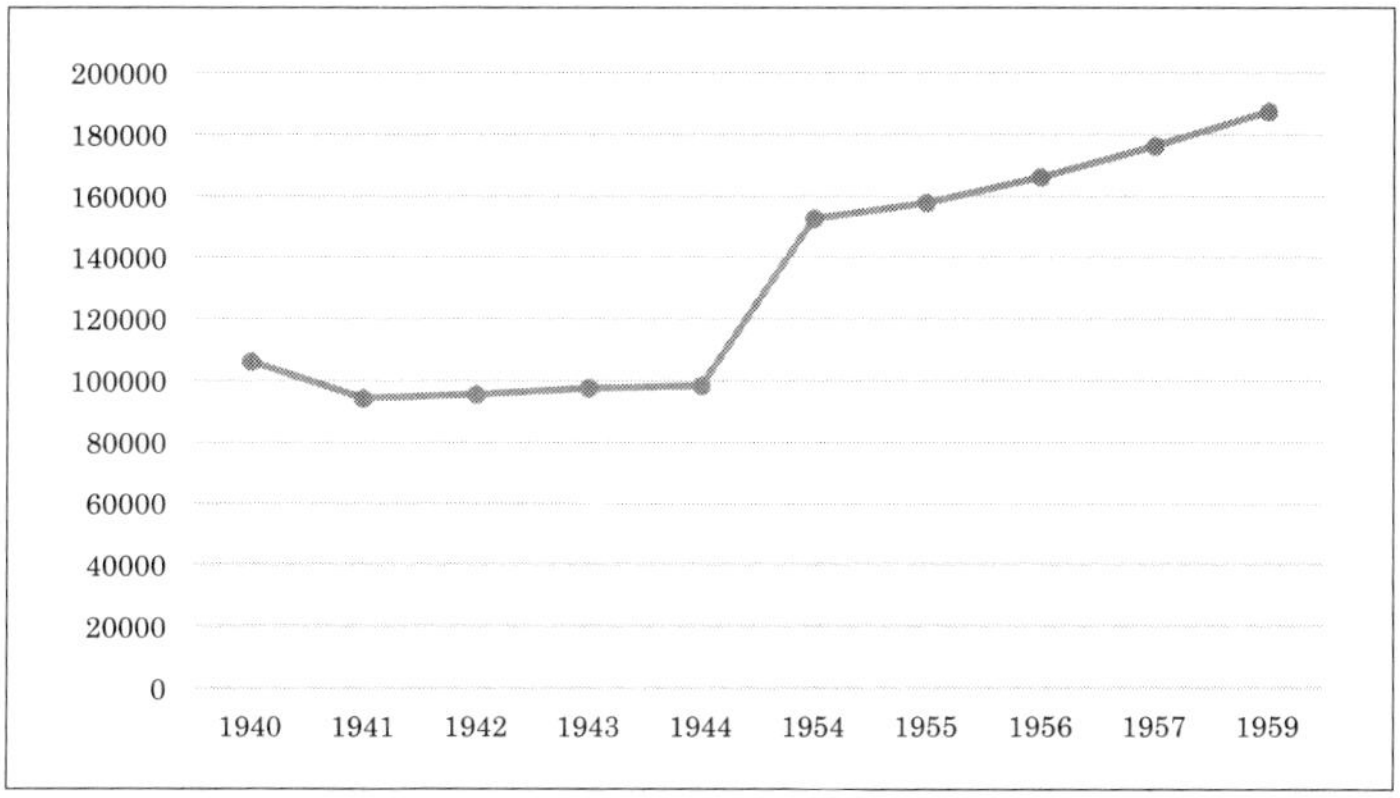

（出典）『文部省年報』『琉球教育要覧』。

（注記）戦前期においては国民学校初等科および高等科に就学した児童数、戦後期においては小学校と中学校に就学した者の数を合算。『琉球教育要覧』では学齢児童・生徒と就学児童・生徒が厳密に区分されない場合がある。くわえて明白な誤記がある。このため1954年以後の数値には他表での数値と非整合がある。

のは、一九四八年四月からである。(6) したがって、ここでいう増加後の小・中学校は六・三・三制として運営されていた。

児童・生徒数は戦前期に一〇万人前後でほぼ安定的に推移していたが、一九五四年以後にはその一・五倍から一・八倍にまで急増した。その内実は、児童数自体の増加にくわえ、主に中学校生徒数の増加に牽引されたものである。このことは就学先別に分類して示した、次頁の図II―3から容易に看取できる。

念のため確認すれば、戦後の中学校に就学する年齢段階に相当する国民学校高等科は二年制であった。したがって、中学校が三年制として施行されたことで必然的に一九五四年以後の数値には一学年分が付加されている。しかし、たとえ、このことを差し引いたとしても、戦後期の児童・生徒数は増加を基調とした。

このことの証左を沖縄群島の事例から確認しよう。八・四制として施行されていた、一九四六年時点における当該小学校は一二〇校、児童数は七一三一〇名になる（教員数は二〇三一名）。すでに六・三・三制が施行されていた、一九五一年四月時点では、小学校は一五〇校（分校はこのほかに一九校）、おなじく中学校は一一一

図Ⅱ―3　国民学校・戦後小中学校　児童・生徒数の内訳推移（1940―1959年）　単位（人）

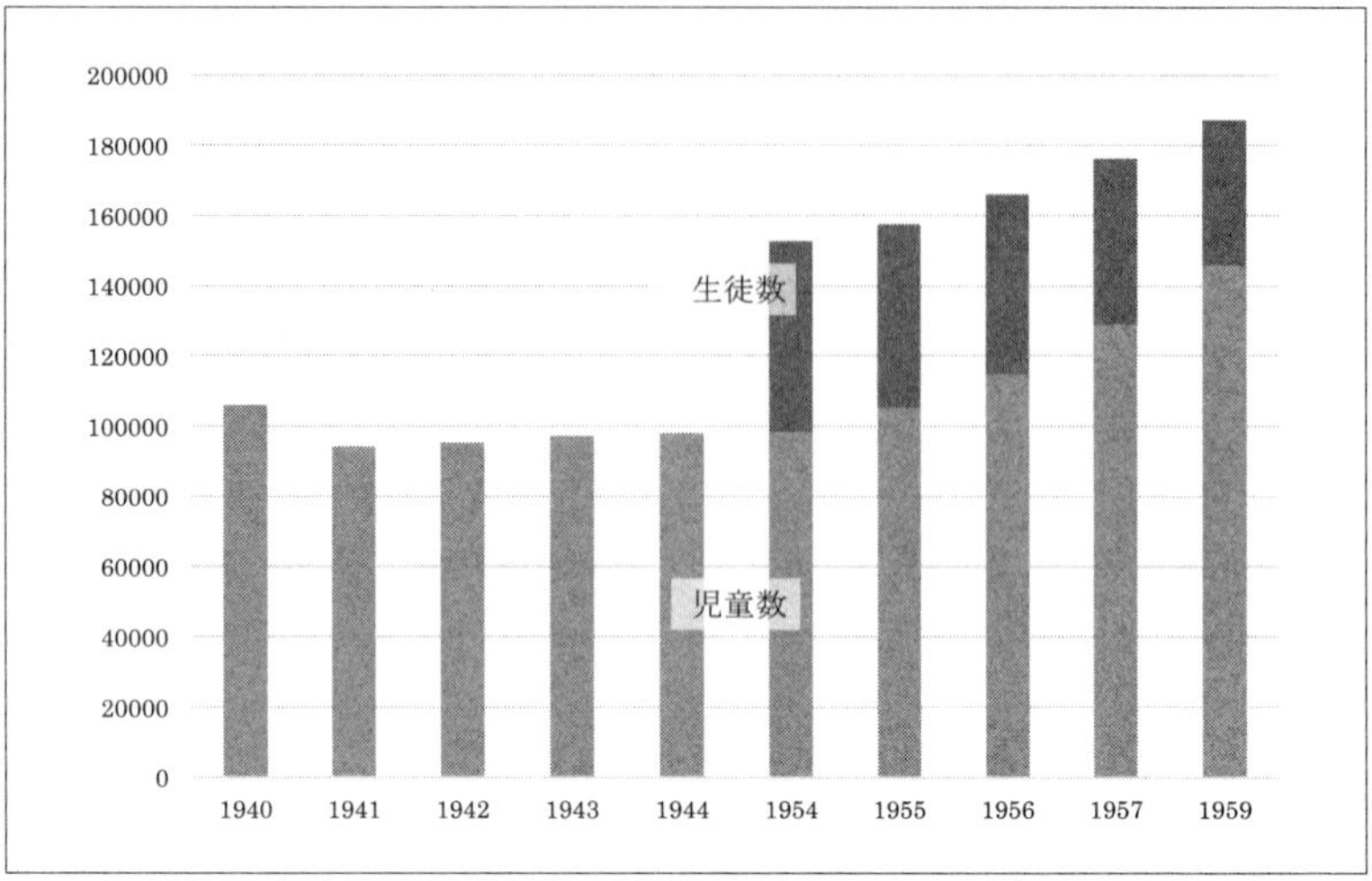

（出典）『文部省年報』『琉球教育要覧』。

校（七校）であった（教員総数は順に、二一三二名、一二六二名）。この事例から、宮古、八重山の二群島をのぞいた沖縄群島に限定の数値においても、すくなくとも沖縄戦終結の五、六年後には戦前期の沖縄県全体の数量的な規模にほぼ近接する水準にまで達していたことがわかる。[7]

　こうした教育規模の数量的拡大はかならずしも単純なものではない。注意すべきは沖縄戦に前後する出生数の年次変動の大きな振幅である。次頁の図Ⅱ―4では、一九五四年を事例とした場合の学年・出生年別の児童・生徒数を示した。

　同年における就学児童・生徒の総数は一五万二九二六名であった。しかし、三年児童（一九四六年出生）の人数は相対的に最少にとどまる。最大を占める一年児童（一九四八年出生）を基準とすれば、その四割程度の規模にすぎない。対照的な位置を占める両年のちがいは、沖縄戦、ならびに同終結以後の混乱にともなう低い出生数、その半面として、疎開地や旧植民地・占領地域からの帰還者による人口増加などが指摘される。[8] つまり、沖縄戦とその後の混乱は、出生数、そして、就学児童・生徒数の短期的な変容において影響をおよぼしていた。したがって、学校数、児童・生徒数における量的増加の

図Ⅱ—4　1954年時点の学年（生年）別、児童数　単位（人）

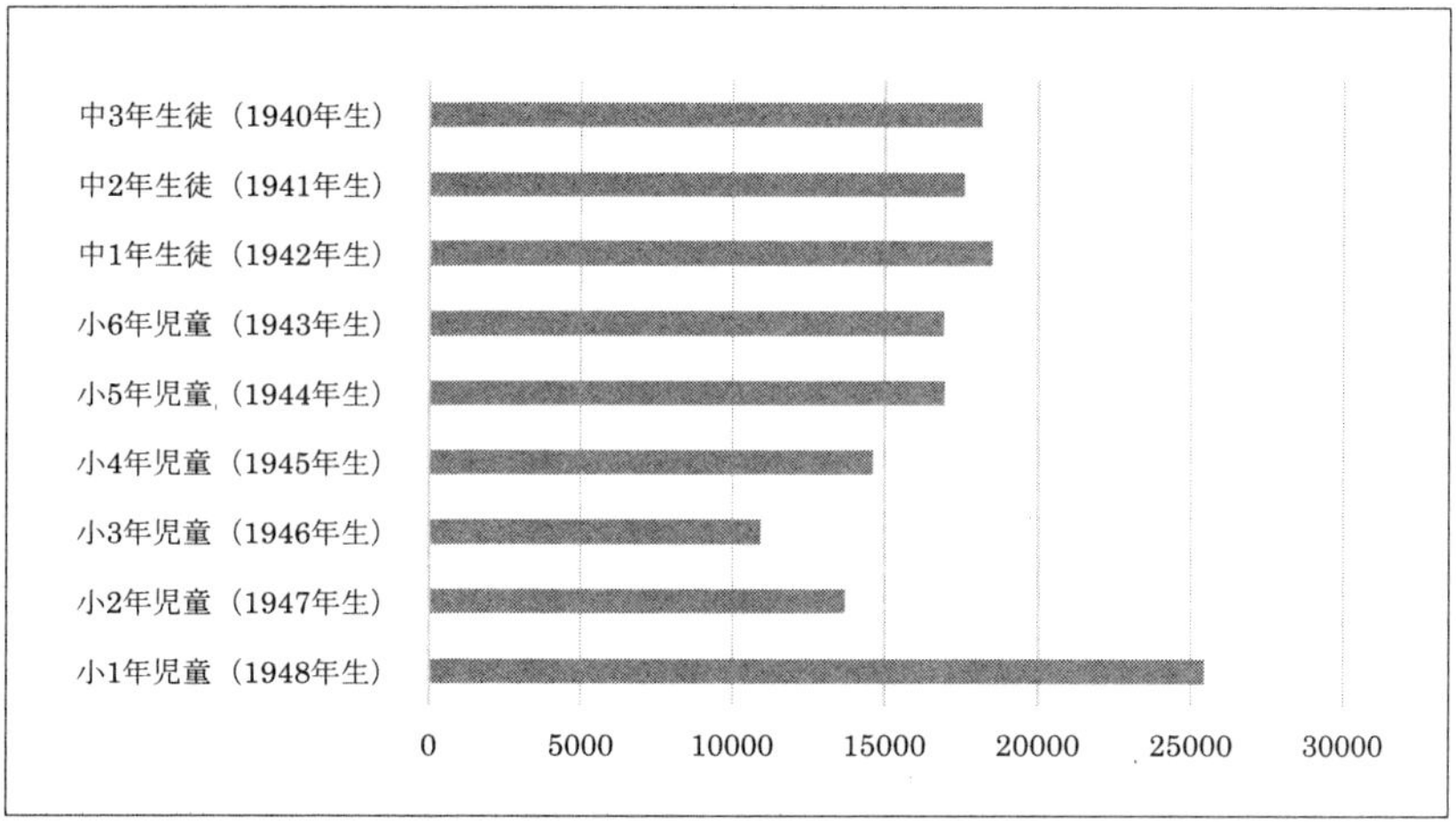

内実はかならずしも単一的な要因にもとめられるものではない。むしろ、相反する因子をふくみつつ、総体としては増加を基調として変容していたというのが正確である。

のちに具体的数値をもって触れるが、沖縄戦は多くの教員を戦死にいたらしめた。このことは、以上でみてきた就学児童・生徒数の増加という需要に応じることができず、いわば教員層の供給不足に陥ったことを意味する。つぎにみる新制高等学校の創立と増設などの制度的改編は需要をさらに高める要因となった。

次頁にある図Ⅱ—5では一九四〇年代から一九五〇年代にかけての中等教育段階の諸学校の校数の推移について、仮に旧制中学校と高等女学校、新制普通高等学校の系列（以下、普通系列）、ならびに旧制実業学校と新制職業高等学校の系列（おなじく、職業系列）として分類のうえ示す。なお、確認すれば、新制高等学校は、さきにみたように、当初、四年制として発足したのち三年制として移行した。このため旧制中等学校とは修学年数が一致しない場合がある。この点にかんがみていえば、旧制中等学校と新制高等学校を同一の指標で単純に比較することはできない。

図Ⅱ—5の分析に入る前提として、当該学校の具体的な校名を示そう。いずれも五五頁の表Ⅱ—1では一九四三年

図II―5　旧制中等学校と新制高等学校　系列別、学校数の推移（1940―1959年）　単位（校）

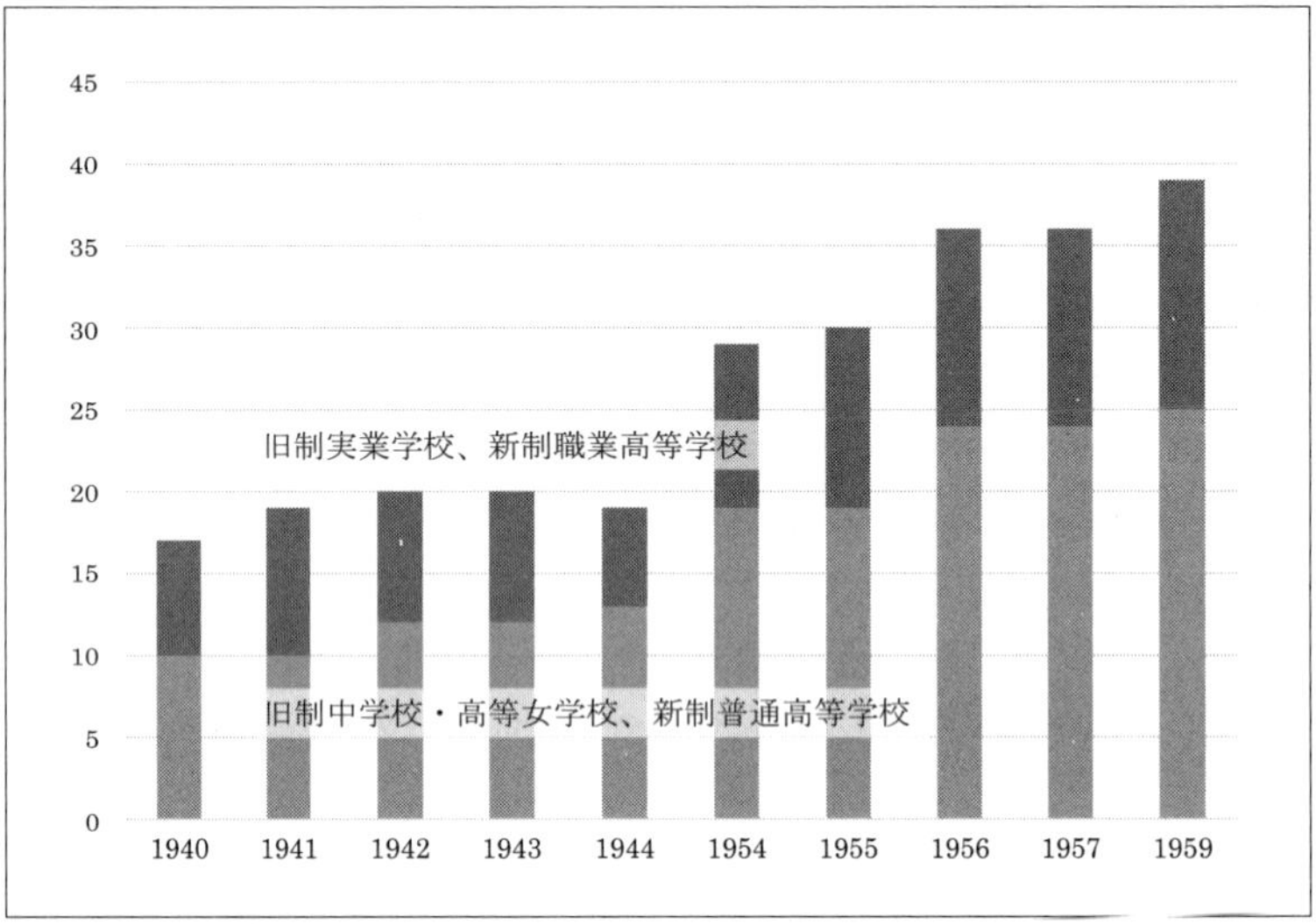

（出典）『文部省年報』『琉球教育要覧』。

（注記）戦前の数値には中学校、高等女学校、実業学校をふくむ。設置者は問わない。実科高等女学校、各夜間課程をふくむ。職業学校、その他の実業学校、二種併置校をふくむ。おなじく戦後には高等学校連合区教育委員会が設置する、公立高等学校（全日制、定時制）、琉球政府が直轄する、職業高等学校（同前）をふくむ。分校は本校に組み入れた。各史料における積算上の誤記はあらためた。

時点を事例として同年に設置されていたすべての旧制中等学校を、表II―2では一九四五年から一九五一年までに設置された新制高等学校を一覧化した。

両表にみるように、一九四三年においては中等学校は、中学校と高等女学校がそれぞれ六校と七校、実業学校が七校であり、総計で二〇校であった。(9) おなじく一九四五年から一九五一年では、普通系列が一九校、職業系列が八校であり、総計で二七校にまで増加した。さらに一九五〇年代後半には四〇校ちかくにまで増加した。この間、校数における普通系列に対する職業系列の相対比は平均で六割程度であり、戦前期と戦後期のあいだに大きな変動はない。普通系列と職業系列の学校数の比率はほぼ一定したまま推移し、総数は一・五倍から二倍弱にまで増加していたことになる。

校数における量的増加、ならびに普通系列と職業系列の学校数における相対比

表Ⅱ—1　旧制中等学校一覧（1943年時点）

普通系列	学校名	職業系列	学校名
中学校	沖縄県立第一中学校	実業学校	沖縄県立農林学校
	沖縄県立第二中学校		沖縄県立水産学校
	沖縄県立第三中学校		沖縄県立工業農学校
	沖縄県立宮古中学校		沖縄県立八重山農学校
	沖縄県立八重山中学校		沖縄県立女子工芸学校
	私立開南中学校		那覇市立商業学校
高等女学校	沖縄県立第一高等女学校		那覇市立第二商業学校
	沖縄県立第二高等女学校		
	沖縄県立第三高等女学校		
	沖縄県立宮古高等女学校		
	沖縄県立八重山高等女学校		
	私立積徳高等女学校		
	私立沖縄昭和高等女学校		

（出典）文部省普通学務局『中学校台帳　九州沖縄』（国立公文書館所蔵）、『沖縄教育』251号、1937年7月（30巻）、新垣庸一編『昭和十八年　沖縄県学事関係職員録』沖縄県教育会、1943年。
（注記）沖縄県立水産専修学校は、沖縄県立水産学校と同一とみなした。

表Ⅱ—2　新制高等学校一覧（1945—1951年設立分）

学校名（普通系列）		学校名（職業系列）
石川高等学校	辺土名高等学校	北部農林高等学校
大浦崎高等学校	久米島高等学校	中部農林高等学校
コザ高等学校	野嵩高等学校	南部農林高等学校
久志高等学校	那覇高等学校	開洋高等学校
前原高等学校	北山高等学校	宮古農林高等学校
知念高等学校	読谷高等学校	宮古水産高等学校
糸満高等学校	宮古高等学校	沖縄工業高等学校
田井等高等学校	宮古女子高等学校	那覇商業高等学校
首里高等学校	八重山高等学校	
宜野座高等学校		

（出典）沖縄県教育委員会『沖縄の戦後教育史』1977年、504—513頁。

図II―6　旧制中等学校と新制高等学校　生徒数の合算推移（1940―1959年）　単位（人）

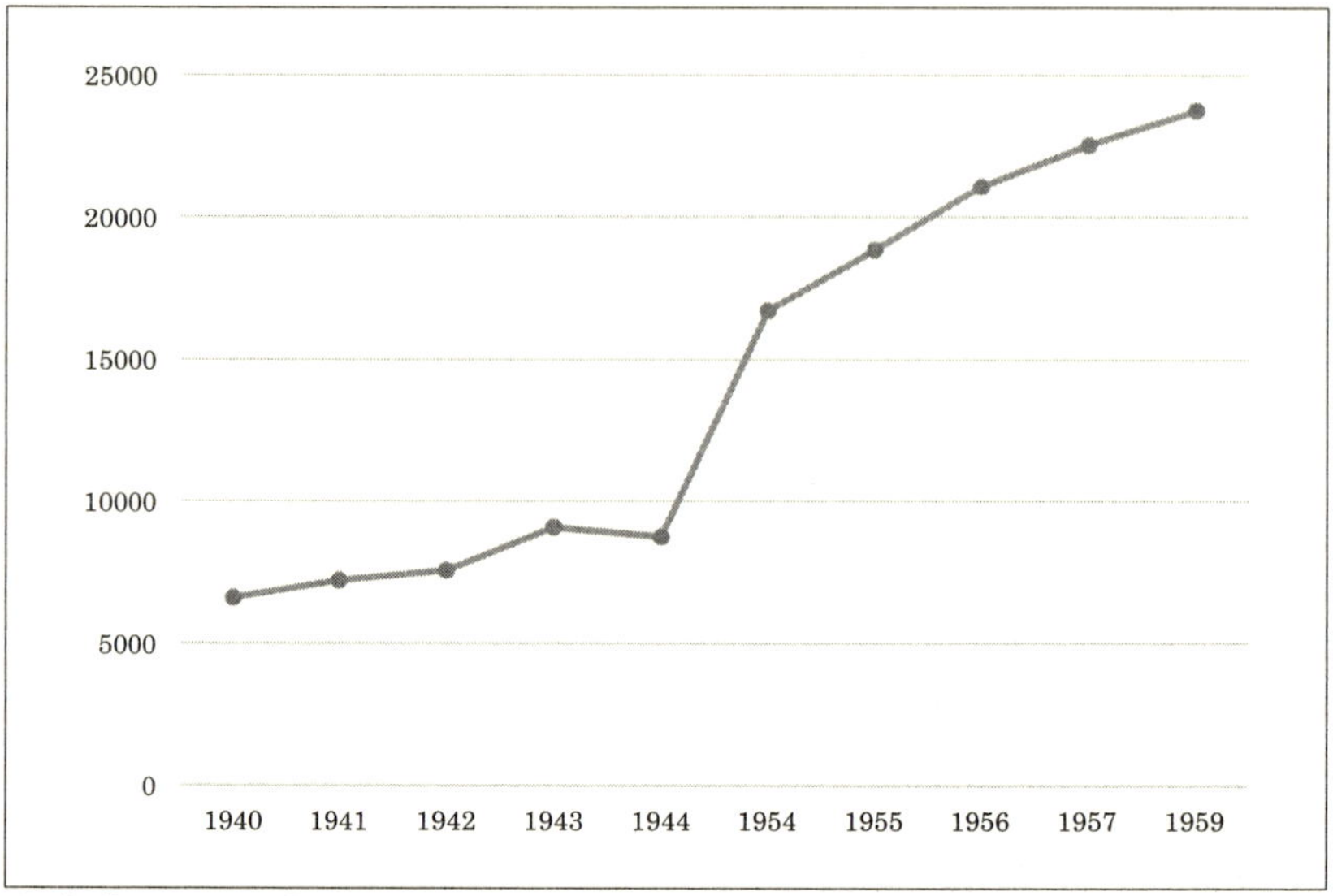

（出典）『文部省年報』『琉球教育要覧』。

率の定常性という傾向は、在籍生徒数とどのように関連するであろうか。上の図II―6では、同前生徒数の合算推移について、次頁の図II―7では、同数値における普通系列と職業系列別の内訳を示す。

図II―6にみるように、戦前期では普通系列と職業系列を合算した場合でも、その生徒数は最大で九〇〇〇人程度であった。一転して戦後期においては、一九五四年に一五〇〇〇人を超えたのち、年ごとに一〇〇〇人から二〇〇〇人程度の実数で増加を遂げ、一九五九年時点では、戦前期に最大値を示した一九四三年時点の二・五倍以上にまで達した。

戦前期において最大の在籍生徒数を有していたのは中学校と高等女学校であった。就学年数は、それぞれ五年（高等女学校は四年制の時期がある）である。つまり、一九五四年以後には三年制であった新制高等学校より戦前期には配置学年数が多い。こうした就学年数のちがいにもかかわらず、むしろ新制高等学校の生徒数は増長していた。一方、図II―7にみるように、生徒数を普通系列と職業系列にわけてみれば、平均して前者は後者の二・

図II—7　旧制中等学校と新制高等学校　系列別、生徒数の推移（1940—1959年）　単位（人）

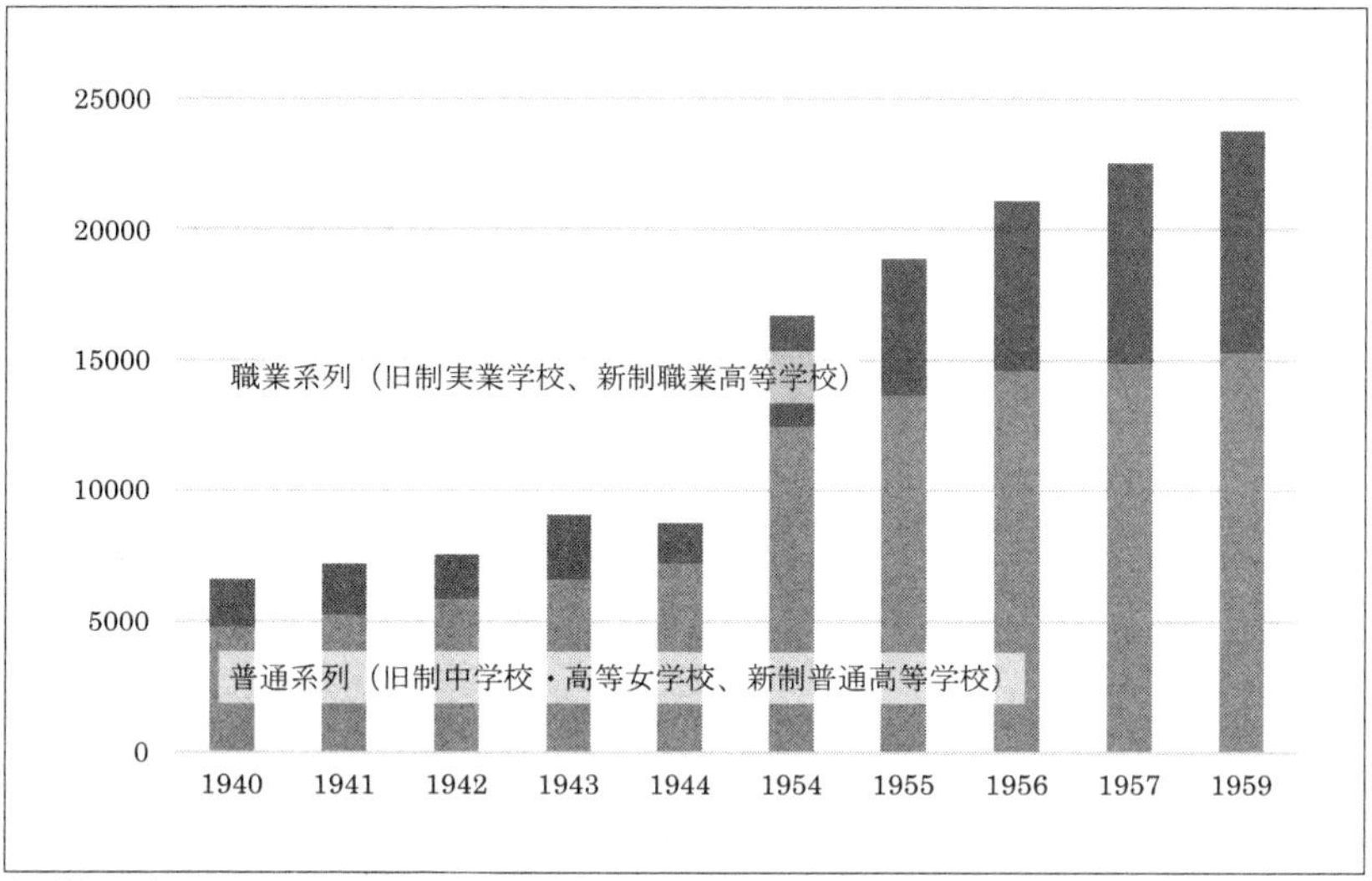

（出典）同前。

五倍程度の規模で推移した。校数における両者の相対比にくらべ、生徒数では普通系列の比率が高かったことがわかる。

新制高等学校における規模拡大は、いうまでもなく進学率の増加が背景にある。当該数値の推移について、ひろく復帰時点までを対象に他の都道府県平均との比較として示す（次頁の図II—8）。

同図からはふたつの特徴を指摘できる。ひとつは、他の都道府県平均がほぼ直線形であり、一九五〇年代に停滞ののち右肩上がりの推移を示したのに対して、沖縄の数値は幾度かの上下変動をともなっていたことである。[10] この間、前者は一貫して上昇をつづけ、一九六〇年代なかばには七〇％を一九七〇年には八〇％を超えていた。もうひとつは、沖縄の数値が総体的には上昇傾向にあったものの、一貫して平均値を下回っていたことである。両者の差は一九六〇年代に最大で二〇ポイント程度にまで広がりをみせた。[11] しかし、これらの特徴にまして重要なのは、相対比較においては劣位にあったにもかかわらず、沖縄での高等学校進学率は高等学校における教員需要を拡張させていたことである。これに呼応

図Ⅱ—8　高等学校進学率の比較　単位（％）

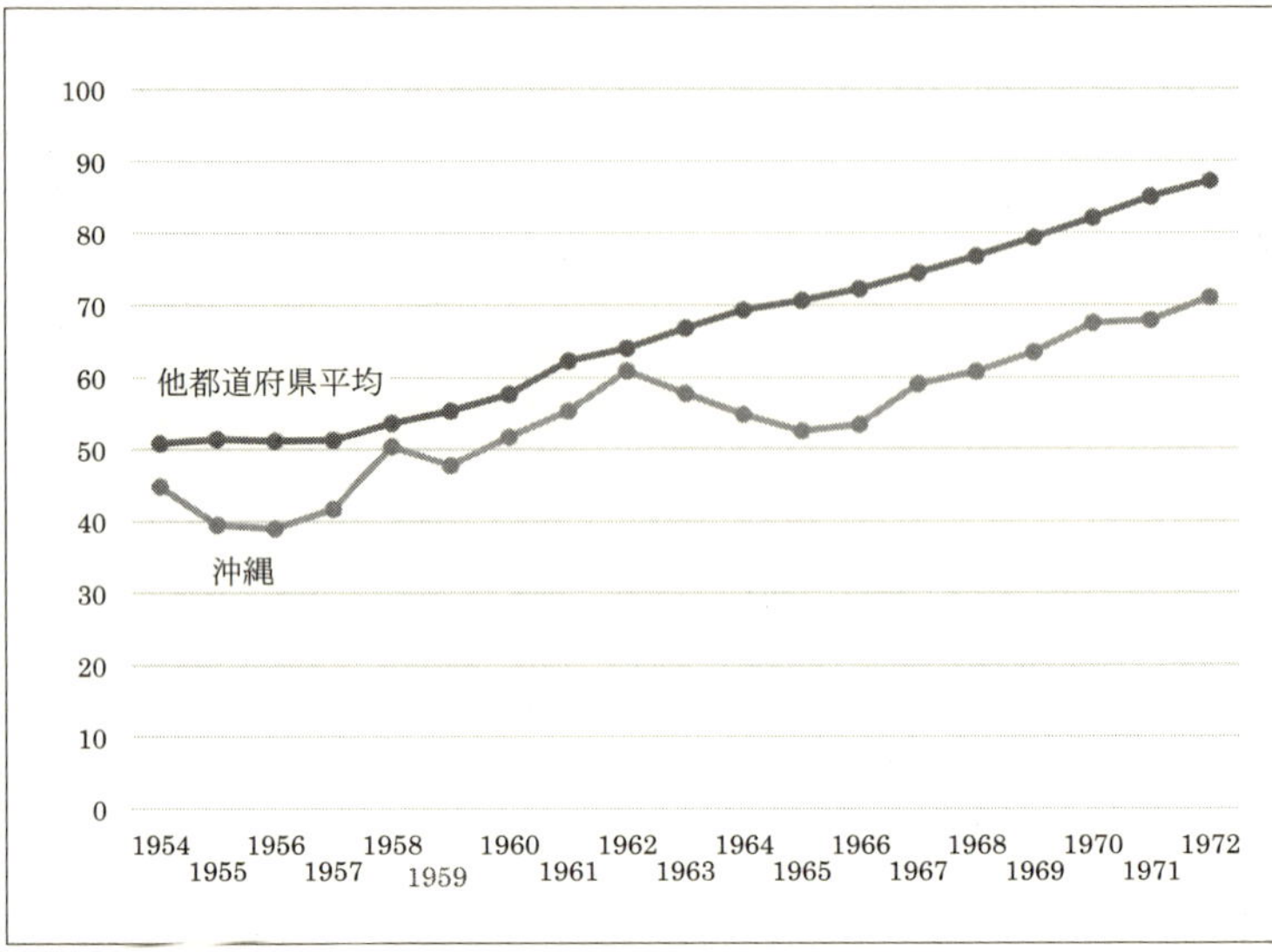

（出典）『琉球教育要覧』『学校基本調査』。
（注記）1957年以降は沖縄県教育委員会『沖縄の戦後教育史』1977年、946-947頁。

する教員供給がどのようにあったのかについてはのちにみる。

2　教員数の推移

つぎに本書の主題と直結する前提として教員数の推移をみる。以下で予定される分析項目にかんがみて、従前とは異なり、次頁の図Ⅱ—9では戦前期は国民学校、戦後期には小学校のみを対象として、当該期間における教員数について、その推移を示す。おなじく図Ⅱ—10では旧制中等学校と新制高等学校を対象として教員数の推移を示す。

両表はいずれも一九四〇年代には比較的安定した推移を示す。沖縄戦終結後、一〇年の期間を経て前者は一時的な低下を示す。この背景は不詳だが、以下の点はすくなくとも指摘できる。それは、人口流動をはじめとした沖縄戦後の混乱にくわえ、軍政府からの予算削減要求にもとづき、一九四六年以降、小学校における教員定数を減ずる措置が講じられたことである。[12]　つま

図Ⅱ—9　国民学校と戦後小学校教員数（1940—1959年）　単位（人）

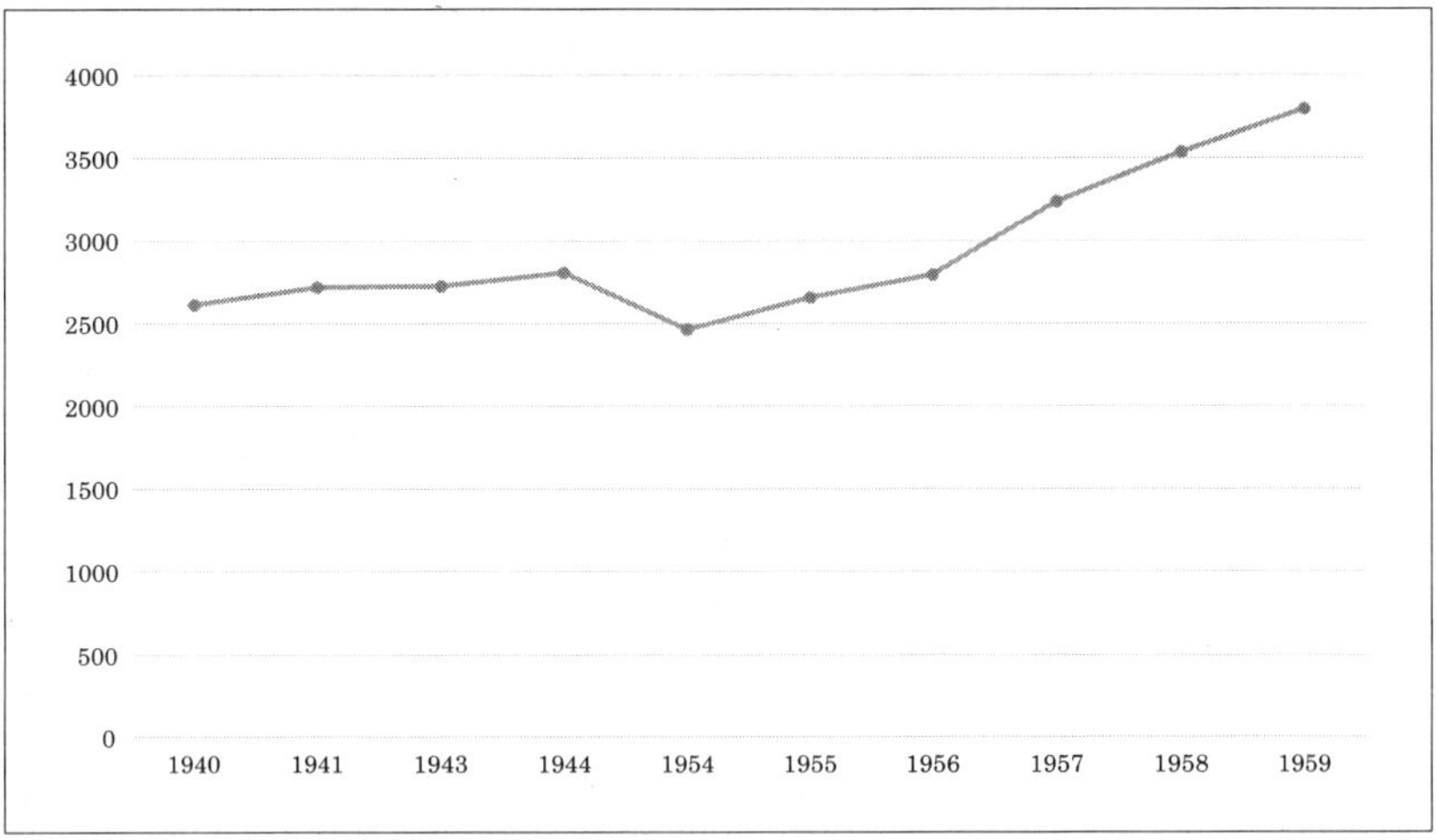

（出典）『文部省年報』『琉球教育要覧』。1958年のみ、沖縄県教育委員会『沖縄の戦後教育史』1977年、934-935頁。

（注記）統計上、学校段階があきらかではないため、1954年以後の「特殊学校」については除外した。

図Ⅱ—10　旧制中等学校と新制高等学校　教員数の推移（1940—1959年）　単位（人）

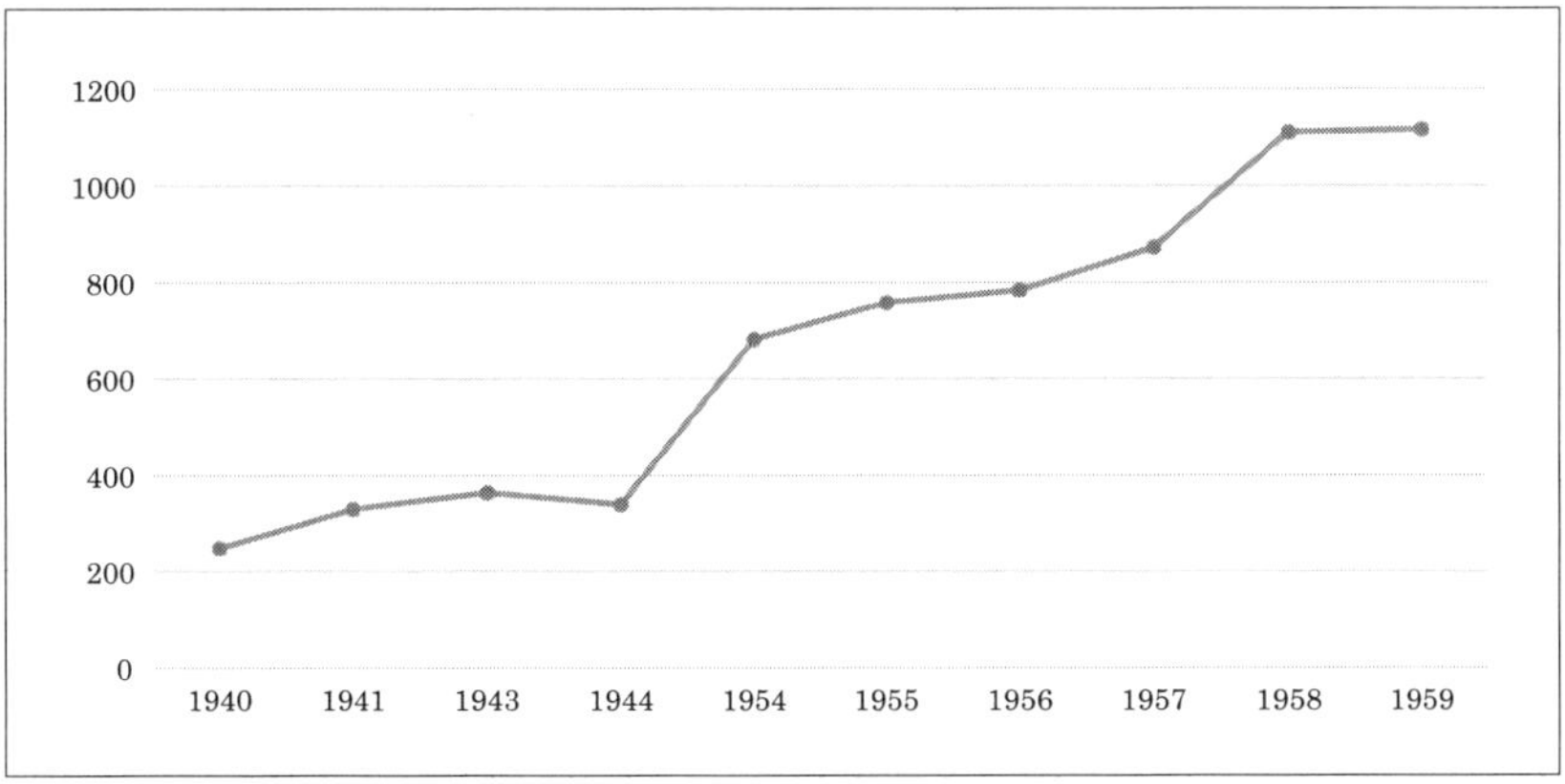

（出典）同前。

り、これまでに指摘してきた教育規模の拡張は、本書において空白となる時期においてはかならずしも単純な線形を描いていたわけではない。たとえば、宮古群島では同年はじめに教育経費を「郡財政」としてまかなうことが軍政から指示された。これを受け、当該期には名称として存続していた国民学校において、宮古支庁学務課は教職員定数を二八〇名から二一五名に削減することを余儀なくされた。(13)

しかし、両表にみるように一九五〇年代においてはいずれも一転して増加を基調として推移した。一九五〇年代を通した期間でみれば、いずれも一・五倍の規模にまで達した。一九四〇年代から一九五〇年代にかけてのさらに長い期間では、前者の拡大倍率は同様であるのに対し、後者は四・五倍にも達している。のちにも具体的に示すが、両者は実数上の規模を異にしており、同列に論じられない。そのうえでも後者における増加がとくにいちじるしかったことがわかる。沖縄群島に限定した場合でも、高等学校の教員数は一九四九年時点において三九一名に達しており、戦前期の沖縄県全体の旧制中等学校の教員数をすでに超えていた。(14)やや時代がくだるが、一九六二年時点における琉球政府文教局の推計では、年齢などによる退職者数を見越したうえで、直近五カ年のあいだに一四三五名の新規教員採用が必要とされた。とくに高校に勤務する教員の安定供給が行政的な課題とされた。(15)

つぎに教員の属性について、男女比率と年齢構成のふたつの視点から分析をくわえる。次頁の図Ⅱ—11では、国民学校と戦後の小学校における男性教員と女性教員の比率推移を示した。すでに一九三〇年代なかばにおいて、国民学校における女性教員の比率は四割を占めていた。(16)さらに一九四四年には男性教員を上回る比率を占めるまでになった。

図Ⅱ—11から女性教員の比率の高さという基調は、より顕在化して戦後期において結果として引き継がれていたことがわかる。ただし、戦前期と戦後期ではこの基調が生み出された背景はかならずしも同一ではない。戦前期には主として男性教員の応召がその要因であり、おなじく戦後期には男性教員の戦死にくわえ、後述する離職がその背景として指摘できる。

図Ⅱ―11 小学校教員における男女比率の推移（1940―1959年）　単位（％）

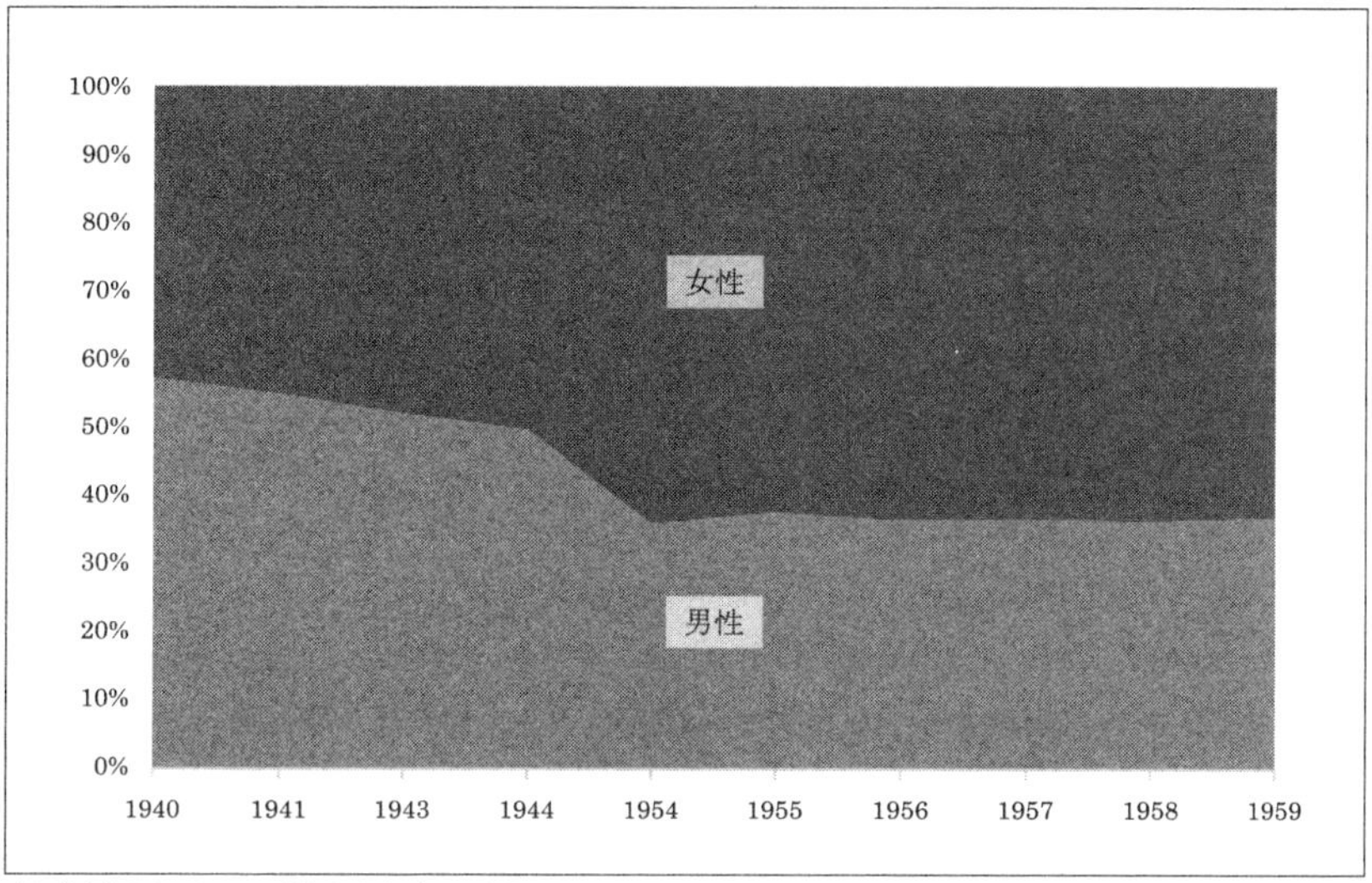

（出典）『文部省年報』『琉球教育要覧』。1958年のみ琉球政府文教局研究調査課『学校基本調査報告書　1958年度』1959年、2頁。

他方、男性と女性の比率推移をみる場合、学校段階による差異を見過ごすことはできない（六二頁、図Ⅱ―12）。

一九五四年を事例とした場合、高等学校などをふくめた全教員のうち、男性は五五％、女性は四五％でありほぼ均衡していた。[17] しかし、小学校に限定した場合、女性教員が男性教員のおよそ一・八倍の比率を占める。対照的に中学校では逆転し、男性教員が女性教員の二倍以上を占める。この傾向は高等学校においてより顕在化していることがわかる。

こうした男女比率の学校段階別のちがいは、一九五〇年代において大きく変化はしない。[18] つまり、小学校での女性教員比率の高さと、それとは対照的な中学校での低さ、そして、高等学校でのさらなる低さという、学校段階別の男女比率の偏在性は、年単位での若干の変動がみられるにとどまる。小学校段階は女性教員が、中学校段階以後は男性教員が主に担うという戦後期の性別役割分担は一九五〇年代中にはほぼ固定化していたとみなせる。じつはこうした偏在性は、同時代の他府

図Ⅱ―12　学校段階別にみた男女教員比率（1954年）　単位（％）

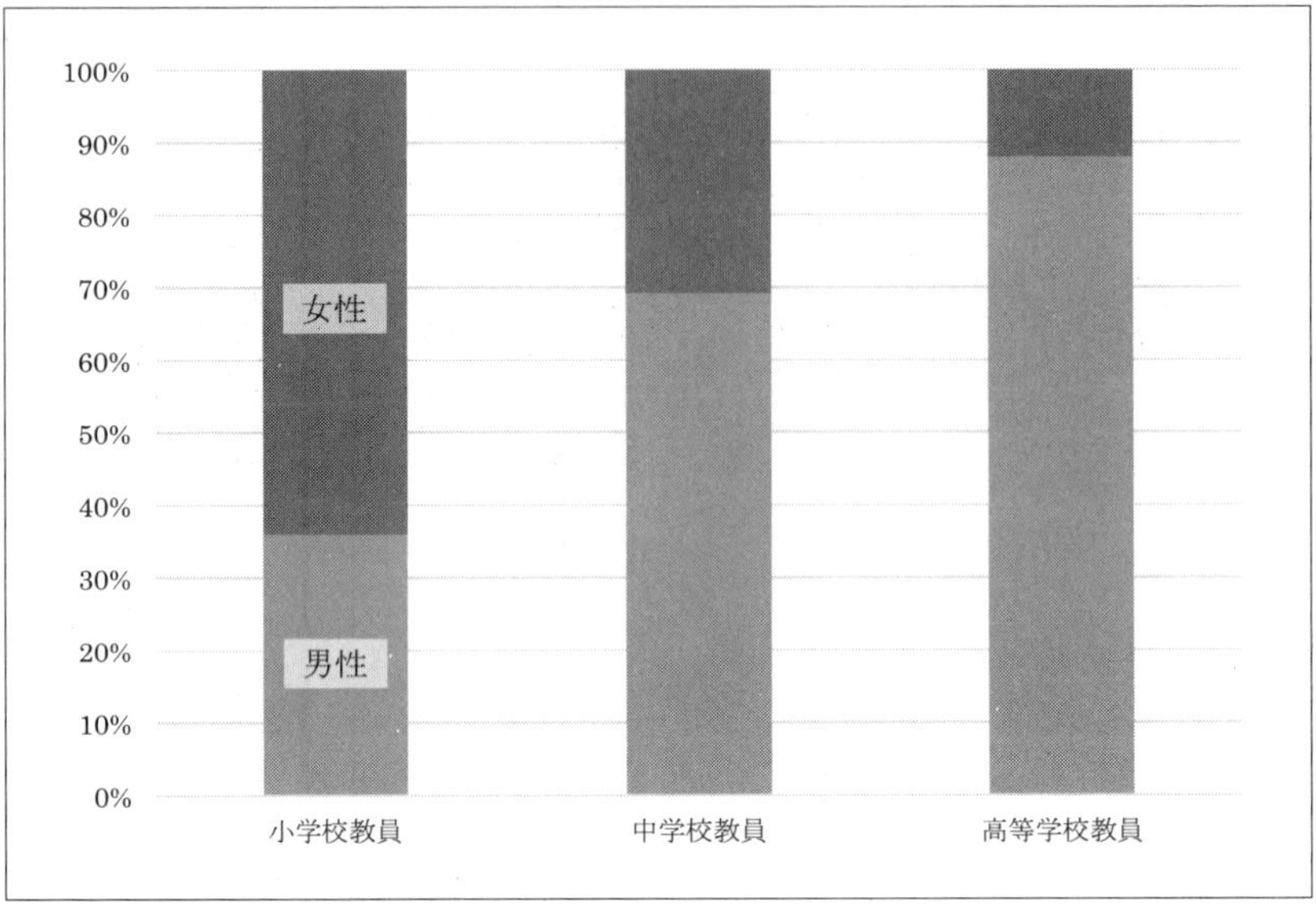

（出典）琉球政府文教局研究調査課『琉球教育要覧』1955年、95頁。

県の平均的傾向と比べて異同がある。六三頁の図Ⅱ―13にみるように、学校段階が上がるにしたがって男性教員の比率が高まるという点では両者は傾向をおなじくする。しかし、小学校における男女比の均衡の度合いにおいて、沖縄の小学校教員における女性教員比率の高さは際立つ[19]。

　つぎにもうひとつの視点として教員の年齢構成について、ここでは史料的な制約から戦後期に限定することになるが、一九五九年をひとつの事例として、おなじく小学校、中学校、高等学校の別にみる（順に図Ⅱ―14、15、16、六三―六四頁）。

　各図より、いずれの学校段階でも年齢構成上、二〇歳代が突出しており、最大の構成員となっている。小学校では過半数が当該教員であり、高等学校においては六割以上を占める。もとより、既述のように小中学校と高等学校は教員の実数において規模を異にする。おなじ史料によれば、同年時点で前者は五三五九名（小学校三八八九名、中学校一四七〇名）、後者は一一六四名であり、およそ五倍ものちがいがある。小中学校における二〇

図Ⅱ—13　他都道府県の学校段階別にみた男女教員比率（1953年）　単位（%）

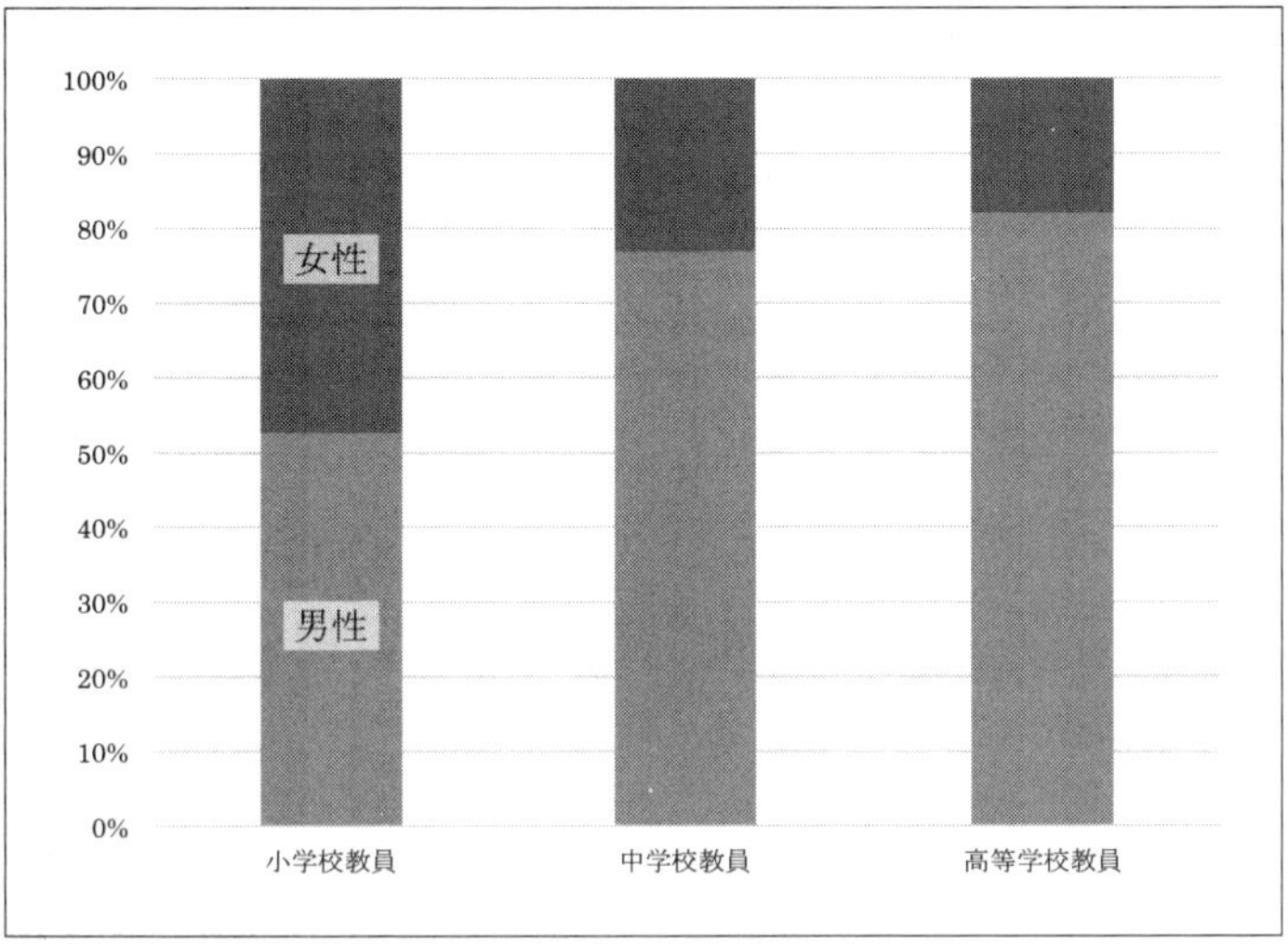

（出典）文部省『学校教員調査報告書　指定統計第九号』1954年、4—5頁。

図Ⅱ—15　中学校教員の年齢構成（1959年）
単位（%）

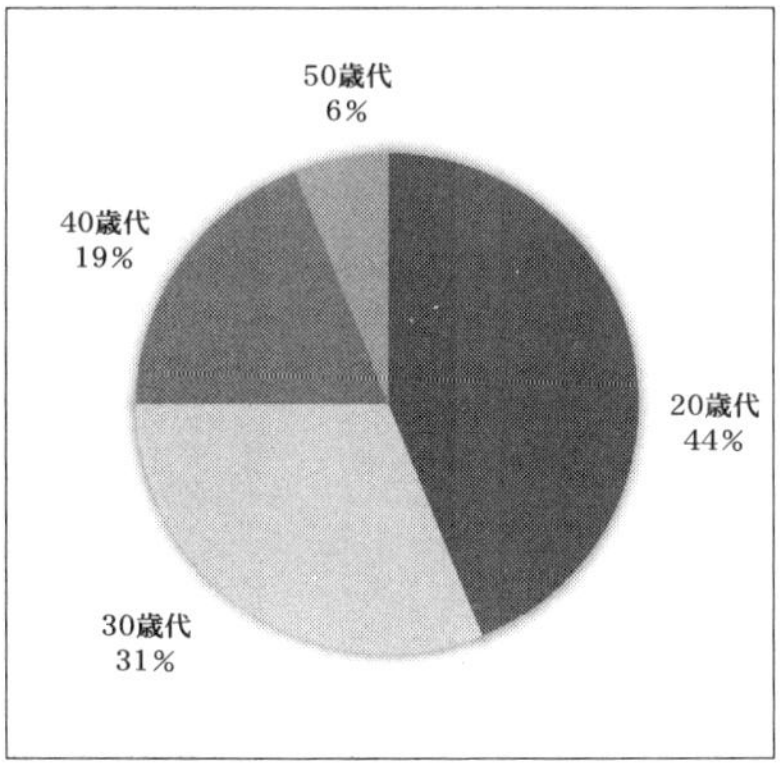

（出典）同前。
（注記）同前。

図Ⅱ—14　小学校教員の年齢構成（1959年）
単位（%）

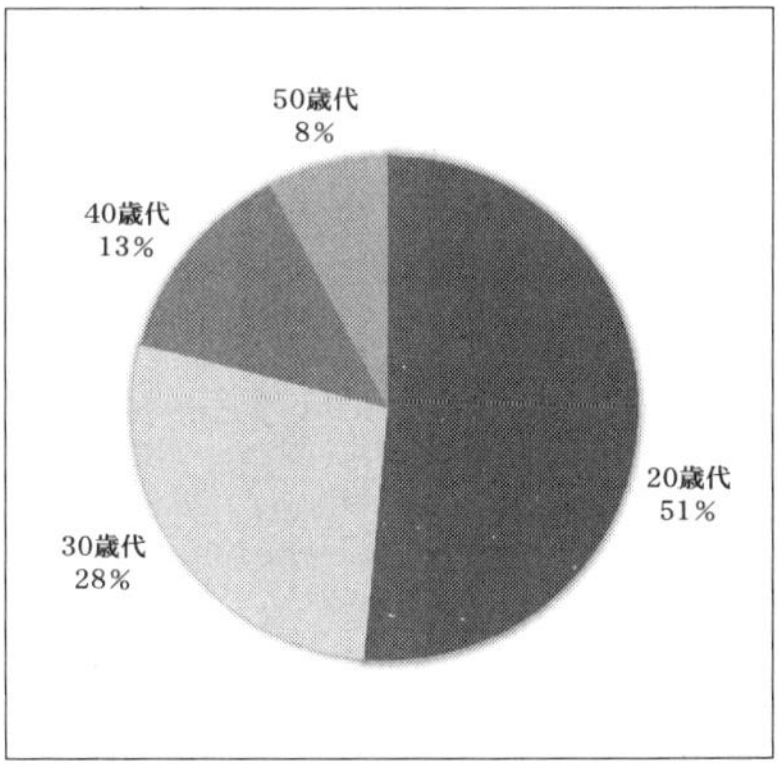

（出典）琉球政府文教局研究調査課『琉球教育要覧』1959年、40—41頁。
（注記）出典では小中学校にわけて、男女別の年齢構成が数値化される。このため男女の平均値として筆者があらたに算出した。

図II―16　高等学校教員の年齢構成（1959年）
単位（%）

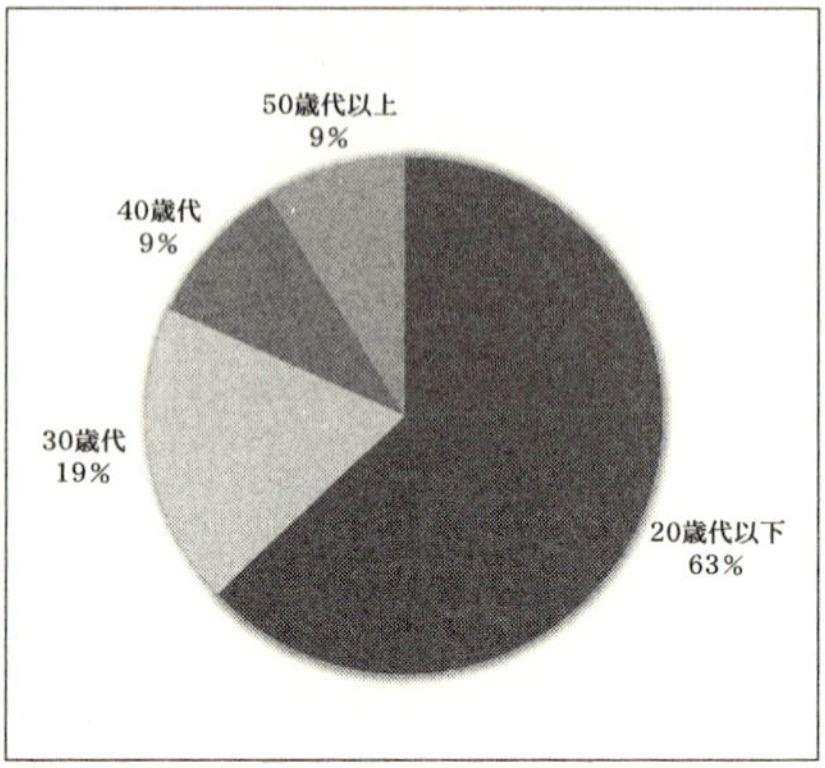

（出典）同前。
（注記）小中学校の統計とは年齢枠組みが異なる。

歳代にかぎれば、小中学校における教員の実数は二五四一名（小学校一八八六名、中学校六五五名）であるのに対し高等学校では七三二名にとどまる。したがって、実数の面では小中学校と高等学校における二〇歳代の比重は同列に論じることはできない。そのうえでも、一九三〇年代なかば前後の出生であり、沖縄戦終結の時点で一〇歳前後であった当該世代の教員層は、一九五〇年代末の沖縄教育界、なかでも高等学校においては最大の構成員であった。戦前教育の経験をもたない同世代の教員層への「流入」は、主要には戦後に設立された各教員養成機関を供給源としていた。このことについては、戦前教育を体験した教員層との関係としてのちにくわしく分析する。

半面、おなじく一九二〇年以前に出生の四〇歳代以降の教員はいずれの学校段階でも二割程度にとどまる。[20]なかでも高等学校では、三〇歳代とともに四〇歳代の占める割合が小中学校と比してとくに低くなっている。当該世代は、沖縄戦当時、二〇歳から三〇歳代であり、当該時点においてすでに「中堅教員」としての年齢域に達しているはずであった。しかし、同世代の一定数は、のちに具体的にみるように戦争犠牲者となり、また、戦後の生活困窮に起因して教員層から「流出」していた。このように一九五〇年代の教員構成において、一九三〇年代なかば前後以後の出生者が突出していたという特徴は、決して偶然ではなく、沖縄戦によってもたらされた必然的な現象であった。

以上で図式化した「流入」と「流出」（以下、いずれも括弧をはずす）については、それぞれの数値的な背景を具体的に示しつつ、のちに分析をくわえる。ただし、あらかじめ注意を促せば、こうした年齢構成上の偏在は、すべての学校段階や職位、また、沖縄内部の各群島において単純に一律不変であったわけではない。本書でいう移行とは、そうした多元性をともなう変容過程の実態に着目したものである。

以上の学校数、児童・生徒数、教員数にかかわる一連の数量的分析が示すのは、戦後期の軍事占領は、結果的には教育制度の復興と整備にとどまらず、教育規模の量的拡大をもたらしたということである。教育人口の規模としてみれば、それらはいずれも一九五〇年代において戦前期の一九四〇年代における水準をしのぐまでになった。しかし、このことは、あくまで当該期の沖縄教員史を外観するにすぎない。くわえていえば、米軍は占領の安定化と民心の平定、そして、軍事基地の供給を確保するかぎりにおいて、教育制度の整備を図ったことを見過ごしてはならない。[21] したがって焦点化されるべきは、数量的な変容の内実であり、なによりその運営を現実に担っていた教員層が実態としてどのようにあったのか、量的な拡大に応じるための教員供給はどのように図られていたのかということである。つぎに一九四〇年代から一九五〇年代にかけての沖縄の教員層における変容過程にかかわる分析に立ち入る。以下、前期移行期と後期移行期にわけ時系列に即し分析をくわえる。

二　沖縄戦から戦後期へ——前期移行期

前期移行期の分析では、三四頁で説明した、一九四三年名簿[22]を基礎としたうえで、沖縄戦時下を経て、個々の教員がどのような経験をたどったのかについて、史料的な根拠にもとづき、可能なかぎり跡づける。

1　一九四三年名簿とその後

一九四三年名簿に掲載された小学校教員について、さきに示した各史資料（三四―三六頁参照）に依拠することで以下のように四分類した。いずれも同姓同名などに起因する誤認の可能性は本質的に排除できないが、生年や出生場所、最終卒業学校などの関係史料にもとづき個人の動向を特定した。

①沖縄戦をふくめ、主として第二次大戦下における戦死者（以下、戦死者と略記する。おなじく各分類名称の略称について付記する）。
②史料的な捕捉がむずかしい不明者（不明者）。
③戦後期において教員としての継続的な勤務が確定できる者（確定者）。
④一部に教員以外の職をふくめ、沖縄戦終結以後の教員としての継続的な勤務が推定できる者（推定者）。

これらの分析結果について、次頁の表Ⅱ―3では一九四三年名簿に掲載された三一四三名の国民学校（一五一校、沖縄師範学校附属国民学校は首里所在の小学校としてふくむ。以下、おなじ）に勤務した教員（校長、教頭にくわえ、休職者や応召中教員などをふくむため、同年における『文部省年報』の数値（五九、九九頁）とは異なる）について、さきに示した四つに分類のうえ、それぞれの数値を示した。つづく図Ⅱ―17では、当該数値を相対比率として示した。

双方に示された分析結果から、その四割以上が不明者とされることがまず指摘されるべきである（一三六四名）。これだけの高い割合が不明者として分類される背景にはなにがあるのか。前提として指摘すべきは、これまでにも例示してきた史資料の制約という要因である。そのうえでいえば、ひとつの見立てとして、のちにくわしくみる戦後期における教員からの離職が一定程度を占めることが挙げられる。この場合、ここで活用し

表Ⅱ—3　前期移行期の分析結果　単位(人)

類型	戦死者	不明者	確定者	推定者	小計
国民学校(全体)	352	1364	814	613	3143

(出典) 新垣庸一編『沖縄県学事関係職員録　昭和十八年』沖縄県教育会、1943年を基に筆者が各種の史資料と照合して算出。ただし、渡慶次憲達編『昭和十八年版　沖縄県学事関係職員録』琉球政府文教局庶務課、1954年により補完。以下、いずれもおなじ。
(注記) 分類にあたり、休職者や応召中教員などは組み入れた。なお、事後的な調査により分類を補正すべきと判定した該当者が数名、挙げられる。しかし、推計の結果には影響をおよぼさないため数値には組み入れていない。以下、いずれもおなじ。

た教育者関係の史資料によってでは、必然的に捕捉はむずかしい。今後は、史資料自体の系統性に幅をもたせるとともに、教員の経歴を個別に調査することが必要であろう。じじつ、ここで不明者として分類されたのは、そのほとんどすべてにおいて史資料的な捕捉ができなかったことによる。これは筆者による執筆時点における調査の限界点に照応するものであり、ここでの分析精度にかかわる。当該数値をかぎりなく減少させることが、精度を高めるうえで不可欠の課題となる。また、戦死者として特定できたのは一割程度(三五二名)にすぎない。さきに引証したいくつかの史料は、教職員の戦死者は教員層の三割から四割程度を占めたとしていた。これを仮に、一九四四年時点の国民学校教員総数(二八〇五名)[23]にもとづいて実数化すれば、八四〇名から一一〇〇名程度になる。この数値が実態を反映していたと仮定すれば、不明者の割合が高いことのもうひとつの見立てとして、不明者のうち一定程度は実際には戦死者であったと推定できる。

図Ⅱ—17　前期移行期の分析結果
国民学校(全体)　単位(%)

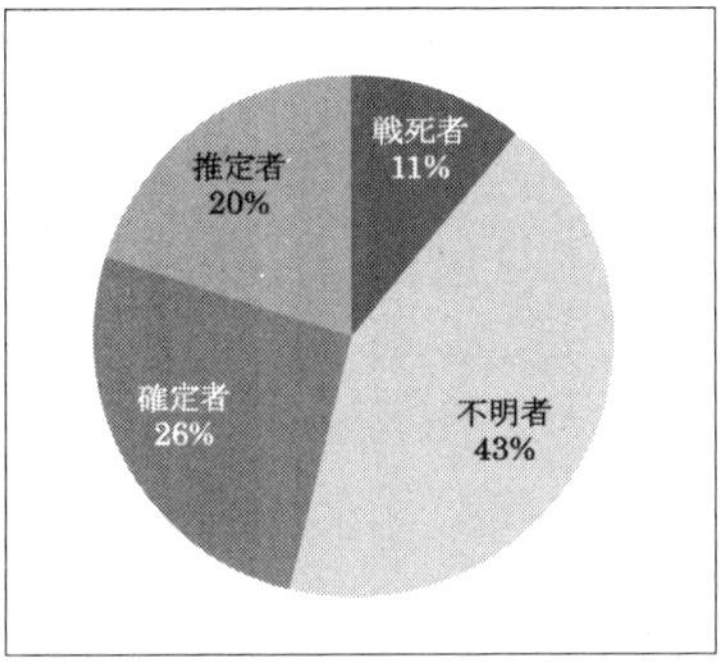

　他方、史料的に確定できた八一四名のほか、おなじく推定として位置づけられる六一三名もふくめれば、およそ四六%の教員は、戦後においても、教員として継続的に勤務していたことがあらたに判明した(合算して一四二七名)。従来、冒頭にも例証した、沖縄戦時下

に多くの教員が戦死を余儀なくされたことに起因する、教員供給の逼迫が焦点化されてきた。その現象自体はさきにも論証したとおり事実に即して正しい。その半面、半数ちかくにおよぶ小学校教員が戦後においても教員としての勤務を継続していたという、もうひとつの事実はすくなくとも実証的にあきらかにされることはなかった。

2　職位、学校段階、地域による多元性

あらたな知見として得られた以上の結果がより顕著なのは、三一四三名のうち九％程度（二八五名）を占める、国民学校の校長と教頭に限定した場合の当該分析の結果である（図Ⅱ―18）。

一般に同職位にあったことは、比較的、年齢層が高く、かつ社会的な指導的地位を占めていたこととして解釈できる。このことの反映であるのかは不明としなければならないが、校長と教頭に限定した場合、史資料的な捕捉ができる割合が相対的に高いといえる。不明は一六％程度にとどまり、教員全体の数値（四三％）とは大きなちがいをみせる。同時に特筆されるべきは、確定者が過半数におよぶと同時に、おなじく推定者をふくめれば、一九四三年当時の校長と教頭の七割以上は戦後も教員として勤務を継続したことである。この分析結果は、教員としての継続勤務の実態は、各自の職位のちがいと相関関係にあったことを示す。言い換えれば、六七頁の図Ⅱ―17でみた国民学校全体の数値は、校長・教頭職の数値によって上方に牽引されており、校長と教頭をのぞいた国民学校教員に限定した場合とは数値上の差

図Ⅱ―18　前期移行期の分析結果　国民学校（校長と教頭）　単位（％）

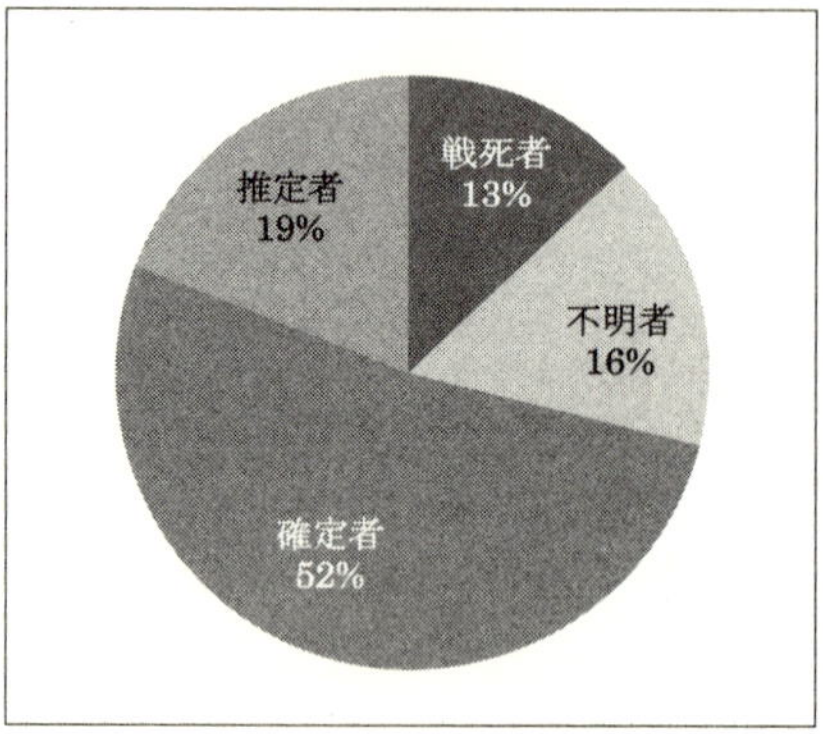

図Ⅱ—19　前期移行期の分析結果　国民学校（教員のみ）　単位（％）

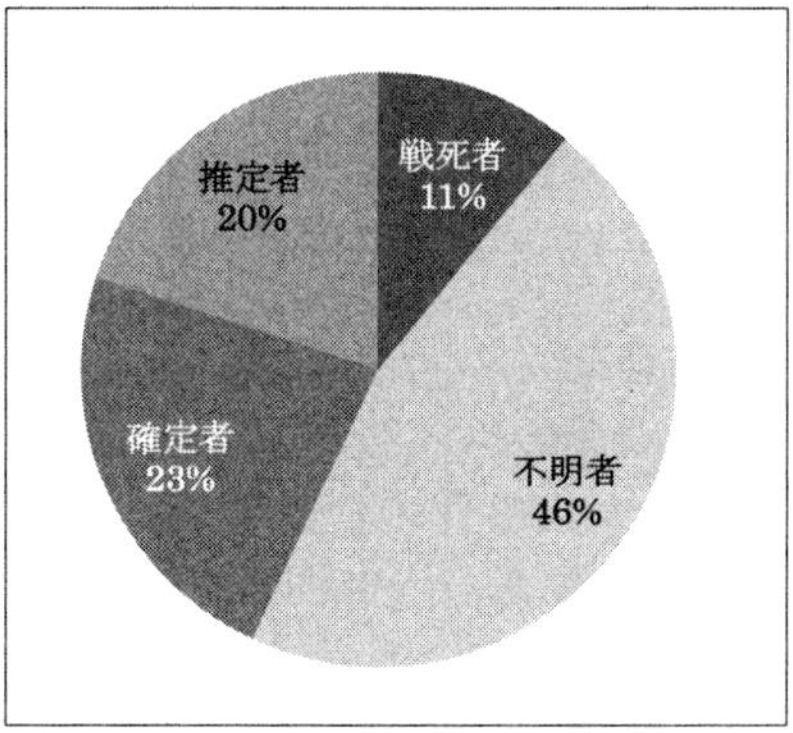

図Ⅱ—20　前期移行期の分析結果　中等学校・師範学校　単位（％）

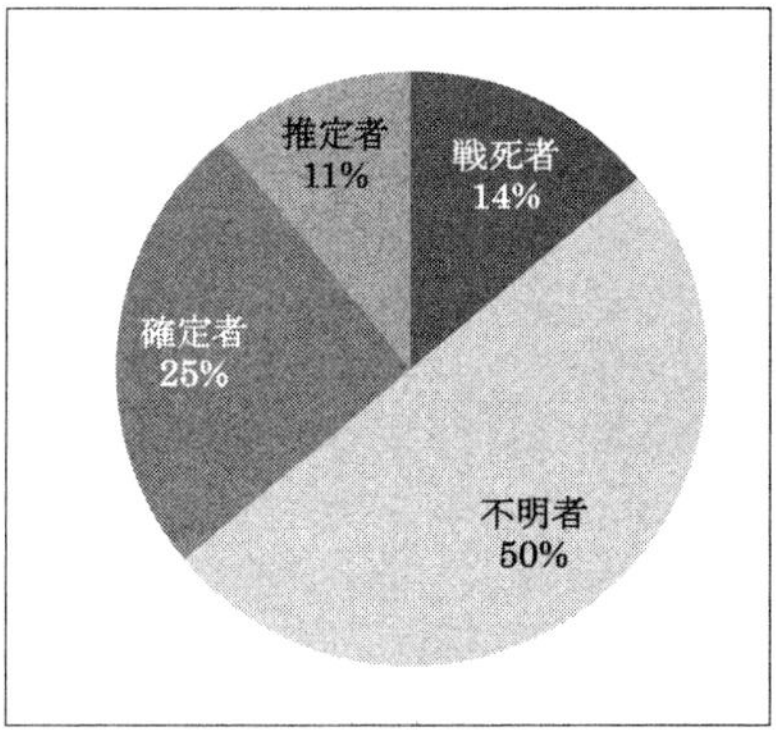

がある。このことは、教員に限定した場合の数値を示した、上の図Ⅱ—19における、不明者の相対比率の増加、おなじく確定的な継続勤務者の低下という事実から確証される。他方、視点を転じれば、教員に限定した場合においても、推定者をふくめれば、四割以上は教員としての勤務を継続していた。

一方、学校段階のちがいに焦点化した場合、中等学校ならびに師範学校教員（校長ほかをふくめ三三二名）については、同様の指導的地位を有したにもかかわらず、国民学校長と教頭にかかわるここでの説明をあてはめることはできない。というのは、図Ⅱ—20にみるように、わずかの誤差がみとめられるものの、中等学校ならびに師範学校教員に限定した場合の数値は、国民学校長・教頭に限定した場合のそれではなく、むしろ同校教員に限定した場合と近似するからである。

それでは、なにが要因となることで、このようなちがいが生じたのか。以上が、いずれも沖縄全体の傾向を指し示したものであることにかんがみて、つぎに地域的なちがいに視点を転じたい。次頁の表Ⅱ—4は地域別（便宜上、那覇と首里は一括した）の内訳を実数ならびに比率として示した。さらに図Ⅱ—21では当該比率を可視化して示した。

確認すれば、前期移行期にかかわる分析は、各教員が一九四三年名簿に記載された勤務先学校にすくなくとも沖縄戦時点まで継続して勤務していたことを前提としている。しかし、現実には転

表Ⅱ—4　前期移行期の分析結果（地域別実数と比率）　単位（人・%）

地域名＼類型	戦死者	不明者	確定者	推定者	小計
那覇・首里	46（13.7）	145（43.2）	71（21.1）	74（22.0）	336
島尻郡	114（14.4）	354（44.7）	191（24.1）	133（16.8）	792
中頭郡	99（13.6）	318（43.7）	176（24.2）	134（18.4）	727
国頭郡	67（9.8）	330（48.0）	159（23.1）	131（19.1）	687
宮古郡	15（4.1）	125（34.1）	131（35.7）	96（26.2）	367
八重山郡	11（4.7）	88（37.6）	86（36.8）	49（20.9）	234
合計	352（11.2）	1364（43.4）	814（25.9）	613（19.5）	3143

（注記）各地域別の実数につづき括弧内に当該小計に占める各類型の比率を示した（小数点第二位を四捨五入）。

図Ⅱ—21　前期移行期の分析結果（地域別）　単位（%）

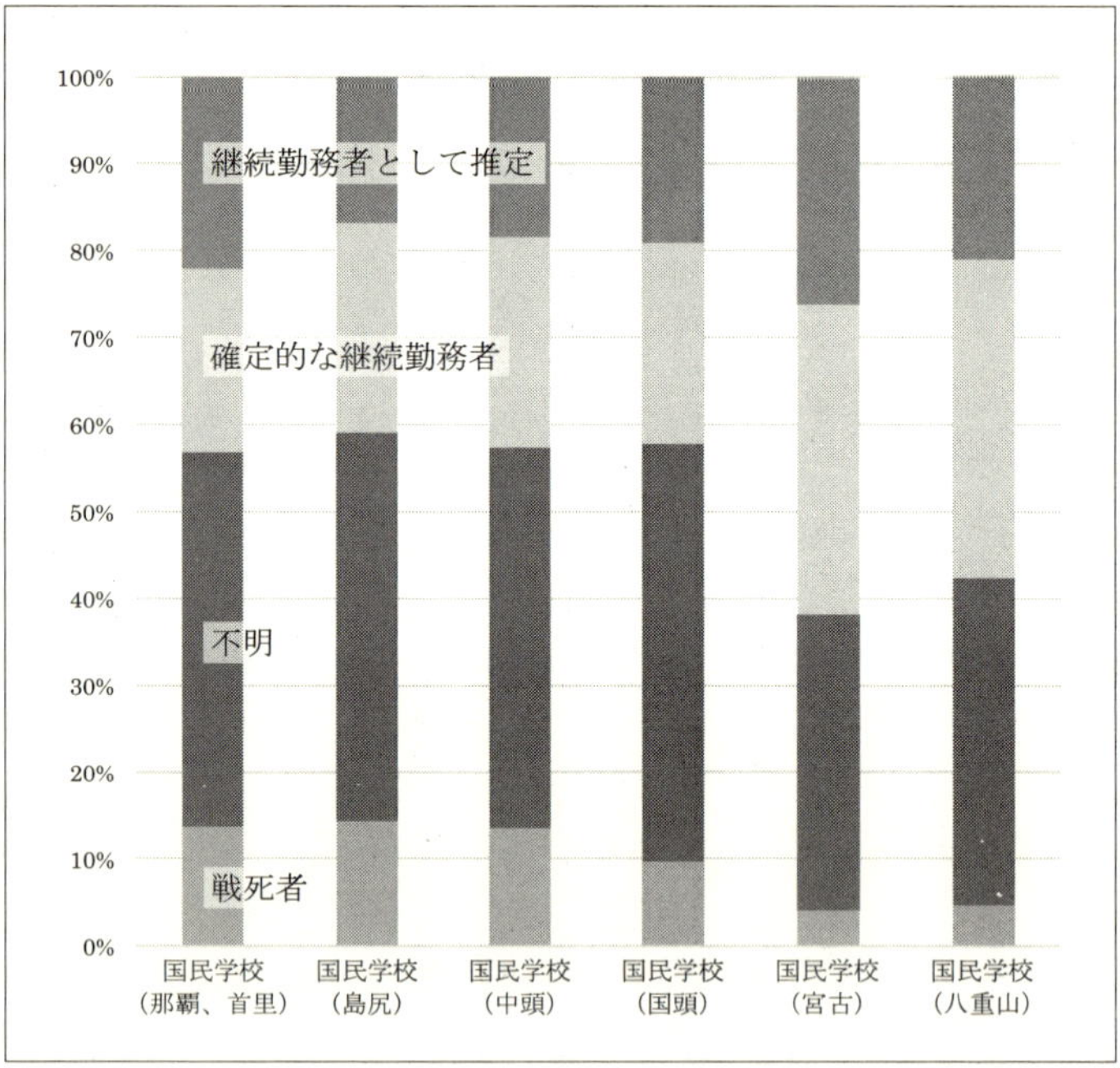

図Ⅱ―22　前期移行期の分析結果（中等学校・師範学校の群島別）　単位（％）

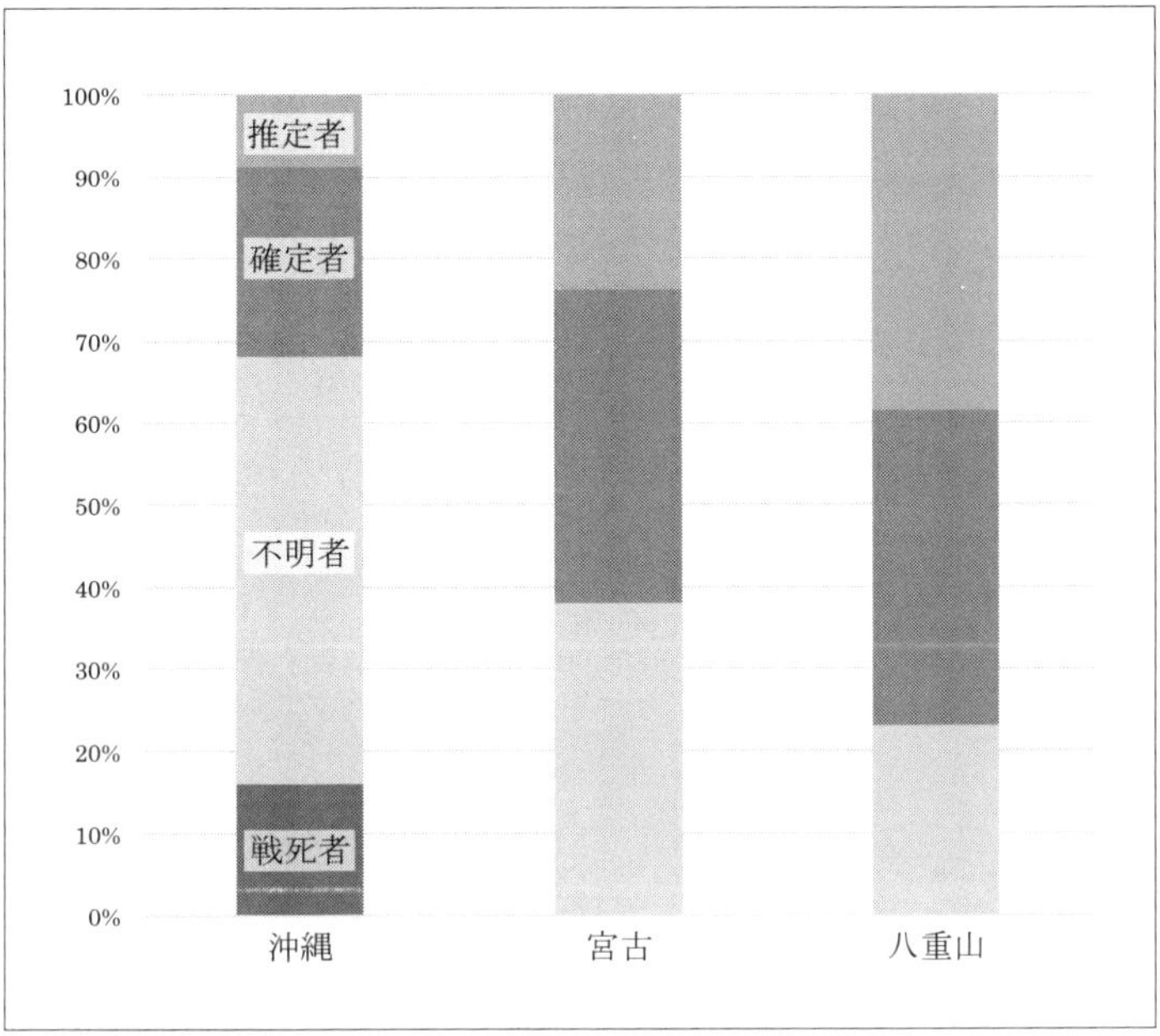

勤や異動、教員以外への転職、また、死亡などにより、この前提に合致しない場合が想定される。そのうえでいえば、双方から、表裏というべき、ふたつの点が判読できる。ひとつは、戦死と不明を合わせた割合は沖縄群島において軒並み高いことである。宮古、八重山の両群島と比較した場合、同数値の相対的な高さが目立つ。もうひとつは、これとは逆に、宮古と八重山では、推定者をふくめ戦後も教員として継続勤務した者の占める割合が高いことである。宮古では六割を越えるほか、八重山でもそれに迫る比率を占めており、両群島に限定すれば、過半数の教員が戦後も勤務を継続していたことになる。なかでも両群島の校長と教頭に限定した場合、宮古（一七校、三四名）でおよそ七六％（二六名が該当）、八重山（二五校、二七名）においては八八％（おなじく二四名）におよぶ。

　おなじ分析枠組みを適用して、中等学校ならびに師範学校を対象として、その所在地別の分類を上の図Ⅱ―22に示す（沖縄内部の地域は一括した)。

この場合でも国民学校とおなじ傾向を確認できる。ただし、八重山での推定をふくめた継続勤務者の比率は八割に迫っており、とくに高い点で特徴的である。

以上から、前期移行期中の傾向は職位のほか、学校所在地域のちがいと相関していたことが指摘できる。すなわち、あくまで事後的な結果として限定すべきだが、校長や教頭の経験者において、また、沖縄と比較して宮古や八重山での在職者においては、戦後も教員として継続的に勤務した者の割合が高い。むろん、不明者として留保つきで扱わなければならなかった場合を中心として、いずれも再検証の余地をのこす。そのうえでも、教員の戦死者数の概算的な推測、あるいは継続して勤務した教員にかかわる断片的な指摘にとどまってきた従来の研究状況に対して、史資料的な根拠にもとづき、沖縄戦をはさんだ教員層の移行過程の実態が具体的な数値をともない解明された。こうした前期移行期の特徴は一九五〇年代以降において、どのような変容過程をたどるのか、以下、後期移行期として解明をこころみる。

三　一九五〇年代——後期移行期

つぎに一九五〇年代の教員構成にかかわる分析に移る。すでにみたように、同年代は教育規模の拡大を基調とした。このことは教員需要の増大をもたらし、戦前期にはなかった多様な属性をもつ教員層が形成されていた。そうした属性のなかでも、以下、教員層内部の経歴にとくに着目する。具体的には相互に関連したつぎのふたつの分類項目を設定する。

第一は、戦前期教育の体験を有する教員と戦後期教育の体験のみを有する教員である。むろん両者は実態として截然と区分しがたい。一般に確定的な史料的根拠に乏しいこと、さらに本書が対象とする時期が免許制度をはじめ社会的混乱をともなっていたことに起因する。これらをふまえつつ、ここでは史料的に一貫した項目として捕捉可能な最終卒業学校の卒業年に着目したい。すなわち、当該年が一九四五年以前を「戦前教員」とみなし、おなじく一九四六年以後を「戦後教員」として区分した（以下、いずれも括弧をはずす）。ただし、前者として同定した場合であっても、現実には教員としての資格・免許、そして経験を持たないまま、戦後に教員になった場合が一部にある。このことはとくに戦後初期の教員不足によってもたらされた一時的な現象である。とはいえ、これを個別に見極めることは困難であり、また、最終卒業学校の卒業年以外には一貫した指標は得がたい。このことにかんがみて、ここでは、あくまで便宜的な分類項目として設定したことをお断りする。[24] そのうえで史料的な根拠が得られない場合には不明として取り扱った。したがって、両者を合算した場合でも、従前の統計数値と整合しない場合がある。

第二の分類項目は、教員の経歴のなかでも学歴に着目し、モデル的に五分類のうえ、それぞれの構成比率の変容過程、ならびに制度史的な背景をみる。第一は沖縄師範学校卒業者である。[25] 同校卒業の経歴をもつ場合でも、沖縄戦以前にそのすべてが小学校教員であったとはかぎらない。そのうえでも、同校卒業者は、戦前からひきつづき、戦後の教員層においても不可欠の位置を占めた。第二に旧植民地・占領地に所在した学校の卒業者であり、戦後の引揚者である。第三に教員訓練所、ならびに文教学校など、戦後各地域に設置された教員養成機関卒業者である。第四に琉球大学卒業者、第五には新制高等学校卒業者である。なお、以上の教員層内部の在職者にくわえ、戦後期には教員層外部への離職者が発生していた。その規模は同時期の教員構成を分析するうえで欠かせない。このことにかんがみて、これら離職者にかかわる数量的分析を以上に付加して提示する。

あらかじめ確認すれば、すべての教員がこれらの分類に択一的に収まるわけではない。[26] たとえば、沖縄師範学校を卒業後、台湾に渡航し、同地で教育に携わった場合、旧植民地・占領地所在学校卒業者としてではなく、その教育歴の実際にもかかわらず、前者として数値化される。また、他府県において最終学校を卒業ののち、戦後に沖縄で教員となった事例はいずれにもあてはまらない。これら分類外となる事例が教員層の一定部分を占めることはまちがいないのだが、以上の分類に比べて相対的に少数であるとともに分散している。このため不明として分類されるものとおなじく、ここでは数値化しない。[27]

第一と第二の分類項目を設定したのは、つぎの意図にもとづく。すなわち、前者では経歴の時系列性に着目し、後者では経歴の類型性に着目した。両者をかさねることで、後期移行期における教員構成を立体的に把握することを意図している。

つぎにここで取り扱う史料について説明する。沖縄戦の終結時点から一九五一年までのおよそ六年の期間における教員構成を分析するための史料は限定される。各種の統計資料にもとづく教員総数の蓋然的な提示、また、記念誌などに依拠した学校単位、あるいは特定地域における教員構成の捕捉にとどまるためである。同期間中については宮古と八重山を例外とすれば、[28] 教員構成の内実に関して一定の立ち入った分析ができる史料的環境にはないといえる。沖縄全域の地域的なひろがりを確保しながら教員構成の内実について分析できるのは、一九五二年以降にかぎられる。具体的には、沖縄教職員会『一九五二年度　沖縄教育関係職員録』がその嚆矢として該当する。同職員録には教員氏名にくわえ、卒業学校名と卒業年、出身地域などが学校ごとに掲出されている。宮古、八重山の両地域を包含するのは一九五四年刊行分以後のことである。このため一九五二、一九五三年については沖縄島とその周辺地域に統計が限定される。また、同職員録には一九五五年分がないなど一部に規則性のみだれがある。[29] とはいえ、同職員録は逐年刊行をほぼ持続していたため、沖縄戦以後の教員構成の移行過程を統一的な枠組みにおいて分析するうえで最良の史料群といえる。ただし、以下では、対象時期を一九五〇年代に限定する。各年版をあまねく活用したうえで一九六〇年代以降の展開過程を分析することは、今後の課題として残される。このことをあらかじめ記しておきたい。

図II—23　戦前教員と戦後教員の相対比率の推移（1952—1959年）　単位（%）

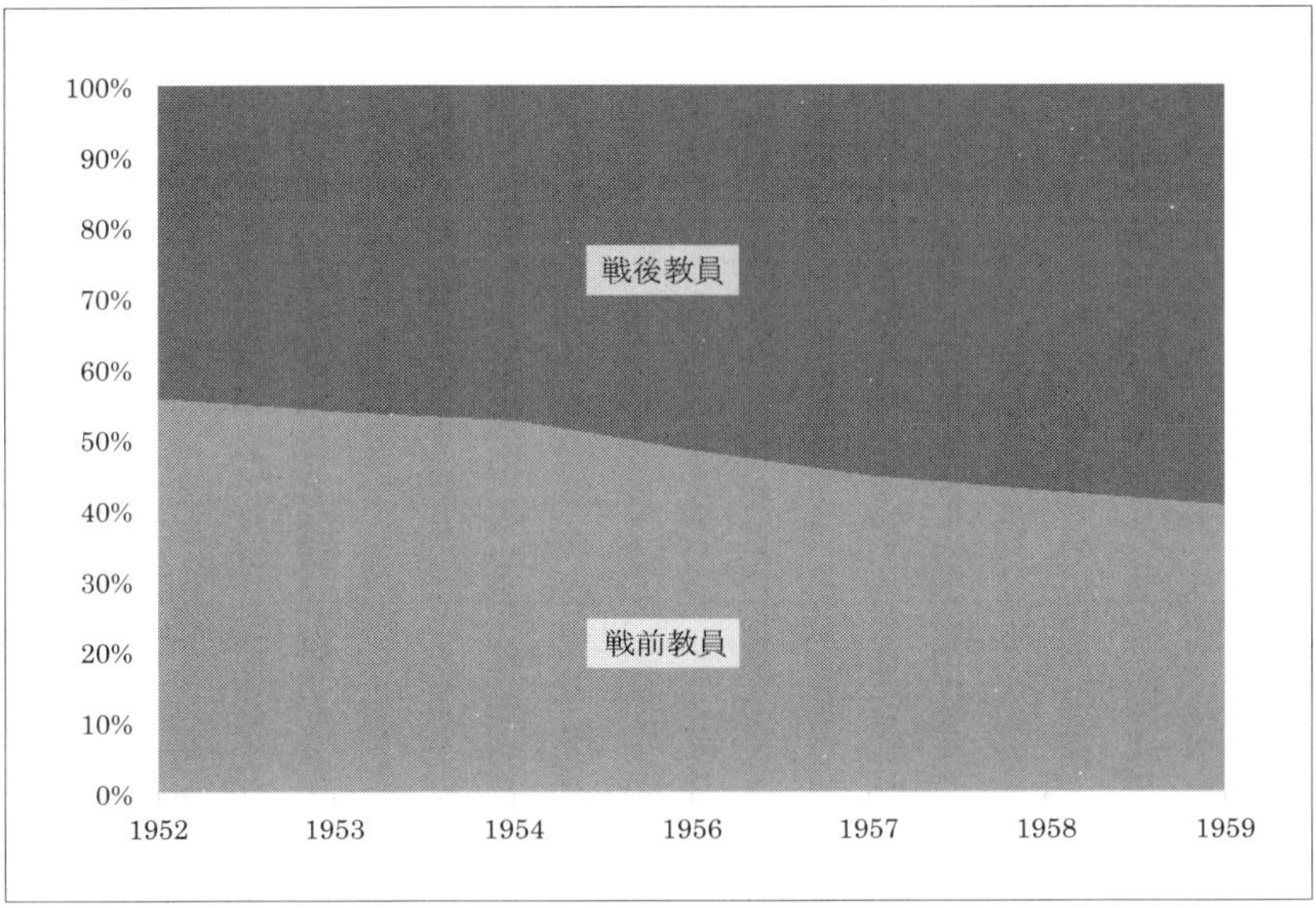

1　戦前教員と戦後教員

以上を前提として、まず、小中学校、高等学校教員を合算のうえ、戦前教員と戦後教員との相対比率について、上の図II—23で総体としての推移をみる。

同図にみるように、沖縄戦終結から七年程度が経過した一九五二年時点においても教員構成の過半は戦前教員によって占められていた。その最大構成員は師範学校卒業者であったことはのちにあらためて分析する。(30) 戦前教員の比率は一九五〇年代後半にかけて緩慢なペースで低下している。戦前教員の割合は、一九五〇年代なかばに過半を割り込み、それ以降は戦後教員が着実に多勢を占めるようになる。言い換えれば、同年代なかばは沖縄における学校教育の運営が、戦前教育の体験者から戦後教育のそれへと変容を遂げる漸進的な移行期であったとみなせる。このかぎりにおいて、戦後同年代は制度・政策史とは位相を異にした、戦後沖縄教員史における不可視の境界であったと判断

表Ⅱ―5　沖縄群島における新制高等学校の校長（1952年）

高等学校名	校長氏名（卒業学校ほか）	1943年時点の職位ほか
久米島高等学校	波平憲祐（沖縄師範）	久米島国民学校訓導
胡差高等学校	新垣永昌（日大高師）	勝連国民学校訓導
工業高等学校	桃原良謙（米沢工高）	沖縄県立第一中学校
糸満高等学校	金城宏吉（東洋大学）	沖縄県立第二高等女学校教諭
首里高等学校	阿波根朝松（中等文検）	沖縄県立八重山中学校教諭
商業高等学校	宮島長純（東洋大学）	
石川高等学校	野崎真宣（第七高等学校）	沖縄県立宮古中学校教諭
知念高等学校	比嘉徳太郎（二教養所）	沖縄県立宮古中学校長
中部農林高等学校	新屋敷文太郎（日体高師）	平安座国民学校訓導
読谷高等学校	宮城清吉（法大高師）	沖縄県立八重山農学校教諭
那覇高等学校	阿波根直成（沖縄師範）	沖縄県立第三高等女学校教諭
南部農林高等学校	安谷屋謙（東洋大学）	沖縄県立農林学校教諭（応召中）
辺土名高等学校	伊集盛吉（沖師検定）	沖縄県立第一中学校教諭
北山高等学校	田港朝明（国学大師）	
北部農林高等学校	仲田豊順（東洋大学）	
名護高等学校	富原守茂（日大学師）	
野嵩高等学校	富原守義（早大）	

（出典）沖縄教職員会『一九五二年度　沖縄教育関係職員録』1952年、新垣庸一編『沖縄県学事関係職員録　昭和十八年』沖縄県教育会、1943年。
（注記）卒業学校などは史料のママとした場合がある。

できる。

ただし、図Ⅱ―23はあくまで平均的な傾向を示すにすぎない。そこで当該比率の推移について、以下、順に職位別、学校段階別、ならびに地域別の三つの分類に即してみる。

まず、職位別の当該比率について、とくに校長に限定してその推移を分析する。表Ⅱ―5では一九五二年時点における沖縄群島に所在するすべての新制高等学校における校長の氏名ならびに卒業学校、また、一九四三年名簿にみる職位を判明するかぎりで事例として示した。

同表にみるように、沖縄群島にかぎれば、一九五二年時点において、校長一七名はすべて戦前教員であった。そのうち沖縄師範学校卒業者は二名、このほかは大学、あるいは旧制高等学校などの卒業者であった。おなじく一二名は戦前期に小学校、中等学校などで教員経験をもつ。こうした素朴な事実は沖縄戦終結後、およそ七年という経過年数からあらかじめ想定されること

表Ⅱ—6　学校段階別にみた校長の学歴（1952—1959年）　単位（人）

校長の卒業学校＼西暦	1952	1953	1954	1956	1957	1958	1959
小中学校	197	202	258	258	274	285	294
うち沖縄師範学校卒業者	179	182	229	226	230	243	251
うち大学・旧制高等学校、高等師範学校卒業者ほか	18	19	27	31	44	42	43
うち不明	0	1	2	1	0	0	0
高等学校	17	20	25	25	25	25	25
うち沖縄師範学校卒業者	2	1	3	2	0	2	2
うち大学・旧制高等学校、高等師範学校卒業者ほか	15	19	22	23	25	23	23
うち不明	0	0	0	0	0	0	0

（注記）校長数には校長不在の場合をふくむ。沖縄師範学校卒業者には同校卒業後の上級学校進学者（中等教員検定試験をふくむ）、また、（無）試験検定合格者などをふくまない。

である。それでは校長が戦前教員によって担われたという、こうした人的構成上の特徴は、いつの時点から変容しはじめるのであろうか。より具体的な問いとして分節化すれば、同年時点ですでに教員層の一定比率を占めつつあった戦後教員が、教育指導者層である校長においても確認できるのはいつの時点からなのかということである。この点にかかわる分析結果をさきに示せば、つぎのように集約できる。すなわち、校長に限定すれば、じつは一部の例外をのぞき、一九五〇年代を通じてそのほとんどすべては戦前教員であり、このことは一貫して変化をみなかった。ここでいう一部の例外は、ふたつに整理できる。ひとつは戦前期に沖縄師範学校を卒業後、なんらかの事情で戦後期にあらためて教員訓練学校や英語学校などを卒業した場合である。この場合は、形式的には戦後教員の校長と分類されるが、事実上、戦前教員と同列に位置づけられる。(31) もうひとつは小規模校の事務取扱兼務の校長として就任した場合である。おなじくその経歴や予想される年齢から推定して、戦前教員として分類される他の校長職者と同列に取り扱うことはできない。(32)

この分析結果を具体的な数値で示す。上の表Ⅱ—6では、各年に校長職にあった者について、いずれも戦前教員として分類される沖縄師範学校卒業者、大学・旧制高等学校卒業者、高等師範学校卒業者ほかとして三つに類別のうえ、それぞれの時系列的変化を実数ベースで示す。

表Ⅱ―6から、小中学校では沖縄師範学校卒業者が、高等学校では大学、あるいは旧制高等学校ほかの卒業者がそれぞれ多数を占めていたことがわかる。いずれも相対比率は、おおむね九割で安定して推移していた。したがって、さきに個人名を挙げて示した一九五二年の沖縄群島における高等学校の事例は、一九五〇年代にほぼ通有する傾向を示していたといえる。

以上から、校長における戦前教員から戦後教員への移行は、さきにみた教員層の移行と比較してあきらかにおくれていた。史料的な制約から本書では、それがいつの時点であったのかの特定にはいまだいたらない。仮に校長職に就任する年齢を四五歳と仮定すれば、ここでいう戦後教員の最初期の世代は、逆算して一九七〇年前後に当該年齢にほぼ達していたことになる。この仮説の正しさをふくめ、当該時期における職位別の移行分析は本書に継起する課題としてのこる。

なお、校長にかかわり、ここで敷衍を要する論点がある。それは女性教員がおなじく校長として勤務しはじめるのはいつの時点なのかという問いである。管見のかぎり、沖縄において校長職に女性が就任するのは、一九四八年四月に池間小学校長となった砂川フユ（冬子）が最初の事例である（砂川については本書中の補論において、その個人史を分析する）。砂川は一九〇二年に宮古島で生まれ、一九二〇年に沖縄女子師範学校を卒業ののち、平良尋常高等小学校に勤務した経歴を持つ。[33] 校長就任時には四〇歳代後半であった。ただし、砂川が校長として就任した同時点において沖縄群島では、「二人の女校長、一人の女教頭」の就任が文教当局により画策されており、歴史的な事実に即していえば砂川が突出していたわけではない。ただし、同群島でのこの画策は実現しなかった。その理由は「何れも本人の辞退」によるものであった。[34] 同群島では、一九五〇年に長嶺ハルが女性としてはじめて教頭（喜屋武初等学校）に就任した。長嶺は当時、三七歳であった。[35] つづく一九五六年には小橋川カナがおなじく校長（謝花小学校）に就任した。小橋川は一八九七年に那覇で生まれ、一九一五年に沖縄県立高等女学校を卒業し、崎本部小学校に准訓導として勤務しはじめた。戦後は名護中学校に着任、校長に就任し

図Ⅱ―24　戦前教員と戦後教員の相対比率の推移（小中学校）（1952―1959年）　単位（%）

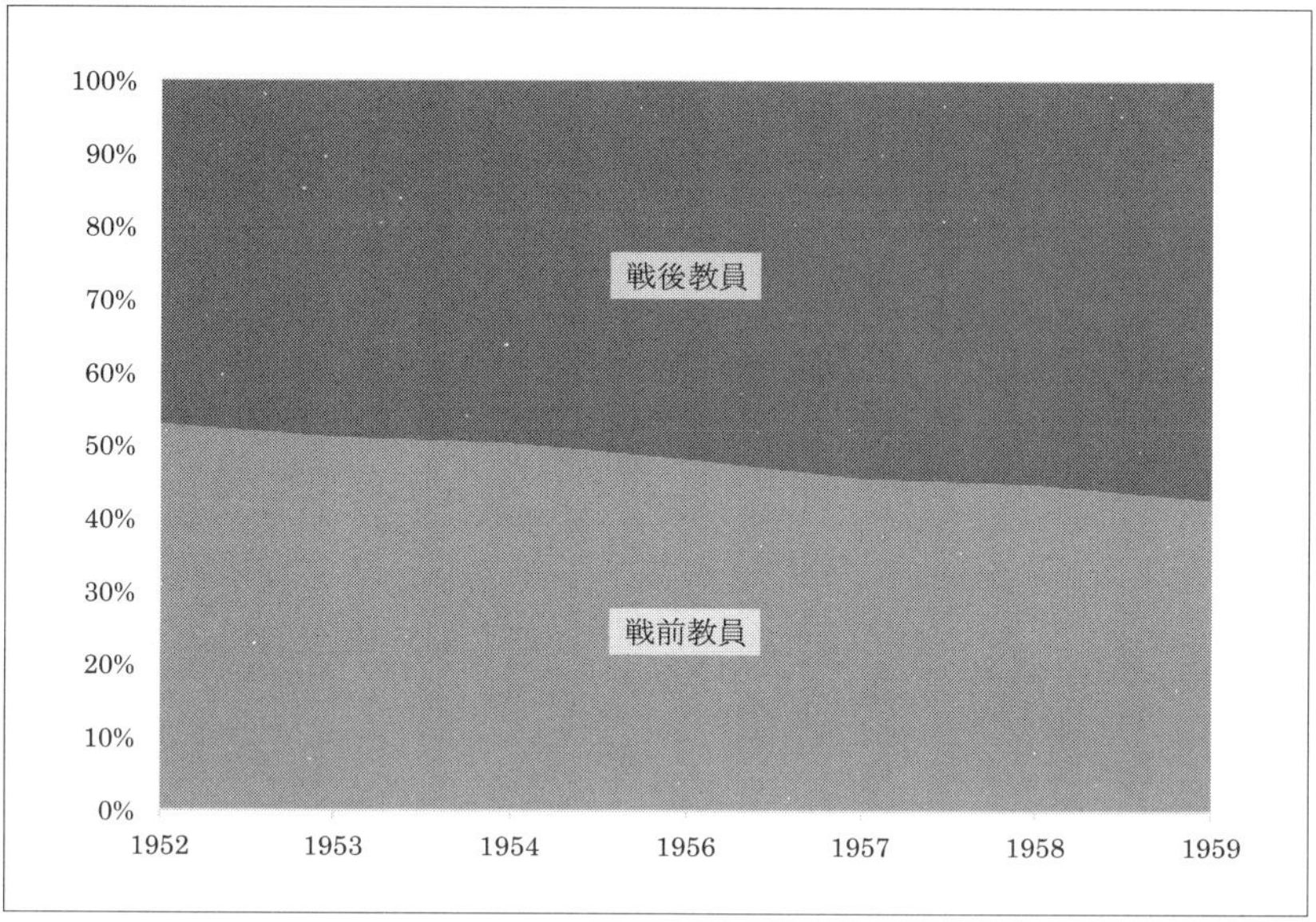

たのは五〇歳代後半であった。[36]

男性によって専有されていた同時代の校長職において女性校長の存在は、あきらかに例外として位置づけられる。小橋川のことばを借りれば、「女性が校長になることは、これまで到底考えられなかった」[37]。校長をはじめとした教育指導者への女性の就任は、一九五〇年代を通じて結果としてみれば抑制されていたといえる。

つぎに小中学校と高等学校に区分のうえ、学校段階別の推移をみる（順に図Ⅱ―24、25、七九―八〇頁）。

一見してあきらかなように、図Ⅱ―24は、さきに示した図Ⅱ―23（七五頁）と近似した軌跡を描いている。他方、図Ⅱ―25には大きなちがいがある。たとえば、一九五二年時点では、小中学校において五二・五%が戦前教員であったのに対し、高等学校では八一・六%と高い値を示す。この時点において戦前期からの人的な連続性は高等学校においてより顕著であったことがわかる。そして、なにより注目すべきは、高等学校における比率推移が小中学校とはあきらかに異なり、戦前教員の急激な減少を示すことである。一九五九年時点の

図Ⅱ—25　戦前教員と戦後教員の相対比率の推移（高等学校）（1952—1959年）　単位（%）

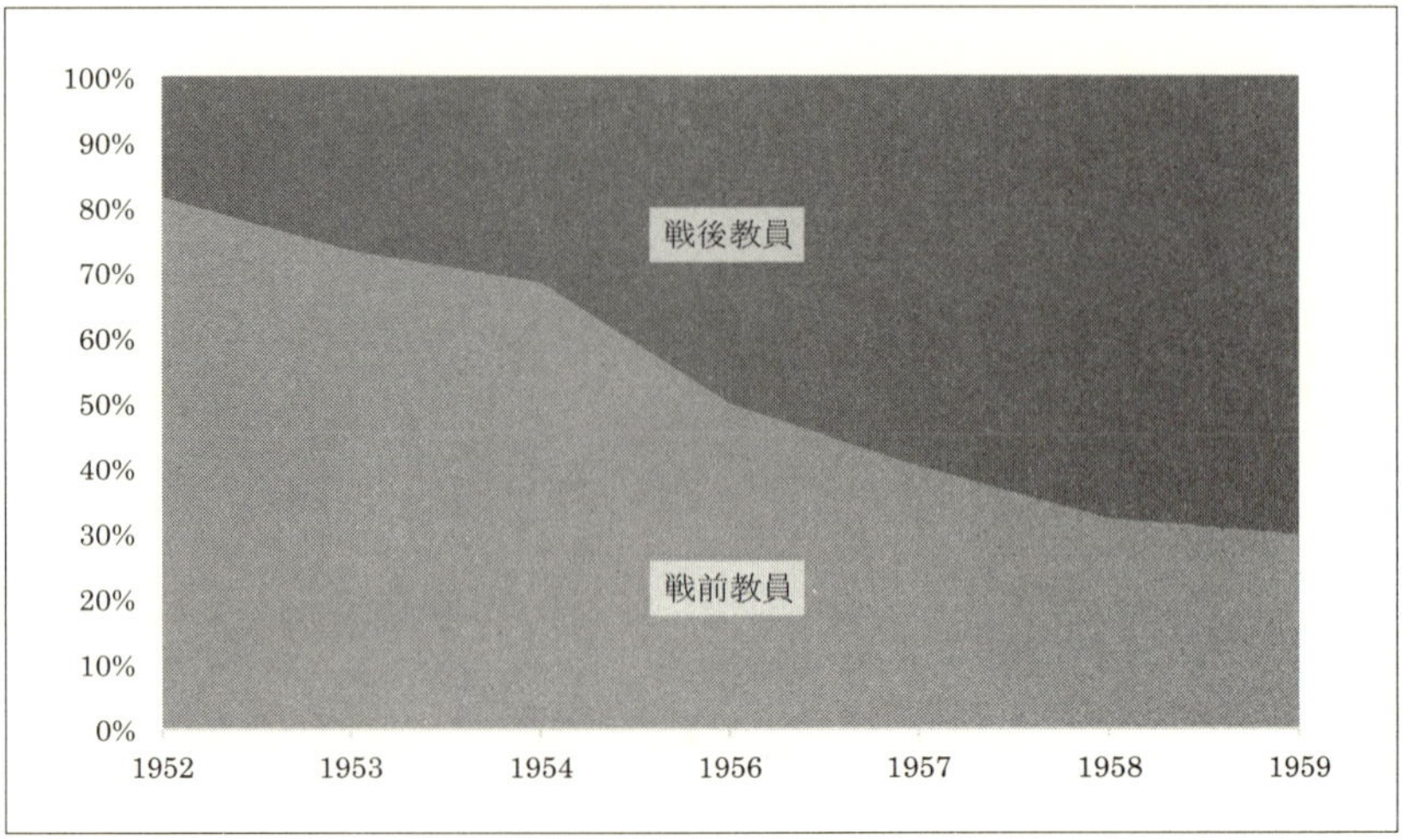

高等学校における教員構成は、二〇歳代が多数を占めていた点で特徴的であったことをさきにみた。このことが示すのは、一九五二年時点の高等学校における戦前教員の高い比率が、一九五〇年代において一定期間、継続したのちに、一転して若年の戦後教員にとってかわられていたということである。図Ⅱ—25をみるかぎり、その時期は一九五〇年代なかばであったことが窺える。こうした変容過程の特徴は、小中学校でのそれと対照的である。すなわち、小中学校の場合、戦前教員の減少は離職にともなう流出や加齢などによって生じた、いわば自然減的な傾向を一定程度、保持していたことを予想させる漸減線を描く。一方、高等学校ではそうした要因だけには還元できないことが予想できる。今後の検証を要するが、前者においては戦前期までの連続性の強い影響下で教員層の配置がなされたこと、対して後者では教員配置上の政策的な意図が一定程度はたらくことで、人的構成における断絶性が相対的に強く機能したことを予想させる。

つぎに戦前教員と戦後教員の相対比率について、従前の枠組みを踏襲しつつ地域別の推移をみる。結果だけを文言で示せば、小中学校と高等学校を合算した場合、宮古と八重山における戦前教員の相対比率がやや高い数値

図Ⅱ―26　教員の学歴別構成の推移（1952―1959年）　単位（％）

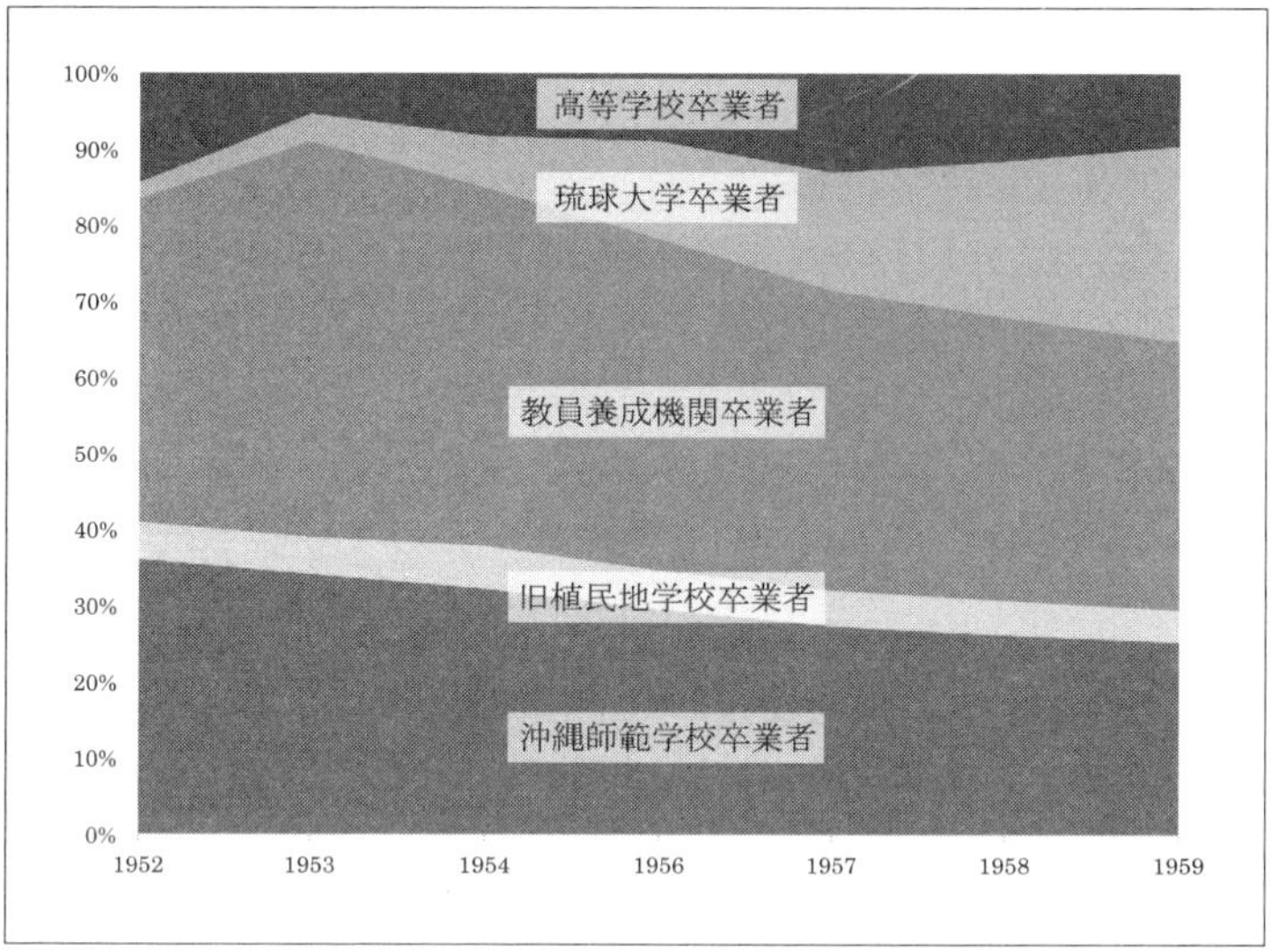

を示すことが例外的な特徴として指摘できる。とはいえ、より重要なのは線形自体がいずれの地域でも図Ⅱ―23と近似した漸減線を描くことである（このため図の掲載は差し控えた）。この背景には、琉球政府の設立（一九五二年四月）にともない、管轄区域の全体にわたる均等性を意識した教員配置の存在が推定できる。このことは、前期移行期において地域別のちがいが焦点となったことと対照的である。

以上から、後期移行期において戦前教員と戦後教員との相対比率の推移に地域による明確なちがいは確認できない。当該比率のちがいは、職位別ならびに学校段階別にみた場合において、より顕著に読み取ることができる。

2　学歴

つぎにさきの第二の分類項目（七三頁）にしたがい、当該時期における教員構成のうち学歴の類型について分析する。上の図Ⅱ―26には小中学校と高等学校を合算した数値を示す。

同図を総体としてみた場合、以下の三点を特徴とし

図Ⅱ―27　教員の学歴別構成の推移（小中学校）（1952―1959年）　単位（%）

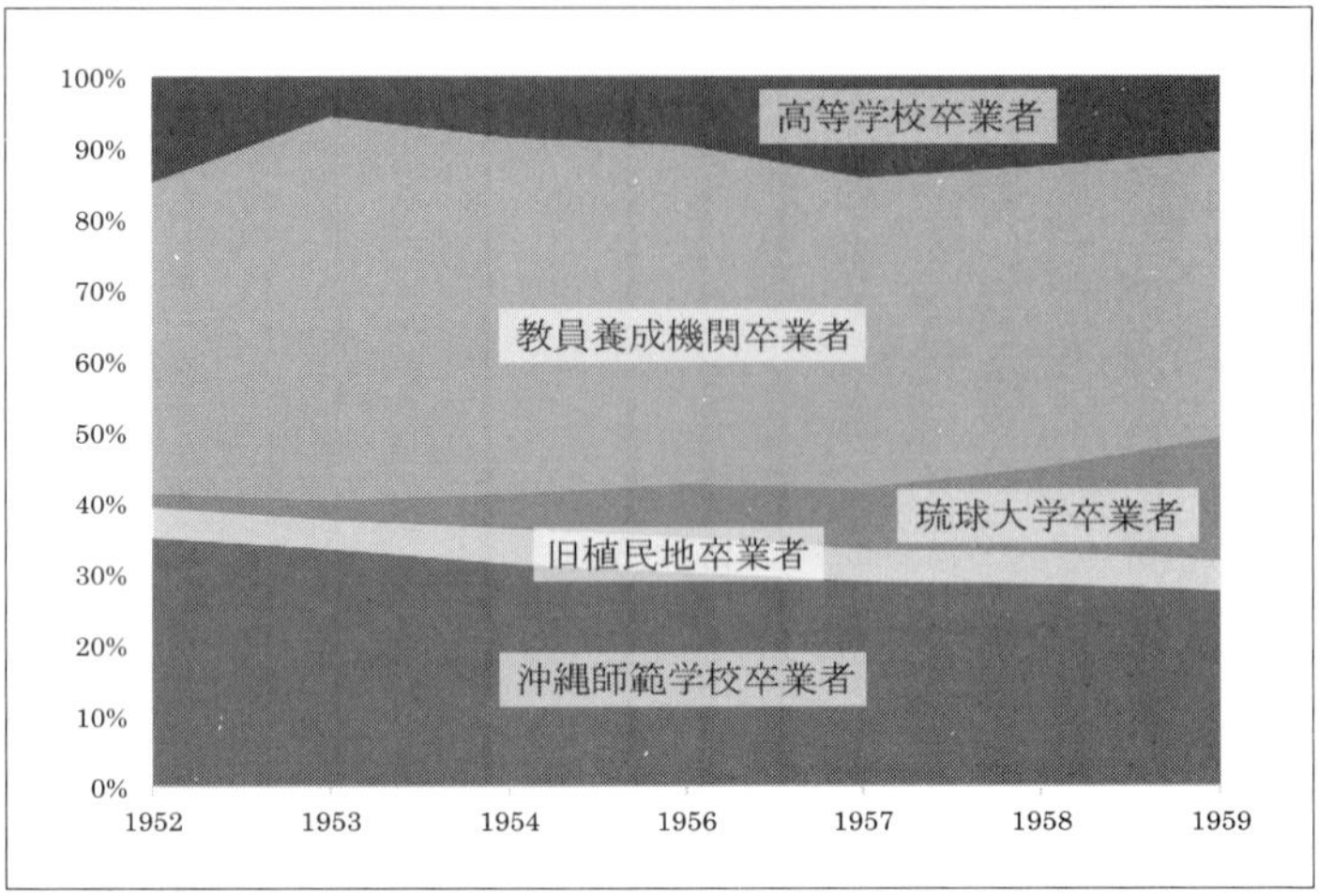

て指摘できる。第一、ここでの分類のうち、戦前教員にかぎれば沖縄師範学校卒業者が最大構成員であった。第二、戦後教員では、一九五〇年代なかばより前の時点でとくに顕著なように、教員養成機関卒業者が最大構成員であった。同年代後半には琉球大学卒業者がそれに準じた位置を占めるまでに伸長していた。第三、戦後教員のうち、高等学校卒業者は、期間を通じて変動がみられるものの、おおむね一割程度の水準を保持しつつ推移していた。

　つづいて、おなじデータにもとづき、小中学校、高等学校の順で学校段階別の数値をみる（図Ⅱ―27、28、八二―八三頁）。

　両図から、学校段階別のちがいが明瞭に読み取れる。小中学校では漸減しながらも主に沖縄師範学校卒業者が持続的な勤務をつづけていたが、高等学校ではその比率は急激な低下をみた。このことを確認したうえで、むしろ、両者のちがいとして注目すべきは、以下の三点である。第一、小中学校では教員養成機関卒業者が継続的に最大構成員であったが、高等学校では逆にその比率が急激に低下していること。半面、第二に高等学校では琉球大学卒業者が一九五〇年代なかば以降に過半を占めはじめたのちに急激な伸長をみせ、同年代後半には八割以上の最大構成比率を占めた。[38] 第三、高等学校卒業者は、高等学校でもわずかの

図Ⅱ—28　教員の学歴別構成の推移（高等学校）（1952—1959年）　単位（%）

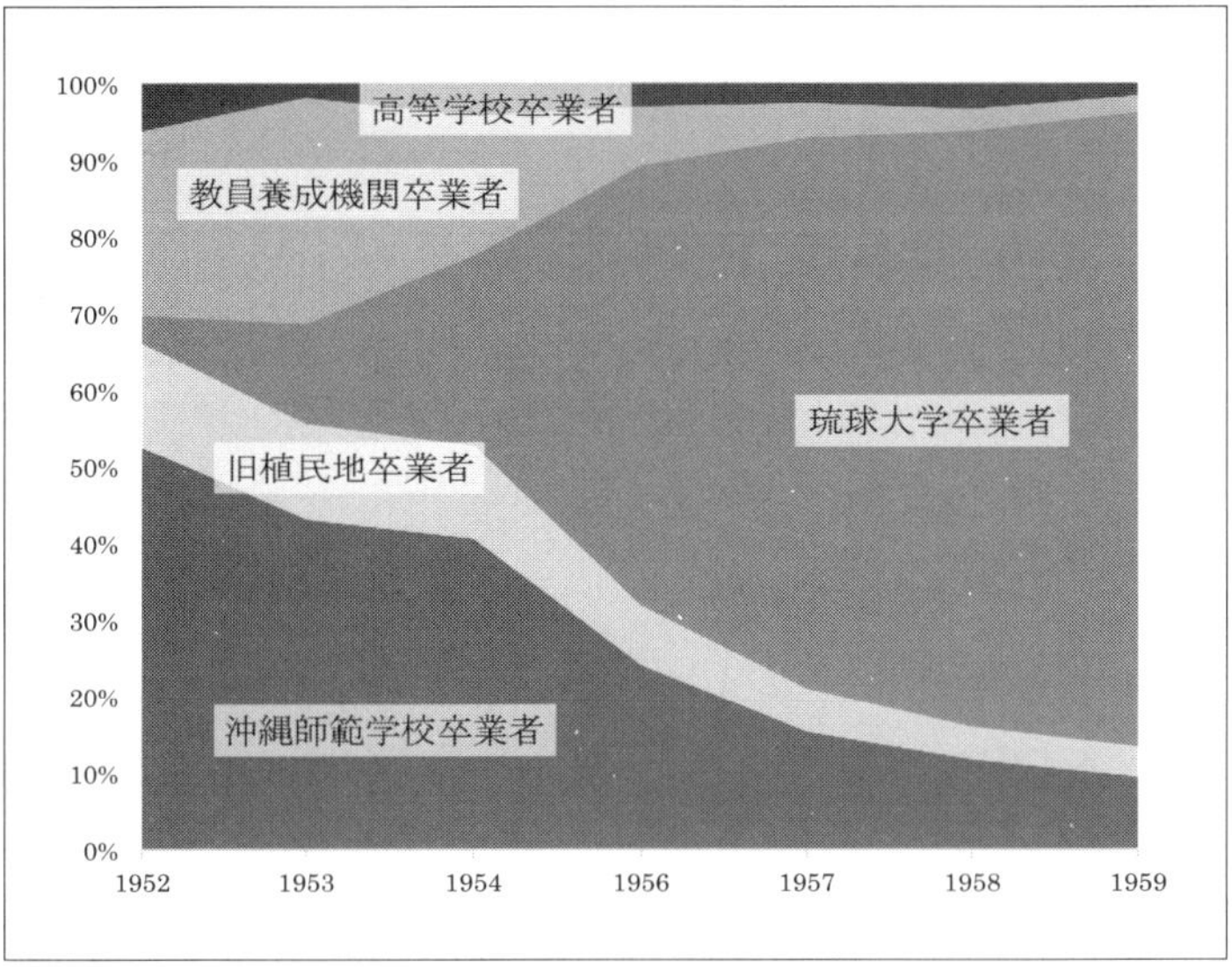

構成比率を維持していたが、小中学校においては相対的に高い比率を維持していた。以上から、単純に図式化すれば、暫定的な教員供給源として各地に設立された教員養成機関は主として小中学校での教員需要に応じ、琉球大学は高等学校のそれに対応していたといえる。

つぎに、従前の枠組みを踏襲しつつ、おなじく地域別の数値を順にみる（図Ⅱ—29、30、31、八四—八五頁）。

三つの図から、地域別にみた場合、つぎの三点が指摘できる。第一、教員養成機関卒業者の構成比率が八重山においてとくに低いことである。当該卒業者の勤務先は各機関の設置場所と一定程度、相関していたことはすでに同時代から指摘されており、このことを背景にしていると思われる。[39] それに対して第二は、高等学校卒業者の比率が八重山においてきわめて高いことである。宮古はそれに準ずる水準にあった。沖縄と比較した場合、両群島においては高等学校卒業者を欠いたままでは、一九五〇年代末の時点においてでさえ、教員需要に応じられない状態にあった。第三に、旧植民地・占領地所在学校卒業者の比率は宮古・八重山においては沖縄よりも高い

図Ⅱ—29　教員の学歴別構成の推移（沖縄群島）（1952—1959年）　単位（%）

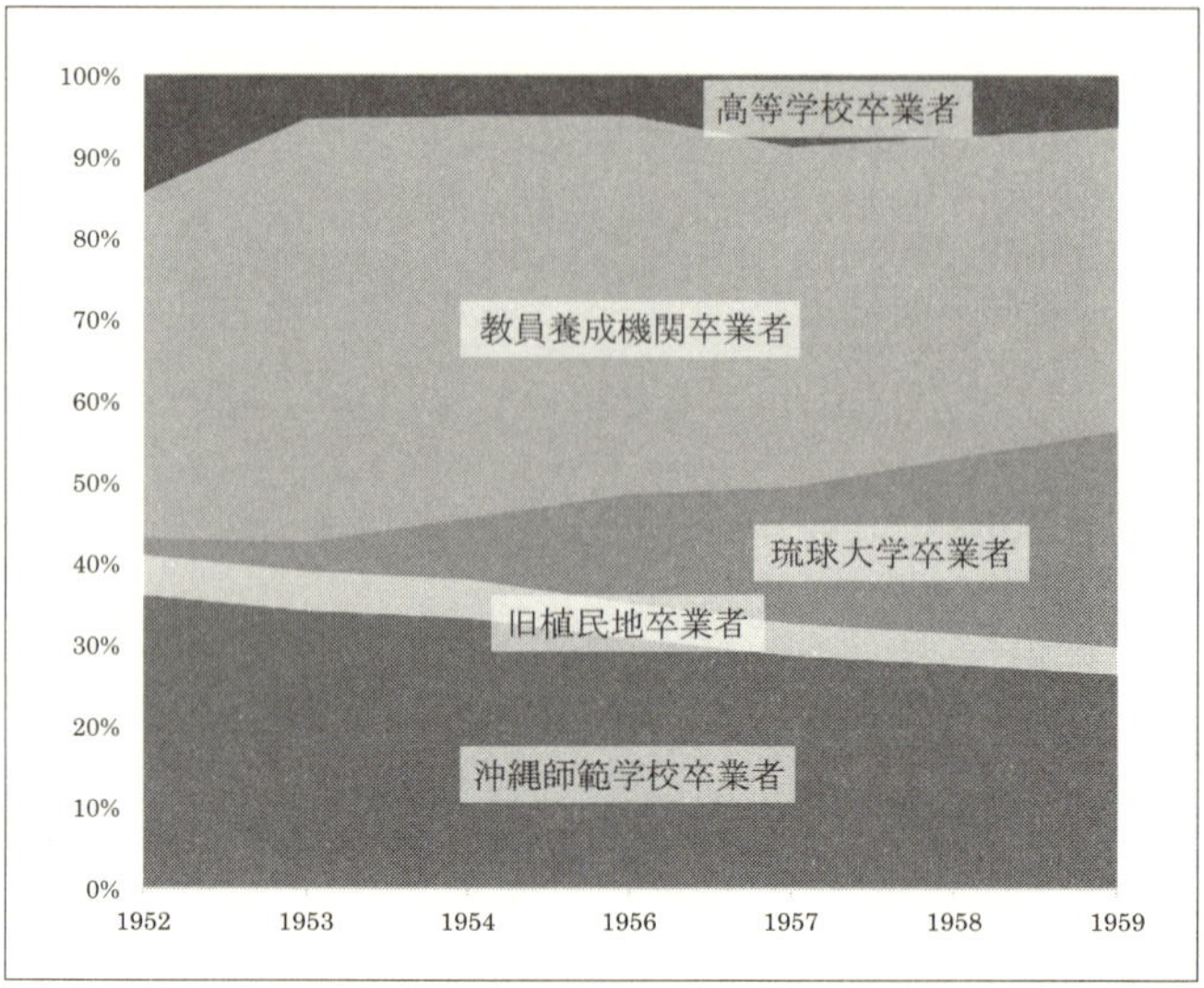

図Ⅱ—30　教員の学歴別構成の推移（宮古群島）（1954—1959年）　単位（%）

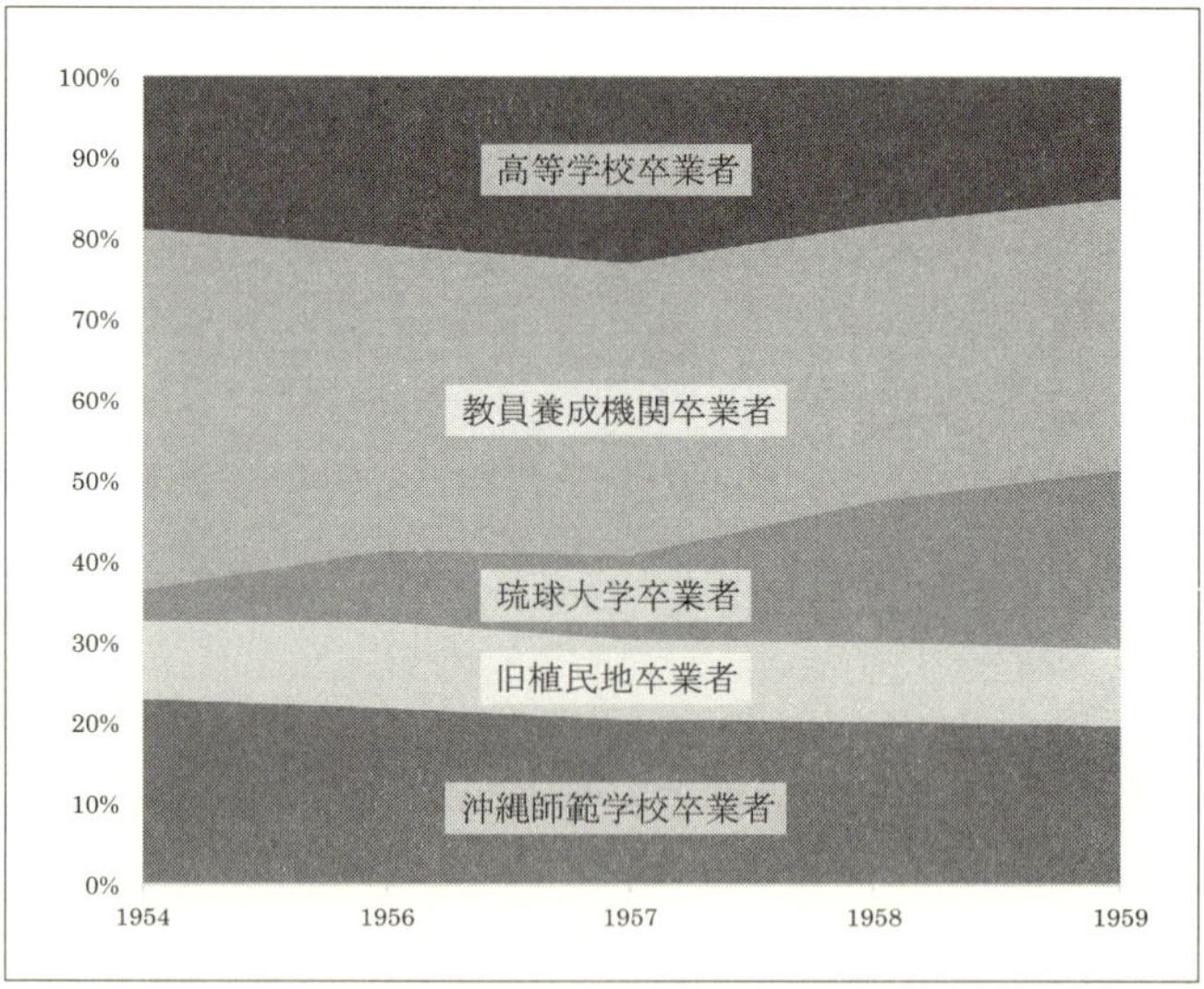

図II—31　教員の学歴別構成の推移(八重山群島)(1954—1959年)　単位(%)

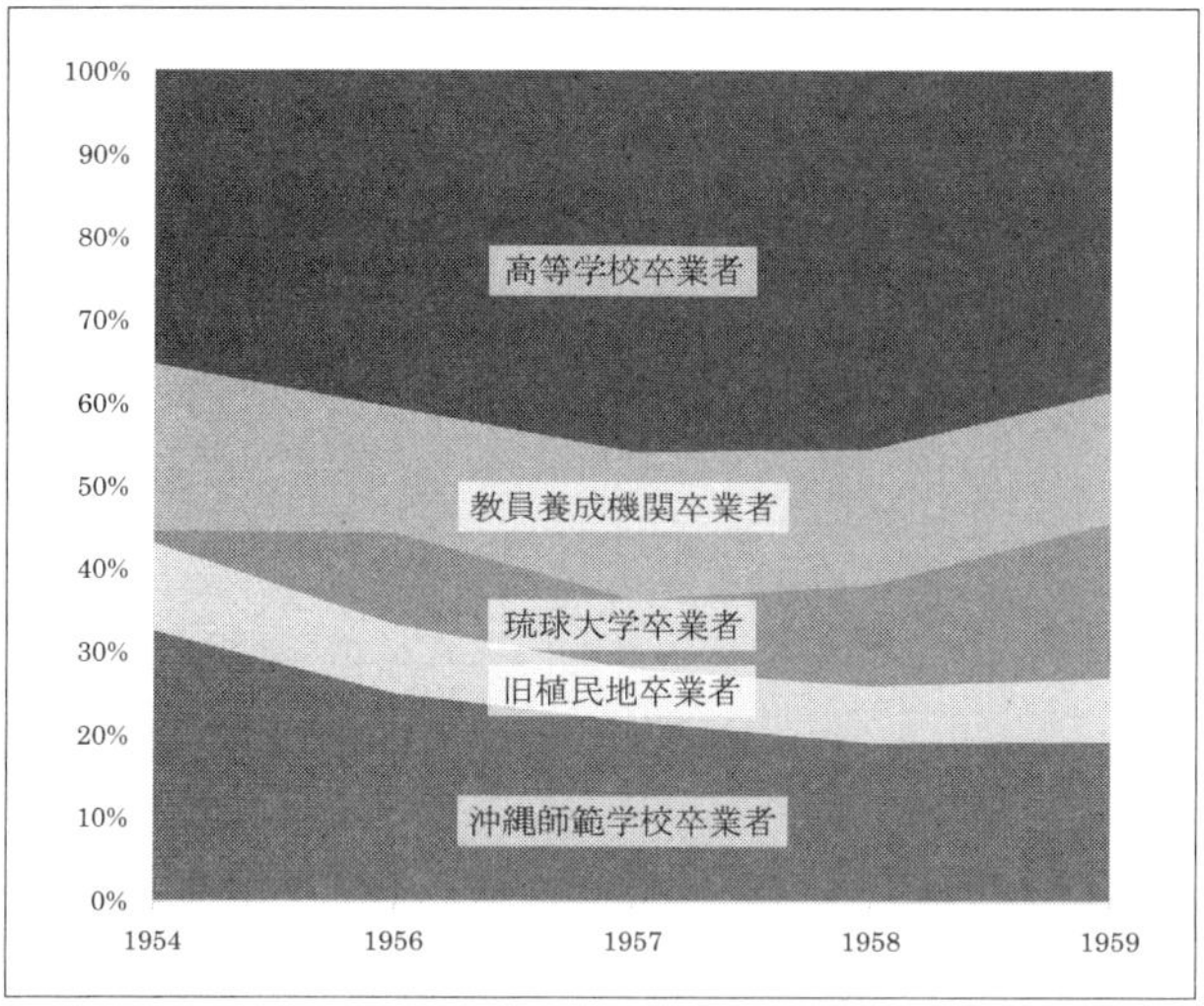

ことである(後述)。

以上の分析をふまえ、さきに示した、学歴にかかわるモデル的な五分類について、制度史的な背景の説明をまじえて、さらに分析をふかめる。

(1) 沖縄師範学校卒業者

これまでの分析が示すように、同校卒業者の存在は、一九五〇年代を通じて一定比率を占めつづけていた。また、とくに小中学校の校長職においては圧倒的であった(七七頁の表II—6参照)。

戦前期における同校卒業者数は、定員や課程の設置や改廃といった制度的な変化にともなって変動しており一定ではない。そのなかで逐年の卒業者数は一九〇〇年代、一九二〇年代というふたつの時期にピークを描くことが、これまでの研究で論証されている。[40] このことを前提とすれば、年齢などから逆算して、とくに後者に該当する卒業者、ならびにそれ以降の卒業者が、戦後の教員層において一定の供給源になっていたことが推定できる。

沖縄師範学校は、一九四五年八月一日から、その事務所を沖縄青年師範学校とともに、熊本師範学校に移転し、[41]その教員供給機能は制度的には沖縄戦時下に途絶した。しかし、同校卒業者は沖縄戦終結後においても教員層を維持存続するための供給機能を結果としてはたしていたといえる。

(2) 旧植民地・占領地所在学校卒業者

沖縄師範学校卒業者と比べて、小規模ではあるものの、戦前教員のうち旧植民地・占領地所在学校卒業者は、いずれの学校段階、いずれの群島においても一定の比率を維持していた。[42]当該卒業者については、とくに地域別のちがいについてさらに掘り下げたい。次頁からの図Ⅱ―32、33、34は、旧植民地・占領地を主要な地域として四分類のうえ、相対比率の推移を示した。

各図より、三群島は、台湾、つづいて朝鮮における卒業者が主要な構成員であったという共通性をもつとともに、以下の個別性をもっていたことが指摘できる。まず、沖縄では、台湾、朝鮮にくわえて満洲・満洲国、南洋群島が一九五〇年代を通じて一定比率を占めた。一方、宮古と八重山では一貫して、台湾が最大比率を占めた。とくに八重山における当該比率は、きわめて高い水準で推移した。宮古と八重山では、台湾所在学校の卒業者は教員層を維持するうえで不可欠の存在であったとみなせる。群島別のこうした個別性は、旧植民地・占領地統治において各群島がどのような地理的、政治的な位置にあったのかの反映でもある。[43]

ところで、同時期の日本における免許制度史に即してみれば、旧植民地・占領地所在学校卒業者などが戦後に帰還した場合の取り扱いは以下のようであった。[44]すなわち、内地以外の地域で効力を有した国民学校教員免許状を有する者は、国民学校令で授与された免許をもつものとみなされた。その適用は「昭和二十年八月十五日まで引き続き内地以外の地域にある国民学校職員の職に在つた者」などであり「同日以後内地に引き揚げた者」とされた（「国民学校教員及び国民学校養護教員の資格に関する特例」一九四六年一二月二八日、勅令六三〇号）。ただし、同勅令は、すくなくとも制度的にはすでに行政分離されていた沖縄において適用されなかった。しかし、先

図II—32　旧植民地・占領地所在学校卒業者の構成比率の推移
（沖縄群島）（1952—1959年）　単位（%）

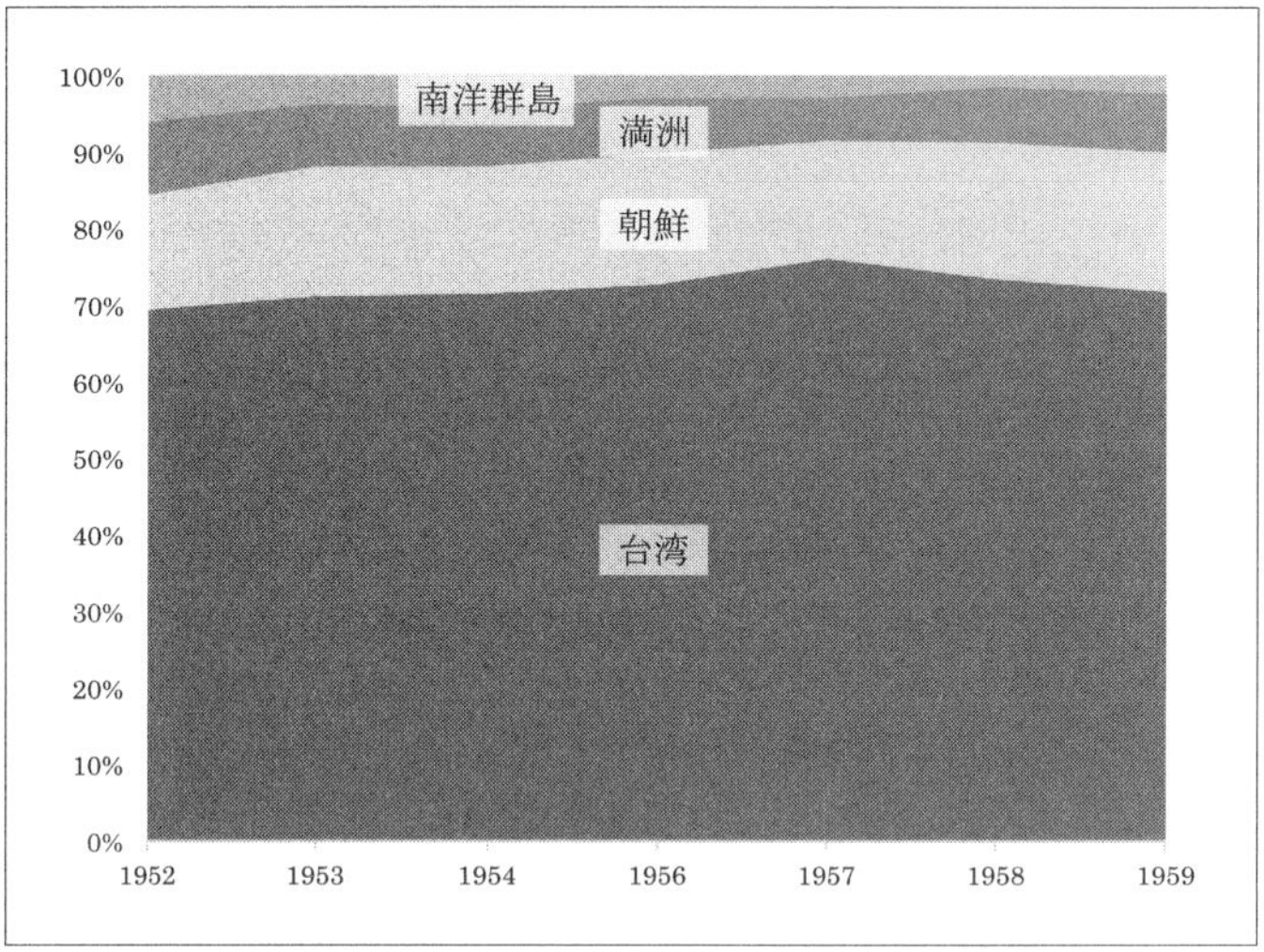

（注記）図中の満洲には関東州をふくむ。以下、おなじ。

図II—33　旧植民地・占領地所在学校卒業者の構成比率の推移
（宮古群島）（1954—1959年）　単位（%）

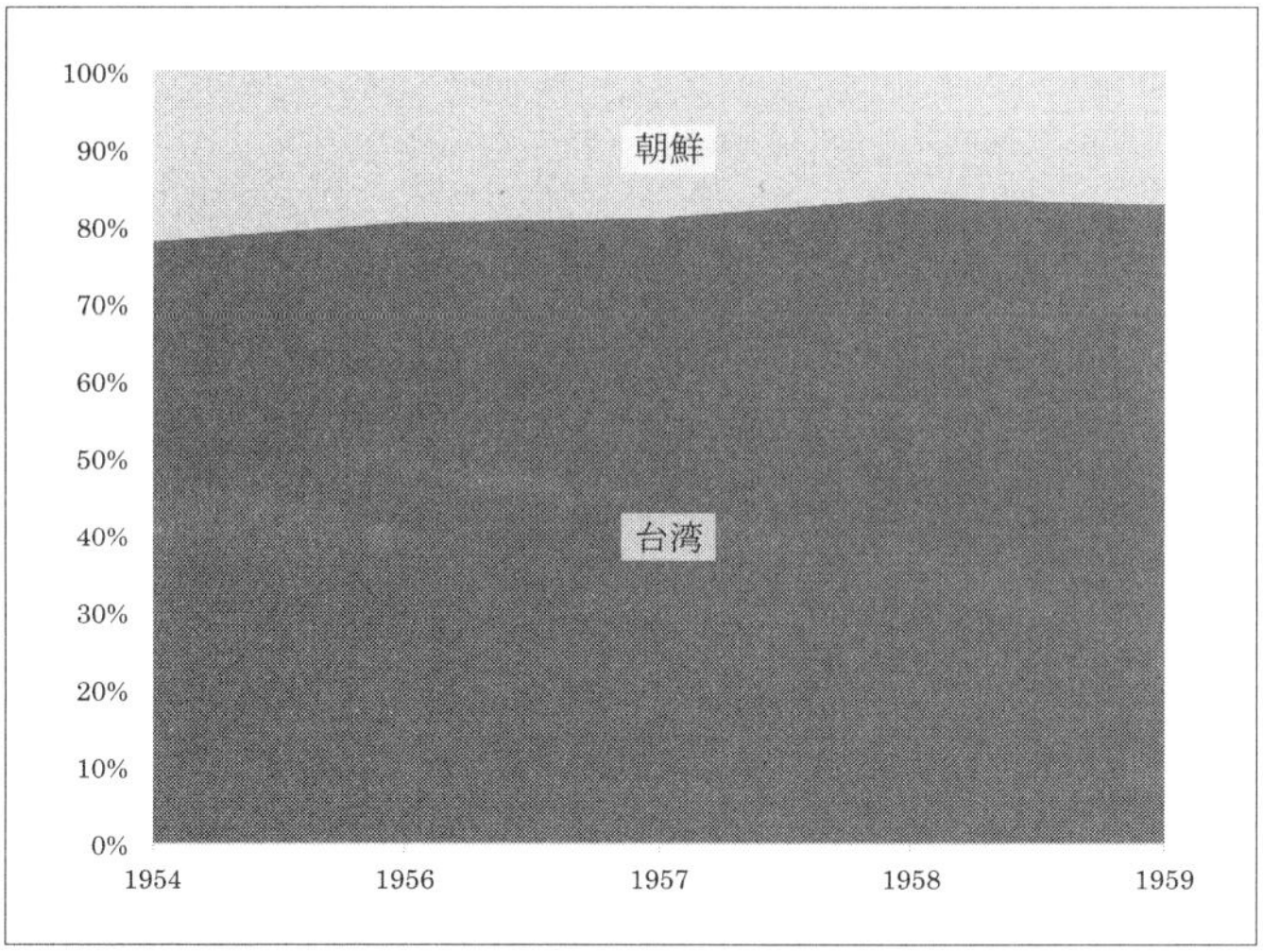

図Ⅱ—34　旧植民地・占領地所在学校卒業者の構成比率の推移
（八重山群島）（1954—1959年）　単位（%）

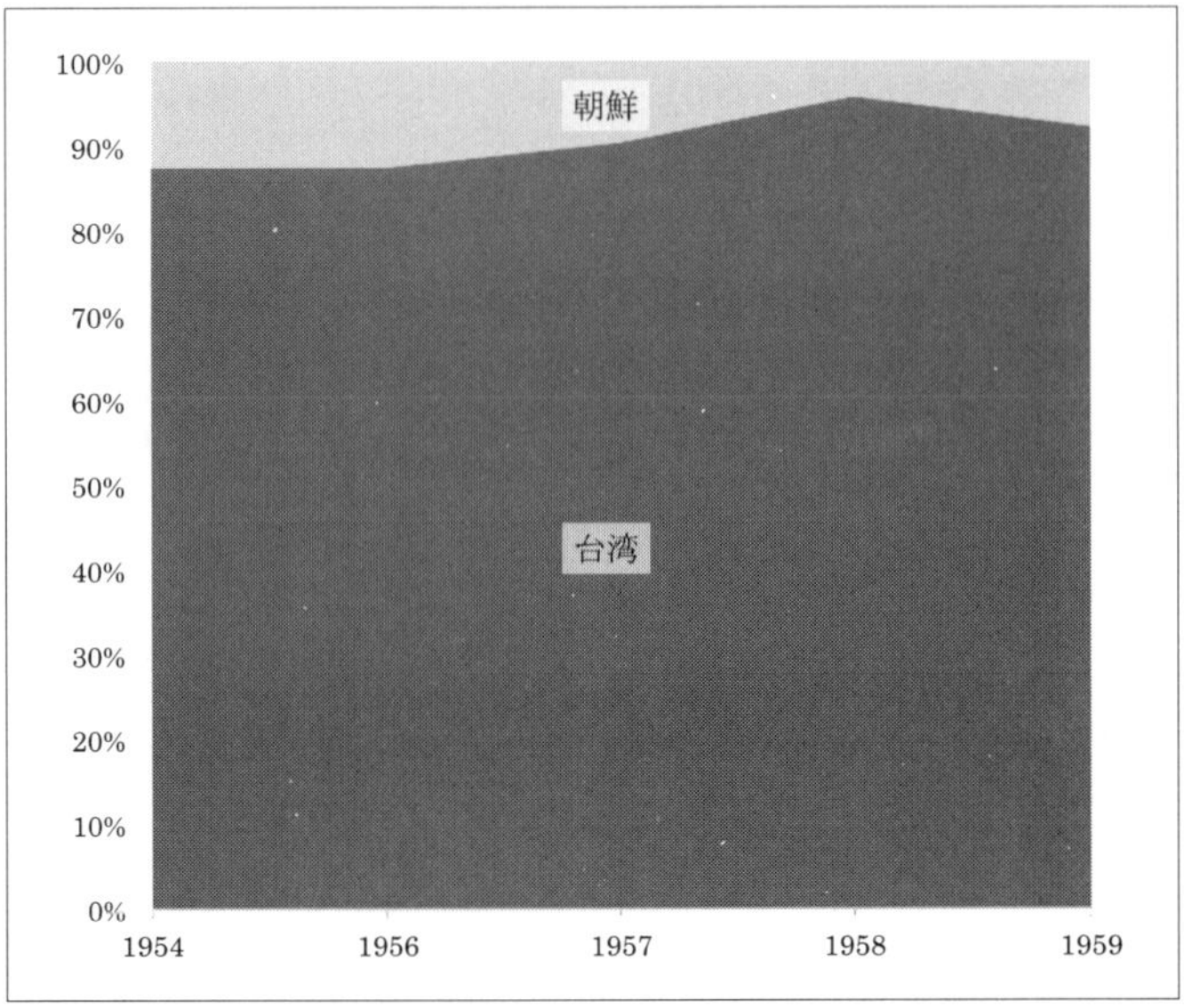

述した琉球全域を統括する教員免許法制である、「教員、校長及び教育長免許令」（琉球列島米国民政府布令一三四号、一九五四年六月八日）における戦前免許の取り扱いは、単位認定など一定の条件を前提として戦前免許の切り替えを認めるものであった。このことを方向付けたのは、いうまでもなく戦後初期を中心とした教員の供給不足という切迫した事態への対応であった。

⑶　教員養成機関卒業者

つぎに戦後において教員層の一角を形成した、各種の教員養成機関卒業者についてみる。当該養成機関は、いずれも臨時的に設置された速成機関であり、修業期間は六ヶ月から一年程度とされた。次頁の表Ⅱ—7では、その設置にかかわる全体像について、同格の諸学校をふくめ開設時期と場所、ならびに主な目的に着目して、群島別に一覧化する。

表Ⅱ—7にみるように、当該機関は、一九四六年以降、米軍占領下にあった各群島を網羅して

表Ⅱ—7　教員養成機関一覧

群島＼項目	名称	開設時期（場所）	主な目的
沖縄群島	沖縄文教学校	1946年1月（具志川）	現職教員の訓練と教員養成
	沖縄外国語学校	1946年9月	現職教員の英語科訓練と英語科教員養成 翻訳官、通訳官の適格者認定
	名護英語学校	1950年4月（名護）	翻訳官、通訳官の適格者認定
	糸満英語学校	1950年4月（糸満）	
	コザ英語学校	1950年4月（コザ）	
	前原英語学校	1950年4月（前原）	
	糸満教員訓練学校	1950年4月（糸満）	無資格教員の再教育と教員養成
	コザ教員訓練学校	1950年4月（コザ）	
	前原教員訓練学校	1950年4月（前原）	
	名護教員訓練学校	1950年4月（名護）	
宮古群島	宮古英語教員養成所	1947年4月（宮古女子高等学校）	英語科教員養成
	宮古臨時教員養成所	1948年4月（宮古女子高等学校）	教員養成
	宮古中等学校教員養成所	1949年4月（宮古高等学校）	
	宮古教員講習所	1951年10月（宮古高等学校）	無資格教員の再教育
	宮古教員訓練学校	1952年4月（宮古高等学校）	無資格教員の再教育
八重山群島	八重山臨時教員養成所	1948年4月（八重山高等学校）	教員養成、翻訳官、通訳官の適格者認定
	八重山教員訓練学校	1952年4月（八重山高等学校）	教員養成

（出典）「琉球政府から授与した教員免許状の種類、授与資格について（照会、回答）」琉球政府文教局研究調査課編、前掲『琉球史料』3集、362頁、「教員の資質向上に無資格教員を再教育」『うるま新報』1950年4月2日ほか。

設立され、教員養成と無資格教員の再教育を主な目的とした。沖縄文教学校の場合、中等学校・高等学校の卒業、師範学校予科終了を受験資格とした。[45]

教員層への供給規模についてみれば、おなじく沖縄文教学校を事例とすれば、一九四六年三月卒業の同校師範部第一期生は一〇二名（男性五一人、女性五一人）、おなじく同年八月卒業の第二期生は一〇九名（男性五〇名、女性五九名）であった。[46] 一九四九年七月時点においては、それまでの一年間に二一四名の卒業者を輩出したとされる。[47] また、前原教員訓練学校では、一九五〇年九月以降、六ヶ月ごとに四、五〇名程度の修了生を輩出し、[48] 総計で二二二名、おなじく糸満教育訓練学校は二九八名、コザ教育訓練学校は二六三名、名護教育訓練学校は四六三名の修了者を輩出した。設置期間中、以上、四つの訓練学校の合計では最終的に一二四六名にのぼった。[49]

さきに筆者は沖縄戦による国民学校教員の戦死者数について、八四〇名から一一〇〇名程度とする推計を示した。当該卒業者数の総計は、個別には比較的、小規模にとどまることは否めない。しかし、結果的に数年間を要したとはいえ、総体としてみれば当該機関はこの戦死者数を上回る教員供給機能を果たしていたことになる。

もうひとつの目的とされた無資格教員の再教育について解説をくわえる。沖縄戦によって教員供給が途絶えた結果、教員需要に応じるために無資格者を任用することが占領当初には常態化していた。時系列に即した具体例を示す史料をいくつか挙げよう。ひとつは一九四六年時点の沖縄師範学校教諭・川畑篤郎による状況報告である。川畑は一九四六年七月二五日に「沖縄現地より内地に帰還」していた。[50] その翌月に記述された報告によれば「教員は今次大戦に於て中等教員、約百名の犠牲者を出したのと、県外疎開者、応召者も相当あり、大きな空隙を生じてゐる。それでさしあたり、その補充のために、国民学校教員等を以て充て、無試験検定の方途等を講じてゐる。有資格教員は所要数の約三分の一程度でこの点は至って寂しい」。[51] この指摘を同時期の沖縄群島における初等学校教員数に当てはめれば、その三分の二に相当する約二〇六〇名が無資格教員であったことになる。[52] さらに一九四九年時点における沖縄群島の小学校の場合、無資格教員の割合は四三・六%、中学校では二一・七%であった。小中学校をあわせて、三七・五%が無資格者であったことになる。[53] おなじく一九五〇

無資格教員の事例

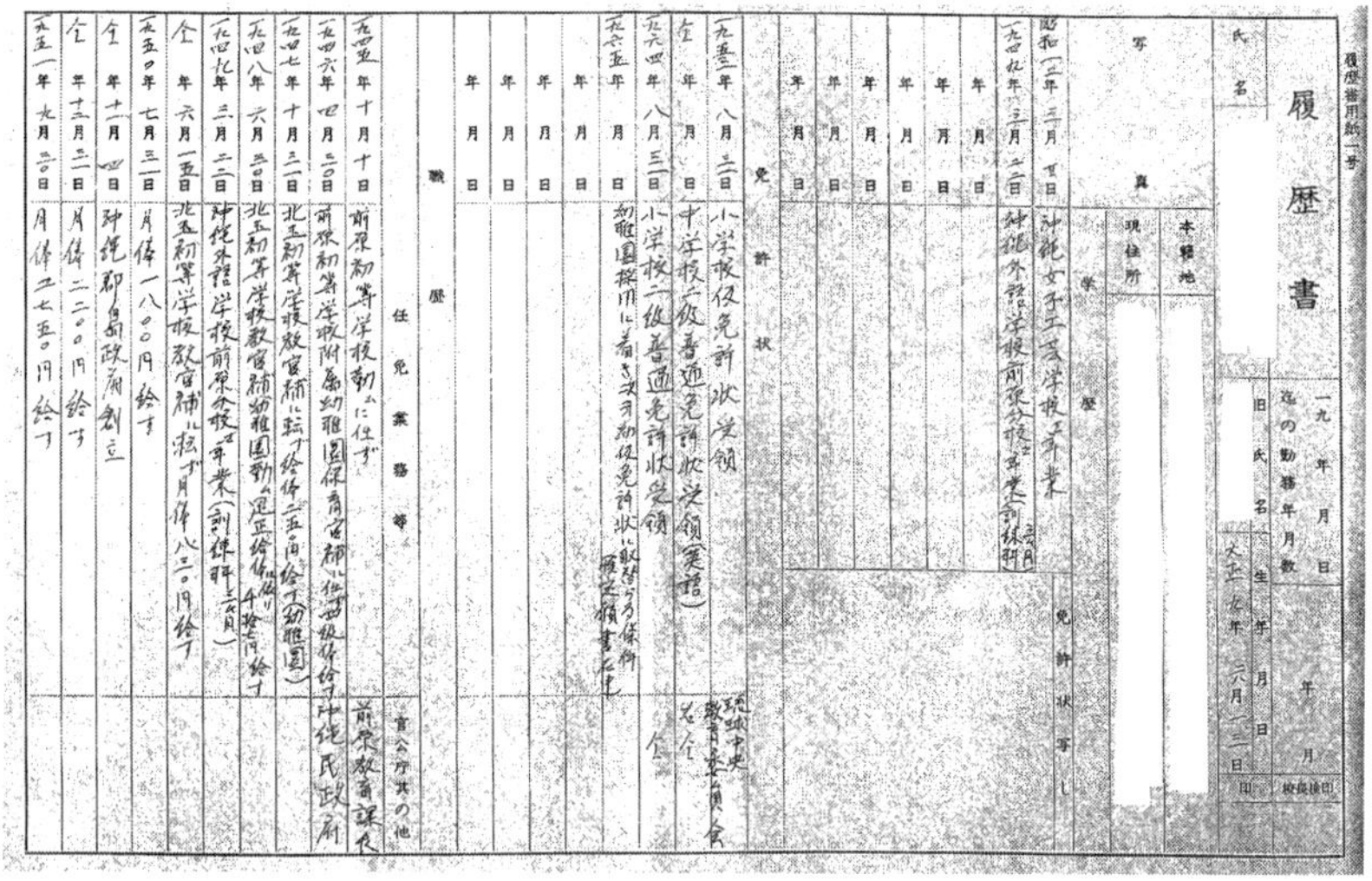

履歴書用紙一号

履歴書

氏名 / 写真 / 本籍地 / 現住所

一九 年 月 日迄の勤務年月数 年 月

旧氏名 / 生年月日 大正七年六月一二日

学歴

昭和一三年三月 日 沖縄女子工芸学校卒業

一九四九年三月二二日 沖縄外語学校前原分校卒業(訓練科三ヶ月)

免許状

一九五三年八月三日 小学校仮免許状受領 琉球中央教育委員会

仝 年 月 日 中学校二級普通免許状受領(英語) 仝

一九六四年八月三一日 小学校二級普通免許状受領 仝

一九六五年 月 日 幼稚園採用に着き現有の仮免許状に取替る条例 確定願書提出

職歴

一九四五年十月十日 前原初等学校勤ムに任ず 前原教育課長

一九四六年四月二〇日 前原初等学校附属幼稚園保育官補に任ず 四級俸給す 沖縄民政府

一九四七年十月三一日 北玉初等学校教官補に転ず 給俸二五〇円給す(幼稚園)

一九四八年六月二〇日 北玉初等学校教官補幼稚園勤ム 是正給俸に依り千拾七円給す

一九四九年三月二二日 沖縄外語学校前原分校卒業(訓練科三ヶ月)

仝 年六月一五日 北玉初等学校教官補に転ず 月俸八三〇円給す

一九五〇年七月三一日 月俸一八〇〇円給す

仝 年十一月四日 沖縄群島政府創立

仝 年十二月三一日 月俸二二〇〇円給す

一九五一年九月二〇日 月俸二七五〇円給す

(出典)中部連合区『一九六六・四以降　補充教員履歴書』(R00163879B)。

年二月時点の同群島では、依然、実数で九七六名にのぼり、「無資格教官補が三割一分の高率」を占めた。なかでも同年の田井等(二〇九名)、前原(一六六名)、コザ(一六五名)、糸満(一一七名)の四地区は多くの無資格者が在勤していた。このことを背景として当該地区ごとに教員訓練所(のちに訓練学校)が設置されるにいたった。[54]

これら無資格者の内実は、沖縄戦時下に沖縄師範学校在学中であった者、旧制中等学校卒業者などで免許を持たない者のほか、のちにみる新制高等学校卒業者などである。これらの無資格者が免許を取得するには、ふたつの方法があった。いずれの場合でも一定の勤務年数を前提としたが、ひとつは教員試験検定あるいは同無試験検定に合格することであり、もうひとつは現職のまま当該教員養成機関を修了することであった。上に掲げる写真は後者に位置づけられる、沖縄群島中部に在勤したある女性教員の履歴書である(個人情報は筆者が白塗りにして削除)。

当該教員(一九二〇年生まれ)は、一九三七年に旧制沖縄女子工芸学校を卒業後、一九四五年一〇月に前原初等学校に任用された。一九四七年から北玉初等学校教官補(幼稚園勤務)として勤務をつづけ一九四九年三月に沖縄外国語学校前原分校を卒業した。そののち（なんらかの理由で卒業と同時ではなく）一九五三年八月に小学校仮免許状ならびに中学校二級普通免許状（英語）を取得した。これは戦後の混乱のさなかに、おそらく無資格教員として採用され、教員養成機関を卒業後に免許状を取得し教員として定着した事例といえる。

これら教員養成機関は、後述する琉球大学をはじめとする、本格的な教員養成機関の設立、また、認定講習の制度化にともない、一九五〇年代以降、順次、改廃・廃止されるにいたる。しかし、一九五〇年代を通じ小中学校の教員需要に即応する機能をはたした。

(4) 琉球大学卒業者

琉球大学が開学したのは一九五〇年五月二二日であった。第一回入学式では、大島をふくめ四群島別に割り当てられた五六二名の入学者を迎えた。[55] 開学当初の教育体制は、英語専攻、教育専攻などとして編成されたが、その後の改編により、一九五四年四月には文理学部（一九六七年より法文学部）、教育学部、農家政学部とされた。最初の卒業者は一九五二年に出始めるが、その本格的な輩出は完成年を迎えた一九五四年以降になる。このうち新卒としての就職先が通覧可能な一九五三年三月から一九七〇年までの卒業者に限定のうえ、そのうち小中学校・高等学校に就職した者の実数上の推移を示す（九三頁の図Ⅱ―35）。

同図より、琉球大学卒業者のうち学校関係就職者数は一九五〇年代なかばまでの急激な伸長を経て、比較的、安定的な推移を描く。じつは、この伸長は入学者数の増加にともなって、自動的に牽引されたものではない。むしろ、入学者数は一九五一年に一時的に三二一名に落ち込むものの、一九五〇年代を通じて五〇〇名から六〇〇名として大きく変動せず推移していた。[56] では、伸長を促した要因はなんであったのか。それは入学者数に占める中等退学者数の割合が低下し、卒業者数が伸長したことである。開学当初、経済的困難と日本の大学への進学を主な理由として、退学者の割合がとくに高くなっていた。たとえば、さきの一九五〇年入学者の場

図II—35　琉球大学卒業者における学校関係就職者数の推移（1953—1970年）　単位（人）

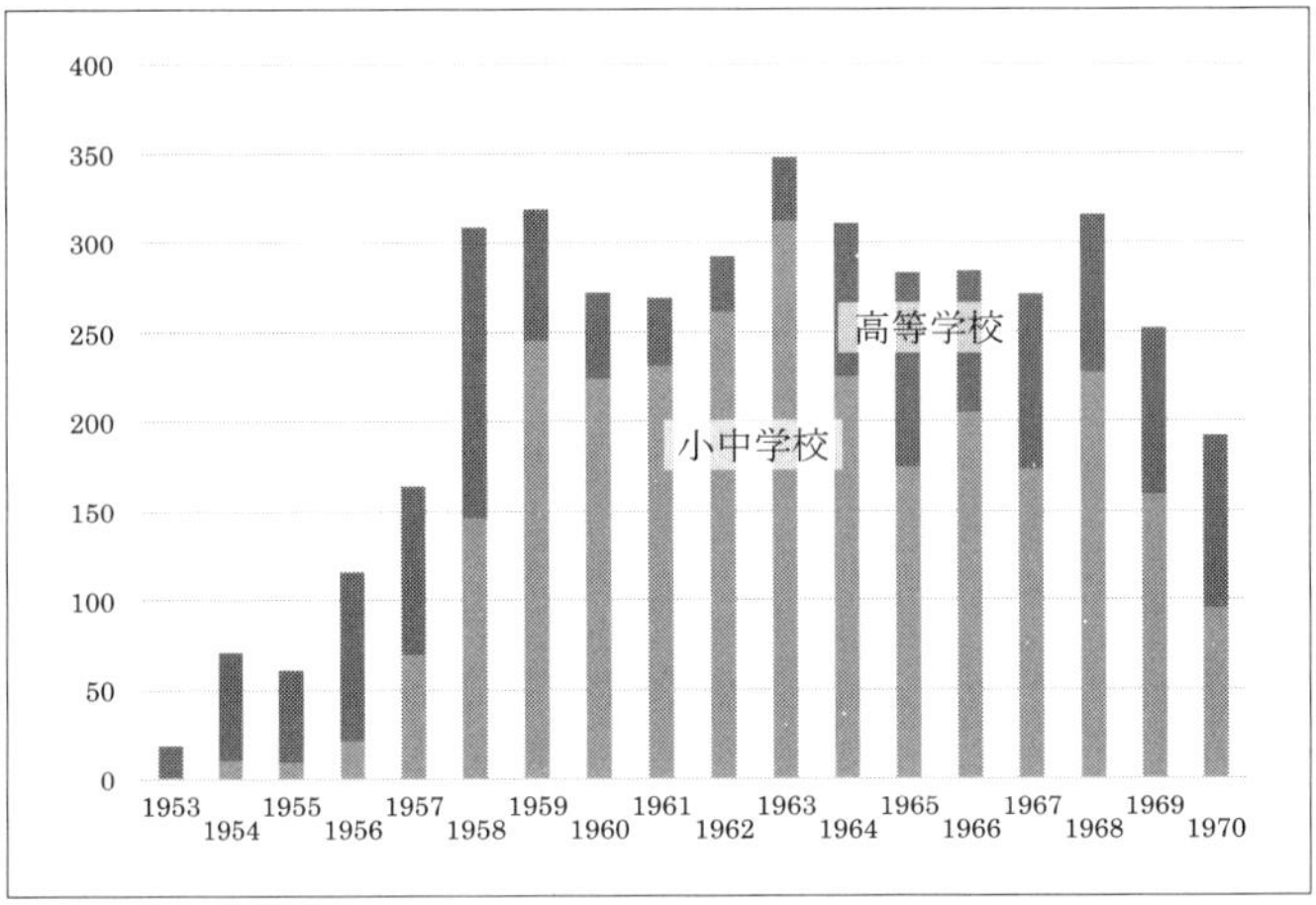

（出典）「年度別職種別就職状況（1953—1970年）」琉球大学『琉球大学二十周年記念誌』1970年、428頁。

（注記）同種の統計に「琉球大学卒業者及び修了者就職部門別調査」「卒業生就職状況（1961年5月現在）」琉球大学『十周年記念誌』1961年、216—252頁がある。ただし、出典と照合した場合、数値上のちがいが散見される。

合、その割合は休学者をふくめ七割程度にものぼる。その割合は一九五〇年代なかば以降には二〇%程度にまで低下した。[57] その結果、同卒業者は安定的に推移し、毎年、二五〇人程度以上の規模で教員を輩出していた。

安定期以前には高等学校への就職数が圧倒的であったものの、一九五〇年代後半以降にはむしろ、小中学校への就職者数が伸長していた。むろん、このなかには教員として就職したのちに離職にいたった場合がふくまれる。そのうえでも、琉球大学は一九五〇年代後半以降、戦後教員を輩出する最大規模の供給源としての機能をはたしていたといえる。

(5) 新制高等学校卒業者

先述のように、新制高等学校卒業者は主に小中学校において、一定の構成比率を継続的に占めた。また、地域別では八重山、つづいて宮古における相対比率がとくに高い水準にあったことをさきに指摘した。この背景として両群島では、文教学校や琉球大学をはじめ、沖縄群島には所在した安定的な教員供給源に欠いていたことが挙げられる。とくに戦後初期を中心に同卒業者の一定部分は、教員免許をもたない無資格者として教壇に立っていた。両群島において同卒業者は、こうした欠落の代替として臨時的な機能を託された。同卒業者が教員層の一角を形成していたことは、移行期に特有の現象といえる。一九五〇年代を通じて、同卒業者が高い比率を占め続けたことは、すくなくとも教員層の学歴構成にみるかぎり、両群島での移行期間がすくなくとも沖縄群島より長期にわたって引き延ばされていたことを示す。このことにかかわり、地域別にみた同卒業者について、いずれの群島でも高等学校在職者は僅少であったため、小中学校在職者に限定のうえ実数の推移をみる。

図Ⅱ—36（九五頁）より、一九五二年時点の沖縄群島において、高等学校卒業者は四〇〇名近くが在勤していた。沖縄戦直後から同年までは、管見のかぎり、具体的な統計数値を示した史料を見出せないが、その人数はさらに高かったのではないだろうか。各教員養成機関での再教育や講習会などによる資格付与の効果と思われるが、翌年には半数以下にまで急激に低下した。一九五〇年代後半に一時的な実数の増加を経たのち、いずれの群島においても一定数を保持した。八重山では、一九五九年時点でさえ、依然として中学校教員のおよそ二割が該当した。[58] 実数では沖縄を下回っていたとはいえ、八重山での構成比率における高さは際立っていた。

ところで、新制高等学校卒業者を対象とした教員採用は具体的にどのようになされたのであろうか。判明しているかぎり、それは三つの類型をもつ。第一は、新制高等学校における教員養成として制度的に位置づけられた類型である（計画類型）。さきに掲出した表Ⅱ—2（五五頁）をあらためて参照されたい。同表掲載校のうち、宮古高等学校と宮古女子高等学校では、いずれも一九四九年四月に新制中学校における家庭科、音楽科などを担当する教員養成を目的とした、一年の修学期間による専攻科が設置された。定員はあわせて一八名であった。[59] 卒業に際して試験検定を実施したうえで免許を授与した。同専攻科は一九五〇年までの二年間にわたって維持され、総計で六〇名を輩出した。[60] 第二に、これとは対照的に、免許状がないまま無資格教員として採用する類型である（無資格類型）。史料的な論証がもっとも困難な時期に相当する、沖縄戦終結前後から教員養成

図II—36　教員層における新制高等学校卒業者数の推移（地域別、小中学校）（1952—1959年）　単位（%）

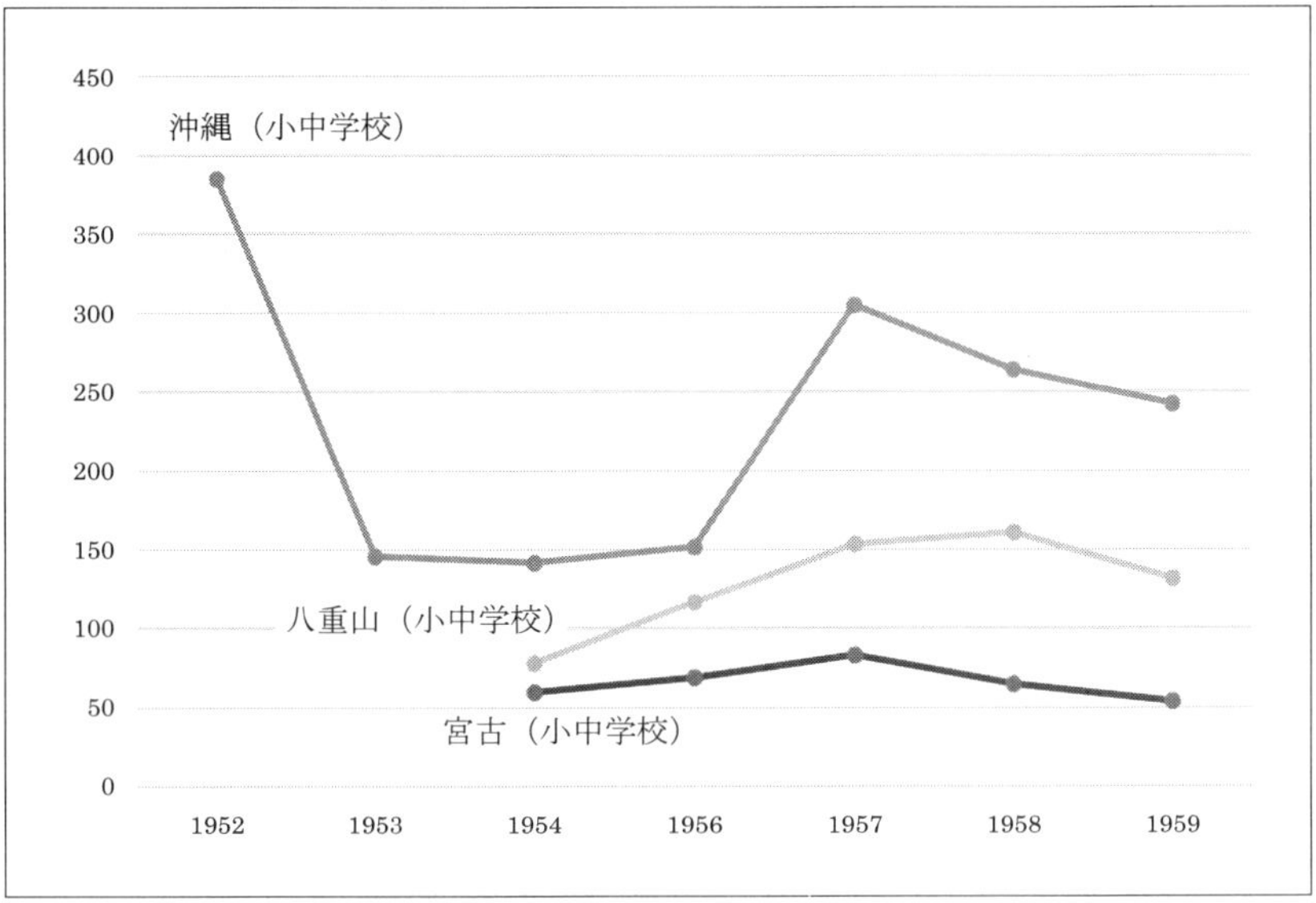

機関の設置がはじまる一九四六、七年頃までにとくに集中して現れていたのではないかと推定される。第三に、機関を通じた制度的な教員養成としてではなく、新制高等学校の卒業者から希望者を募り、一定期間の訓練を受けさせたのちに免許を授与する類型である。免許を授与する点において、第二の類型とは分けられる。第一と第二の類型の中間に位置する（中間類型）。かぎられた事例にとどまるが、一九四九年三月時点の八重山では「（八重山—引用者）高等学校生の教員志望者に対して実習をなさしめて免許状を与えた」、「農林高等学校卒業生については、教育関係教科を授けて小学校の教員免許状を与えた」との記述がある。[61] いずれも一定の訓練と教育を受けたうえで免許が授与された。

　こうした新制高等学校卒業者を対象とした教員養成と採用が具体的にどのようなものであったのかについては、ここでみたような断片的な事例が知られるにとどまり、すくなくとも体系的にはあきらかではない。今後の調査研究が不可欠である。

(6) 離職者

これまでの五分類は、いずれも教員層内部の在職者を対象としてきた。他方、戦後期には教員層外部への離職者が数多く発生していた。このことは戦後における教員構成の変容過程をみるうえで欠かせない。この点にかんがみて、以下、その規模と推移、さらに促進要因をみる。

離職者の規模にかかわり、たとえば、以下の史料が知られる。一九四六年四月から一九五〇年一二月までの四年八ヶ月の期間中、初等学校から高等学校まで一五六八名の教職員が離職している。そのうち五割強の八六一名を無資格の教官補が占め、また、およそ六割にあたる九四二名を男性が占めた(校長、教頭を除く)[62]。単年平均に換算すれば、およそ三三六名にのぼる。この場合、統計対象が全群島におよぶのかは不詳だが、沖縄群島に限定されたものと仮定すれば、一九五〇年前後の時点で小学校から高等学校まで合算して、教員として在職していたのは三六二五名であった[63]。これに照らせば九％もの教員が単年で離職していたことになる。

同時期にこれだけの規模におよぶ教員が離職した要因として、大きくふたつが挙げられる。ひとつは経済的要因である。「軍作業」や基地関連業務によって得られる賃金が教員俸給額よりも高額となっていたという事実は離職を強く促進していた[64]。「何といっても先立つものは生活」であり、「教員をやりたくてもやれない」という現状があった。たとえ教員としての職務を継続した場合でも、家族の被扶養者になるか、副業やアルバイトによって生計を立てているというのが現実であった[65]。いわば物質的な根拠として、これらの要因は事実に相違ない。とくに戦後教員であり、無資格者である場合において、この要因にもとづく説明は支持できる。しかし、同時期に教員層を構成していたのは、戦後教員だけではない。むしろ、さきにみたように、戦前教員の存在は同時期において優勢であった。そのうえでいえば、教員史の視点から重要なのは、もうひとつの要因である。それは、結果的には戦時体制を支持しなければならなかった戦前教員としてのいわば心理的な呵責に由来している。ここでひとりの実例を挙げる。一九一一年に宮古に出生し、一九三二年に沖縄師範学校本科一部を卒業ののち、郷土で小学校教員を務めた下地常盛である。下地は沖縄戦後に小学校教頭に就任したものの、三四歳時点で退職する。[66] その理由について下地は、

…私は教師として、これから教壇に立つ勇気がなかった。口をぬぐったような知らんふりした形で教壇に立つ行動・態度は、教師として、人間として許されるべき行為でない、

と述べる。[67] むろん、戦前教員において、この要因がどれだけの一般性をもつのかは不明である。しかも、数量化することはもちろんのこと、そもそも可視化できない内面性にかかわる要因である。しかし、下地はすくなくとも特殊な事例ではないと思われる。[68] とするならば、教員層からの離職者が経済的要因のみにもとづいて発生していたとの説明は表層的というべきである。離職は経済的要因によって択一的に進行したのではなく、すくなくとも、こうした要因によって複合的に促進されていたのではないか。下地とは異なる選択をし、たとえ戦後期において継続的に勤務した教員であっても、この呵責は居残りつづけたであろう。移行期にあった沖縄の教員史は、教員個々の内面にかかわる悔悟と葛藤に根ざして変容していたといえる。

こうした離職者は、ここでの対象時期である一九五〇年代において、どのように推移したのであろうか。「最もそれが激しかった時期」としては一九五〇年以前の時期が指摘されることがある。[69]『琉球教育要覧』にみるかぎり、一九五〇年代なかばで年間に二〇〇名程度、同年代後半にはおなじく一〇〇名程度としてあきらかに低下した。離職者が教員層の安定的な維持にとって脅威とされたのは、おおむね一九五〇年代はじめ以前のことであり、おそくとも同年代後半において離職者にかかわる問題は、琉球大学をはじめとした教員養成機関からの卒業者の計画的輩出によって、ほぼ制御できる範囲内に収まりつつあった。

四　教員構成の数量的特徴

沖縄戦前後の時期における教員構成の変容にかかわる従来の研究は、あくまで蓋然的であり、しかも部分的な事象の把握にとどまってきた。こうした限界性は、当該時期にかかわる史料的な調査と発掘が遅れてきたことによって招来され現在にいたる。むろん本書もこうした限界性から本質的に免れることはできない。そのうえでも、以上において筆者は、あらたに見出された史料をふくめ、既存史料の組み合わせと相互補完にもとづいて、可能なかぎりにおいて、当該時期の教員構成の数量的特徴についてあきらかにしてきた。

このうち、主要な解明点にかぎれば、前期移行期と後期移行期の順に照応させて以下のようにふたつに集約される。ひとつは、一九四〇年代から沖縄戦をはさみ一九五〇年代はじめにいたる時期における教員構成の変容にかかわる。史料的な制約を受けることで、依然、四割以上の教員の経歴が特定できないままにあるものの、推定をふくめ、一九四三年時点において国民学校在職の教員層のうち四六％が戦後も継続して勤務をつづけていたことがあきらかになった。おなじく校長と教頭にかぎった場合、その割合は七割以上にのぼる。また、群島別では宮古と八重山の教員において、継続勤務者の割合が高いことが判明した。

もうひとつは、戦前教員と戦後教員との相対比率の全体的傾向として一九五〇年代なかばにおいて、事実上というべき移行期の境界が認められることである。それは前者を中心とした人的構成から後者のそれへの移行としてあった。むろん境界は一律均等にあったわけではない。それは第一に職位別、第二に学校段階別、第三に地域別のちがいをともなっていた。このうち職位別では、教員層での移行が比較的、早期であったのに対し、校長をはじめ、教育指導者における移行は遅れた。つぎに学校段階別では、高等学校での移行が比較的、早期であったのに対し、小学校では遅延していた。中学校は両者の中間的な位置を占めた。地域別について、宮古

模式図　沖縄戦をはさんだ教員層の移行過程（1943―1953年）

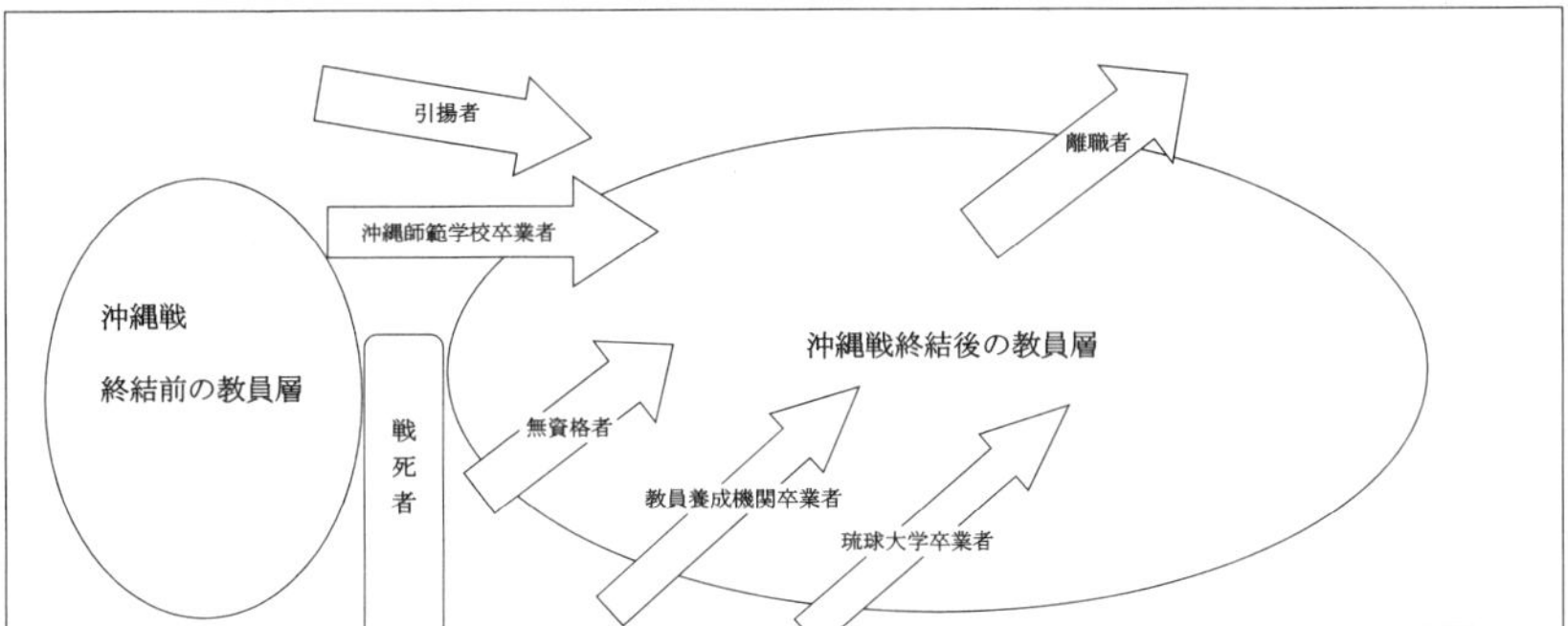

西暦	1943	1944	1945-1951	1952	1953	1954	1955	1956	1957	1958	1959
教員総数	2722	2805	不詳	(3374)	(3352)	4214	4352	4513	4877	5015	5311

（出典）『文部省年報』『沖縄教育関係職員録』（後者は筆者が算出）。1955年のみ『琉球教育要覧』1956年。
（注記）1952、53年は沖縄群島のみの参考数値であり（　）で示した。

と八重山では、戦前教員の構成比率が高い比率水準ではじまったため、沖縄全体の傾向よりも遅延しつつ変容した。地域別のちがいは新制高等学校卒業者が教員層に占める割合としても如実に現れていた。

以上から導き出せる結論はつぎのようである。すなわち、一九四〇年代から一九五〇年代における教員構成の移行過程は均一的に進行していたのではない。それは職位や地域などによる複数のちがいを抱え持ちつつ、いわば多元性をともなう漸進的な変容を遂げていたといえる。こうした結論について、個別の分析結果を総合的に反映させたうえで、当該期間における教員構成の変容過程について単純化した模式図を上に示した。

同図は、教員層をめぐる「流入」と「流出」いうふたつの相反する流れによって説明できる。この場合の「流出」とは、主要には沖縄戦時下における戦死者、戦後の離職者によって構成された。ただし、この場合の「流出」は、厳密には両者にとどまらない。たとえば、戦後期のいずれかの時点でなんらかの事情により沖縄以外に移動・移住した教員が想定できる。一方、「流入」は以上での分析結果がその内実を数量化して示したように、戦前教員の基軸であった沖縄師範学校卒業者にくわえ、旧植民地・

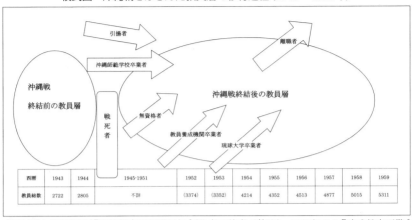

占領地所在学校卒業者をふくむ引揚者、さらに各教員養成機関や新制高等学校、また、琉球大学卒業者などの戦後教員によって構成された。くわえて戦後初期には無資格者としてさまざまな経歴をもつ教員が採用された。

今後の展望としてここで言及しておくべき論点がある。それは文教担当部局などの行政機関、および沖縄教職員会などの教育関係団体における役員の人的構成の変容過程について数量的に解明することである。本書では校長など学校内部の職位別のちがいについて分析をくわえてきたが、これらの指導的な立場にあった教育関係者についての解明にまではおよんでいない。今後の主要な課題として記しておきたい。

［補注］

1　屋良朝苗『屋良朝苗回顧録』朝日新聞社、一九七七年、一二頁。

2　同史料は、内訳について、教職員が約七〇〇名、疎開児童をふくむ児童が約四〇〇〇名、鉄血勤皇隊などをふくめた生徒が約一五〇〇名とする。

3　沖縄教職員会『沖縄教育の現状』一九五二年（読谷村教育委員会所蔵）。

4　例外として、以下の各史料からは地域的に限定されるものの、当該数値を断片的に確認できる。沖縄民政府総務部調査課『沖縄民政要覧』一九四六年、「教員数並に資格別調査」沖縄教育連合会『新教育』一五号、一九五一年四月、二九頁（七巻）、「学校別、資格別教員数」沖縄朝日新聞社『沖縄大観』日本通信社、一九五三年、一九四頁、宮古民政府官房『公報　新宮古』復興祭記念号、一九四九年一二月八日、「昭和二一年度　自五月至三月　八重山支庁歳入歳出予算」「昭和二二年度　自一月至六月　八重山支庁歳入歳出予算」琉球政府文教局研究調査課『琉球史料』六集（経済編1）一九六一年、Arnold G. Fisch, Military Government In The Ryukyu Islands, 1945-1950, University Press of the Pacific, 2004.『沖縄県史』資料編14現代2、アーノルド・G・フィッシュ二世（宮里政玄訳）「琉球列島の軍政 1945—1950」沖縄県教育委員会、二〇〇二年、八七頁。以上については、個別に参照する場合がある。

5　四年制の高等学校とは別に一九四七年三月、「市町村ノ生活、政治、経済、文化教育、衛生、交通等ヲ理解セシメ其ノ発展改善ニ努力スル公民ヲ養成」することを目的とした「実業高等学校」が各地に設置された。修業年限は四年で義務制とされたが、一年間のみ運営されるにとどまった。以上、「実業高等学校設置ニ伴ウ協力依頼ニツイテ」（一九四七年二月二八日）琉球政府文教局研究調査課、前掲『琉球史料』三集、三四―三七頁、琉球政府文教局『琉球教育要覧』一九五五年、七七頁参照。同校に関する研究として、小林文人・小林平造「戦後初期沖縄の実業高等学校―戦後沖縄社会教育史研究（その２）」『東京学芸大学紀要』一部門三二号、一九八一年がある。

6　以上、「学制改革六・三・三制度実施について」琉球政府文教局研究調査課、前掲『琉球史料』三集、五一―五三頁ほか参照。

7　以上、順に川畑篤郎「戦後沖縄の教育状況」文部科学省大臣官房総務課文書管理班『沖縄師範学校報告』（国立公文書館所蔵）。沖縄群島政府統計課『沖縄群島要覧　一九五〇年版』琉球文教図書、一九五二年、二二七―二二九頁参照。このほかの同種の史料として、沖縄民政府『沖縄便覧』一九五〇年がある。ただし、当該時期の軍政活動報告によれば、就学児童・生徒数は一九四六年七月時点ですでに戦前期の水準に到達していた。Report of Military Government Activities for Period From 1 April 1945 to 1 July 1946.『沖縄県史』資料編9現代１（原文編）沖縄県教育委員会、二〇〇〇年、一三頁。

8　琉球政府文教局研究調査課、前掲『琉球教育要覧』一九五五年、七九頁参照。このうち本書では、旧植民地・占領地からの教員層の帰還については分析の対象とする。他方、疎開地からの教員の帰還については取り上げることができない。後者のうち教員の帰還について、たとえば、沖縄群島では一九四六年六月頃に「九州の疎開先から教員約三百名」の帰還予定が報じられている。「教員　沖縄での就職　当分見込薄」『みやこ新報』一九四六年六月九日。今後の調査が必要である。

9　一九四〇年代における校数の増減について、ここでは立ち入らない。

10　この変動の要因分析については、解明されるべき課題である。

11　ただし、沖縄以外の都道府県の内実は多元的であり、沖縄だけが例外であったわけではない。このことが同時に指摘されるべきである。たとえば、一九五二年時点での全国平均は四六・一％であったが、最高の東京（六八・八％）を頂点として、青森、鹿児島、岐阜、三重、宮崎などはいずれも三〇％台であった（最低は宮崎の三〇・八％）。文部省『学校基本調査報告書　昭和二七年度』一九五四年、二二―二三頁。

12　以上、軍政府指令二〇号（一九四六年一二月一日）。琉球政府文教局研究調査課、前掲『琉球史料』三集、三九一頁、ならびに「初等学校教員定員減ニツイテ」文教局研究調査課、同前、四一―四二頁参照。

13　「米軍政府指示　学校教育の行き方　教育費は総べて税収で」『みやこ新報』一九四六年一月一七日（不二出版、二巻、二〇〇七年）。当該指示の結果、「郡内教職員の申合せ」にもとづき、全教職員が辞職することとなり、同年三月三日に教員採用試験が実施された。以上、「教員採用試験施行」『みやこ新報』一九四六年二月二五日（同前）参照。

14 その性別内訳は三四二名（男性）、四九名（女性）であった。「男女別教員統計（一九四九年三月末調）」沖縄教育連合会『新教育』七号、一九四九年九月、三五頁（七巻）参照。

15 以上、琉球政府文教局調査広報室『文教時報』号外五号、一九六二年九月一八日参照。

16 「第八回九州沖縄八県教育会主事会議状況」鹿児島県教育会『鹿児島教育』五〇三号、一九三四年七月。

17 琉球政府文教局研究調査課、前掲『琉球教育要覧』一九五五年、九五頁。

18 『琉球教育要覧』各年版にくわえ、琉球政府文教局研究調査課『学校基本調査報告書　一九五九年度』一九六〇年ほか参照。

19 逆に同年の沖縄における中学校の女性教員比率は他府県平均を上回る。こうした異同が生み出された要因、さらにその変容過程についてはここでは立ち入れない。教員構成の性別比率について、河野重男「教員構成の現状と問題」日本教育社会学会『教育社会学研究』一三集、一九五八年ほか参照。

20 この傾向は同時代において以下のように指摘された。「教員の構成にも問題があるようだ。沖縄の高等学校教員の年令構成を見ると、中堅層が最も少なく、二十四、五才の教員がピークを示し、次に六十才に近い層が多い」。徳山正人「沖縄教育管見」文部省『文部時報』九八二号、一九五九年、五八頁。

21 こうした軍事優先的な教育復興という構想は沖縄戦がはじまる以前の時点で米軍によって構想されていた。以上、Technical Bulletin, Head Quarters the Tenth Army Office of the Commanding General, 5 February 1945. ワトキンス文書刊行会『沖縄戦後初期占領資料』二二巻、一五五―一五六頁ほか参照。従来の研究として、川井勇「沖縄占領と米軍の教育政策に関する一考察―米国第一〇軍関係資料の検討を通して」九州教育学会『九州教育学会紀要』一一巻、一九八三年がある。

22 一九四三年名簿にかかわる書誌的事項について、あらかじめここで注記しておく。同名簿の原本はこれまで確認されていない。複写版が那覇市歴史博物館に所蔵される。ただし、同複写では、八六―八七頁が欠損している。当該頁には八重山地域の登野城、石垣、川平、大浜、白保の五つの国民学校の一部または全部が該当する。このことが判明するのは、同職員録を底本とした同名の職員録が一九五四年に琉球政府文教局から発行されたためである（原本として沖縄県公文書館に所蔵、口絵参照）。以下では前者を基礎としつつ、後者によって当該頁のみを補完した。ただし、一九四三年名簿には誤字が散見される。他の史資料との照合にもとづき、当該部分を修訂した。

23 数値には高等科をふくむ。文部省『文部省第七二年報　昭和一九年度』五三頁参照。

24 以上をふくめ、戦前教員と戦後教員の区分は、以下の各基準にもとづく。①一九四五年以前の卒業者を戦前教員、一九四六年以後の卒業者を戦後教員とした。②一九四五年卒業の場合、戦前期の学制下における教員としての職務経験を実態として有していない場合があるなど個別には見極めがたいが、仮に戦前教員とみなした。③旧制学校入学者であって、一九四六年以後における学制上の移行期間に卒業した場合の分類はむずかしい。しかし、卒業時には新制度の教育を受けていたという実態に照らし戦後教員とみなした。むろん本来は当該学校における移行過程の実態に即して個別に吟味すべきであるが、同前分類にしたがい一律に区分した。④複数の学校を卒業した者の場合、重複して算入することをさけるため、原則として最終の卒業学校を卒業した者とみなした。ただし、以下の例外がある。一九四五年以前に学校に在籍した者、あるいは既卒者であり、かつ一九四六年以後に検定を通じて資格を得た者、あるいは戦後に教員養成機関などに進学したのちに教員として着任した者については、その教育経験の実態にかんがみて、最終卒業学校や年にかかわらず戦前教員とした。また、検定によって戦後に免許を取得したとのみ当該史料に記載された者は、従前の学歴が見定めがたいこと、教育経験のうち教員として養成された期間が戦後期に相当するため、その生年などにかかわらず戦後教員とした。なお、職制などにかかわる分類方法は以下のとおりである。教員を広義に把握し、「養護教諭」「訪問教師」「補充教員」「補助教員」、また、「補習学級」の配置教員、臨時免許状保持者などは算入した。他方、「保育官」「保育官補」「幼稚園教諭」「幼稚園助教諭」のほか、「研究教員」「助手」「実習助手」、「技手」や「技官」、また、「嘱託」や「書記」「事務官補」などは算入しない。休職中の場合には算入しない。いずれの基準においても史料の未記載などにより、卒業学校の判別ができない場合には不明とした。あきらかな誤記は、他の史料と照合のうえで訂正した場合がある。

25 沖縄師範学校卒業者にかかわる数量史的な分析について、藤澤健一編『沖縄の教師像――数量・組織・個体の近代史』榕樹書林、二〇一四年、一一四―一三三頁参照。同校は会話伝習所をその前身とし、法制度上の変更にともない改称をかさねた。その概略をたどれば、沖縄県尋常師範学校（一八八六年）、沖縄県師範学校（一八九八年）、また、一九一〇年に女子本科一部が設置され、一九一五年には沖縄県女子師範学校が設立された。四三年に官立専門学校として昇格した際には、沖縄師範学校男子部・同女子部となった。以上、沖縄県師範学校『沖縄県師範学校　創立五十周年記念誌』沖縄県師範学校学友会、一九三一年など参照。同校の表記について煩雑を避けるため、本書では沖縄師範学校として統一的に表記する場合がある（従前もおなじ）。

26 一九五二年から一九五九年までの対象期間中、当該年の教員数（小中学校と高等学校を合算）において、これら五分類の

27 教員が占める割合は、筆者の算出によれば平均で七三％である。①沖縄師範学校卒業者には、予科、講習科修了者、中退者などを分類基準について項目別に示せば以下のようである。①沖縄師範学校卒業者には、予科、講習科修了者、中退者などを算入した。沖縄女子師範学校をふくむ。②教員養成学校卒業には、沖縄、宮古、八重山に設置された暫定的な各教員養成機関、英語学校などをふくめた。③琉球大学卒業者には、同短期大学部をふくむ。おなじく中退者などをふくむ。④高等学校卒業者には、専攻科卒業者のほか中退者をふくむ。定時制課程ならびに補修学級は本校に組み入れて算出した。

28 宮古については、宮古教育誌編纂委員会、前掲『宮古教育誌』がある。おなじく八重山については、「名簿」『八重山文化』一輯、八重山文芸協会、一九四六年七月、「八重山郡学校職員一覧表」八重山教育会『新世代』三号、一九四九年五月（七巻）、「慰霊　物故教職員（登野城小学校御勤務）」八重山教育会『新世代』五号、一九五〇年二月（七巻）などが例示できる。おなじく当該時期に刊行された新聞史料を活用した。本書の巻末にその一覧を掲示した。

29 一九五五年分については、琉球政府文教局研究調査課『教育概要』一九五五年（国立国会図書館所蔵）、および琉球政府人事委員会給与課『教育職員の免許状取得状況調』一九五五年（R00155553B）において在籍教員の情報を知ることができる。ただし、前者は学校名、校長名のほかには男女別、資格別の教員数が記されるにとどまり、在籍教員名の記載はない。後者には在籍教員名と取得免許状の種類にくわえ当該時点における年齢や最終卒業学校が記載される。統一性の観点から慎重を期して両史料は以下での分析には活用しない。同年にかかわる分析については今後の課題としたい。

30 一九五一年の沖縄群島の場合、「師範学校卒業者」は小学校教員全体の三一％あまり、おなじく中学校教員の四六％あまり、高等学校教員の二五％あまりを占めた。小中学校で合算すれば三六％程度の比率となり、小中学校と高等学校との合算では、おなじく三五％程度を占めた。同時期の沖縄群島では、おしなべていえば、教員の三人にひとりは「師範学校卒業者」であったことになる。沖縄朝日新聞社『沖縄大観』日本通信社、一九五三年、一九四頁参照。

31 たとえば、一九五七年時点で渡名喜小中学校長であった幸地清孝は、一九三〇年に沖縄師範学校本科二部を卒業し、一九四七年には沖縄外国語学校を卒業した。沖縄教職員会『一九五七年六月現在　沖縄教育関係職員録』一九五七年、七八頁参照。

32 たとえば、一九五七年時点で古見小中学校に在職した西大正英は八重山高等学校を卒業後、一九五二年に試験検定によって教員免許を取得し、同校長として勤務していた。沖縄教職員会、同前『一九五七年六月現在　沖縄教育関係職員録』三一三頁参照。

33 以上、「宮古には女校長誕生」『うるま新報』一九四八年五月七日参照。

34 「女校長遂に実現せず」『うるま新報』一九四八年四月一六日。

35 「教育に熱情捧げる　初の女性教頭」『うるま新報』一九五〇年四月六日。

36 以上、小橋川カナ「私の戦後史」『私の戦後史』三集、沖縄タイムス社、一九八〇年参照。このほか外間米子（監修）『時代を彩った女たち―近代沖縄女性史』ニライ社、一九九六年、北海道みんぞく文化研究会『南島を探る―沖縄の生活史』一九九六年参照。

37 小橋川カナ、同前「私の戦後史」『私の戦後史』三集、三五頁。

38 文教局『学校教員調査報告書　指定統計第四号』一九六〇年、八、一四、一九頁に依拠すれば、一九五九年時点の場合、高等学校教員（一一六四名）のうち、琉球大学卒業者はその半数に迫る（四六・七％）。対照的に小学校においては、九・八％（三八五名）、中学校でも一九・一％にとどまる（二八一名）。

39 文教局、同前『学校教員基本調査報告書　指定統計第四号』九頁参照。

40 このうち後者は、一九二三年の沖縄師範学校入学者から実施された、本科一部と本科二部における各二学級分の定員増、くわえて一九二五年五月の沖縄女子師範学校における本科二部の新設を背景とした。藤澤健一編、前掲『沖縄の教師像―数量・組織・個体の近代史』一一六―一二二頁参照。

41 同事務所は、同校職員への給与支払いなどの経理業務、沖縄から九州への疎開児童の帰還業務などを所轄した。一九四六年八月時点で事務所在勤の沖縄出身事務員が退職のうえ帰還し「（同年―引用者）年末には殆んどとるべき事務は無くなる」状況にあった。「事務所報告（第五回　昭和二十一年八月）」文部省『沖縄師範学校からの報告等　自昭和二〇年六月至二一年一一月』（国立公文書館所蔵）。

42 それを実数でみれば、最大構成員である台湾の場合でも、沖縄で一〇〇人程度、おなじく宮古で三〇人、八重山では二〇人にすぎない。絶対的な規模としては少数であったといえる。個別具体的な事例を示した史料として以下を挙げておく。社会保険庁『官公署職員の身分調査　外地関係調査書』（R0003676B）、中部連合区『一九六七年三月十五日　元外地官署所属職員調査書』（R0016300OB）。

43 現行の研究は、旧植民地・占領地における沖縄出身者の移動史について、教員にとどまらず、その全体像と事例を徐々に解明しつつある。旧植民地・占領地所在学校卒業者が、戦後の沖縄における教育にどのような固有の役割をはたしたのか、今後は、この点の実証的解明が求められる。これまでの成果として、蘭信三編『日本帝国をめぐる人口移動の国際社会学』不二出版、二〇〇八年、大浜郁子「沖縄出身者の台北師範学校における台湾教育経験と沖縄の『戦後』復興への取り組み」松田利彦編『地域社会から見る帝国日本と植民地—朝鮮・台湾・満洲』思文閣出版、二〇一三年などがある。

44 これとは移動経路を逆にするが、沖縄師範学校などを卒業した沖縄出身者で沖縄県知事発行の旧免許状の保持者は、「教育職員免許法施行に伴う沖縄関係教員資格証明事務処理要領」にもとづき、他府県において教育職員免許法による教員免許状の授与を受けることができた。同要領の施行が実態としてどのようになされたのかを解明することは、今後の課題として指摘できる。以上、『沖縄新民報』一九五〇年一月二五日参照。

45 「沖縄文教学校生徒募集要綱」琉球政府文教局研究調査課、前掲『琉球史料』三集、三一〇—三一一頁参照。

46 沖縄文教学校『創立一周年記念　学校要覧』一九五一年、『沖縄文教学校関係資料』（沖縄県立図書館所蔵）参照。

47 「広汎な部門に亘る情報教育関係諸事業」軍政府情報教育部『琉球弘報』七号、一九四九年七月一五日。

48 『前原教員訓練学校修了式要覧』一九五二年、前原教員訓練学校『学校要覧』（R0016259B）参照。

49 以上、沖縄県教育委員会、前掲『沖縄の戦後教育史』六五八—六五九頁参照。

50 沖縄師範学校・沖縄青年師範学校「事務所報告　第五回」一九四六年八月、文部科学省大臣官房総務課文書管理班、前掲『沖縄師範学校報告』）参照。

51 川畑篤郎、前掲「戦後沖縄の教育状況」『沖縄師範学校報告』参照。

52 一九四六年時点の沖縄群島における小学校は一三四校、当該教員数は三一二三名であった。沖縄民政府総務部調査課編『沖縄民政要覧』一九四六年参照。

53 「教員統計（一九四九年三月調）」沖縄教育連合会、前掲『新教育』七号、二七頁参照。統計のある宮古では、一九四九年一二月の時点で小学校では三七%、中学校で四四%が無資格者であった。「宮古文部事務施行状況」琉球政府文教局研究調査課、前掲『琉球史料』三集、四九頁参照。

54 「教員訓練所設置要項」琉球政府文教局研究調査課、前掲『琉球史料』三集、三一六—三一八頁、「教員の資格向上に無資格者を再教育」『うるま新報』一九五〇年四月二日参照。

55 「琉球大学二〇年史略年表」琉球大学『琉球大学二十周年記念誌』一九七〇年では、第一年次に四八二名、第二年次に八〇名とされる（四六九頁）。群島別に割り振られた結果、入学者の内訳は大島六五名、沖縄四二六名、宮古四七名、八重山二四名であった。中山盛茂「本学の創立」琉球大学『十周年記念誌』一九六一年、二九頁。以下の記述は両記念誌にもとづく。なお、奄美大島では、一九五二年五月五日、大島女子高等学校内に同大学普及部が運営する大島分校が開設した。同分校には初等学校教員養成課程が設置され、七八名が入学した。奄美群島の日本復帰とともに二年半後には閉鎖されたが、一九五四年三月までは鹿児島県臨時教員養成所として継続した。琉球政府文教局研究調査課、前掲『琉球史料』三集、三一八頁参照。

56 琉球大学、前掲『琉球大学二十周年記念誌』五七頁参照。

57 以上、琉球大学、同前『琉球大学二十周年記念誌』五九―六一頁参照。

58 文教局、前掲『学校教員調査報告書　指定統計第四号』一四頁。同統計では旧制中等学校卒業者をふくむため、新制高等学校卒業者に限定した場合にはこの数値を下回る。

59 以上、「両高校に専攻科」『宮古タイムス』一九四九年四月一五日、「中学校教員養成　高校に専攻科」『宮古公論』一九四九年四月一八日参照。

60 「宮古教員養成に関する資料」琉球政府文教局研究調査課、前掲『琉球史料』三集、三一三―三一四頁参照。ただし、このうち何名が教員として就職したのかは、管見のかぎりあきらかではない。おなじく奄美群島の大島中学校、大島高等女学校においても専攻科を設置のうえ、二年の修学期間ののち一年の教職経験を経て免許を授与した。「琉球政府から授与した教員免許状の種類、授与資格について（照会、回答）」琉球政府文教局研究調査課、前掲『琉球史料』三集、三六二頁参照。

61 記念誌編纂局『新八重山　博覧会記念誌』八重山民政府、一九五〇年、二五三頁。

62 以上、「転退職状況」琉球政府文教局研究調査課、前掲『琉球教育要覧』一九五五年、九九頁。

63 「教員数並に資格別調査」、前掲『新教育』一五号、二九頁参照。

64 琉球政府文教局庶務課『教員退職者待遇調　一九五一年六月一日』（R00094469B）。

65 以上、「座談会　軍作業地帯の教育」沖縄教育連合会『新教育』一三号、一九五〇年一〇月、一九頁（七巻）。ここで事例としたのは一九五〇年頃の胡差地区の状況である。同地区には米軍基地ならびにその関係施設が集中して所在している。したがって、本来、他の地区との比較が必要であり、象徴的事例ではあっても一般性をもつかどうかは、別途、検証を要する。

66　在職中、下地常盛は一九三八年から二年間、鹿児島県に研究訓導として派遣されていた(市成尋常高等小学校)。研究訓導としての経歴は、戦後期をふくめ指導者層へのキャリアトラックとして機能していたことが知られる。そうした条件において下地は退職を決意していた。下地の経歴について、平良好児編『宮古人事興信録』一九五六年、九九頁参照。

67　下地常盛「私の戦後史」『私の戦後史』八集、沖縄タイムス社、一九八五年、一五七頁。

68　さきに引証した川畑篤郎は沖縄戦終結から約一年後の時点で以下のように教員の心理を描写した。「この時期(一九四五年七月から八月をさす―引用者)に於ては、戦前の国民学校教師の一部は部落の諸役員(巡査、配給係等)に就任し、学校には就職したがらない傾向があったので、多くは女学校出の助教を以て充てられた。国民学校教師が学校に帰りたがらない理由の一つは、戦時中、教員が極度に食糧事情に困ったので、学校よりもまづ食へる事情下にある半農半役員の生活を欲したのと、一つには戦前と異なる理念の下に教育しなければならぬことについての良心的な悩みとであった」。川畑篤郎「戦後沖縄の教育状況」文部科学省大臣官房総務課文書管理班、前掲『沖縄師範学校報告』。このほか、仲宗根政善は「あの時、もう教壇に再び立つまいと思った。私ばかりでなかった。戦争で教え子を失った、多くの教師たちが、ほとんどそう考えた」と記したことが知られる。仲宗根政善『石に刻む』沖縄タイムス社、一九八三年、二二三頁。

69　「転退職状況」琉球政府文教局研究調査課、前掲『琉球教育要覧』一九五五年、九九頁。

Ⅲ　組織

ここでは一九四〇年代から一九五〇年代における教育関係組織を対象として、それぞれの機構と人的構成がどのような特徴をもち、変容したのかについて個別具体的に分析する。この場合の組織は、教員を中心とする教育関係者によって構成された団体、および文教担当部局に焦点化される。各団体の機構にくわえ、おなじく指導的立場にあった役員の経歴(戦前期をふくめた学歴と職歴)を中心とした人的構成に着目し、その変容過程を解明する。以下において分析対象とするのは、戦前期と戦後期に区分すれば順に以下のようである。

戦前期においては、沖縄県教育会、および沖縄県庁の学務担当部局である。戦時体制下である当該時期において両者は、政策遂行など、その機能においてかさなる部分もあるが、組織として同一ではない。機能における両者の異同を焦点にしつつ、それぞれの機構と人的構成の変容を解明する。なお、戦前期において当該時期は、もっとも史料的な制約が強い時期のひとつであり、この傾向は沖縄戦への近接にしたがって比例的に増大する。しかし、当該章は戦後期への移行過程をみるうえで欠かすことのできない前提をなす。

おなじく戦後期では、各地区・群島において結成された教員団体(のちに沖縄教職員会として統合)に焦点化する。各団体について群島別に章を配置したうえで、それら教員団体を統合した沖縄教職員会についてみる。なお、戦後期の文教担当部局をはじめとする行政組織における機構と人的構成に関する分析は、「六　組織における変容過程」における総合的な分析のなかで注記する。

以下での分析に先立ち、ふたつの点にあらかじめ留意を促しておきたい。ひとつは各群島および組織の特徴や史料状況に照応して、分析の比重、ならびに順序性はおのずから異なることである。もうひとつは以下で取り上げる各教員団体の編集・発刊になる機関誌については、別途、刊行の共著論稿(二〇一五年一二月から配本が開始された編集復刻版『占領下の奄美・琉球における教員団体関係史料集成』全七巻に添えられる別冊収載の解説をさす)において立ち入った分析を提示している(奄美群島における教員団体をふくむ)。なお、各章は分担執筆であることにかんがみて、補注はそれぞれの末尾に付す。

(藤澤健一)

一　戦時体制下の沖縄県教育会と沖縄県庁

本稿は、一九四〇年代前半における沖縄県教育会の組織と活動を、沖縄県庁とのかかわりからあきらかにすることを課題とするものである。これは、第二次世界大戦後の米国占領下における沖縄・宮古・八重山各群島における教職員団体と教育行政機構の発足と展開について解明しようとする本書において、それらの歴史的な前提をあきらかにする位置を占めるものである。

従来、沖縄県教育会は「半官半民」的な組織であることなどが指摘されてきた。[1] 近年、その機関誌『琉球教育』および『沖縄教育』の復刻をはじめ、研究が進展している。照屋信治は、機関誌の誌面をだれがどのように編集するかという「編集権」をめぐって、沖縄県教育会内部の「抗争・葛藤」を論じ、時期による特徴を見出しながら通史的な解明をおこなった。[2] 藤澤健一は、沖縄県教育会の規模を教員総数との関連などから能うかぎりで通史的にあきらかにした。[3] 本稿では、それらの進展をふまえつつ、また、本書における本章の位置もふまえ、沖縄県教育会の役員人事がどのようなものであったのか、財政的にどのように運営され、どのような活動をしていたのかという組織と活動について、一九四〇年代前半を対象としてあきらかにする。

1　沖縄県教育会と沖縄県庁の組織

(1)　沖縄県教育会役員の人事

沖縄県教育会機関誌『沖縄教育』にしばしば掲載される謹賀新年などの広告に、同会役員の職名と氏名が示されていることがある。また、現存している『沖縄県学事関係職員録』には、各学校の教員名などとともに、沖縄県教育会役員の氏名も掲載されている。それらにより、一九三九―一九四三年にかけての沖縄県教育会の役員人事を一覧にして示したものが次頁の表Ⅲ―1である。この表の本務欄には、教育会の役職以外が本務である場合にはそれを、教育会の役職が本務である場合には同会での役割をカッコ内に記した。

この表により、当該時期において、沖縄県教育会の総裁・会長・副会長という主要な地位に沖縄県知事や県の学務担当者が就任していたこと、[4]教育会の専任役員は多くはなかったことがあきらかである。

まず、教育会専任役員の人数と役割、また、その人物をたしかめておこう。この時期の沖縄県教育会の専任役員は四名であった。[5]会務全般を運営したのが、主事一名と幹事一名である。主事には島袋源一郎が就いており、一九三二年一〇月から、急逝する一九四二年三月まで長くその職責を担った。[6]島袋と同時期に幹事であったのは外間政暉であり、おそらく一九三四年四月頃から一九四一年一〇月に退職するまで長きにわたってその任にあった。[7]そして、機関誌『沖縄教育』の編集に幹事一名があたっており、有銘興昭がその任にあった。有銘は一九三三年五月の二〇一号から島袋の補助として編集に携わり、遅くとも一九三四年六月の二一四号では編集の責任者となり、[8]一九四二年四月に新設された八重山中学校に教諭として異動するまでその任務を担っていた。[9]くわえて一九三六年七月に沖縄県教育会は首里城北殿に附設郷土博物館を開館しており、[10]その運営にあたる幹事も一名あらたに置いた。その任には開館直前の同年四月から継続して仲吉朝宏が就いていた。[11]なお、博物館には、助手一、二名や給仕も置かれたほか、教育会主事および幹事が博物館主事および幹事を兼務していた。[12]

島袋源一郎が主事となる以前の沖縄県教育会は、知事、学務担当者を兼務役員とし、専任は機関誌編集をおこなう幹事一名にすぎなかった。[13]表Ⅲ―1に示したような主事、幹事、機関誌担当幹事、博物館担当幹事という体制は、一九三三年から順次増員された結果であった。そして、一九三二―一九三四年に主事、幹事となった三名は、一九四一年一〇月から一九四二年三月の半年のあいだに、退職(外間)、死去(島袋)、異動(有銘)によって専任役員の職を離れたのであった。

表III―1　沖縄県教育会役員人事

	1939年1月		1940年1月		1940年11月	
教育会役職	人名	本務	人名	本務	人名	本務
総裁	淵上房太郎	知事	淵上房太郎	知事	淵上房太郎	知事
会長	(欠員)		渡邊瑞美	学務部長	渡邊瑞美	学務部長
副会長	平野薫	学務課長	小谷巨三郎	学務課長	小谷巨三郎	学務課長
主事	島袋源一郎	(専任)	島袋源一郎	(専任)	島袋源一郎	(専任)
幹事	諸見里朝清	社会教育課長	諸見里朝清	社会教育課長		
幹事	新崎寛直	視学	新崎寛直	視学	新崎寛直	視学
幹事	比嘉博	視学	比嘉博	視学	比嘉博	視学
幹事	富川盛正	視学	富川盛正	視学	富川盛正	視学
幹事	外間政暉	(専任)	外間政暉	(専任)	外間政暉	(専任)
幹事	有銘興昭	(機関誌)	有銘興昭	(機関誌)	有銘興昭	(機関誌)
幹事	仲吉朝宏	(博物館)	仲吉朝宏	(博物館)	仲吉朝宏	(博物館)
出典	「謹賀新年」『沖縄教育』269号、1939年1月(31巻)巻頭。		「謹賀新年」『沖縄教育』281号、1940年1月(32巻)巻頭。		「奉祝紀元2600年」『沖縄教育』291号、1940年11月(33巻)巻頭。	

	1941年12月		1943年	
教育会役職	人名	本務	人名	本務
総裁	早川元	知事	泉守紀	知事
会長	山本暲	学務部長	伊場信一	内務部長
副会長	小谷巨三郎	学務課長	佐々木愿三	教学課長
主事	島袋源一郎	(専任)	武富良達	(専任)
幹事				
幹事	新崎寛直	視学	永山寛	視学
幹事	永山寛	視学	仲松庸佑	視学
幹事	徳田安信	視学	仲尾次嗣善	属兼視学
幹事	安富祖忠亮	(専任)	安富祖忠亮	(専任)
幹事	有銘興昭	(機関誌)	新垣庸一	(機関誌)
幹事	仲吉朝宏	(博物館)	仲吉朝宏	(博物館)
出典	『沖縄県学事関係職員録』1941年12月。		『沖縄県学事関係職員録』1943年。	

(注記)『沖縄県学事関係職員録』1943年は、何月時点の人事であるか特定されていない名簿である。なお、出典史料に博物館の助手や給仕が掲載されている場合もあるが、役員人事という観点から、それらの人物はこの表にかかげなかった。

それらの離職直前にあたる一九四一年五月三一日付で、安富祖忠亮が博物館担当の幹事に就任した。[14] この時点で、郷土博物館担当の幹事が二名となった。安富祖は、その後おそらく外間の退職にあわせて、会務全般の運営にあたる幹事を兼任するようになったと思われ、さらに有銘が異動するや、会務全般の運営を本務とするように配置替えされた。[15]

有銘異動後の機関誌『沖縄教育』の編集についてみれば、一九四二年四月の三〇八号は仲吉と安富祖の二名で編集し、[16] 同年五月の三〇九号では社会教育課の仲尾次嗣善が仲吉とともに編集にたずさわっており、[17] 何とか急場をしのごうとしていた状況がうかがわれる。一九四三年四月の三一八号では、奥付に示される編輯兼発行人には武富良達の名が掲げられ、編輯後記は新垣庸一が執筆している。[18] この時点において、島袋の後任にあたる主事に武富良達が、有銘興昭の後任にあたる機関誌担当の幹事に新垣庸一が就いていたと考えられる。ただし、その就任時期や経緯については管見のかぎり不詳である。これら専任役員七名の略歴を整理しておけば、表Ⅲ—2のとおりである。

ところで、これら教育会専任役員の勤務場所も指摘しておこう。沖縄県教育会の所在地は、那覇市旭町の昭和会館にあった。専任役員四名のうち博物館担当幹事をのぞく三名が、ここに勤務していた。昭和会館は、教育会が印税収入を積み立てた資金などにより、一九三二年一一月に開館した。教育会の事務所は、このとき、学務課の片隅に間借りする状態から、あらたな昭和会館へ移転したのであった。[19] また、附設郷土博物館は首里城北殿にあり、博物館担当幹事なども首里城にある事務所に勤めていた。

つぎに兼務役員に論点を移そう。表Ⅲ—1により、総裁には沖縄県知事が、会長には部長が、副会長には課長が、そして幹事には視学および社会教育課長が就任していることがわかる。この表では一九四三年において、会長が学務部長から内政部長に、副会長が学務課長から教学課長に変更されたようにみえるが、これは一九四二年一一月に行なわれた沖縄県庁の機構改革によるものである。すなわち、学務部が総務部、経済部とともに内政部に統合され、学務部のなかの学務課、社会教育課および社寺兵事課の所管事項はあらたに内政部

表Ⅲ―2　沖縄県教育会専任職員の略歴

役職	期間	氏名	最終学歴（卒業年）	教育会専任職員となる以前の主な経歴	学歴に関する出典	備考
主事	1932―1942年	島袋源一郎	沖縄県師範学校師範学科卒業（1907年）	安和尋常小学校、名護尋常高等小学校などの小学校長、沖縄県社会教育主事、沖縄県視学。	『沖縄県師範学校一覧』1914年	
	1942―1945年	武富良達	沖縄県師範学校本科第二部卒業（1909年）	普天間尋常高等小学校、泊尋常高等小学校などの小学校長、沖縄県視学。		
幹事	1934―1941年	外間政暉	沖縄県師範学校尋常師範学科卒業（1898年）	東風平尋常高等小学校、泊尋常小学校などの小学校長、島尻郡視学。		
	1941―1945年	安富祖忠亮	沖縄県師範学校本科第一部卒業（1909年）	真和志尋常高等小学校、東風平尋常高等小学校などの小学校長。		
幹事（機関誌）	1933―1942年	有銘興昭	青山学院出身（年、課程等不詳）	青山学院を経て帰沖し、昭和女学校および沖縄夜間中学にて教鞭をとりながら、島袋源一郎の補助として沖縄県教育会の庶務および『沖縄教育』の編集にたずさわる。	『沖縄教育』204号、1933年5月（24巻）71―72頁	
	1942―1945年	新垣庸一	沖縄県立第一中学校卒業（1918年）	西原尋常高等小学校、南風原尋常高等小学校などの小学校教員。	沖縄県立第一中学校同窓会『同窓会員名簿　昭和十一年十月現在』1936年	沖縄師範学校の卒業は確認できない。
幹事（博物館）	1936―1945年	仲吉朝宏	沖縄県師範学校本科第二部卒業（1909年）	西原尋常高等小学校、首里第三尋常高等小学校などの小学校長。	『沖縄県師範学校一覧』1914年	

（注記）　期間については推定をふくんでいる場合がある。

のなかの教学課の所管とされる改組がなされたためである。[20]

沖縄県教育会の役員に沖縄県知事および沖縄県の学務担当者が就くことは、一九三九年以前からつづいていた慣例であったが、学務担当者がその本務の職階ゆえに自動的に沖縄県教育会の役職に就任していたわけではなかった。その一例として、小谷巨三郎の副会長就任についての史料を示そう。『沖縄教育』二八一号、一九四〇年一月(三一巻)の巻頭には、沖縄県教育会による会員各位に対する一二月二三日付報告が掲げられている。そこには、「先に、本会副会長(学務課長)平野薫氏が鹿児島県視学官に栄転され、暫く空席のまゝだった本会副会長は、十二月二十三日の本会参事員会に於て、全員一致本県学務課長小谷巨三郎氏が推薦され、その承諾を得て、就任を見ました」とある。小谷の学務課長発令は一九三九年一〇月七日であったので、[21] 小谷が副会長に就任するまでに二ヶ月半の間があったこと、また、学務課長となった小谷が就任することが慣例であったとしても参事員会の承諾という手続きを取っていたことがわかる。

それでは、沖縄県教育会役員を兼務していた学務担当の部課長や視学の本務は、どのような組織と規模であったのだろうか。戦時下の沖縄県庁の機構の変化についてこれまでなされてきたいくつかの先行研究[22]をふまえつつ、現存している『沖縄県職員録』により、沖縄県庁の学務担当の組織と人事を、一九四二年一一月の機構改組の前後に留意してあきらかにしよう。

改組前の沖縄県庁は、総務部、学務部、経済部、警察部の四部編成であり、学務部には学務課、社会教育課、社寺兵事課、社会課、臨時軍事援護課の五課が置かれていた。このうち学務部学務課が「教育会講習会等ニ関スル事項」を担当していた。[23]『沖縄県職員録　昭和十四年八月一日現在』により、学務部長および学務課長と社会教育課長ならびに視学の氏名、学務課と社会教育課の専任課員数を示せば表Ⅲ—3のとおりである。

また、改組後の沖縄県庁は、内政部と警察部の二部編成とされ、内政部には教学課、振興計画課、地方課、兵事厚生課、衛生課、農務課、糖業課、耕地課、林務課、水産課、畜産課、商工課、土木課の一三課が置かれた。なお、一九四三年一一月には、経済部が置かれ、内政部のいくつかの課が経済部のもとに置かれることとなっ

表Ⅲ—3　沖縄県庁の学務担当者

1939年8月1日現在			
知事		淵上房太郎	
学務部	部長	渡邊瑞美	
学務課	課長	（補注）	
	課員	学校衛生技師1、体育運動主事1、視学3、属2、雇5	
		視学	新崎寛直 比嘉博 富川盛正
社会教育課	課長	諸見里朝清	
	課員	社会教育主事補4、雇1	
宮古支庁	支庁長	護得久朝昌	
	属兼視学	新垣盛繁	
八重山支庁	支庁長	神谷乗仁	
	属兼視学	浦崎賢保	

1943年8月1日現在			
知事		泉守紀	
内政部	部長	福吉勲二	
教学課	課長	佐々木愿三	
	課員	地方技師1、地方事務官1、視学3、属8、祭務官補1、県書記2、雇11、体育指導員1、嘱託2	
		視学	永山寛 仲松庸佑 徳田安信
宮古支庁	支庁長	大舛久雄	
	視学	当銘由金	
八重山支庁	支庁長	東恩納寛仁	
	属兼視学	天願朝行	

（出典）『沖縄県職員録　昭和14年8月1日現在』ならびに『沖縄県職員録　昭和18年8月1日現在』。
（注記）学務課長の欄は空欄となっているが、「印刷中ノ主ナル異動」として、平野薫の転出と小谷巨三郎の着任が記されている。
（付記）視学の氏名は、それぞれの課員欄に視学3とあるものを具体的に明記したものである。

た。これらのうち内政部教学課が「教育会、講習会等ニ関スル事項」を担当した。(24) 表Ⅲ—3に、『沖縄県職員録　昭和十八年八月一日現在』により、内政部長および教学課長ならびに視学の氏名、教学課の専任課員数を示した。

このほかに、宮古郡、八重山郡には、県の出先機関として宮古支庁、八重山支庁が設けられており、それぞれの支庁長のもとで、支庁が各郡の行政全般を担った。(25) そのなかに、学務を担当する視学も置かれていた。表Ⅲ—3には、宮古支庁、八重山支庁それぞれの支庁長と学務担当の視学を掲げた。くわえて、一九四二年七月には、国頭、中頭、島尻の三郡にも地方事務所が新設され、それぞれに地方事

務所長が置かれた。(26)

知事、部長、また、課長の一部は内務省がおこなう人事であった。(27) 視学は、地方官官制により「上官ノ指揮ヲ承ケ学事ノ視察其ノ他教育ニ関スル庶務」(28)を職務として、知事の権限で人選されており、実際上校長歴のあるものが就任していた。ここで表Ⅲ―3を表Ⅲ―1とあわせて検討すれば、知事にくわえて、学務部学務課ないし内政部教学課の部長、課長、そして課員のうちすべての視学が、沖縄県教育会の役員となっていたことがわかる。(29) つまり、学務課ないし教学課はただその分掌事項として沖縄県教育会を所管していたのではなく、その役員をも兼ねることにより沖縄県教育会を指導していたのである。

(2) 沖縄県教育会の郡・市における組織と人事

沖縄県教育会は、これまで述べてきた那覇に所在するいわば本部組織のほかに、二市五郡のすべてに郡市部会を下部組織として有していた（以下、地方部会として総称する場合がある）。(30) そして部会ごとに部会長が選出され、沖縄県教育会からは相対的に独自な活動をしていた。

地方部会長は、『沖縄県学事関係職員録』によってたしかめることができる。それにより、地方部会長を一覧にしたものが表Ⅲ―4である。

この表に見られるように、①那覇市および首里市はそれぞれの市長が、宮古郡および八重山郡はそれぞれの支庁長が部会長となっていたこと、それに対して国頭郡、中頭郡および島尻郡にあっては小学校長（一九四一年度以降にあっては国民学校長。以下、総称として小学校長と記す場合がある）が部会長となっていたこと、そして、②一九四三年には市長、支庁長が部会長となっていた郡市にあっても国民学校長が部会長となっていたことがわかる。

小学校長が部会長となっている地方部会では、会員による選挙によって部会長が選出されていた。一九四〇

表III—4　沖縄県教育会地方部会長

1938年11月

	氏名	本務
那覇市教育部会長	金城紀光	那覇市長
首里市教育部会長	伊豆味元永	首里市長
島尻郡教育部会長	宮城久栄	真和志尋常高等小学校長
中頭郡教育部会長	渡嘉敷真睦	中城尋常高等小学校長
国頭郡教育部会長	比嘉永元	名護尋常高等小学校長
宮古郡教育部会長	明知延佳	宮古支庁長
八重山郡教育部会長	平良辰雄	八重山支庁長

1941年12月

	氏名	本務
那覇市教育部会長	当間重剛	那覇市長
首里市教育部会長	伊豆味元永	首里市長
島尻郡教育部会長	宮城久栄	真和志国民学校長
中頭郡教育部会長	渡嘉敷真睦	中城国民学校長
国頭郡教育部会長	比嘉永元	名護国民学校長
宮古郡教育部会長	護得久朝昌	宮古支庁長
八重山郡教育部会長	東恩納寛仁	八重山支庁長

1943年

	氏名	本務
那覇市教育部会長	上里堅蒲	天妃国民学校長
首里市教育部会長	兼島由明	首里第一国民学校長
島尻郡教育部会長	照屋堅竹	大里第一国民学校長
中頭郡教育部会長	渡嘉敷真睦	中城国民学校長
国頭郡教育部会長	幸地新蔵	名護国民学校長
宮古郡教育部会長	池村恒章	平良第一国民学校長
八重山郡教育部会長	宮城信範	登野城国民学校長

(出典)『沖縄県学事関係職員録』1938年11月、1941年12月、1943年。

年七月の島尻郡教育部会長選挙は、同部会総会で行われ、投票にあたり「怪文書」が流され選挙が紛糾したことが知られる。[31]また、一九四〇年七月に中頭郡教育部会長選挙も、同部会総会でおこなわれた。[32]一方、宮古郡教育部会では、会則に「本会の会長に宮古支庁長、副会長に視学を推戴する」とあったとの回想があり、[33]会則により部会長を支庁長とさだめていたと思われる。これは、那覇市、首里市、八重山郡でも同様であったであろう。この差異は、国頭郡、中頭郡、島尻郡の三郡にあっては、一九二六年の郡制廃止にともない、郡役所ならびに郡長が置かれなくなったため、那覇市、首里市の市長、宮古郡、八重山郡の支庁長に相当する地位の人物が不在となったことによると考えられる。

ところで、一九四三年四月から宮古支庁にて視学を勤めた当銘由金は、宮古郡教育部会の部会長が支庁長で、副部会長が視学という官製となっていることは良くないと考えて、その民主化をはかり、「大舛支庁長に了解してもらって民間に移すように幹部の先生方とも話し合って、直ちに総会を開いて正副会長を選任してもらった」と、部会長が支庁長から国民学校長へと変わったときのことを回想している。[34]当銘は宮古独自の動きとして回想しているが、この頃同時に那覇市、首里市、八重山郡でも同様に部会長が国民学校長に代わっていることから、全県的な動きの一環として理解することが必要であろう。そのような動きを促した事情として、推測の域にとどまるが、県庁ならびに沖縄県教育会の機構改革が考えられる。沖縄県庁の地方組織として、一九四二年七月に三郡に地方事務所長が置かれたことにより、支庁長と地方事務所長との組織的均衡が求められたことが考えられよう。また、一九四三年には沖縄県教育会内部に国民青年学校教育部および師範中等学校教育部という事業局が設けられるという、[35]沖縄県教育会の組織改革が進められており、教員の意向を組織運営に反映する必要性が生じていたと思われる。

表Ⅲ—5（その1）　沖縄県教育会歳出予算　単位（円）

費目	1938年度	1939年度	1940年度	備考（1940年度）
事務費	2460	2630	2186	給料、雑給、需用費、雑費
会議費	60	60	60	
事業費	2060	2435	4150	＜表Ⅲ－5（その2）＞参照
補助費	250	250	250	本文参照
基本金造成金	1	1	1	
過年度支出	1	1	1	
予備費	276	109	81	
合計	5108	5486	6729	

（注記）『沖縄教育』編集担当幹事の給料は、1939年度まで事務費にふくまれていたが、1940年度は事業費にふくまれている。

2　沖縄県教育会の活動と財政——沖縄県庁との関連を視点として

(1)　沖縄県教育会の諸活動とその支出予算

沖縄県教育会はどのような活動をおこなっていたのであろうか。それをなんらかの史資料により例示するのではなく、一九三八—一九四〇年度の予算によってあきらかにしたい（表Ⅲ—5）。

沖縄県教育会の歳出予算を表Ⅲ—5（その1）に示した。ここにみられるように、大きくは、事務費、事業費、補助費から成り立っている。このうち事務費は専任役員三名の給料で六割程度を占めており、[36]そのほかに小使や給仕の雑給や需用費など、会の円滑な運営のために必要な経費からなっている。事業費は、会のおこなう種々の活動経費であり、その内訳を次頁の表Ⅲ—5（その2）に示した。また、補助費は、初等教育研究会に一〇〇円、中等教育研究会に五〇円、宮古での講習会に三〇円、八重山での講習会に二〇円、夜間中学に五〇円と、別組織あるいは下部組織の地方部会などがおこなう研究・教育活動へ補助するものであった。このことから、沖縄県教育会の諸活動は事業費と補助費に示されることがわかる。そして、事業費・補助費の支出予算から、沖縄県教育会の諸活動を括ってみれば、第一に機関誌の発行や講習

表III―5（その2）　沖縄県教育会歳出予算のうち事業費内訳　単位（円）

費目	1938年度	1939年度	1940年度	備考（1940年度）
講習会費	500	500	500	
雑誌費	1050	1050	1640	編集担当幹事の給料をふくむ
講演会費	50	50	50	
調査費	100	100	100	
書道展覧会費	―	100	200	
時局慰問費	―	275	300	
紀元2600年記念事業費	―	―	1000	
代議員派遣費	280	280	280	
連合教育会費	80	80	80	
合計	2060	2435	4150	

会の開催など会員の研修、第二に沖縄県での教育活動に用いられる教科書やノート類の調査および編集、第三に他組織との交流、第四に一九三九―一九四〇年度に新設された活動に区分される。[37]

これらの諸活動について、予算書のほか、一九四〇年度総会における一九三九年度庶務報告[38]により、その内容を具体的にしよう。第一の点は、雑誌費、講習会費、講演会費が該当する。会員が学ぶための機会を提供するものであり、機関誌『沖縄教育』の毎月刊行、夏季に開かれる講習会、総会などでなされる講演会という活動である。一九三九年夏に行なわれた講習会は、東恩納寛惇による講演「日本文化の特質」であった。[39]第二の点は、調査費が該当する。一九三九年度の場合、沖縄県用高等科農業書や沖縄県郷土地理など教育会が教科書などの編集や選定をおこなったり、小学生むけの『夏休の友』を改訂したりする活動がなされた。『沖縄教育』には、それらの広告が掲載されていることが多い。[40]第三の点は、帝国教育会、九州沖縄八県連合教育会に代議員を派遣する旅費と、それら団体の負担金であった。これらは、沖縄県教育会が定期的に九州各県や全国の団体と交流していたことを示している。また、補助費によって、沖縄県内の研究会などに補助しており、県外だけでなく、構成員の重複する県内諸団体とも関連していたことがわかる。第四の点で

表Ⅲ—5（その3）　沖縄県教育会歳入予算　単位（円）

費目	1938年度	1939年度	1940年度	備考（1940年度）
部会負担金	1777	1790	1868	会員1人あたり年65銭
会員特別負担金	—	275	1400	会員1人あたり月俸100分の1
補助金	1200	1200	1200	県からの補助
雑収入	2130	2220	2260	印税など、会の諸事業による
過年度収入	1	1	1	
合計	5108	5486	6729	

（出典）いずれも共通して、1940年度および1939年度については「昭和十五年度沖縄県教育会歳入歳出予算書」、1938年度については「昭和十三年度沖縄県教育会歳入歳出決算書」による。『沖縄教育』283号、1940年3月、附録1〜5頁、9〜12頁（33巻）。

は、書道展覧会、軍人に対する慰問、紀元二六〇〇年記念事業がなされた。(41) 書道展覧会は、沖縄県教育会が主催して、小中学校児童生徒の作品を波上宮に展示するものであった。(42) また、一九三九年度においては、沖縄県出身者が入営している鹿児島および都城の連隊を慰問したほか、会員の戦没者に対して弔辞と香奠を贈っていた。

(2) 沖縄県教育会の諸活動を支える財源

これら諸活動は、どのような財源によってなされたのであろうか。このことを沖縄県教育会の歳入によってあきらかにしよう。一九三八—一九四〇年度の歳入予算を表Ⅲ—5（その3）に示した。一九四〇年度の予算が前年度、前々年度に比して膨張しているのは、会員特別負担金によっている。この額は、時局慰問費と二六〇〇年記念事業費にほぼ相当するものであり、まさにこの時期および年度に「特別」な歳入であった。これ以外は、どの年度もほぼ同様の構造であり、郡市部会を通じて会員一人あたり一定額を拠出する部会負担金、(43) 教育会の諸活動により生じる印税などの雑収入にくわえて、県からの補助金を受けており、それは歳入の二〇％程度というすくなくない割合を占めていた。このように沖縄県教育会は、その活動をおこなうための財源において、沖縄県庁に一定の依存をしていたのである。

(3) 郡市教育部会の諸活動

郡市教育部会は、沖縄県教育会から相対的に独自な活動をしていたが、その下部組織であったので沖縄県教育会の活動の範囲内で各郡市に即して実施するものでもあった。(44) ここでは、中頭郡教育部会の一九三九年度事業計画を例として、(45) 郡市教育部会の活動を指摘しよう。

第一に、教科に即した講習会、実地授業研究会、研究発表会が何度も開催され、その開催のための委員会も開かれていた。七月上旬に理科講習会、八月上旬に洋裁講習会など、九月中旬に図画実地授業研究会、九月下旬に唱歌実地授業研究会など、また、九月中旬に理科研究発表会を開催する計画であった。第二に、児童の教育や体育活動の開催である。五月二八日に学童排籠球（バレーボール・バスケットボール）大会、七月中旬に図画写生会、一一月中旬に唱歌会、珠算テスト、一二月中旬に童話会などである。そのほか、七月上旬には研究訓導報告会が予定されていた。研究訓導とは、一年前後の一定期間、県外の学校で教員として勤務するものであり、この報告会は県外での教育経験を共有する取り組みであったといえよう。(46) 総じて、郡市という県より身近な地域の団体として、共同での研究や教育活動が頻繁になされていたのであった。

(4) 沖縄県庁にとっての沖縄県教育会の諸活動の意義

ここまであきらかにしてきた沖縄県教育会および郡市教育部会の諸活動とその財政について、沖縄県庁との関連を視点として考察してみよう。すでに藤澤健一が指摘しているように、(47) 沖縄県内の教員を中心として構成する団体は沖縄県教育会が唯一のものではなく、沖縄県師範学校を軸として組織されていた沖縄県初等教育研究会など、また、沖縄県学務当局を軸に組織されていた小学校経営研究会などが存在していた。沖縄県庁からすれば、これら錯綜する系列を有効に活用しながら、みずからの施策を伝達するとともに、教員たちの研究を誘導しようとしたのである。沖縄県教育会はそのような組織のひとつであり、県庁の学務担当者が教育会の役員となるとともに、教育会財政の一定割合を県庁の補助金が占めることにより、確実なものとしていたのである。

一例をあげよう。沖縄県教学課は、一九四三年五月から標準語並国民礼法励行運動を実施した。そのとき沖縄県教育会は、機関誌『沖縄教育』三一八号、一九四三年四月(三四巻)において標準語励行運動展開特集を組み、さらに三一九号と思われる一九四三年五月号の附録として沖縄県教学課編の『会話読本』第二輯を配布した。(48) 沖縄県庁は、教育政策の遂行と教育実践の誘導にあたって沖縄県教育会を位置づけていたのである。

3 沖縄県教育会の「終焉」

すでに述べたように一九四一年一〇月から一九四二年三月の半年間に、長らく沖縄県教員会の専任役員であった、島袋源一郎が死去し、外間政暉が退職し、有銘興昭が異動した。それ以後の沖縄県教育会は、博物館担当幹事の仲吉朝宏をのぞけば、武富良達などあたらしく役員となった人物ばかりによって運営されることとなった。このように沖縄県教育会の運営をよく知る人物がいなくなったことは、沖縄県庁の意向を沖縄県教育会に反映していくうえで重要であったであろう。上述の標準語励行への取り組みも、この状況を背景にして理解する必要があろう。(49) 最後に一九四二年以降の沖縄県教育会の状況をあきらかにして本稿をむすぼう。

(1) 機関誌『沖縄教育』の刊行停止

沖縄県教育会は、『沖縄教育』の前誌にあたる『琉球教育』などもあわせて、約五〇年にわたって機関誌を刊行しつづけた。一九四二年以降にあっても、ほぼ毎月刊行を継続していたと思われるが、現在確認できるのはわずかに一九四二年中の三号分と、三二八号（一九四三年四月〈三四巻〉）、三三八号（一九四四年二月〈同〉）の合計五号分にとどまる。一九四三年後半から一九四四年にかけて、全国的な雑誌統合、用紙不足という出版事情にくわえて、後述する全国的な教育会の改組もあって、多くの府県教育会も機関誌を「休刊」していた。[50]『沖縄教育』の場合、刊行を停止したことを明確に示す史料は見出せず、三三八号以降の刊行がなされなかったとは確定できないが、一九四四年前半に他府県同様に「休刊」したとみてまちがいないであろう。

(2) 大日本教育会への改組とのかかわり

一九四四年四月、帝国教育会臨時総会において、個人会員制にあらためるとともに大日本教育会と改称することを満場一致で議決し、五月に定款が文部省に認可され、六月に登記を完了した。[51] その定款三四条は、都道府県に大日本教育会支部を置くことをさだめていた。[52] それを受けて、各府県教育会は、解散しあらたに大日本教育会支部を結成する臨時総会を開いた。支部結成状況は大日本教育会の機関誌である『大日本教育』にも逐次掲載されたが、六都道県については記載を見出せず、そのほかの史資料によっても三県での結成を確認できない。[53] そのうちの一県が沖縄県である。大日本教育会では、電報略号表を作成し沖縄県にも番号を振り当てているので、[54] 沖縄県教育会が大日本教育会沖縄県支部となることを予定していたと考えられる。一九四四年四月以降の沖縄では、新設された第三二軍の陣地構築等が急速になされ、とくに七月以降は「疎開」の勧奨に教員が奔走していた。そのようななかにあって、また、後述するように一九四五年二月にいたっても沖縄県教育会と記した公告があることからしても、沖縄県教育会は大日本教育会の支部となるための臨時総会も開催できない状態のなか、十・十空襲、そして沖縄戦にいたったと考えられる。

(3) 十・十空襲以降の沖縄県教育会と宮古・八重山の郡教育部会

一九四四年一〇月一〇日の十・十空襲により、那覇市は九〇％が焼失した。沖縄県庁は普天間の中頭地方事務所に設けた仮事務所へ移転し、ようやく一一月一日あるいは三日になって那覇へ戻った。(55) この間、沖縄県教育会がどのような状況にあり、活動をしたのかは、史資料を得られず不明である。わずかに、一一月二四日付公告により、沖縄県教育会の仮事務所を真和志村にあった幹事の安富祖忠亮の自宅に置いたこと、(56) さらに一九四五年二月一日付公告により、仮事務所が那覇市高橋町にあった主事の武富良達の自宅に移転したこと、(57) これらから十・十空襲後も一九四五年二月上旬までは沖縄県教育会仮事務所が設けられていたことが判明するにとどまる（公告二点は写真史料参照）。一九四五年二月以降、沖縄県庁は内政部職員を人口移動業務、食糧関係業務に配置換えし、戦場行政を展開し、教職員の一部も人口移動業務に配置された。(58) こうして、沖縄県教育会の機能は停止し、沖縄戦によって組織も壊滅したのであった。

ここで郡市教育部会に視点を移せば、沖縄島を中心とした二市三郡の部会は、沖縄県教育会と同様に活動実態と組織を失ったと考えられる。その一方で、宮古郡教育部会と八重山郡教育部会は、一九四四、一九四五年の活動実態は、ほぼ不明であるものの組織は残っており、占領下での教職員団体の再出発にあたっての一要素となっていく。

（近藤健一郎）

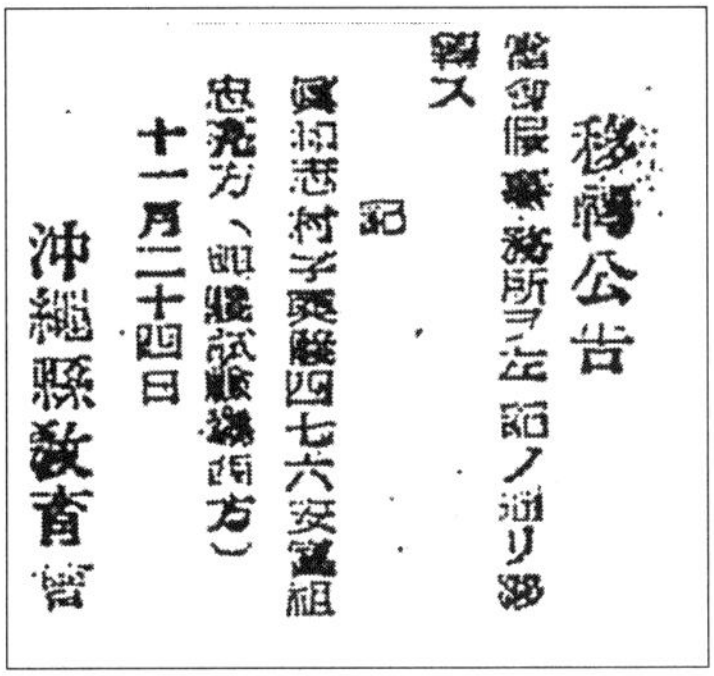
移轉公告
當分假事務所ヲ左記ノ通リ移轉ス
記
眞和志村字與儀四七六安富祖忠亮方（眞和志國民學校西方）
十一月二十四日
沖縄縣教育會

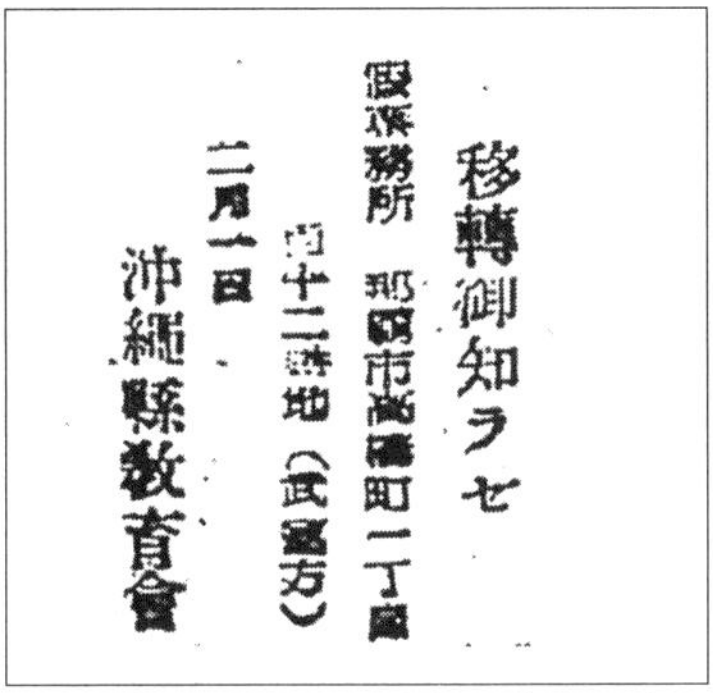
移轉御知ラセ
假事務所　那覇市高橋町二丁目四十二番地（武富方）
二月一日
沖縄縣教育會

沖縄県教育会事務所移転の広告記事
上：『沖縄新報』1944年11月25日掲載、
下：同1945年2月2日掲載。

［補注］

1 阿波根直誠「沖縄県教育会」『沖縄大百科事典』上巻、沖縄タイムス社、一九八三年、四六七―四六八頁。

2 照屋信治『近代沖縄教育と「沖縄人」意識の行方』溪水社、二〇一四年。

3 藤澤健一「組織」同編『沖縄の教師像――数量・組織・個体の近代史』榕樹書林、二〇一四年、九八―一一四頁。

4 管見のかぎり、この時期の会則に関する史料は得られず、全体を知り得る会則は一九二四年時点までさかのぼる。一九二四年時点の沖縄県教育会会則一〇条では、総裁に沖縄県知事を推戴し、会長および副会長は参事員会において選挙し、また、幹事および書記は会長が嘱託することとなっていた（「沖縄県教育会会則」『沖縄教育』一四二号、一九二四年一一月、一二一頁（一三巻））。

5 史料にかかげられている助手と給仕は役員とみなさなかった。

6 島袋源一郎の略年譜については、近藤健一郎「島袋源一郎」（前掲『沖縄の教師像』二八九―二九一頁）を参照されたい。

7 外間は長く教職にあり、一九三一年一〇月に泊尋常高等小学校長を最後に教職を退いた（『官報』一四六八号、一九三一年一一月一九日、四四九頁）。その後の沖縄県教育会幹事への就任年月日は特定できないが、沖縄県教育会決算によれば、一九三三年度の歳出之部により給料として二名分一〇〇八円強（『沖縄教育』二二四号、一九三五年四月、附録一二頁（二五巻））、一九三四年度の歳出之部により給料として三名分一四一〇円（『沖縄教育』二三六号、一九三六年四月、附録一四頁（二六巻））が支出されていることがわかる。一九三三年度の二名は島袋源一郎と有銘興昭と考えられることから、外間は一九三四年度開始にあわせて幹事として採用されたものと推測することは許されよう。確実なこととして一九三五年九月には、幹事として那覇市商業学校の三〇周年式に参列している（「会館日誌」『沖縄教育』二三〇号、一九三五年一〇月、八八頁（二五巻））。そして一九四一年一〇月二三日に沖縄県教育会幹事を退職している（「昭和会館日誌」『沖縄教育』三〇三号、一九四一年一一月、五八頁（三三巻））。

8 現時点において、『沖縄教育』は二〇六号から二一三号までの所蔵を確認することができない。

9 「本会書記採用」『沖縄教育』二〇一号、一九三三年五月、七一頁（二四巻）。『沖縄教育』二一四号、一九三四年六月、奥付（二五巻）。「謹告」『沖縄教育』三〇八号、一九四二年四月、六八頁（三四巻）。

10 この博物館の開館にいたる過程については、近藤健一郎「沖縄県教育会附設郷土博物館の設立過程」（ヨーゼフ・クライナー編『日本民族学の戦前と戦後』東京堂出版、二〇一三年）を参照されたい。

11 「会館日誌」『沖縄教育』二三七号、一九三六年五月、八二頁（二七巻）。

12 島袋源一郎の兼任については、前掲したふたつの拙稿を参照されたい。武富良達については、「故武富良達先生の三十三回忌法会を行う趣意書」（一九七七年三月仲間智秀調査、0000061858）による。

13 一九二九年の沖縄県教育会役員は、知事をふくめ沖縄県の学務担当者九名と、幹事兼編集主任の比嘉重徳であった（『沖縄教育』一七八号、一九二九年八月、一一二頁（三五巻））。比嘉は島袋の前任者である。また、島袋は沖縄県教育会主任への就任直後に「職員とても少なく殆んど主事一人で切廻さねばならぬ現状」と述べている（「編輯室より」『沖縄教育』一九八号、一九三三年一月、九三頁（二三巻））。

14 「昭和会館（教育会）日誌」『沖縄教育』二九八号、四一頁（三三巻）。

15 「昭和会館日誌」『沖縄教育』三〇八号、六八頁（三四巻）に、「有銘幹事八重山中学転任、安富祖兼任幹事専任辞令発令」という記述があることから判断した。

16 「編輯後記」『沖縄教育』三〇八号、一九四二年四月、六八頁（三四巻）。

17 「編輯後記」『沖縄教育』三〇九号、一九四二年五月、八〇頁（三四巻）。

18 「編輯後記」『沖縄教育』三一八号、一九四三年四月、七八頁（三四巻）。

19 島袋源一郎「会館の建設に際して」『沖縄教育』一九八号、一九三三年一月、一―二頁（二三巻）。

20 『官報』号外、一九四二年一一月一日、五七頁。『沖縄県職員録　昭和十八年八月一日現在』。照屋栄一著・発行『沖縄行政機構変遷史』一九八四年。

21 『官報』三八三一号、一九三九年一〇月一〇日、三〇三頁。

22 大城将保「戦時下の沖縄県政―昭和十八年知事事務引継書の周辺」『沖縄史料編集所紀要』二号、一九七七年。照屋栄一、前掲『沖縄行政機構変遷史』。濱川恵枝「旧沖縄県の統治組織・職制について」『沖縄県公文書館研究紀要』六号、二〇〇四年。

23 『沖縄県職員録　昭和十四年八月一日現在』。教育会に関する事務分掌については二一頁。

24 『沖縄県職員録　昭和十八年八月一日現在』。教育会に関する事務分掌については一六頁。

25 一九二六年六月勅令一四七号「地方官官制改正」四三―四五条、『官報』四一三三号、一九二六年六月四日、九七頁。
一九二六年六月内務省告示八二号、『官報』四一三四号、一九二六年六月五日、一二九頁。

26 一九四二年六月勅令五七三号「地方官官制改正」四二条ノ二および三、『官報』四六二六号、一九四二年六月一二日、三九三頁。一九四二年七月内務省告示四九〇号「地方事務所設置要綱」『官報』四六四一号、一九四二年七月一日、一四頁。

27 大霞会編『内務省史』一巻、地方財務協会、一九七〇年、六〇二頁。

28 前掲、一九二六年六月勅令一四七号「地方官官制改正」二六条。

29 表Ⅲ―1と表Ⅲ―3とでは、一九四三年時点の一人の視学の氏名が異なっており、前者が仲尾次嗣善、後者が徳田安信となっている。視学は頻繁に交代するため、表Ⅲ―1の一九四一年一二月の欄とかさねて考えれば、徳田が一九四三年八月以降に視学を退き、代わってそれまで教学課属であった仲尾次が視学を兼務することとなったと考えられる。

30 ただし、当初から下部組織として形成された地方部会ばかりではない。この点およびそれぞれの設立時期について、藤澤健一「組織」(前掲『沖縄の教師像』一六四―一六九頁)を参照されたい。

31 「島尻教育会総会」『沖縄教育』二八八号、一九四〇年八月、六二頁(三三巻)。

32 「中頭教育部会総会」『沖縄教育』二八八号、六二―六三頁(三三巻)。

33 伊志嶺賢二『回顧二十年　宮古教育界夜話』私家版、一九六一年、一三三頁。

34 新城信一ほか編『当銘由金―奉仕の心に生きる』「当銘由金―奉仕の心に生きる」出版委員会、一九八六年、五〇頁。

35 一九四三年名簿。事業局の活動については、管見のかぎり史料を得られず、不詳である。

36 一九三九年度を例にすれば、事務費二六三〇円中一六二〇円(六二%)が専任役員三名の給料として予算計上されていた。機関誌編集担当幹事の給料が事業費に計上されるようになった一九四〇年度にあっても、事務費二一八六円中一一四〇円(五二%)が専任役員二名の給料であった。なお、博物館担当幹事の給料は、別枠でたてられる沖縄県教育会附設郷土博物館予算に計上されていた。『沖縄教育』二八三号、一九四〇年三月、附録一―一二頁(三二巻)。

37 そのほかに、教育功労者の表彰もなされた。

38 「風雨の中に教育報国を誓ふ―本会定期総会概況」『沖縄教育』二八八号、四七―四八頁(三三巻)。

39 この東恩納寛惇による講演内容については、東恩納寛惇「日本文化の特質」『沖縄教育』二七七号、一九三九年九月(三二巻)および二七八号、一九三九年一〇月(三二巻)に掲載された。この講習会に参加できなかった会員に対しても、誌上において講習内容を知ることができるようになっていた。このような取扱いは、このときにかぎられたことではなく、一九二六年開催の大瀬甚太郎による夏季講習会の内容は、『沖縄教育』一六四号、一九二七年八月(一八巻)のすべてを使って掲載されていた。

40 一例として、『沖縄教育』三〇九号、一九四二年五月、巻末(三四巻)。

41 紀元二六〇〇年記念事業として沖縄県教育史の編纂が計画、予算化されたが、そのような史書は刊行されなかったと思われる。

42 『沖縄教育』二八七号、一九四〇年七月(三三巻)など、一九三九年度および一九四〇年度の同誌の巻頭あるいは巻末には「沖縄県教育会主催　学校生徒児童書キ方奨励会規程」がかかげられ、展覧会の実施および作品募集を知らせていた。

43 一九一四年に沖縄県教育会が代議員制度を導入して以降、各郡市教育部会の会員と沖縄県教育会の会員は、通常会員にあっては一致していた。「沖縄県教育会会則」一五条および二八条、『沖縄教育』九五号、一九一四年三月、巻頭(七巻)。また、「宮古郡教育」『沖縄教育』学制頒布五十年記念号、一九二二年一〇月、一六二頁(三六巻)。

44 一九二四年時点の沖縄県教育会会則三二条によれば、「各郡市教育部会ハ本会則第四条ノ範囲内ニ於テ独立シテ各事項ヲ施設スルコトヲ得」と定められていた。四条は、沖縄県教育会が目的を達成するためにおこなう事業を列挙したものである。「沖縄県教育会会則」『沖縄教育』一四二号、一二二―一二三頁(一三巻)。

45 「中頭郡教育部会本年度事業」『沖縄教育』二七四号、一九三九年六月、七三頁(三一巻)。

46 一九二四年度の中頭郡教育部会予算には、研究訓導派遣費の支出が計上されている。「大正十三年度教育会並部会予算」『沖縄教育』一三五号、一九二四年四月、九六頁(一一巻)。ただし、その後の派遣費等の財源については不詳である。

47 藤澤健一「組織」前掲『沖縄の教師像』一四七―一三九頁。

48 両者の内容等について、筆者は『近代沖縄における教育と国民統合』北海道大学出版会、二〇〇六年、二三六―二三七頁ならびに、藤澤健一との共著「追補遺(二)」(『復刻版　沖縄教育』三九巻、不二出版、二〇一五年、一二―一四頁)で言及したことがある。

49 照屋信治は、『沖縄教育』三一八号の特集での論調にかかわって、島袋源一郎が「生存していれば、このような誌面が構成されたであろうか」との問いを発し、一九四〇年の方言論争以後の『沖縄教育』での議論には、「教育的な議論、学術的な認識が入り込む余地がなく」なったことを指摘している(前掲『近代沖縄教育と「沖縄人」意識の行方』二七八―二八一頁)。本稿では、照屋の叙述内容に対して首肯しつつも、島袋にとどまらず四一年以降の専任役員の全面的な変化という文脈で戦時下の沖縄県教育会の動向を捉えようとしている。

50 近藤健一郎「アジア太平洋戦争下における府県教育会機関誌の『休刊』と敗戦直後におけるその『復刊』」全国地方教育史学

会『地方教育史研究』三三号、二〇一二年、一一五―一一六頁。

51 「大日本教育会の陣容成る」『大日本教育』七八八号、一九四四年六月、三八頁。「事務局通信」『大日本教育』七八九号、一九四四年七月、三三頁。

52 「大日本教育会定款」三四条、前掲『大日本教育』七八八号、四〇頁。

53 『大日本教育』七九〇号(一九四四年八月)から七九五号(一九四五年一月)の「本会記事」あるいは「本会事務局通信」として、支部結成状況が連載されている。なお、結成を確認できない沖縄以外の二県は、群馬県と香川県である。

54 「大日本教育会電報略号表」『大日本教育』七九一号、一九四四年九月、表紙裏。

55 浦崎純『消えた沖縄県』沖縄時事出版社、一九六五年、五九―六〇頁。防衛庁防衛研修所戦史部『沖縄方面陸軍作戦』朝雲新聞社、一九六八年、一二五頁。

56 「移転公告」『沖縄新報』一九四四年一一月二五日、二面。

57 「移転御知ラセ」『沖縄新報』一九四五年二月二日、二面。

58 浦崎純、前掲『消えた沖縄県』八三頁。大城将保、前掲「戦時下の沖縄県政」九三頁。

二　沖縄群島における教員団体――地区教育会と沖縄教育連合会

1　組織的な特徴

沖縄群島における戦後期の教員団体は、一九四七年二月一四日に沖縄教育連合会（以下、本章では見出しなどをのぞき教連と略記する場合がある）が発足したことで本格的に始動した。その名称が示すように、同会は沖縄群島の各地区において結成されていた教育会（以下、地区教育会）を束ねる、中央組織というべき教員団体であった。その組織的な特徴は、のちにみる宮古・八重山の両群島における教員団体と比較した場合、以下の二点に集約される。

ひとつは、戦前期までに機能していた機構の存続ではなく、あらたに組織化されたということである。むろん、この背景には沖縄島における地上戦が、建造物の破壊にとどまらず、行政機関や学校組織をほぼ消滅させていたことがある。戦前期の教員団体であった沖縄県教育会は、一九四五年一〇月一〇日の那覇への空襲を経て、沖縄戦直前の一九四五年二月上旬までは事務機能を維持していたことが確認できる。(1) しかし、おそらく戦時下に組織としては消滅していた（さきの近藤論稿を参照）。すでに数量史として解明したように、沖縄群島における教員の戦死者の割合は宮古・八重山の両群島に比して軒並み高く、くわえて推定もふくめた継続的な勤務者の割合はおなじく低い水準にあった。このことは沖縄群島における教員層が被った人的な被害の甚大さと断絶性の相対的な強さを示す。沖縄群島において戦後期の教員団体は、地上戦による破壊と消滅という経験ののちに発足していた。もうひとつは連合体としての機構をもっていたことである。ふたたび数量史を振り返れば、宮古・八重山では、一九四三年時点でそれぞれ一七校、一五校の小学校が所在した。小学校教員数は順に三六七名、二三四名であった。これに対し、同年の沖縄群島には一一九校が所在し、おなじく教員数は宮古・八重山を合算した数値の四倍以上の規模であった（二五四二名）。単体組織ではなく、教員団体を連合体として編成することは、地理的な領域規模からも必然的であった。なお、のちに戸邉論稿に内実をみるように、連合体としての機構は教連が沖縄教職員会と改組されたのちも引き継がれる。[2]

ところで、連合体としての教連が発足する基礎となった、地区教育会とはどのような組織であったのか。その前提として、この場合の地区について確認する。それは、糸満、那覇、前原、知念、胡差、石川、宜野座、田井等、辺土名のあわせて九つである。当該地区の編成区分は米軍によって策定された行政区分と（部分的に）かさなる（「地方行政緊急措置要綱」一九四五年九月一三日ほか）。[3]したがって、地区教育会における編成区分は戦前期における沖縄県教育会の下部組織区分と同一ではなく、占領体制下においてあらたに設定されたものである。[4]

一般に自治体史をふくめ同時期の教育や社会状況が記述される場合において教連は文教関係部局とともに主要な存在と目される。にもかかわらず、九地区の教育会がどのように組織化されていたのかについて、これまでの研究は解明できていない。[5]これは、従来、関連史料の調査がほとんど進展しなかったことにくわえ、各教育会を教連の前史として位置づけるにとどまり、その設立と運営実態については正当に認識されてこなかったことに起因する。[6]しかし、沖縄群島において地区教育会は、個々の教員にとっての地域的な活動拠点としてあったことは容易に想像できる。地区教育会が教連の下部組織であったという事実は、それが単なる従属的な組織であったことを意味するわけではない。

本章では地区教育会について、その設立時期と経緯、規模、また、人的構成などにかかわる事実関係を可能なかぎりあきらかにする。そのうえで主題である教連について、機構と人的構成、機能の特徴を解明したい。

2　地区教育会

(1) 設立の時期と経緯

地区教育会のうち、設立された時期と経緯が史料的に確認できるのは田井等、前原の二地区にとどまる。他の七地区については、管見のかぎり人的構成の一部が判明するにすぎない。このため、以下では両地区における教育会について事例として取り上げる。

田井等は、戦前期の名護町、羽地村、今帰仁村、本部村によって構成された行政区分であった。[7] 同地区教育会については、初代の主事を務め、のちに教連の初代主事に就任する新里清篤などの回想が知られる。新里は、同地区教育会が当銘由金、比嘉栄祐、牧志朝三郎の呼びかけにもとづき「戦後の教職員団体の魁」として、一九四七年一月一三日に設立されたとする。[8] 発起人とされる三者は当該時期に同地区所在の学校長であり、戦前期には小学校長あるいは教頭などを歴任した指導者であった。[9] この回想内容が正しければ、同地区教育会は教員相互のつながりにもとづいて設立されたことになる。ただし、設立の発端については依然、不明瞭である。初代会長には当時、田井等高等学校長・安里源秀(のちに教連副会長)が就任した。同地区教育会では、事業として教科研究会の開催や巡回講座、校舎の復興に必要な建築用木材の切り出し、教具の整備などにくわえ、互助会を組織するとともに、機関誌として『教育時報』を発刊していた。おなじく運営費は「会員一人月一円の会費」によって運営されていた。[10]

一方、旧美里村、具志川村、勝連村、与那城村の区域におよぶ前原地区教育会については、二点の史料から設立時の状況が一定程度、判明する。それは「前原地区教育会創立」『うるま新報』一九四七年三月二一日、ならびに今回、あらたに見出された史料のひとつである、前原地区教職員会・教職員共済会前原支部『沿革と活動概要』一九六八年(沖縄県教職員組合中頭支部所蔵)である(以下、前者を「記事」、後者を『概要』と略記)。

「記事」によれば、同地区教育会は、一九四七年二月一五日に具志川村田場の文教学校講堂において創立総会が開催された。同地区教育会は教連の発足後に設立されたことになる。同地区教育会発足の目的は、『概要』によれば、「戦後の教育立て直しの源泉となる教師の生活権の擁護と相互団結に重点」があった(六頁)。この目的は他の地区教育会においても通有のものであったと考えられる。さらに「記事」にもとづけば、以下の二点が同地区教育会の設立について確認できる。ひとつは、沖縄民政府文教部長・山城篤男ほか文教部の役員、視学が創立総会に「来賓」として列席していたことである。このことは同地区教育会の設立に際し、民政府からなんらかの関与があったことを窺わせる。この点について田井等地区教育会の場合、民政府との関係は史料的にあきらかではなかった。もうひとつは、役員選挙が実施されたうえで会長が選出されたこと、くわえて庶務、会計、研究、互助などの専門部局が機構として整備されていたことである。会長には、当時、前原高等学校長を務めていた外間政章が、副会長には高江洲初等学校長・友寄英毅が選出された。各部局や書記などの役員は銓衡委員会において選任されることとなった。他の地区教育会における役員選出の手続きについては別に論証を待たなければならないが、同地区においては設立の当初から会長職の選挙制度が採択されていた。なお、創立総会時点で同地区教育会の会員は、各初等学校教員にくわえ文教学校や前原高等学校教員などをふくめ、五〇五名であった。

両地区を事例とした場合、地区教育会の設立にかかわりつぎの三点を導き出せる。第一、沖縄群島では戦前期からの機関名である「教育会」という名称をもつ教員団体が各地区に設立されたことである。第二に、地区教育会が設立された時期についてである。田井等地区教育会の設立時期にかかわるさきの回想内容が正しいとすれば、九つの地区教育会はいずれも一九四七年一月以降に設立をみたが、前原地区がそうであったように、教連の発足以後に設立された場合がある。すなわち、地区教育会は、いずれもが教連が発足する前提になっていたわけではない。逆におそらく教連の発足に促されるかたちで、事後的に設立をみていた場合があり、設立の時期と経緯は一律ではない。このことは地区教育会が設立された経緯としてつぎの点にもかかわる。第三として、地区教育会の設立は文教部からの関与あるいは文教部との協同がその背景にあったと推定される。

(2) 規模

各地区教育会における会員数の委細をあきらかにする史料は、さきにもみた断片的なものをのぞき、従来、確認されていない。また、さきの事例にみたように、会員はかならずしも小学校教員にかぎらない。くわえていえば、すべての小学校教員が地区教育会に加入していたかは確証されたわけではない。そのうえで各地区教育会の規模を以下で推計する。

その際の根拠となる史料として、教連の結成以後になるものの、後述する教連会館の建設にともなう拠出金の割当額を示した新聞記事がある。同記事の内容にもとづき、筆者が算出のうえ各地区教育会における会員数の相対的な比率を推計として示したのが左の図Ⅲ―1である。

図Ⅲ―1　地区教育会の会員数構成比率　単位(%)

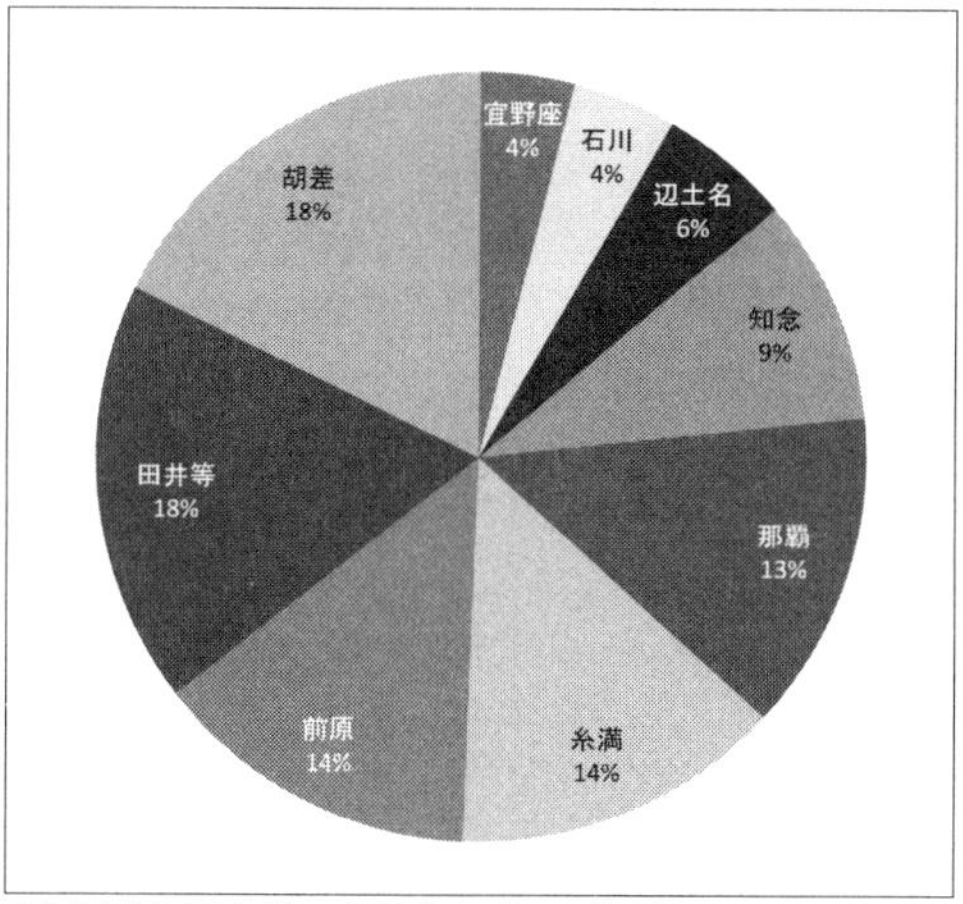

(出典)「教連会館　今月より着工」『沖縄タイムス』1949年9月6日。

(注記)同記事は同会館建設に要する工費の総額を「教員及生徒数を勘案」して各地区別に割り当てた内容を示したものである。したがって、各地区教育会の会員数を直接、提示したものではないが相対比率を示すひとつの根拠とみなした。

同図からは、胡差、田井等、前原をはじめ沖縄島の中部以北だけで六割以上を占め、おなじく南部の糸満、那覇、知念は四割に満たないことがわかる。ところで、当該構成比率は、沖縄戦以前との比較として歴史的にどのように分析できるのであろうか。一九四一年三月時点において、宮古と八重山をのぞいた場合の沖縄県内の地区別小学校教員数の相対比率の分布は、沖縄島中部以北(国頭郡と中頭郡)に五五%、南部(那覇・首里、島尻郡)に四五%であった。(11) 同年時点においても小学校教員数は中部以北に比重があったが、同記事にみるように、一九四九年時点における構成比率はさらに中北部へと比重を移していたことが推定できる。とくに旧中頭郡に位置する、胡差、前原、石川、宜野座の四地区ではおなじく二九%から四〇%に急伸した。この背景には民政府にくわえ、文教学校などの所在地が同地区にあったことが反映したものと類推できる。

(3) 人的構成と活動

つぎに地区教育会における人的構成の特徴を分析する。ここでは複数の史資料を相互に補完的に用いるとともに、一九五〇年代はじめ以前の会長ならびに主事に限定のうえで集約をこころみた。あらかじめ記せば、史料的な確証が得られない、あるいは不詳である場合には空欄とした(一三九頁の表Ⅲ―6)。

表Ⅲ―6で捕捉できたのは三九名である。内訳は会長が二一名、主事は一八名である。以下、同表を手がかりに一九四三年名簿、人事録などと照合することによって地区教育会の役員における人的構成の特徴をみる。まず、生年について、最年長者は一八八九年生まれ、最年少者は一九一五年生まれであった。一九四五年を基準とした場合、当時の年齢は平均でおよそ四〇歳であった(不明の四名をのぞく。以下、おなじ)。おなじく会長に限定すれば平均は四四歳であり、主事の場合、三六歳であった。つぎに経歴として、一九四三年名簿において、国民学校長、教頭、教員として確認できるのは二二名であった。おなじく中等学校、青年学校教員として確認できるのは七名であった。(一〇名は同名簿に記載なし)。会長に限定すれば、すくなくとも一〇名は小学校長または教頭、青年学校長の経歴をもつ。また、沖縄師範学校卒業者はすくなくとも三一名を占める。会長あるいは主事として就任した際の現職は、小中学校、あるいは高等学校の校長または教頭であった場合が最大多数を占める(二八名)。

表Ⅲ―6では一九五〇年以前の時期、おなじく田井等、前原のふたつの教育会以外に空欄が目立ち偏在は免れない。このことが示すように、今後の継続的な調査は必要不可欠である。この点を確認したうえで、当該

表Ⅲ—6　沖縄群島の地区教育会における会長と主事（1947—1952年）

教育会地区名	役員	1947年	1948年	1949年	1950年	1951年	1952年
糸満	会長		玉城泰一			仲地幸輝	高嶺朝賢
	主事					船越実	大城元秀
那覇	会長					阿波根朝松	
	主事			仲村喜忠[12]			
前原	会長	外間政章	中村淳	島袋正輝	仲里嘉英	新屋敷文太郎	
	主事		新垣茂治	新垣文吉			
知念	会長					佐久本嗣矩	中村義永
	主事			上原健明	本田清	新垣照成	
胡差	会長				比嘉博	喜友名朝誓	富原守義
	主事				多和田真佑	山田朝良	
石川	会長		野崎真宣[13]			長嶺朝昴	
	主事					喜久山添采	垣花得禄
宜野座	会長					島袋全幸	
	主事				松永保市	新里孝市	
田井等	会長	安里源秀		宮里国本			
	主事	新里清篤		山川忠正	大城清一		
辺土名	会長					宮城久勝	平良仲蔵
	主事					宮城繁富[14]	

（出典）「座談会　軍作業地帯の教育」沖縄教育連合会『新教育』13号、1950年10月（7巻）、『文教部関係名簿　一九五一年　教育史料』（R00000449B）、沖縄群島政府統計課『沖縄群島要覧　一九五〇年版』琉球文教図書、1951年（広告欄）、沖縄教職員会『一九五二年度　沖縄教育関係職員録』1952年、106、109頁、沖縄朝日新聞社編『沖縄大観』日本通信社、1953年、322頁、山川忠正『想い出』1994年、上原軟剛編『沖縄実業と文化人名録』実業と文化社、刊行年不詳　15頁、Biographical Data Shugi TOMIHARA,『琉球列島米国民政府文書』(99S423) , Okinawa Teachers' Association（OTA）Folder 1 of 4（0000000795）。

（注記）①いずれも年単位に単純化したため、着任・離任などの正確な期日を反映しない場合がある。②各史料中の誤記は訂正のうえ記載した。③出典のほか、さらに情報を付加することができるが、前後の整合性や他の史資料との照合ができない場合には、一部の例外をのぞき慎重を期し当該情報を採用していない[15]。④「教職員会」と改称した場合があるが、とくに記さない。なお、表中の全九地区以外に久米島地区教育会が運営されていた。[16]

三九名に限定した場合、地区教育会の会長と主事は、戦前期における経歴が踏襲されることによって配置される傾向を濃厚にもっていたとみなせる。

地区教育会は、教連の発足以後にも単なる下部組織としての役割にとどまらない独自性をもった活動を展開していた。いくつかを例証する。たとえば、宜野座地区教育会は、一九五〇年に同地区の教育にかかわる諮問機関として「教育振興委員」を設置し、教科別にまで立ち入った学校教育へのテコ入れを組織化していた。[17] また、田井等地区教育会は、一九五二年二月一四日から二日間、第一回全琉教育者団体代表会議が開催された際、宮古教育会、八重山教育会の各代表などと同格の立場で会長(宮里国本)を派遣している。[18] こうした地区教育会による独自の活動実態は、これまでにあきらかにされていない。地区教育会が結成された経緯の詳細、また、会長をはじめとした役員がどのような手続きで選出されていたのかといった基礎的な事実の解明にくわえ、今後の課題としてのこされる。

なお、各地区教育会の名称について付記する。たとえば、前原地区教育会の場合、一九五二年二月に「前原地区教職員会」と改称し、規約や諸規程をあらたに制定した。[19] しかし、のちに戸邉論稿が記すように沖縄教職員会の設立後にも、依然、教育会と称する団体がのこる。

3　沖縄教育連合会

(1)　結成と機構

地区教育会を束ねる中央組織の必要性については、当時、沖縄民政府文教部に勤務していた安里延(視学課長)、仲宗根政善(編修課長)、渡嘉敷真睦(視学)のほか、沖縄文教学校長・島袋俊一らによって、比較的、早期から共有化されていた。[20] 一九四七年二月の教連結成は必然的な帰結であったといえよう。結成に際し、その目的は「沖縄教育ノ振興」、「教権ノ確立」、「生活ノ向上並ニ会員ノ親睦互助」の三点に据えられた。目的を実現するため、「講演会」「講習会」「研究座談会」「体育会」「互助」などが事業として示された。当初、役員は、会長一名、副会長二名のほか、各地区四名の代議員、幹事、書記などから編成された。会長と副会長は「会員ノ互選」による選出とされた(21)。初代会長には、前年一月に開校していた沖縄文教学校長の島袋俊一、副会長には田井等高等学校長・安里源秀、知念初等学校長・宮城久栄がいずれも兼任として就任した。後述するように、島袋は一九五〇年以降には琉球大学教授に転出するが、一貫して教連の会長職を兼任として担った。また、安里は一九四八年に沖縄民政府に、宮城は同年から知念村長に選出される。初代主事は当時、田井等地区教育会主事を務めていた新里清篤(のちに個人史をみる)、幹事は新垣孝善(22)であった。事務所は当時、沖縄民政府が所在した知念の民政府文教部に設置された。

ところで、教連の組織的な規模はどの程度であったのであろうか。当初予算にかかわる史料にみるかぎり会員数は四〇〇〇名と概算される。先述のように一九四六年時点の沖縄群島における小学校教員数は三一二三名であった(23)。これに中学校、高等学校教員をくわえた教員総数はおそらく四〇〇〇名に近似する数であったと推定できる。したがって、同時期の沖縄群島における小学校から高等学校までの教員は、そのほぼすべてが会員として教連に加入していたと思われる。ただし、一九五一年三月時点では会員数は三五〇〇名にまで落ち込んでいる(24)。この背景には、さきにみたように、米軍政府からの予算削減要求にもとづき、一九四六年以降、教員定数を減ずる措置が講じられたことがあった。

教連の機構にかかわり注目すべきはつぎの二点である。ひとつは教連が文教部と「表裏一体」であったことである(25)。既述のように会長と副会長は各学校長であったが、代議員には各地区教育会からの選出者にくわえ、「文教部内各課長、視学官ヲ以テ之ニ充」てることが定められていた(同前会則七条)。ここでいう文教部について必要なかぎりで解説する。沖縄戦終結後の教育復興を担う組織として沖縄諮詢委員会に教育部が設置されたのは一九四五年八月であった。仮諮詢委員会構成員であり、沖縄師範学校を経て広島高等師範学校を卒業後、鹿児島女子師範学校教諭、沖縄県立第二中学校長などを歴任した山城篤男が同長に任命された。一八八八年生まれの山城は、同時点で五〇歳代後半であった。[26] 同部は一九四六年一月二日に米国海軍軍政府通牒にもとづき沖縄文教部として改組される（米国海軍軍政府本部指令八六号）。この改組は「最終的決定権を留保する軍政府職員[27]」による監督の下、沖縄島とその周辺諸島におけるすべての学校を管理するための中央機構の発足を意味した。「沖縄人教育家を以て組織」された同部は、学校の設置と認可、学校に対する訓令や通牒などの公布、教員の任免などの権限をもち、視学課、庶務課、編修課から主に編成された。各課長は部長によって任命され、視学課長に安里延、庶務課長に中山盛茂、編修課長には仲宗根政善がそれぞれ任命された。[28]

文教当局と教員団体との一体化という特徴は沖縄群島に固有の現象ではない。他の群島においても実態としては通有する。ただし、史料不備から厳密な照合にはおよばないものの、文教当局者を団体内部の役員に指定のうえ配置する形態はすくなくとも宮古、八重山の各教員団体ではみられない。[29] この推定が正しければ、沖縄群島における両者の密着度は相対的に高かったとみなせる。

もうひとつの機構における注目点は、会長の専任化、ならびに代議員制から理事制への移行にかかわる内部的な議論の存在である。結成時から教連では会長と副会長はいずれも兼任であり、また「代議員が教連の議決機関になつて運営がなされており、会員百名より一人」選出されるという方式が採択されていた。[30] この機構は一九五〇年四月から大幅に改革されることが内部的に構想されており、じじつ代議員会などでの議決を得ていた。その要点は会長を専任とすること、あわせて代議員制を廃止し、各地区教育会長を構成員とした理事制に改組することであった。その意図は「理事会を会長に直結」することで「敏速適期」に事務手続きを進めることにあった（おなじ理由で副会長職は廃止）[31]。しかし、この構想は現実化できないままにあった。前者については、専任会長として、視学を務めた渡嘉敷真睦（前出）、那覇高等学校長・真栄田義見が候補となったものの、いずれも実現にはいたらなかった。[32] 後者については、委細は不詳としなければならないが、沖縄教育連合会『一九五〇年度　議事録』（読谷村立図書館所蔵）を通覧するかぎり、ひきつづき「代議員会」との名称が採用されていた。こ

表III―7　沖縄群島における教員団体役員の経歴

役員	氏名（生年）	学歴・職歴	沖縄師範学校卒業年（課程）	戦前期の教員経験
会長	島袋俊一（1902）	沖縄農林学校・鹿児島高等農林卒業、八重山農林学校長、沖縄県立青年学校教員養成所所長、沖縄文教学校長、琉球大学農学部長、琉球大学学長	非該当	○
副会長	安里源秀（1903）	東京高等師範学校卒業、沖縄農林学校教諭、田井等高等学校長、沖縄民政府、琉球大学教授、同大学副学長	1923年（本科一部）	○
副会長	宮城久栄（1888）	第二豊見城校長、沖縄県視学、島尻郡教育部会長、知念初等学校長、知念実業高等学校長、知念村長	1909年（本科一部）	○
主事	新里清篤（1909）	沖縄県立第二中学校卒業、伊豆味尋常高等小学校訓導、広島県へ研究訓導として派遣、瀬底国民学校長、田井等高等学校教官、立法院議員	1927年（本科二部）	○

（出典）崎原久編『琉球人事興信録』1950年、188頁、『沖縄名鑑』沖縄名鑑発行所、1954年、3、281頁、「実業高等学校長辞令交付ニツイテ」琉球政府文教局『琉球史料』3集、1958年、34頁ほか。

れら機構面における刷新および機能化は、一九五〇年代以降の組織的課題として結果的に引き継がれることになる。このことは「五　沖縄教職員会」がその委細をのちに分析する。

(2) 役員の経歴

つぎに人的構成として、さきにみた教連の会長と副会長、主事の計四名の役員について、生年と主な経歴などを一覧化する（上の表III―7参照）。

生年は宮城久栄をのぞき、いずれも一九〇〇年代であり、教連結成時における四名の平均は四六歳前後であった（宮城は例外的に六〇歳前後であった）。経歴として、いずれも学校長をはじめ教育指導者としての役割を戦前期に担った。うち三名は沖縄師範学校卒業者であった。

以上から人的構成における戦前期からの連続性は、地区教育会とおなじく、教連においても濃厚といえる。ただし、委細に立ち入れば、四名のうち戦前期に沖縄県教育会に役員として務めた者は宮城久栄にかぎられる（一九三八年から一九四一年時点では島尻郡教育部会長、一九四三年時点では国民青年学校教育部長を務めた。[33] なお、教連の会長候補となった渡嘉敷真睦は同年時点で中頭郡教育部会長であった）。この点において、のちにみる宮古群島とは状況を異にしており、沖縄群島ではかならずしも教育会から教連へという単線的な移行ではなかったことがわかる。これは、さきにみた沖縄戦に起因した教員層の戦災状況の差異のほか、沖縄群島においては沖縄県教育会がすくなくとも組織的には完全に消滅していたことの反映と思われる。

(3) 機能

教連のはたした機能をみる場合、とくに引照すべき象徴的な表現がある。それは教連会長・島袋俊一が、教連における「三つの指標」として、「教育者の政治的活動を軌道にのせること」「教育者の教養の向上を図ること」「教育者の互助機構を強化すること」と指摘したことである。島袋は言を継いで「われらの教連は、たんなる政治結社にあらず、共済組合にあらず、又修養団体にもあらず、実にこれらの不離密接な紐帯のうえに築かれたものでありたいと思ひます」と指摘したうえで、「政教物の三面にまたがる新しい沖縄文化の高揚」を理念として示した。(34) ここで示された三つの目的に照応させ、教連における「政」「教」「物」にかかわる機能がどのようなものであったのかについてみる。

まず、「政」について。島袋の言にもかかわらず、教連は政治活動への組織的な介入を自制してきた。たとえば、一九五〇年九月の沖縄群島議会議員選挙においては校長などの教員経験者の出馬が目立った。しかし、教員個人による「啓蒙運動」を容認しながらも、教連は「教育会は政党ではない。従って政党的政治運動は許されない」との組織的な立場を堅持した。(35) 政治的活動といえるかは判断に窮するが、事実上、「文教部と表裏一体」(36) とされた位置を活用し、同前群島政府文教部長の人選にかかわる知事への進言が確認できるにとどまる。(37) したがって、教連の「政治的活動」は、基本的には中立性を体面としたため、実行力を持ち得なかったとの判断が妥当である。(38) ただし、教連は政治活動とまったく断絶していたわけではない。このことは対日講和条約の締結を期に政治部委員会が主導することで「琉球統治の実質的主権を全面的に一日も早く日本にうつす」ことを主旨とした「琉球の統治に関する要望事項」を決定するなど、のちに本格化する復帰運動の方向性をすでに打ち出していたことからもあきらかである。[39] とはいえ、とりわけ結成の当初において教連の機能は、むしろ「教」と「物」の面で集中的に発揮されていた。

このうち「教」は教員の職能向上や文化の向上にくわえ、ひろく教育環境の整備にかかわる。前者については、一九四八年八月に創刊された機関誌『新教育』（ほかに『新教育ニュース』）の編集・刊行のほか、教連結成の以前をふくめ、文芸作品の公募や各種の出版事業などを展開した。後者として一九四七年一二月に結成された沖縄教育後援連合会（一九五三年五月にＰＴＡ連合会に改組）[40]との連携が指摘できる。沖縄教育後援連合会の事業は、教科書の配給、印刷・出版などであり、教連と事務部局を併置するなど、一体となって教育関連事業を推進した。なお、教連では、机と椅子の製作斡旋、また「同じ構内に棟を並べている南西印刷所と合同経営」で学籍簿や帳簿類の印刷を事業としていた。[41]

「物」は教連のはたしたもっとも基礎的な機能であった。結成時の会則では「生活ノ向上」という表現にとどまったが、一九五〇年二月二八日開催の代議員会において教連の目的は「沖縄教育の振興を図り、教権の確立、会員の生活権擁護と互助団結を図る」こととして会則を改した。[42] これを受け一九五一年三月一二日開催の代議員会において、田井等地区教育会から共済基金制度を設立する旨の提案があり、同年六月二八日には沖縄教職員共済組合が正式に設立をみた。組合長には島袋俊一、書記に真境名兼弘が就任した。[43] 同組合には同年八月時点で三六六一名の加入が確認できる。おなじく一二月時点では三七八五名が加入していた。これは沖縄群島に在職した全教員の九二％に相当する。[44] 同組合では、退職や死亡時の給付、生活資金の貸付などを実施し、教員の生活基盤の安定を図った。[45]

各機能をはたすうえで教連が拠点としたのが先述の教連会館であった。教連では、一九四九年七月、台風グロリアにより知念民政府庁舎が全壊したことを受け、一時的に那覇高校内に仮事務所を設置したのち、「元一高女グラウンド跡に二百十坪の敷地を得」た。[46] 同地に建設された教連会館の建設費用三〇万B円は、民政府補助にくわえ、教員数と児童生徒数に応じて各地区が負担し、同年九月に着工、一一月に竣工した。[47]

以上のほか教連の機能としてつぎの二点をとくに付記したい。ひとつは教科書や文房具などの学用品の事業に取り組むため、一九五〇年一一月一八日、琉球文教図書株式会社を設立したことである。[48] もうひとつは、学校への植樹を推奨する「緑の学園運動」と銘打たれた事業の企画運営である。[49] 同運動は戦災校舎復興の一環であり、同時に結成五周年を記念する教連にとって最後の事業でもあった。学校林の造成と荒廃した校地の緑化を目的とした運動であった。

戦災からの復興途上にあり、行政機関との機能的な分業が未整備なままにあった同時期の沖縄群島において、教員団体には数多くの役割が期待された。教連の機能が、以上にみたように狭義の教員団体活動の枠内にとどまらない多元性をもったのは、このことの反映であった。

4　未発としての組合移行

教連における組織的な特徴としてみのがすことができないのは、教員の労働者としての権利擁護や政治参加を唱導する組合的な機能をもつことを米軍政府から結果的に抑制されてきたことである。委細はのちに個別に検証されるが、宮古・八重山の両群島においても、占領初期の混乱期をのぞき、おなじく組合として教員団体を設立することに対する米軍政府の姿勢は基本的に寛大ではなかった。しかし、一時的とはいえ両群島では教員組合が結成をみていた時期が確認される（この点にかかわり、本書では取り上げないが両群島は奄美群島と事実経過を共有する）。この点において沖縄群島の教員団体史は特徴的といえる。

一九五二年二月一四日に開催された総会での決定にもとづき、教連は「沖縄教職員会」として名称をあらため発展的に解消した。この改組は教職員の生活権を擁護する、組合的機能を重視する組織へと転換することを意図したものであったが、改組ののちにも沖縄群島では教員組合としての設立は米軍政府の容れるところとはならなかった。[50]このことは一九四〇年代後半以降、沖縄の長期占領へと政策を転じ、米軍基地の拡張と維持を進めつつあった米軍政府にとっての沖縄群島の軍事的重要性を示すものであろう。さらに本書の課題に即して導き出せるのは、米軍政府による教員団体管理の方針は一律ではなく、群島別に複合的であったことである。教員団体の視点に立てば、沖縄群島における方針は一貫して統制色の強いものであったといえる。

なお、改組にあたり、先述のように構想にとどまってきた機構の改革はようやく進展するにいたった。正副会長や各地区教育会長から構成される理事会を執行機関として位置づけ、また、各地区選出の評議員から選出される評議員会を総会に次ぐ議決機関とするなど、その機構は刷新された。[51]初代会長には、当時、沖縄群島政府文教部長であった屋良朝苗が就任した。これ以降の教員団体史は、くわしくは後述のように宮古、八重山を包摂しつつ沖縄教職員会を基軸として展開する。

（藤澤健一）

［補注］

1　「移転御知ラセ」『沖縄新報』一九四五年二月二日ほかから判明する。さきの近藤論稿に委細をみたように、同記事は同会事務所が昭和会館から個人宅「仮事務所」に移転することを公示した（『沖縄新報』二月四日にも同一記事の掲載が確認できる）。以上、本書の一二七頁を参照。

2　沖縄教職員会規約二条、七条。同会『一九五四年七月現在　規約・諸規定集』一九五四年。

3　琉球政府文教局『琉球史料』二集（政治編二）一九五六年、一―三頁。同要綱にもとづきあらたに市、ならびに区と班が設置され、市会議員ならびに市長選挙が実施された（二五歳以上の男女）。付言すれば、同区分は一九四九年に制度化された地区教育委員会制度の編成区分としてほぼ受け継がれることになる。

4　事後の推移として本章の対象時期をはずれるが、たとえば、石川、前原、胡差（コザ）の三地区は一九六八年六月に中頭地区教職員会として、ふたたび統合される。中部三地区教職員会統合促進協議会『三地区教職員会統合に関する研究報告書』刊行年不詳（沖縄県教職員組合中頭支部所蔵）、中頭地区教職員会結成準備委員会『中頭地区教職員会結成に関する答申書』刊行年不詳（同前所蔵）。このほかの地区は、同時期に国頭、島尻、那覇、宮古、八重山の五地区として統合再編された。こうして戦前期の下部組織区分が再生したことになる。沖縄県教職員組合『沖教組十年史』一九八五年、二八頁。

5 地区教育会にかかわる今後の研究課題として、各地区教育会が設立されるにいたった経緯にくわえ、それぞれの人的構成の変容過程を解明することが挙げられる。同様にのちに教連が発足して以後、いわば下部組織としての地区教育会がどのような固有の機能をはたしていたのか、この点の解明が必要である。

6 以下であらためて援用するが、収容所の管理統制上、米軍政府にとっての中心的な位置にあった田井等での状況が断片的に知られる程度にとどまる。

7 田井等地区教育会の編成区分については「国頭の教師全部が集まった。伊是名、伊平屋も含まれていたようだ」とする回想がある。この回想によれば離島部をふくめ旧国頭郡に属する辺土名地区は、田井等地区に包摂されていたことになる。じつは同回想の内容は事実に即して正しい。というのは米国海軍軍政府本部指令八五号（一九四六年一月二日）にもとづき、辺土名地区は廃止のうえ田井等地区に編入されたためである。ただし、後述するように地区としての廃止後も教員団体としての辺土名地区教育会は存続していた（地区教育委員会制度についてもおなじ）。以上、小橋川カナ「私の戦後史」『私の戦後史』三集、沖縄タイムス社、一九八〇年、二九—三〇頁。「米国海軍軍政府本部指令第八五号（一九四六年一月二日）」、月刊沖縄社『アメリカの沖縄統治関係法規総覧』Ⅳ、池宮商会、一九八三年、六八頁参照。「教育委員会規程」（一九四九年一二月九日）琉球政府文教局『琉球史料』三集、一九五八年、六六頁参照。

8 新里清篤『回想と提言　沖縄教育の灯』一九八一年、五二頁。このほか「戦後いの一番に教師たちの結束をみた」として回想される場合がある。しかし、田井等地区教育会の設立が最初の事例であったのかについては史料的に確証されたわけではない。

9 当銘由金『私の足あと』一九八三年、二四—二五頁、崎原久編『琉球人事興信録』沖縄出版社、一九五〇年、一六七頁、「教育界異動」『うるま新報』一九四八年四月九日。

10 以上、新里清篤、前掲『回想と提言　沖縄教育の灯』五二頁。山川忠正『想い出』一九九四年、六二頁。なお、回想にある『教育時報』は、現時点において現物が確認されていない。

11　沖縄県知事官房文書課『昭和一七年度　沖縄県勢要覧』一九四三年、三二一―三三三頁。

12　仲村喜忠は、教頭職を務めていた那覇中学校を一九四八年一二月三一日に退職した。那覇中学校『沿革誌』（那覇市歴史博物館所蔵）。

13　「一九四七年四月以降　受領公文書綴　一般公文書」『久辺初等学校・宮森初等学校受領文書』所収（沖縄県教育庁文化財課史料編集班所蔵）。

14　宮城繁富は、一九三九年に沖縄農林学校を卒業したことが確認できる。沖縄教職員会『一九五二年度　沖縄教育関係職員録』一九五二年、一〇九頁。

15　たとえば、石川地区教育会主事として勤務した経歴を有する喜久山添采による回想が挙げられる。同「苦しかった日々を乗り超えて」新里清篤、前掲『回想と提言　沖縄教育の灯』二八二―二八四頁。このほか一九四八年末時点の各地区教育会役員を一括して掲載したものと推定できる、「（クリスマスの寄せ書き）」沖縄教育連合会『新教育』三号、一九四八年一二月（七巻）がある。ただし、同記事中にある糸満地区教育会長については他の記事から特定できるため例外として採択した。G・T生「教育風土記―糸満地区の巻」同前『新教育』三号。このほか、岸本貞清が一九四七年三月まで田井等地区教育会に勤務していたことを示す、「教育界異動　二五五名発令」『うるま新報』一九四八年四月九日などがある。

16　当初、久米島地区教育会の役員は糸満地区教育会による兼務体制であった。すくなくとも一九五二年以降には、久米島地区教職員会長として、嘉手苅景昌が就任していた。沖縄教職員会『一九五二年度　沖縄教育関係職員録』一九五二年、一〇六頁ほか。嘉手苅は一九〇六年生まれ、一九二六年に沖縄師範学校本科一部、二九年に同専攻科を卒業した。仲喜洲、瀬底、仲里の各尋常高等小学校、座間味国民学校訓導を務め、戦後は比屋定初等学校教官、四八年に久米島小学校校長となった。『現代沖縄人物三千人』沖縄タイムス社、一九六六年、二三七頁ほか。

17　「教育振興委員設け」『沖縄タイムス』一九五〇年五月三一日。

18　このほか、糸満地区教育会における体育科講習会の開催などがある。「南部地区で体育科講習」『うるま新報』一九四八年五月二八日。

19　「教育面の改善」『琉球新報』一九五二年二月一七日、「全琉教育者団体協議会」『宮古朝日新聞』一九五二年二月二四日。

20　以上、沖縄民政府総務部調査課『沖縄民政要覧』一九四六年、新里清篤、前掲『回想と提言　沖縄教育の灯』六七頁。

21　以上、「沖縄教育連合会会則」琉球政府文教局、前掲『琉球史料』三集、四二四―四二五頁。

22 新垣孝善は一九〇七年生まれ。沖縄県立第一中学校を卒業後、一九二八年に沖縄師範学校本科二部を卒業、一九六六年に立法院議員に当選。『琉球人事録』第二版(上)一九五〇年、五九頁、『現代沖縄人物三千人—人事録』沖縄タイムス社、六頁。

23 沖縄民政府総務部調査課編『沖縄民政要覧』一九四六年。

24 沖縄教育連合会「一九五一年度予算」『新教育』一六号、一九五一年四月、三六頁(七巻)。

25 この端的な表現は教連副会長・宮城久栄による。同「創刊を祝す」『新教育』一号、一九四八年八月、一頁(七巻)。

26 以上、沖縄県沖縄史料編集所『沖縄県史料　戦後1　沖縄諮詢会記録』一九八六年、二九頁、崎原久編『琉球人事興信録』一九五〇年、二〇七頁。

27 Arnold G. Fisch, Military Government In The Ryukyu Islands, 1945-1950, University Press of the Pacific, 2004. アーノルド・G・フィッシュ二世(宮里政玄訳)「琉球列島の軍政1945-1950」『沖縄県史』資料編14現代2、沖縄県教育委員会、二〇〇二年、二三三—二三五頁。

28 以上、「終戦直後の文教部の変遷」琉球政府文教局『琉球史料』三集、一九五八年、四頁、沖縄民政府総務部調査課『沖縄民政要覧』一九四六年参照。

29 たとえば、のちにみる八重山教育会における「評議員」は各学校段階と学校所在地を基準に分置された。「八重山教育会会則」同前、琉球政府文教局『琉球史料』三集、四二頁。屋良朝苗による以下の回想は教連におけるこの特徴にかかわる。「この組織(教連をさす—引用者)は民政府の保護を受けていたため、自主的な動きは目立たず、各地区での活動もあまり振るわなかった。これは連合体自体の活動範囲がはっきりしなかったことにもよるが、各地区間の往来が自由でなく、各地区とのつながりが弱かったことが大きな原因である」。屋良朝苗編『沖縄教職員会一六年—祖国復帰・日本国民としての教育をめざして』労働旬報社、一九六八年、一九頁。なお、両者は一貫して一体であったわけではない。時間の経過とともに増長した両者の離反の経過については別に検討を要する。

30 「一九五一年度予算及事業計画に就て(代議員会記録より)」沖縄教育連合会『新教育』一五号、一九五一年四月(七巻)ほか。

31 以上、「互助団結を強化し教権の確立へ」『うるま新報』一九五〇年三月一日。

32 屋良朝苗、前掲『沖縄教職員会一六年—祖国復帰と日本国民としての教育をめざして』四二頁。

33 「総力発揮を誓ふ」『朝日新聞(沖縄版)』一九四三年一月八日。なお、宮城の同部会長在任期間は不詳だが、一九三八年には就任していたこと、一九四〇年七月に同郡教育部会長の任期を満了したことは判明している。沖縄県教育会『沖縄県学事関係職員録』一九三八年、『琉球新報』一九四〇年六月三〇日参照。

34 以上、島袋俊一「発刊のことば」沖縄教育連合会、前掲『新教育』一号、一頁。行論の手順に照らして原文の順序性を変更した。

35 以上、一九五〇年八月一一日開催の教連における「選挙対策協議会」議事録中の文言。沖縄教育連合会、前掲『一九五〇年度　議事録』参照。

36 島袋久栄「創刊を祝す」沖縄教育連合会、前掲『新教育』一号、二頁。

37 「教権の確立目指し　新部長の『人選問題』を教連・知事へ進言か」『沖縄タイムス』一九五〇年九月四日。

38 新里清篤「教連と選挙について（1）」『沖縄タイムス』一九五一年一月二九日ほか。

39 沖縄教育連合会「講話条約第三条による琉球の統治に関する要望事項」『新教育ニュース』七号、一九五一年一〇月二九日（七巻）。

40 その機構については「沖縄教育後援連合会　一九五一年度予算及事業計画に就て（代議員会記録より）」沖縄教育連合会、前掲『新教育』一五号、三二—三三頁参照。初代会長に当間重剛、副会長に幸地新蔵と糸数保撰が就任した。「各地区教育後援会　沖縄教育後援連合会設立趣意書」琉球政府文教局『琉球史料』三集、一九五八年、四四五—四四六頁。当間重剛は一八九五年生まれ・京都大学を卒業。一九三七年に那覇市長。一九五六年から一九五九年まで琉球政府行政主席を務めた。

41 戦時体制下の動向については、「大政翼賛会支部委員　三十台の新人も登場」『琉球新報』一九四〇年一一月二一日参照。

42 長崎仁「沖縄教育見聞記」奄美大島連合教職員組合『教育と文化』四巻一二号、一九五〇年一一月二八日（三巻）。

43 「互助団結を強化し教権の確立へ」『うるま新報』一九五〇年三月一日。

44 『沖縄教職員共済会定款』（上原実氏所蔵）。

以上、「共済組合加入者調査」『新教育ニュース』二号、一九五一年八月二四日（七巻）、「教育界希望なきに非ず」『琉球新報』一九五一年一二月二日。一九五二年三月時点ではおなじく三八〇〇名、会費は完納されており、「模範的な共済機関」とされた。「かくて教壇は揺がじ」『琉球新報』一九五二年三月一五日。こののち一九五四年には、五〇五三名を数えた。『社団法人沖縄教職員共済会概要（一九六三年八月現在）』一九六三年。

45 「教職員共済組合結成」『うるま新報』一九五一年六月二九日。

46 「教連サロン」沖縄教育連合会『新教育』七号、一九四九年九月（七巻）。

47 「教連会館」『沖縄タイムス』一九四九年九月六日、新里清篤、前掲『回想と提言　沖縄教育の灯』一〇一頁。

48 「教育関係団体が書籍会社組織」『沖縄タイムス』一九五〇年九月一四日。

49 「教連の植樹運動」「緑の学園運動」『沖縄タイムス』一九五一年九月一二、一三日。

50 琉球政府立法院では労働者の権利擁護を規定した労働基準法、労働組合法、労働関係調整法（労働三法）を一九五三年七月二四日に可決した（同年九月一日公布）。これを受け教職員をふくめた労働組合の結成がすくなくとも法制度上は可能となっていた。

51 「教連近く改組」『沖縄タイムス』一九五二年二月五日、「沖縄教職員会　教連解消して新発足」『沖縄タイムス』一九五二年二月一五日。こうした機構改革の発想は、地区教育会からの要望・発議にもとづく。前年一〇月一七日開催の教連第二回政治部委員会において「是非教員組合を組織すべき」との「各地区会員の要望」が示され、さらに同年一二月五日の教連での協議会において、「教育団体の活動範囲を最大限に伸ばし積極的且つ活発なものにするには現在の教連組織では弱体過ぎる」として提起されていた。以上、「働き出す教連政治委—第二回会合」沖縄教育連合会、前掲『新教育ニュース』七号、「教連組織改革」『琉球新報』一九五一年一二月六日。

三　宮古群島における教員団体——宮古郡部会から宮古教職員会へ

1　戦前期の前提

戦前期の宮古における教員団体は、沖縄県私立教育会の下部組織として一八九一年一〇月に「宮古島地方部会」が設立されたことに端を発する（以下、見出しをふくめ宮古郡部会、あるいは宮古郡教育部会）。これは県内市郡部会の設立として、中頭（一八八六年六月）、島尻（一八八七年六月）につぐ（以下、地方部会として総称する場合がある）(1)。各地方部会は、いずれも教育会の承認を得て設立され、あくまで県教育会による下部組織として運営されていた。各地方部会は一般に規則ならびに会長と副会長、評議員などの組織構成をもち、総会の開催や教育品展覧会の開催、また郡誌などの編纂事業(2)を実施した。その経費はすくなくとも発足当初の時点では自弁とされており、各地方部会は独自に会費を徴収していた(3)。このことが示すように、組織構成上は県教育会の下部組織でありながら、実態的にはかならずしも同一的な運営がなされていたわけではなく、いわば相対的な自立性があったと考えられる。地方部会を上意下達的な下請けとして単純化するのは表層的な理解というべきである。とくに宮古郡部会において注目すべきは、会員の所属関係である。同部会では一九一四年三月、「県教育会と連絡を計らんが為、本部（宮古郡部会をさす—引用者）会員も全部県教育会員」になったとされる(4)。この事実は宮古郡部会員でありながら、県教育会会員ではない時期があったことを示しており、会員の所属先は、すくなくとも設立から二〇年以上にわたり単独性をもっていた。

戦前期の前提として、宮古郡部会の規模の推移について、ここで確認しておきたい。設立の当初、会員数は五〇名にすぎなかったが、一九〇七年に七〇名、一九二〇年代はじめで一六〇名程度、一九三四年には二四九名にまで増加した(5)。推計にもとづけば、沖縄戦直前となる一九四三年時点では、すくなくとも二九〇名にのぼる。(6) むろん、その後の増減が見込まれるが、沖縄戦時下における宮古郡部会は、同程度の規模にあったことが推定できる。その結果、一九一〇年以降にはほぼすべての正教員は会員となっていたと思われる。(7) ただし、沖縄戦時下における同部会の動静を史料的に根拠づけることは難しい。本書における数量的な分析結果にもとづけば、一九四三年時点における在職者のうち、推定をふくめ六一％程度に相当する二二七名が戦後においてもひきつづき教員として勤務をつづけた。この割合は、校長と教頭に限定した場合、七六％程度にもおよぶ。したがって、移行期における宮古群島の特徴のひとつに、戦前期と同様の人的構成が戦後期にも引き継がれる傾向をとくに強くもっていたということが指摘できる。戦前期の特徴と推移をここで概観したのは、こうした宮古群島の特徴が生起した歴史的背景を確認したかったためである。これから委細に立ち入る、戦後期における教員団体は戦前期の前提に根ざすとともに多大な影響を被っていた。言い換えれば、こうした前提を欠いていたとすれば、戦後の教員団体はその様相を大きく異にしていた。

本章では、初出となる宮古教職員会史料をまじえ、宮古群島における教員団体の変容過程を概括したうえで、その機構と人的構成ならびに機能がどのようなものであったのかについて解明する。ただし、当該時期の宮古にかかわる史料環境は、教員団体機関誌をはじめ四群島のなかでも相対的に困難な状況にある。ゆえに新聞史料を主な素材としなければならず、おのずと分析が制約されることをご了承いただきたい。

2 変容過程

(1) 戦後期の再出発——宮古郡部会

さきにみたように沖縄群島における米軍の占領は戦闘の延長としてあった。そこでは諸学校をふくめ戦前期までの統治機構はすでに破壊され、機能を停止していた。他方、地上戦のなかった宮古群島における軍事占領は、一九四五年一二月八日の南部琉球米国軍政府の設置以後、旧沖縄県庁の出先機関である宮古支庁の機構や職制を存続させることによって着手された。宮古支庁が宮古民政府に、おなじく支庁長が宮古知事に名称変更されたのは、同米軍政府の設置から一年以上が経過した一九四七年三月二三日であった（宮古支庁告示一〇号）。[8] この間、八重山群島と同様に、宮古では「国民学校」「訓導」など、戦前期の呼称が存続した。[9] ゆえに一九四五年一二月一八日、午前一〇時から開催された学校関係者の会議は、「郡下各国民学校、青年学校長会議」と称された。単に呼称上の存続にとどまらない。同記事によれば同会が開催されたのは「教育会会長宅」であった。[10] 同会長は戦前期からひきつづき、池村恒章がその任にあった。[11] 同会は戦後に開催されながらも、戦前期の宮古郡部会をそのまま継承していたことになる。このかぎりで、宮古の教員団体において戦前期と戦後期を分かつ明瞭な断絶性はほぼ見出せない。

このことは「教職員ノ除去、就職禁止及復職等ノ件」（勅令二六三号、一九四六年五月六日）などにもとづく、教職員適格審査が組織化され各地で履行されることで、占領下にあった同時期の日本において一定の断絶性が、すくなくとも意図されていたのとは対照的である。[12]

(2) 教員組合の設立――宮古教員組合

一九四六年九月二八日、宮古郡部会は発展的に解消され、宮古教員組合の結成総会が開催された。従来の教育会の継続ではなく、あえて組合としての組織化が進められたのには、いくつかの背景があった。ひとつは占領初期にみられた米軍政府による教職員の政治活動や組合活動への対応である。一九四五年一二月一六日に開催された、米軍政府と教育者代表との懇談会において、チェイス少佐は「学校教職員の政治参与」にかかわる宮古郡部会長・池村恒章からの質問に対して「差支へなし」と回答し、教員の政治活動を許容する姿勢をみせた。[13] くわえて、一九四六年一月には米軍政府から「言論、著述、新聞の絶対なる自由（をあらしむるであらう）」

を与え、「労働組合を持ち組織する事を許可」する旨、「指令」が出されていた。[14] もうひとつの要因は、こうした米軍政府の対応に照応したものであった。それは同時期の日本各地ですでに結成されつつあった、教員による労働組合にかかわる情報の流入である。[15] 当時、宮古支庁教学課長を務めていた垣花恵昌は、これら労働法制にかかわるあらたな情報を得たうえで、宮古における教員組合結成を積極的に推奨したとされる。[16] 以上を背景に宮古教員組合は時宜を得て結成をみた。委員長には砂川恵敷、副委員長に与那覇春吉が就任した。

じつは結成総会に一週間先立つ九月二一日には校長教頭会が開催されていた。午前一〇時から九時間にもおよんだ同会での審議において、従来の宮古郡部会のあり方が反省され、教員の生活権擁護を図るため「団結による争議等も敢行し得る強固なる組合」の設立が選択された。これを受け同組合では、結成に際し「教員の経済的、社会的並に経済的地位の向上」「教育行政の民主化」などを事業として掲げた。[17] 同組合は予算を編成し、常任委員会を開催するなど組織としての活動を展開していた。[18] また、管見のかぎり現物は確認されていないものの、すくなくとも同年一〇月下旬の時点では「週刊で機関誌を発行すべく着々準備を進めて」いた。[19] さらに特筆すべきは、宮古郡会議員補欠選挙において、同組合が委員長・砂川恵敷を候補者として擁立するなど、あきらかに従前の教育会とは異なる、政治的な志向性をもつ施策を実行しつつあった（砂川は一九四六年一二月三一日に垣花恵昌の後任として教学課長に就任）。[20]

むろん同時期の日本における労働法制は、米軍占領下の沖縄において法的な効力をもたない。あらかじめ記せば、同組合はおよそ一〇ヶ月後に解散を余儀なくされる。その背景には軍事占領の安定化を企図した米軍政府の言論統制[21]にくわえ、組合内部の意見対立があった。[22] しかし、一時的であったとはいえ、教員組合が公然と設立をみたことは沖縄教員史上の画期をなす。

この画期には戦前期の蓄積が前提としてあった。それは、当時、沖縄県視学であった池村恒章と青年教員集団「彦馬会」との一九二〇年代後半における論争である。その経過について、ここでは立ち入れない。[23] 争点を概括すれば、教育会における官僚制、形式主義に対する教員層からの改善要求であったとみなせる。同時期以降には中頭郡部会、島尻郡部会における、選挙による役員の選出を求める同種の事例[24]があり、宮古郡部会だけが突出していたわけではない。くわえて同論争の当事者である池村は一九四六年三月に退職しており[25]、また、管見のかぎり、彦馬会の構成員が宮古教員組合の設立に直接、関与していたわけでもない。このかぎりでいえば、同論争と組合結成とは短絡的な関係にはない[26]。そのうえでも、教員団体の運営をめぐる教員層からの自主性をともなった動きは、戦前期の宮古において一定の蓄積を有していたことはたしかである[27]。

(3) あらたな出発と分離――宮古教育会

今度は米軍政府からの認可（一九四七年七月一五日）を受けたうえで発足した宮古教育会が最初の総会を開催したのは、同年七月二二日であった。その際、役員を選出するため選挙が実施された。その結果、会長には池村恵信、副会長には天久恵秀が当選した。獲得票数は前者が一八一票、後者が一二〇票程度であった。第三位以下の得票数はあきらかにできないものの、この時点ですくなくとも三〇〇名の会員があった。会員数として、すくなくとも一九四三年の規模に到達していたことになる[28]。米軍政府による解散後のあらたな発足というその出自から必然的な帰結といえるのだが、その規約にみるかぎり、組合的な機能や政治的な志向性において従前より後退していたことは否めない[29]。しかし、ここで注目すべきは、会員による直接選挙で役員が選出されたことである。前身の宮古郡部会、ならびに宮古教員組合における同種の選挙の有無は、史料的な根拠がなく判然としない。とくに前者で実施されたことは従前の推移や前後の推移にかんがみて考えにくい。このため、宮古の教員団体における役員選挙の実施は当該総会が最初期の事例とみなせる。

発足から二年を迎える直前、宮古教育会は、一九四九年五月一四日に開催された定期総会の結果、四高校（五五頁の表Ⅱ―2を参照）に所属する教員が分離し、宮古教育会と宮古高等学校教育会として分離した。分離後の宮古教育会では、改選の結果、会長に池村恵信、副会長に与那覇春吉が就任した。おなじく宮古高等学校教育会の会長には、戦後初期に宮古支庁教学課長であり、教員組合の設立を推奨した、垣花恵昌が選出された。[30] この分離は両者の路線対立にもとづくものではない。あくまで団体としての経済性と機能性を重視したものであった。じじつ、分離中の一九五〇年二月二五日、宮古教育会は宮古高等学校教育会と合同でペスタロッチ記念講演会を開催している。[31] したがって、一九五一年五月一二日、宮古教育会が定期総会を開催し、およそ二年間にわたり分離していた組織をあらためて統合したのは推移として自然な成り行きであった。新会長には与那覇春吉が選出された。

(4) 教育会を脱して――宮古教職員会

琉球政府の発足後、一九五二年七月五日、宮古女子高等学校で開催された定期総会において宮古教育会は、社団法人「宮古教職員会」として改編されることが可決された。あわせて会員資格の変更が審議され、文教図書株式会社職員、教育長事務所の職員などをいずれも会員とすることなどを決定した。[32] この改編については、「教育会という名称は戦前の天下り式臭いがする、労働法による組合にまで押し進めたい、又今後の教職員会は政治的部面によって生活権擁護、教権確立が是非されねばならない」との理由にもとづくと説明された。この時点において宮古教職員会の会員数は、およそ五〇〇名にまで拡張していた。[33] やや時差があるが一九五四年時点の宮古群島では、校長をふくめ小中学校の教員数は四一七名、おなじく高等学校は五六名であった。[34] 宮古教職員会は宮古におけるすべての学校段階や職階を包摂した、地域密着型の教員団体であったといえる。一九五三年一〇月七日に開催された沖縄教職員会総会において、宮古教職員会は八重山教職員会とともに同会への加入が可決された(正式には一一月一日付)。[35] のちのこととなるが、宮古教職員会では一九五四年五月二日開催の総会において「宮古教職員組合」としてふたたび組合への移行を決定することになる。

3　機構

以上の概括をふまえ、つぎに機構と人的構成、機能の分析にうつる。まず、戦前期における機構の特徴は会長に島司(のちに支庁長)、副会長に郡視学などが配置されていたことにあった。一九二〇年前後を事例とすれば、評議員が五名、幹事が三名、代議員が三名それぞれ配置されていた。おなじく会費として俸給の百分の一を会員から徴収し、その七割を部会費とし、三割を互助会費に充てていた。互助会は一九〇九年六月に設置された。[36] 機構上の枠組みとしてみれば、戦前期においてすでに、その基礎が形成されていたといえる。戦後期の教員団体は、この基礎にもとづいて活動をはじめることができた。ただし、ふたつの点で戦前期とは異なるあらたな動向を見出せる。ひとつは専門的な部局の設置である。たとえば、宮古教員組合および宮古教育会は、いずれも総務部、組織部、宣伝部、研究部、共済部、婦人部の六部を組織構成とした分掌体制を確立していた。[37] くわえて教育内容や方法を教員が自主的に研究するため、「全教員」が参加する「各教科別研究クラブ」が組織されており、職能団体としての進化が確認できる。[38] もうひとつは部局の長をふくめ、会員の直接選挙によって役員を選出することが、すくなくとも一九四七年七月の宮古教育会結成以後には恒常化していたことである。[39] 機構内部の民主制が、定着する過程をここに見出すことができる。つぎに人的構成についてみる。

4　人的構成

戦後初期の宮古郡教育会から宮古教職員会設立へいたる期間はおよそ七年間におよぶ。この間、分離期間もふくめ五名が会長(以下、委員長をふくむ)の職にあった。この五名にかかわり、生年と主な職歴、戦前期の教員経験などを一覧化する。

次頁の表Ⅲ―8より各会長は、いずれも戦前期において小学校における教員としての職歴をもつ。四名はお

表Ⅲ―8　宮古群島における教員団体役員の経歴

団体名称 （会長在任時期）	氏名 （生年）	職歴	沖縄師範学校 卒業年 （課程）	戦前期の 教員経験
宮古郡部会 （1942-1946）	池村恒章 （1889）	研究訓導として長野県に派遣（1923）、砂川小学校長、沖縄県視学（1927）、平良第一尋常高等小学校長（1939）	1910年 （本科一部）	○
宮古郡部会 宮古教員組合 （1946-1947）	砂川恵敷 （1898）	研究訓導として長野・熊本県に派遣（1922）、池間尋常高等小学校長（1931）、立法院議員（1954）	1919年 （本科一部）	○
宮古教育会 （1947-1951）	池村恵信 （1895）	研究訓導として静岡県に派遣（1921）、福嶺小学校長、平良第二国民学校長（1941）、宮古地方庁長（1954）	1918年 （本科一部）	○
宮古高等学校教育会 （1949-1950と推定）	垣花恵昌 （1908）	佐良浜尋常高等小学校長（1940）、沖縄県視学（1944）、宮古支庁教学課長、宮古高等学校長（1947）、宮古群島政府文教部長（1950）	1926・27年 （本科一部・専攻科）	○
宮古教職員会 （宮古教職員組合） （1951-1961）	与那覇春吉 （1904）	代用教員（1920）、試験検定にて小学校本科正教員資格を取得。西城国民学校教頭（1942）、伊良部村立青年学校長（1944）、平良第一小学校長（1948）、宮古連合区教育長（1961）	非該当	○

（出典）平川源宝編『沖縄名鑑』沖縄名鑑発行所、1954年、平良好児編『宮古人事興信録』1956年、与那覇春吉『私の生活記録』1969年、「学校沿革史」沖縄県立宮古高等学校『創立50周年記念誌』1978年。

（注記）職歴欄の学校名表記は、各史料にしたがい簡略化した場合がある。池村恒章の会長在任期間の始期は正確には不詳である。1941年12月時点では護得久朝昌が同会長であった。沖縄県教育会『昭和十六年十二月　沖縄県学事関係職員録』1941年、103頁。垣花恵昌の在任期間は、宮古群島政府文教局長就任以前の宮古高等学校長在職期間中（1947年3月22日から1950年11月18日）に限定できると推定した。宮古教育誌編纂委員会『宮古教育誌』1972年、609、873頁。

なじく校長経験者(のこりの一名も青年学校長)であり、沖縄師範学校卒業者である。沖縄県視学、また、研究訓導として派遣された者があわせて四名確認できる。このことは教員としてのエリート性を示す経歴とみなせる。いずれも会長としての在任時には、おおむね四〇歳代から五〇歳代であり、垣花恵昌が高等学校長であったほかは小学校長との兼務であった。以上から、会長にかぎれば、人的構成における戦前期からの連続性は自明である。

ここで見逃すべきではないことがある、それは、戦前期の宮古郡部会では、すくなくとも一九四三年に当時、平良第一国民学校長の池村恒章が会長であった以前は当該部会長には宮古支庁長が就任するとの慣例があったことである。つまり、池村の就任以前には小学校長は部会長に就任することはなかった。[40] ただし、このことは宮古郡だけに限定できる現象ではない。他の市郡部会において、該当する場合と、該当しない場合が混在した(一一九頁の表Ⅲ―4、および二〇八頁の表Ⅲ―17参照)。委細をみれば、島尻、中頭、国頭の三郡においては、すくなくとも一九三五年以降には小学校長が当該部会長であった。逆に那覇市と首里市、八重山郡では宮古郡とおなじく、一九四三年以前には当該市郡の首長が当該部会長を担った。したがって、ここでいう、宮古群島の教育団体における戦前期からの人的構成における連続性とは、同一の人物が継続的に勤務していたという、いわば属人的な事実にとどまらない。それは支庁長などの行政担当者ではなく小学校長が部会長に就任するという、いわば属性的な事実をふくむ。このかぎりでの連続性は、宮古をふくめた地域で戦前期にすでに実現していた。[41]

5 機能

宮古における戦後期の教員団体は、教員層に対して三つの大きな機能をはたした。第一は機関誌の発行である。一九四九年九月一日、宮古教育会は米軍政府の許可を得て機関誌『宮古教育』を創刊した。計画段階において「発行は月一回」とされ、同会宣伝部が編集をになった（当初の編輯人は「石原昌秀、本村玄典、福里文夫、安谷屋玄信、川上武次」の五名）。会員はもとより一般にも無料配布することが想定されていた。[42] 同誌は、専任の編集者として花城朝勇をむかえ、[43] 一九五〇年四月一五日以降、『教育時報』と改称され週刊にあらためられた（判型はタブロイド版、購読料は一カ月一五円）。改称の意図を同会長・池村恵信はつぎのように述べる。「宮古教育会は従来、月一回発行の『宮古教育』では教育会所期の目的達成が不十分でありますので更にその内容を拡充し題号も『教育時報』と改め、会員の研鑽は勿論、広く社会、経済、政治、宗教、文芸などの諸問題をも取扱い皆さんと共に子供達の幸福のためにそして文化宮古建設のために力強く再出発する事に致しました」。[44] 一九五四年一月以降、同誌は『宮古教育時報』として改称のうえ、継続的に刊行された。第二に、宮古文教図書株式会社の設立がある。一九五一年一月一一日、「宮古文教図書株式会社設立の件」が校長会において審議されている。[45] それによれば、その事業内容は教科書をはじめとした教材・教具、書籍類などを沖縄文教図書株式会社（社長・当銘由金、のち「琉球文教図書」と改称）を通じて一括購入することとされた。背景として、需要の高さにもかかわらず、宮古では輸入や交通の事情から学用品の安定的な供給が困難であったことがある。[46] 一九五一年四月、同社は五百人の教育会会員を中心にして設立された。初代社長には砂川恵敷が就任した。[47] 第三は、共済部による互助会組織の設立である。宮古教職員共済組合が一九五一年九月に設立されたことで、この機能は組織的に確立する。同共済組合の設立は、さきにみた沖縄教育連合会が先行して設立していた沖縄教職員共済組合（一九五一年六月二八日）に関する情報が同会長・島袋俊一からもたらされたことを契機とした。その前提として、さきにみた戦前期の互助会活動があり、くわえて会員や家族の医療費補助、会員死亡時の弔慰金の支給などをさだめた「宮古教職員会互助規定」が一九四七年七月一日から施行されていた。[48]

このうち第一と第二は、それぞれ教員の職能成長と教育環境に直結した機能であり、第三は教員の生活と労働環境の改善に寄与した機能といえる。本章につらなる他の章が具体的に解明するように、これらはいずれも他の群島における教員団体に求められた機能と軌を一にしている。[49]

6 特徴

本章が解明してきたように、宮古群島の教員団体における戦前期からの連続性は機構や人的構成において、また、互助会活動でも顕著であった。ここでいう連続性は、米軍占領下におかれた宮古群島が直面していた条件からなし崩し的に生起していたというのが実態であった。つまり、米軍政府の政策的な意図にもとづき、一定の計画下に進行した結果としてもたらされた連続性であったわけではない。

宮古の場合に見逃せないのは、一時的に終わったとはいえ、教員の労働者性を重視した組合への移行が実現していたことである。組合という名称を一度も用いることがなかった沖縄群島と比較した場合、宮古の教員団体は同列に扱い得ない地域的な個性をもっていたといえる。

（藤澤健一）

［補注］

1　このほか国頭郡（一八九二年）、首里と那覇（一九〇七年五月）八重山郡（一九〇七年八月）とつづく。ただし、各設立時期には史料による異同がある。「那覇区教育部会」『琉球新報』一九〇七年五月一二日、「首里教育会総会」『琉球新報』一九一〇年七月二九日、『沖縄教育』学制頒布五十年記念号、一九二二年一〇月（三六巻）、首里市役所『首里市制施行十周年記念誌』一九三一年、「島尻郡教育部会五十年祭」『沖縄教育』二四三号、一九三六年一一月（二八巻）、「沖縄県教育会沿革概要」『沖縄教育』二四八号、一九三七年四月（二九巻）。

2　沖縄県宮古教育部会『宮古島郷土誌』一九三七年がある、他の地方部会などによる編纂事業として、比嘉徳『中頭郡誌』一九一三年、島袋源一郎『沖縄県国頭郡志』一九一九年、照屋堅竹・新垣隆一・嘉数正助『島尻郡誌』一九三七年などがある。

3　「沖縄県私立教育会規則　地方部会通則」『琉球教育』八〇号、一九〇三年二月（復刻版、州立ハワイ大学・西原邦雄編、本邦書籍、一九八〇年、八巻)。
4 沖縄県教育会、前掲『沖縄教育』学制頒布五十年記念号、一六二頁。
5 この間、一九〇六年には「宮古郡教育部会」と改称された。以上、前掲『沖縄教育』学制頒布五十年記念号、「本会九年度各部会員数及分担金」『沖縄教育』二二四号、一九三四年六月、六三頁(二五巻)。
6 ここでの根拠は以下のとおりである。小学校教員に占める教育会会員比率は時期、職位による変化があるが、一九二〇年代以降には八割を越える水準で安定化していた。藤澤健一編『沖縄の教師像――数量・組織・個体の近代史』榕樹書林、二〇一四年、九八―一一四頁。一九四三年名簿にもとづけば、同年時点で一七校の国民学校に三六七名の教員が宮古郡内に在勤しており、これらの前提に依拠して同年時点の宮古郡部会の会員数は二九三名と推計できる。
7 正教員のほぼすべてが会員との指摘は、すくなくとも一九一〇年前後には「多くの学校は正教員以上は悉く入会」していたとの同時代の指摘にもとづく。切通唐代彦「報告」『沖縄教育』五三号、一九一〇年九月(二巻)。
8 『みやこ新報』一九四七年三月二一日。
9 こののち国民学校は「初等学校」、訓導は「教官」などとして名称変更され、さらに一九四八年の六・三・三制実施にともない、「小学校」「教諭」などに改称された(一九四八年四月一日、五月二六日、宮古民政府告示一二、二〇号ほか)。以上、「国民学校教員任命」『みやこ新報』一九四六年三月一一日、「教学課が職名を変更」『宮古タイムス』一九四六年六月一四日、「名称を変更　小学校に」『宮古新報』一九四八年四月一〇日、「宮古小中高校教官の職名変更」琉球政府文教局『琉球史料』三集、一九五八年、五七頁。
10 以上、「校長会招集」『みやこ新報』一九四五年一二月一七日。
11 一九四三年時点で池村恒章が宮古郡部会長を務めていたことは同年名簿から確認できる(一一三頁)。なお、同時期の宮古郡教育会にかかわる史料はとぼしく、現在の史料状況では会長など指導者層の変遷の委細を通覧できない。
12 たとえば、森本弥三八『戦後教育の出発―長野県教員適格審査委員会の記録』銀河書房、一九七七年、山本礼子『占領下における教職追放―GHQ・SCAP文書による研究』明星大学出版部、一九九四年、同前『米国対日占領下における「教職追放」と教職適格審査』学術出版会、二〇〇七年ほか参照。
13 『みやこ新報』一九四五年一二月一七日。
14 『みやこ新報』一九四六年一月一七日。

15 この背景となる占領下日本における労働政策について、竹前栄治『占領戦後史』岩波書店、二〇〇二年参照。また、教育会の改組過程については、日本教職員組合『日教組十年史』一九五八年、七六—八〇頁などにくわえ、各地の多元的な状況について主に以下を参照。日本教育会『教育会改組の手引』一九四七年(旧開智学校所蔵)、佐久教育科学同好会『長野県教育のあゆみ—信濃教育会批判』一九六三年、木村泰夫『埼玉軍政部と教育—施策と人々』一九六七年ほか。

16 以上、「労働組合法に拠る　宮古教員組合組織」『みやこ新報』一九四六年九月二三日。

17 以上、同前記事。

18 「教員組合連合委員会」『宮古タイムス』一九四六年一〇月一六日、「教員組合常任委員会開催」『宮古タイムス』一九四六年一一月四日。

19 「教員組合が機関紙発行」『みやこ新報』一九四六年一〇月二七日、「教員組合近く機関紙発行」『宮古大衆時報』一九四六年一〇月二八日。

20 「補欠郡議　教育界から　政治面に動く教員組合」『宮古タイムス』一九四六年一〇月二四日。

21 たとえば、「新聞、雑誌、書籍、パンフレット或は回覧状は米軍政府より許可なくして之を発行することを得ず」とした、南部琉球米国米軍政府取締規則八号(一九四六年七月一七日)。『みやこ新報』一九四六年七月二一日。

22 宮古教職員会二〇年史編集委員会『宮古教職員会二〇年史』一九七三年、七頁。

23 同論争については、新聞をふくめ依拠すべき史料に欠けており、研究が進んでいない。ほぼ唯一というべき描写として、伊志嶺賢二『回顧二十年宮古教育界夜話』一九六一年、一四三—一七三頁がある。

24 「官製教育部会の改革を叫んだ中頭部会」『沖縄教育』一五四号、一九二六年七月(一六巻)のほか、以下を参照。「島尻郡教育部会の正副会長改造論台頭　来る七月九日選挙」『琉球新報』一九三八年五月三〇日、「郡内小学校に檄文を散布す」『大阪朝日新聞』鹿児島沖縄版、一九三八年六月一一日、「島尻郡教育部会　けふ正副会長選挙　革新派と現状維持派対立」『琉球新報』一九三八年七月二日、「島尻郡教育会長選挙に又も覆面の怪文書まく」『琉球新報』一九四〇年七月七日。

25 仲宗根將二『近代宮古の人と石碑』一九九四年、三〇—三一頁。

26 彦馬会の主要な構成員は以下の六名とされる。平良恵路、平良恵信、下地恒規、垣花実記、下地清俊、松川恵伝。会の名称は構成員の氏名から音を組み合わせて造語された。以上、伊志嶺賢二、前掲『回顧二十年宮古教育界夜話』一四五頁。その経歴が史料的に確認できるのは、平良恵信と垣花実記の二名にとどまる。平良恵信は一九〇三年生まれ、一九四三年時点で下地国民学校教頭、翌年、砂川国民学校長に就任した。戦後は一九四八年に鏡原中学校長となり、教員としての経歴をかさねた。垣花実記は一九〇五年生まれ、四三年時点で平良農商青年学校助教諭であった。一九四九年に宮古民政府農事試験場長、宮古農林高等学校教頭を経て、琉球植物防疫所宮古支所長に就任した。戦後は動植物研究に従事した。以上、平良好児編『宮古人事興信録』一九五六年、三二、五〇頁ほか参照。

27 このほか、同時期の宮古郡では、戦前期の沖縄においておそらく最初の事例と目される「同盟罷業」が城辺村の三つの小学校に在職していた教員によって決行されたことが確認できる。「俸給の不払いから宮古の小学校教員三十名が結束して同盟罷業」『沖縄朝日新聞』一九二五年二月六日。

28 以上、「宮古教育会　認可初の総会」『みやこ新報』一九四七年七月二三日。

29 従前の組合と比べて「社会奉仕団めいた目的」とする評価がある。宮古教職員会二〇年史編集委員会、前掲『宮古教職員会二〇年史』八頁。

30 以上、「宮古教育会総会」『宮古タイムス』一九四九年五月一八日、「教育会総会終幕」『みやこ新報』一九四九年五月一九日、「教育会改組　高校側分離」『宮古民友新聞』一九四九年五月二〇日、芳沢健有「現今宮古教育界の悩み（三）」『教育時報』一三号、一九五〇年七月六日（六巻）。

31 『婦人新聞』一九五〇年二月一八日。

32 以上、宮古教職員会『教職員会関係書類綴　会長保管』（宮古島市史編さん室所蔵）。

33 以上、「教育会定期総会」『宮古朝日新聞』一九五二年七月六日。

34 沖縄教職員会『沖縄教育関係職員録』一九五四年にもとづき筆者が算出。

35 以上、一九五三年一〇月一七日付、沖縄教職員会長・屋良朝苗から宮古教職員会長・与那覇春吉宛て文書、宮古教職員会、前掲『教職員会関係書類綴　会長保管』参照。

36 以上、前掲『沖縄教育』学制頒布五十年記念号、一九二二年一〇月、一五一―一五二頁（三六巻）

37 「教員組合役員を決定す」『宮古タイムス』一九四六年九月三〇日。なお、宮古教職員会では政治部を設置した。当初、同部は教育区教育委員の公選制への組織的対策として新設された。宮古教職員会、前掲『教職員会関係書類綴　会長保管』。なお、宮古教職員会への移行後、当該部局に、青年部、経済部、渉外部が付加され、支部として、平良、城辺、下地、上野、伊良部、多良間が配置される。「宮古教職員会役員　一九五四年五月四日選挙」宮古教職員会『一九五四年五月以降　従員名簿』（宮古島市史編さん室所蔵）。

38 『宮古新報』一九五二年一〇月四、六日、与那覇春吉『私の生活記録』一九六九年、三〇頁。当該クラブは「同好会」とも称された。会長と副会長を設置し会の運営を行うとともに、各教員は二科目まで入会することができた。すくなくとも宮古教職員会設立以後には同会からの予算の差配を受けていた。一九五二年九月二三日付、各校長宛て文書、宮古教職員会、前掲『一九五四年五月以降　従員名簿』。

39 「役員も総改選し教育会新出発」『宮古タイムス』一九四七年七月二四日。

40 「与那覇春吉先生に聞く」宮古教職員会『宮古教育時報』一九七一年一月一日。

41 その半面、沖縄県教育会では総裁を県知事が、おなじく会長を学務部長、副会長を学務課長が兼務するという方式が一貫して固定化しており、地方部会の方式とは乖離していた。このことは冒頭に述べた地方部会の相対的な自立性にかかわる（一一三頁の表Ⅲ—1を参照）。

42 以上、「教育会の機関紙〝宮古教育〟創刊」『宮古新報』一九四七年八月二五日、「宮古教育会が機関誌を発刊」『宮古民友新聞』一九四七年八月二八日。

43 花城朝勇は一九一七年生まれ。一九三八年、沖縄師範学校本科一部卒業。美東尋常高等小学校などを経て、三重県桑名市第一国民学校に研究訓導として派遣。一九四六年、福嶺小学校教頭。一九五〇年四月から『教育時報』専任編集者として在職。在職期間は同年一二月まで。一九五一年一月一一日に「花城朝勇記者送別会昼食会」が開催された。以上、平良好児編、前掲『宮古人事興信録』一二頁、一九五一年一月八日付、各小中学校長宛て文書、宮古教職員会、前掲『一九五四年五月以降　従員名簿』のほか、花城朝勇『雨降りの暇つぶし』一九七五年参照。

44 池村恵信「発刊のことば」『教育時報』一号、一九五〇年四月一五日（六巻）。

45 一九五一年一月八日付、各小中学校長宛て文書、宮古教職員会、前掲『一九五四年五月以降　従員名簿』。

46 『みやこ新報』一九四六年六月九日。

47 宮古教職員会二〇年史編集委員会、前掲『宮古教職員会二〇年史』二二頁。

48 宮古教職員会、前掲『教職員会関係書類綴　会長保管』。

49 以上にくわえ、時期的にはずれることになるが、宮古における教育会館の建設方式について、宮古教職員会長・与那覇春吉によるつぎの証言を引用しておきたい。「教職員活動の場ともいうべき会館を自主的に建設して、これを中心に会活動を推進し仲間づくり、仲間意識を高揚しようということになって会館の建設を計画したわけです。資金は六百余会員が毎月一円づつ一年間拠出し、五九年八月七日に着工、十一月六日に竣工しました。鉄筋□階建ての近代的なスマートな建物で、総坪数は六十六坪ですね。このような宮古地区の会館建設のあり方は全県各地区にさきがけたもので、『宮古方式』とよばれ、各地区教職員会ともにこの方式を採用、つぎつぎと会館が建設されていったというふうに聞いています」。「与那覇春吉先生に聞く」前掲『宮古教育時報』一九七一年一月一日。

四　八重山群島における教員団体——八重山郡部会から八重山教職員会へ

八重山群島における教員団体は、一九〇七年八月に沖縄県教育会八重山郡部会(以下、八重山郡部会)が設立され[1]たことにはじまるが、敗戦によりその機能は停止する。しかし、一九四六年に八重山郡教員組合が結成されることで活動は再開された。ここで対象とするのは、そのうち一九四〇年代から一九五〇年代初頭にかけての同群島における教員団体の組織の変遷および人的構成である。

以下、つぎのような議論の構成をとる。まず、戦後の八重山支庁の復興までの流れを整理し、その前提のうえに展開した教員団体の設立と変遷についてあきらかにする。そして、教員団体の要職にあった人びとの経歴について、その共通点をさぐる。

1　敗戦から八重山支庁再興まで

戦後、旧来の大日本帝国政府・沖縄県はその機能や権限を停止し、八重山群島も他の群島と同様に米軍政府の占領下に置かれた。そのなかで行政機構と教員団体はどのようにかかわりながら再結成にいたったのだろうか。ここでは、以降の議論の前提として、戦前から米軍上陸を経て八重山支庁が設立されるまでの過程を追う。

沖縄戦下の八重山群島は、沖縄群島のように地上戦を経験することはなかったものの、一九四四年一〇月から軍施設を対象とする空襲に見舞われた。一九四五年四月以降には住民の居住地域も空襲の対象となり、住民は命令により避難を開始する。しかし、避難先のほとんどはマラリア有病地で、戦後の引揚げ時には住民の半数以上がマラリアに罹患し、死亡者は罹患者の約二二%にのぼった[2]。そのような状況にくわえ、男性の徴用により労働力が不足し、さらに米軍の攻撃の激化にともなって島外との人・モノ・情報の往来が断絶していた。

その結果、物資の欠乏とそれによる治安の悪化が島内では深刻な問題と化していた。ところが、それに対応するための行政機能は、一九四五年三月以降の県当局との連絡停止と大舛久雄支庁長の死亡[3]により実質的に停止するにいたっていた。さらに、敗戦後は、一九四五年一一月二六日の「米国海軍政府布告第一―A号」と「米国海軍政府南西諸島　南部南西諸島命令第二号」によって、大日本帝国政府ならびに沖縄県の統治機能は停止され、その権限は「米国海軍政府ノ統轄監督ニ依ル八重山列島支庁長ノ行政権内[4]」に移行されていた。つまり、このふたつの軍令により、戦前八重山支庁の行政権は事実上、完全に停止していたのである。

そのような地域社会の状況に危機感を覚えた有志[5]によって、一九四五年一二月一五日に八重山自治会が結成される。会長には、宮良長詳、副会長には吉野高善と宮城信範が推された。同会の立ち上げにかかわったのは青壮年であり、のちに補論で桃原用永の個体史と関連して記述するように、戦前に教員思想問題と関連して名が挙がった人びとが自治会結成に向けて声を挙げはじめていたという点は興味深い。このように地域の住民が住民自治の独立の自治体を樹立するという動きは「八重山共和国[6]」と称されることがある。八重山群島では沖縄群島と比較して、早期の大規模な米軍駐留が行われなかったことが、一時的であれ住民自治の発露を可能にしたのだと考えられる[7]。

しかし、八重山自治会の時代は長くはつづかなかった。一九四五年一二月二三日に米国海軍チェース少佐らが来島し、以後の施政方針などについて翁長良整・支庁長代理や自治会幹部、各種団体長と意見交換をした。その際、チェースは「八重山の民意の結果の形で軍政八重山の代行機関の首長を選び推薦するように[8]」と八重山自治会幹部らに指示したという。そして、一二月二七日には自治会員らによる支庁長選挙が行なわれ、当選した宮良長詳がチェース少佐によって支庁長に任命され、翌一二月二八日をもって八重山支庁は復活した。これにより八重山自治会もその役割を終え、一九四六年一月二四日に解散した[9]。

2　教員団体の設立と変遷

以上の背景のもと、八重山群島における教員団体はいかなる目的をもって設立され、どのような活動を行い、その活動を支えた構成員や財源はどのようにあったのか。教員団体の設置目的、組織、ならびに財政的根拠などの基礎的事項に着目して八重山群島における教員団体の変遷を分析する。

(1)　戦前八重山郡における教員団体

戦前の八重山郡にはどのような教員団体があり、いかなる活動を行っていたのか。一九〇七年八月一四日、八重山郡部会が設立された。部会設立時の会員数は六七名とされ、これは当時の郡全体の教員数のうち約九割に当たる。(10) 部会設立は郡内の教育者によって行なわれたが、以降は一般有志で会の目的に賛同する者の参加により同部会は拡大した。同部会は沖縄県教育会の地方部会として、総会、講習会、学事視察、講習員派遣、そして教育品展覧会などの活動を行い、そのための予算は会員からの会費によって賄われた。しかし、組織の拡大とともに必要経費もふくらみ一九一四年には郡内各村より補助金も受けるようになった。また、その他の活動として、一九二七年には教員互助会が部員によって組織されている。(11)

部会長には八重山支庁長が就任するなど、(12) 組織の位置付けや活動にくわえて部会の運営方針は、傾向として戦後の教員団体のような民主的性質をともなっていたわけではない。その活動と機能は沖縄戦の戦況悪化にともなって事実上、停止していた。

(2) 八重山郡教員組合

敗戦直後の八重山教育界は、インフレや食糧難、マラリアの猛威で教職員、とくに家族をかかえる中堅教職員の離職により危機的状況に陥っていた。そのようななか一九四六年九月一三日、八重山教員組合準備委員会(委員長・浦崎賢保)が置かれ、教職員の生活保障と相互扶助を目的とした組合結成がめざされた。

なお、この動きは教員から自然発生的に生まれてきたと『戦後の八重山歴史』では記述される。著者の桃原用永によると、その運動の中心的役割を担ったのは、大浜信吉という教員であったという。[13] このことを直接的に示す史料は確認できない。しかし、大浜が八重山郡教員組合結成の総会で、組合設立の経緯を組合員に対して説明する側に立っていたことや、[14] 組織の結成に先立って対外交渉を行っていたことなどから、[15] すくなくとも、彼が設立当初から団体の中心的役割を担っていたことは間違いないだろう。

同年一〇月二五日、八重山郡教員組合が結成するにいたる。[16] 会員投票の結果、阿波根朝松(八重山中学校長)が会長に、浦崎賢保(登野城初等学校長)が副会長に推挙された。組織の活動目的は「(教員の―引用者、以下、おなじ)経済的社会的地位並に政治的地位の向上、民主主義教育の徹底、団結権の確立、教育行政への参(与)」[17] と綱領にさだめられた。『海南時報』によるとこの綱領にもとづいた団体の活動は、当初、かなり活発であった。たとえば、先述のとおり組合結成に先立ち中心的メンバー[18] による活動はすでにはじまっており、その後も待遇改善をめぐる八重山支庁への陳情は頻繁に行われている。[19] この待遇改善をめぐる陳情は、確認できる範囲では、組織の八重山教育会への改組後である一九五〇年代まで引き続き行われていた。[20]

同組合では、会長や副会長の推挙、予算案の承認など、会の活動にはあくまでも会員の投票結果が反映されていた。[21] このことから、組織の運営方針は、戦前と比較して会員の意向が組織の活動や運営に反映しているという意味で、民主的だといって良いだろう。同組合は、一九四七年九月一〇日の総会で、敗戦以来機能を停止していた八重山郡部会との「機能一元化」[22] を決定する。つぎに示す表Ⅲ―9では八重山における教員団体の役

表Ⅲ―9　八重山群島における教員団体役員の経歴

組織	氏名（生年） （会長在任時期）	学歴（卒業年）	主な職歴	同時期に役員を務めた人物
沖縄県教育会 八重山郡教育部会	宮城信範（1890） （　　―1943）	沖縄師範学校本科一部（1911）	登野城校訓導、静岡県へ研究訓導として派遣、竹富校長、八重山自治会副会長、石垣治安裁判所判事	
八重山郡教員組合	阿波根朝松（1900） （1946―1948）	沖縄県立第一中学校（1919） 東京高等工芸学校（中退） 中等教員検定（1927）	沖縄県立八重山中学校教頭、民政府文教部編集官、宜野座高校長	玻名城長輝 浦崎賢保 那根亨
八重山教育会	平良文太郎（1898） （1948―1949）	沖縄師範学校本科一部（1919） 中等教員検定	松山高校教授、八重山高校長、沖縄外国語学校長、琉球大学教授	玻名城長輝 崎山用喬
	糸数用著（1901） （1949―　　）	沖縄師範学校本科一部（1922）	城辺・砂川校訓導、小浜国民学校長、八重山支庁視学、石垣中学校長	玻名城長輝
	仲吉良精（1902） （　　―1952）	沖縄師範学校本科一部（1922）	登野城校訓導、台湾新竹校訓導、西表国民学校長	

（出典）伊波南哲・古藤実冨編『八重山人事興信録』八重山人事興信録編集所、1951年ほか。
（注記）空所は不明箇所。

員の氏名、学歴、職歴について整理した。

(3) 八重山教育会

八重山郡教員組合は、なぜ八重山教育会へと改組することになったのだろうか。当事者である桃原用永の回想[23]や『海南時報』では、たとえば、対外的見栄えや機能一元化といういささか歯切れの悪い組織統合の理由が挙げられてきた。しかし、仮説の域をでないとはいえ、一九四七年四月二九日のメーデー事件がなんらかの形で影響をあたえていると考えられる。八重山群島では、一九四七年初頭より労働組合の結成と運動が盛んになっていた。たとえば、三月には帰還復員者を中心に労働組合が結成され、彼らは民主改革などを望み声明を発表するなどにいたっていた[24]。四月末には、メーデー実施が決定されるも、中心的メンバーであった宮良長義と大浜孫良が「米軍政府に有害且不敬[25]」という理由で逮捕され、処分を受けた。その際の米軍の逮捕者への対応は、まさに「軍事裁判」[26]であったと後年、宮良長義は記している。この回想は、運動にたいする米軍側の圧力が、いかに大きいものであったかを示しているといえるだろう。一連のメーデー事件以後、それまでは『海南時報』で盛んに報道されていた教員組合の活動が沈静化し、事件から約三ヶ月後に団体は教員組合から教育会へと改組することが決定された。後述するように、八重山教育会は、八重山教員組合とは表立った活動の目的・内容を異にする。出来事の前後関係や団体活動の様相の変化から、メーデー事件をはじめとした組合運動を抑制しようという米軍政府の力が、組合を名乗っていた教員団体にも波及したと推測できるだろう。いずれにせよ、一九四八年三月二六日に八重山郡教員組合は八重山教育会に改組し[27]、初代会長には平良文太郎（八重山高等学校長）、副会長には糸数用著（八重山実業学校長）が就任した。なお、八重山教育会では、八重山郡教員組合とはやや異なり、会長・副会長は会員の投票によって選出されている[28]。

改組以前の組織の目的は、先述したように、教員の経済的社会的地位・政治的地位の向上、民主主義教育の徹底、団結権の確立、教育行政への参与であったが、本会ではつぎのように定められた[29]。

一　教育並に教育確立に関する調査研究、与論の喚起指導及建議陳情
二　教職員の生活擁護及身分保証《ママ》
三　教育行政への参与
四　教育上有益なる事業の実施並援助奨励
五　機関紙の編集発行
六　其他本会の目的を達成するため必要と認める事項

新旧を比較してわかるように、八重山教育会の活動目的からは「政治的地位の向上」と「団結権の確立」が削除されている。この二点は文言上、組織の「組合性」とも呼べるものの象徴といえ、これらの点が組織の活動

目的から削除された。しかも、名称が教員「組合」から「教育会」へとあらためられ、この改組が組織の存続をねらって行われたことを表しているのではないか。関連してとくに着目すべきは、教育会の事業、とくに機関誌『新世代』についてである。機関誌の誌面にこそ、組織の活動の変容が集約されているといえるためである。八重山教育会は会員資格を本会の趣旨に賛同するものにもひろげると明示し[30]、この前提のうえに『新世代』は発行された。同誌の総合雑誌化がこころみられ、経済・政治・文化などあらゆる話題について掲載された[31]。その論調は、教育会と教員の資質向上もふくめた文化の向上が強調されるものであった[32]。一般の人びとによる投稿などがひろく掲載され、多様な議論[33]が展開された。発刊当初、同誌は教員団体の機関誌でありながらも、表向きは教員もふくめた八重山の人びとが地域の文化向上を図る総合雑誌として機能した。

しかし、四号からは誌面の性質をやや異にする。同号からは雑誌の刊行目的を「教育者自体を対象とする専門誌[34]」にして「本誌と会員とをもっともっと密接に結びつけ[35]」ることがめざされた。雑誌全体を見回すと、戦前の『沖縄教育』を彷彿とさせるような構成であり、また、八重山郡部会が発行していたという『八重山[36]』と発刊のねらいがほぼおなじである。ここに戦前教育団体との連続性の一端を垣間見ることができる。

付言すれば、同号以降、「民主主義」という文言が多用されるようになる。このことに関して、ふたつの見方をすることができる。ひとつは「民主主義」という米軍政府の推進する文言を用い、組織の活動目的に再度手をくわえることで、軍政府の顔色をうかがおうとしたということである。たとえば、『新世代』に掲載される論考や後援会の題目でも、民主主義という米軍の推進する論点が強調されるようになる。これは軍政府の意向をくんだ論調への転換といえるだろう。また、会の運営について再確認する記事のなかでは、会の目的のうち「教権を確立し民主々義教育の徹底をはかり郷土の興隆に資すること[37]」が強調される。このことにより、当初の教育会の目標のうち、第一、二、三点目が後景へと退く。それらは教職員の生活擁護や身分保障を求めての陳情をはじめとした組合色をふくんだものであり、米軍政府に目をつけられかねなかったのではないかと考えられる。その可能性を排除する意図が『新世代』の誌面にも表れていたのではないだろうか。もうひとつは同時期に組織を先導する地位に就きはじめていた人びとの意向を反映していたのではないかということである。この時期の役員には、たとえば、桃原用永[38]や玻名城長輝といった、戦前から社会や教員団体の民主化を訴え、この後、八重山教職員会・教職員組合を先導する人びとが着任するようになる。そのため、彼らの意思が機関誌である『新世代』の誌面に反映されるようになったのではないかと考えられる。このことはさきに述べた刊行目的の変化とあわせて、八重山教職員会への改組に向けた伏線と考えることもできる。ただし、『新世代』は米軍政府の認可を受けて発行されていたことから[39]、誌面の変容は会の意図を抜きにしても自然な動きであったことを念頭に置く必要がある。

なお、『新世代』発刊もふくめた組織活動のための予算は会員からの会費やその他の収入によって賄われた[40]。活動のための財源とその用途の決定こそ組織の性格を表すひとつの指標となっているといえる。八重山郡部会は、会員からの会費によって活動を維持していたが、組織の運営方針や上部組織としての沖縄県教育会が存在していたことからして、その用途を会員が決定することは不可能だったとみるのが妥当だろう。対照的に、戦後の教員団体は、自活した活動経費の用途を会員の総意によって決定していた。これは戦後の教員団体の運営方針が、戦前からみて相対的に民主的な傾向をもつものであったことの証左といえる。

八重山教育会は一九五二年八月二二日、社団法人八重山教職員会に改組することとなった[41]。翌一九五三年の労働三法の可決[42]が見越されており、それにともなう組織の改組であったと考えられる。

3　役員の経歴

ここでは以上の教員団体で役員を務めた人びとのうち、浦崎賢保、糸数用著、仲吉良精、阿波根朝松、玻名城長輝、崎山用喬、ならびに那根亨の経歴をもとに、教員団体役員を務めた人びとのたどった経歴について分析する。以上の七名に着目するのは、いずれも戦前は教員の立場にあり、その後は八重山の教員団体の役員な

表Ⅲ―10　八重山群島における教員団体役員の類型

	学歴	世代	職歴	人物
類型Ⅰ	師範学校卒	1900年代初生	（戦前）小学校長 （戦後）教育行政職 （戦後）中等教育機関の校長・団体役員	糸数用著 仲吉良精 那根享
類型Ⅱ			（戦前）小学校長・教育行政職 （戦後）小学校長・団体役員	玻名城長輝 浦崎賢保
類型Ⅲ	旧制中学校卒・高等師範卒	1890年代末生	（戦前）中等教育機関の教員 （戦後）教育行政職 （戦後）中等教育機関の校長・団体役員	崎山用喬
	旧制中学校卒	1900年代初生		阿波根朝松

（出典）『新世代』3、4号、1948年5月（6巻）、49年12月、八重山高等学校『八重山高等学校五周年誌』八重山高等学校、1952年ほか。

らびに八重山支庁で教育行政を担うなど、八重山教育界を代表する人物といえるからである。この七名の経歴について、彼らの学歴に着目して類型化すると、上の表Ⅲ―10のようになる。

学歴は大きくふたつに類型化できる。師範学校卒業者（類型Ⅰ、Ⅱ）と旧制中学校卒業者（類型Ⅲ）である。前者は戦後の経歴からさらにふたつに分化し、類型ⅠとⅡが構成される。類型Ⅰに該当するのは糸数と仲吉である。いずれも戦前に沖縄師範学校本科第一部を卒業し、訓導としての職歴を経て校長に昇任、四〇代なかばで敗戦をむかえた。戦後は活躍の場を新制の中等教育機関へ移しつつ、教員団体役員を務めた。類型Ⅱは、玻名城、那根、浦崎である。おなじく師範学校本科第一部を卒業し校長に昇任するまでは、ほぼ経歴をおなじくする。ただし、浦崎が戦前の一時期、八重山支庁属兼視学を務めていた点が異色である。類型Ⅰに該当する人びとが戦後は新制中等教育機関に活躍の場を移した一方、彼らは戦後も一貫して初等教育機関に勤務しつつ教員団体の役員を務めた。

類型Ⅲに該当する人物として、崎山と阿波根が挙げられる。旧制中学校（沖縄県立第二中学校）を卒業したのち、崎山は小学校代用教員（島尻郡高嶺尋常高等小学校）を経て広島高等師範学校を卒業し、戦前は主に台湾の中等教育機関で活動した。阿波根も旧制中学校（県立第一中学校）を卒業し、東京高等工芸学校に進学するも退学、のちに中等教員検定を経て戦前は沖縄県内の中等教育機関に務めた。両者とも戦前戦後と一貫して活躍の場を中等教育機関とした。そのかたわらで教員団体役員を務めた。

戦後八重山における教員団体の役員を務めた人びとの経歴は、その学歴と職歴に照応して三つに類型化できる。いずれの場合も師範学校や旧制中学校での教育を経験し、戦前戦後を通して小学校や中等教育機関で教壇に立った経験をもつ人びとが教員団体役員を務めた。なかでももっとも強力なリーダーシップを発揮したのは、本稿の分析対象期間からはややはずれるが、八重山教育会後期から役員を連続して務めた玻名城、および別稿でみる桃原用永であった。彼らがたどった経歴は類型Ⅱに該当しており、これは、玻名城や桃原個人の力量にくわえて、敗戦直後の八重山教育界を先導したのが、どのような人びとであったかを表しているともいえる。

本稿では八重山における教員団体の戦前戦後の連続性、ならびに断絶を意識して叙述を進めてきた。その結果、以下の三点があきらかになった。第一、教員団体について、戦前戦後の最たるちがいは組織の性格にみられた。八重山郡部会は沖縄県教育会の地方部会として位置付いた。一方で、戦後の教員団体である八重山郡教員組合は、八重山郡の教員が主体となって立ち上げた組織であり、八重山教育会や八重山教職員会はその後継組織である。組織の成り立ちの差異は、活動内容やその決定過程にも反映した。たとえば、八重山郡部会の活動は沖縄県教育会の活動内容を踏襲したものであった。それに対して、戦後の教員団体の活動はそれぞれの組織の総会を経て決定されており、八重山独自のものであったといってよいだろう。換言すれば、戦前の教員団体はいわれるように「半官半民」組織として当局の意図がその活動に反映されていた一方、戦後の教員団体は「民間」組織ということができるのではないか。ところが、第二に、その戦後教員団体の活動や性格は、米軍政府の施政方針で転換を余儀なくされる。このことによって戦前戦後の教員団体の性格の間には連続性が生まれることになった。戦後初の教員団体である八重山郡教員組合の時代は、その名称が物語るように、労働組合としての色合いをふくむ活動内容であった。しかし、一九四七年のメーデー事件を契機に「組合」ではなく「教育会」

としての組織活動を行うようになる。たとえば、組織の機関誌の内容や活動目的はそれまでとは一変して、教育研究を中心に活動を行うようになっていた。ここに戦前の組織との連続性がみられる。

第三として、戦後の教員団体役員は戦前の役員と比較して一世代若い人びとが担ったという断絶が存在する。これは敗戦直後の社会の混乱のなかで中堅・ベテラン教員の離職が相次いだことに起因している。さらに中等教育機関の拡充により、戦前の小学校教員の一部が、中等教育機関へと活躍の場を移したことにより、戦後は教員団体役員を務める人びとのなかにも中等教育機関教員がふくまれるようになっていた。若い人びとを中心に据えたことで、八重山教育の復興に向けて活動する組織が活気に満ちていた様子が想像できる。さらに、彼らはいずれも、戦前に台湾や東京での生活を経験していた。(43) 未見の史資料などの精査が待たれるが、彼らがそこで見聞したことが、八重山教育の復興や教員団体の活動にもいかされたのではないだろうか。

（田中萌葵）

［補注］

1　沖縄県教育会『沖縄教育』学制頒布五〇年記念号、一九二二年一〇月、一六〇頁（三六巻）。

2　吉野高善・黒島直規『一九四五年戦争に於ける八重山群島のマラリアに就いて』八重山民政府、一九四七年。

3　沖縄群島と八重山群島間の無線が復旧するのは一九五〇年一月になってからのこと。敗戦から五年もの月日が経過していた。「沖縄との無線来春五日開通」『海南時報』一九四九年一二月二三日、「無線復活を祝す」『海南時報』一九五〇年一月一一日。

4　「米国海軍政府南西諸島南部南西諸島命令二号　南部南西諸島ノ居住民ニ告グ」『米国軍政府布告綴』（0000050890）。

5　糸洲長良、大浜用立、宮良高司、宮良孫良、宮良長義、宮城光雄が最初期のメンバー、また一九四五年一一月結成の自治会結成準備委員では、以上に安室孫利、屋嘉部長佐、浦添為貴、亀屋長行、崎山里秀、本盛茂、内原英昇、石島英文、豊川善亮がくわわる。沖縄県教育委員会『沖縄県史』一〇巻（沖縄戦記録二）沖縄県教育委員会、一九七四年、二〇九頁。

6 桝田武宗『八重山共和国　八日間の夢』筑摩書房、一九九〇年。

7 沖縄群島では三月二六日の慶良間諸島への上陸以降、地上戦の展開と米軍の進駐が並行して起こった。また、宮古群島には八月二六日から米国陸軍の進駐が行われた。一方、八重山で米軍駐留が開始されたのは一〇月六日であった。「沖縄・奄美総合歴史年表」沖縄タイムス社『沖縄大百科事典』別巻、一六一頁。

8 沖縄県『沖縄県史』一〇巻沖縄戦記録(二)八重山編、一九七〇年、二一〇頁(宮良長義証言)。

9 桝田武宗、前掲『八重山共和国　八日間の夢』一五三頁。

10 沖縄県知事官房『沖縄県統計書　明治三九及四〇年』一九一一年。同統計によると、一九〇七年の八重山郡の小学校教員は、男性六八名、女性八名の計七六名であった(正教員のほか准教員、代用教員をふくむ)。

11 沖縄県教育会『沖縄教育』二五〇号、沖縄県教育会、一九二七年六月、六八頁(三〇巻)。

12 一九四一年までは部会長は支庁長が就任していたが、すくなとも一九四三年の時点では登野城国民学校長・宮城信範が部会長に就任している。

13 桃原用永『戦後の八重山歴史』一九八六年、二九〇頁。

14 「教権確立、生活保証要求　教員組合雄々しく誕生」『海南時報』一九四六年一〇月二六日。

15 「待遇改善せよ　教員要求」『海南時報』一九四六年一〇月一七日。

16 「教権確立、生活保証要求　教員組合雄々しく誕生」『海南時報』一九四六年一〇月二六日。

17 同前。

18 阿波根朝松、浦崎賢保、大浜信吉、石垣正二、内原英郎が挙げられる(同前)。

19 同前。「科学的な待遇改善に」『海南時報』一九四六年一一月一七日など。

20 「教育会の陳情はお門違い」『海南時報』一九五一年四月二七日。これは、組織が八重山教育会に移行したのちのこと。八重山教育会はその目的に陳情や建議を挙げた。

21 「役員選挙　教組総会」『海南時報』一九四六年一〇月二〇日、「教権確立、生活保証要求　教員組合雄々しく誕生」『海南時報』一九四六年一〇月二六日。

22 「教組部会と統合改組　待遇問題は更に陳情」『海南時報』一九四七年九月一一日。

23 桃原用永、前掲『戦後の八重山歴史』一九八六年。

24 「生活権擁護、民主革命へ　労働者鉄鎖の結び」『海南時報』一九四七年三月一七日。「民主改革に全面闘争　八重山労組声明発表す」『海南時報』一九四七年四月八日。

25 「米軍政府に有害且不敬と両被告六ヶ月の重労働に」『海南時報』一九四七年五月五日。

26 宮良長義「私の戦後史」沖縄タイムス社『私の戦後史』八集、沖縄タイムス社、一九八五年、二〇六頁。

27 「戦後八重山教育の歩み」編集委員会『戦後八重山教育の歩み』一九八二年、九〇三頁。ただし、改組決定から半年以上経過していることから、この年月日が正確なものかは慎重を期さなければならない。八重山郡教員組合の活動がそうであったように、組織の結成よりも実質的な活動が先んじていたということも考えられる。または、組織の改組自体に時間を要していたのかもしれない。

28 「教育会の目的　組織」『新世代』二号、一九四九年三月、二八頁（六巻）。「役員は、会長一、副会長一、評議員一八（何れも総会で選任）その他に、幹事（各学校長）常任幹事（二）があって、会の運営を遺憾なきからしめている」。

29 「教育会の目的　組織」同前『新世代』二号。

30 「教育会の目的　組織」同前『新世代』二号。「会員は通常会員、賛助会員」。前者が教職員、後者が本会の趣旨に賛同するものである。

31 「座談会　八重山の政治を語る」同前『新世代』二号、七―一三頁。民主党や人民党の代表者と教育会の代表者が会して行われた、この座談会についても、あくまで掲載の趣旨は「経済、政治、文化等社会の各班の問題に関心を持ち、視野をひろめなくてはならない」（一三頁）とされ、この文の主語は「今日の教育」である。この座談会も、あくまで社会や教育にかかわる人びとの意識向上のために掲載されている。

32 吉野高善「新世代の創刊を祝す」、高宮広雄「思い切って生きて行く」、宮良長詳「祝発刊」いずれも『新世代』一号、一九四八年一二月（六巻）。これらの寄稿は、いずれもこの点に関して言及する。

33 「父兄の声　母姉の声」『新世代』三号、一九四九年一二月（六巻）。該当記事では新学制（六三三制）に何を望むのかについてハガキ回答を募り、それを編集部への着順で掲載している。その中では、知育ではなく徳育やしつけを強調するという、読み方によっては戦前の教育に類似したものを期待するような回答も見られた。

34 「巻頭言」『新世代』四号、一九四九年一二月（六巻）。

35 同前。

36 沖縄県教育会、前掲『沖縄教育』学制頒布五〇年記念号、一六四頁。雑誌は「会員相互の発表機関」とされ、毎月一回から隔月一回のペースで発行されていたという。しかし、発行期間が一九一四―一九一六年までと短いこともあり、現存は確認できない。

37 糸数用著「教育会の運営について」前掲『新世代』四号、三頁。

38 桃原用永については本書収載の補論を参照のこと。桃原は、戦前はいわゆる教員赤化事件への関与やそれにともなう離職という経歴を有しながらも、戦前戦後と一貫して教員を務めている。戦後の教員団体とのかかわりでは、別稿で示すように八重山教職員会の会長を務める。

39 一九四八年九月二七日許可（資料課『出版許可控綴』石垣市立図書館所蔵）。

40 「八重山教育会会則」（第四章会計第一五条）には「本会の経費は会費及び其の他の収入金を之に充てる」とされる。琉球政府文教局『琉球史料』三集、一九五八年、四二一頁。

41 なお、組織の改組に先立ち、一九四九年一〇月一日に与那国の教員が「与那国教育会」を立ち上げている。那根亨（会長）と副会長・大浜方助（副会長）が役員に就任した。前掲『新世代』四号。八重山教育会の改組については、「戦後八重山教育の歩み」編集委員会編、前掲『戦後八重山教育の歩み』九〇七―九〇八頁。

42 一九五三年七月二四日琉球政府立法院で可決、同年九月一日施行。

43 阿波根朝松（東京高等工芸学校へ進学）。崎原久編『琉球人事録（四版）』沖縄出版社、一九六一年、五頁。糸数用著（日本大学へ進学）、仲吉良精（台湾で勤務）、崎山用喬（台湾で勤務）。以上、伊波南哲・古藤実冨編『八重山人事興信録』八重山人事興信録編集所、一九五一年。

五　沖縄教職員会

1　沖縄教職員会への改組

沖縄教職員会の組織と活動については、なお未解明な点が多い。本書が対象とする一九五〇年代（とくに前半）については、とりわけ史料の散逸が目立つが、今後の研究課題をいくつか提示してみたい。

まず、沖縄教育連合会（以下、教連）からの改組の過程について、「二　沖縄群島における教員団体」の経過説明を補足する。[1]当時、朝鮮戦争下の沖縄では教育環境はますます悪化していた。基地建設の影で民生部門、とくに教育の復興が置き去りにされたことは、米軍からの最終的な離反と、日本への憧憬を教員に促した。ところが、一九五〇年の群島知事選挙や一九五一年の復帰署名運動に際して、教連の政治的態度は曖昧に終始した。会員からの批判が高まり、役員の固定化や一般教員（とくに女性）の参加の不振も重なり、やがて会組織そのものの改造が提起される。

同時期、教連執行部とは対照的に、復帰を標榜する平良辰雄知事のもと、群島政府文教部は、屋良朝苗部長の主導で強いイニシアティブを発揮し、求心力を高めた。とくに三回におよぶ全島校長会（一九五〇年一一月二八日、一九五一年四月二一日、一九五二年一月一九・二〇日）では、「日本と直接結する教育」や「組織力の強化」「政治力の強化」がさけばれ、組織の強化と日本復帰を打ち出して、教職員が能動的な運動主体となる契機を得た。屋良は群島議会でも、日本法に準拠した教育立法を手がけ、実質的な教育の復帰をめざして辣腕を振るった。

この一連の過程を経て、屋良は沖縄群島の教育界で急速に支持を獲得したものと思われる。じつは教連で改組が議題にのぼった当初、会長候補に彼の名前はなかった。次期会長と目されていた教育指導者たち（渡嘉敷真睦、[2]真栄田義見[3]）を抑えて、彼が会長にむかえられた背景には、このような支持の高まりがあったと考えられる。[4]

表Ⅲ—11　沖縄教職員会役員の経歴（1952年）

役職	氏名 （生年）	学歴（卒業年）	職歴
会長	屋良朝苗 （1902）	沖縄師範学校本科一部 （1925） 広島高等師範学校 （1930）	沖縄県立第二中学校教諭、台南第二中学校教諭、田井等高等学校教官、琉球政府行政主席
事務局長	新里清篤 （1909）	沖縄師範学校本科二部 （1927）	本部国民学校教頭、沖縄教育連合会主事
総務部長	新垣孝善 （1907）	沖縄師範学校本科二部 （1928）	玉城国民学校訓導、立法院議員
政経部長 兼教研部長	喜屋武真栄 （1912）	沖縄師範学校本科一部・専攻科（1932・1933）	大道国民学校訓導、沖縄県庁学務部内務課、沖縄群島政府文教部指導主事、沖縄教職員会事務局長、沖縄教職員会長、参議院議員
事業部長	山田朝良 （1907）	台南師範学校（1927）	高雄州岡山西国民学校訓導、越来初等学校教官、コザ地区教職員会主事、諸見小学校長

（出典）平川源宝編『沖縄名鑑』沖縄名鑑発行所、1954年、沖縄タイムス社『現代沖縄人物三千人一人事録』沖縄タイムス社、1966年、沖縄県議会事務局『沖縄県議会史』22巻資料編19（議員名鑑）2007年ほか。

一九五二年二月には、発足五周年を機に教連総会で会則改革案が議論され、移行の準備が進められた。一九五二年四月一日、教連会則の改定という形式をふんで、教連は教職員会へと改組された。同日、四群島を統合する琉球政府が発足し、各群島政府は正式に廃止された。下野した屋良を初代会長に沖縄教職員会（以下、教職員会と略記する場合がある）が発足する。

教職員会の目的には、「会員の強固なる団結」「会員の政治的社会的経済的地位の向上」「教育問題の自主的解決」「文化社会の建設に寄与する」などの諸点がかかげられた。政治的・社会的・経済的地位の向上を明確に訴えた点からも、組合的性格の強化をめざした全島校長会の議論を反映していることがわかる。

では組織はどのように変わっただろうか。事務局には総務・政治経済・教育研究・福祉の四部を置き、印刷物の発行などのために事業部を併設した。会長・事務局長・各部長にはすべて専任を充て、教連と比べて中央の事務局が指導力を発揮することが期待された。発足当初の役員構成を表Ⅲ―11（一八四頁）に一覧化する。

教連役員との年齢差はほとんどなく、同世代といえる。その布陣を見るかぎり、従来、主事だったポストに事務局長と名前を変えた上で引き続き新里が就いていること、沖縄民政府や群島政府の時期に政府側で教育行政を担当したひとびとが入っていることなどの理由から、運営の内実については教連時代の体制を引き継いでいたと考えられる。

2　教職員会初期の活動と全琉統一組織の課題

残念ながら、一九五二―一九五四年頃の教職員会については、とくに不明な点が多い。戦災校舎復興運動の資料をのぞくと、関係文書や機関紙が大きく欠落しているからだ。ここでは、必要な範囲で当時の新聞記事などから活動を追ってみたい。一九五二年五月一七日、教職員会主催による戦後初の全島教職員大会で決議されたつぎの宣言には、発足当初の教職員会の意志が具体的な要求項目として表現されている。

宣言決議文

沖縄復興の基盤は教育にあると信ずる、吾々四千の教職員は、打つて一丸となり、平和と人道に立脚せる民主教育にてい身し以て沖縄教育の振興を強力に実現するため左記の決議事項を掲げてその達成を期す

一、自主性を強化し、教権の確立を期す

一、生活権を確保する

一、教育環境の整備をはかる

一、日本復帰を促進する

一、道義を昂揚する

一、平和教育の徹底を期す
一、十四連合地区制に絶対反対する(5)

この七項目は、筆頭の「教権の確立」を基本理念として、発足当初から果敢にとりくまれる。第二項から第四項まではそれぞれ、待遇改善を求める種々の示威活動、戦災校舎復興運動、沖縄諸島祖国復帰期成会への参加として具体化される。教職員会の求心力を高めるための施策としては、とくに以下の活動に注目したい。

まず、待遇改善をめざす運動が、発足当初の教職員会では強く進められた。一九五三年三月には給与問題にしぼった緊急大会を開き、「給与三原則」を打ち出して、その厳守を琉球政府・立法院に要請した。これが受け入れられず与党への批判を強めた教職員会は、同月末の立法院議員補欠選挙では復帰勢力の野党候補を強く支持し、当選させる原動力となった。教職員会が集団として政治活動にかかわった最初の事例だが、同時に一九五四年の弾圧の遠因ともなる。

つぎに教育復興の基礎である教員の資質向上をはかるべく、日教組に学んで全沖縄規模の教育研究集会の組織・開催を実現した。一九五五年一月、那覇で第一回の中央集会が開かれたが、「教師の問題」「学校運営の問題」「施設、設備の問題」「環境の問題」「児童生徒の問題」の五つの主題にしぼって各地区で実施された調査・研究をもちより、それぞれ具体的な対策を協議している。このとりくみは、教員たちに自分たちの窮状と、学校をとりまく社会環境を客観的に把握させる契機となり、対社会的発言の基礎ともなる重要な活動となった(6)。

また、事務局と会員のあいだをつなぎ、組織の動向や方針を会員に周知すべく、旬刊の『沖教職教育新聞』を創刊した。初期の四〇号ほどの所在は現在まで不明だが、教職員会の動向を確定するための基礎史料である。また雑誌『沖縄教育』が、戦前期に県教育会が発行した同名機関誌を念頭に、一九五五年に創刊された(不定期刊)(7)。

なお、従来の研究では問われていないが、同時期の課題としては、全琉規模における教員団体の統合問題が想定される。サンフランシスコ講和条約が発効して日本本土と最終的に切り離され、琉球政府が奄美もふくめた四群島を統合して動き出していた。このようなあらたな段階で、政治力とその裏づけとなる組織の求心力が求められた。

　発足当初、なお沖縄群島の教員団体にすぎなかった沖縄教職員会にとり、この課題は具体的には、戦前、沖縄県域ではなかった奄美の教員団体との連絡、ないしは将来の統合如何という論点に帰着する。教連時代の末期にあたる一九五二年二月一五―一八日、すでに全琉教育者団体連絡会議が開かれ、四群島の教員団体代表者が「中央政府発足後における教育者団体は如何にあるべきか」について協議を始めている[8]。しかし、同会議のその後に関する情報は乏しい。ここでも史料の欠落がいちじるしく、なお確定はできないものの、一九五〇年代前半の奄美の教育機関誌から沖縄をみると、単なる疎隔や無関心ではすまない背景がうかがえる。

　一九五二年以降、奄美大島連合教職員組合(連教組)では、さきにみた待遇改善や恩給等の計算の問題で日本政府に陳情する際、沖縄側との方針のちがいから、明言はすくないながら琉球政府文教局や教職員会をきびしく批判している。それが梃子となり、沖縄に対する奄美側の不信が急速に増していく様子が、連教組機関誌『教育と文化』からはっきり見てとれる。「強引に沖縄に統合され、その琉球中央政府は、中央集権、独裁政治で以て、吾々大島郡民を植民地的差別待遇の桎梏によつて縛りつけ、のろわしい過去の琉球王専横時代の隷属史を、いやより以上に苛酷で、いよいよ致命的な苦難時代を現出しつつあるのは事実である」。このような歴史の想起は、沖縄教職員会への批判をいっそう鋭くした。「教育職員としての正しい報酬獲得のために統一的斗争をしなければならない重大なときに、沖縄教組《ママ》が、地域給の群島別差別待遇の基本的原則を、あくまでも固持するということは、まことに遺憾であり、全琉組織の統一戦線をぶちこわすもといになることを憂うのである」[9]。

　驚いたことに連教組長の高元武は、一九五三年一月、高知で開かれた日教組の全国教育研究大会(のちの教研集会)に出席し、いかに多くの支持と激励を得たかを機関誌上で詳細に報告しているが、同じ大会に出席した教職員会の屋良朝苗の名前は一度も挙げていない。沖縄に対するこの無視は、読む者に強い印象をあたえる。

　このような不信が募れば募るほど、連教組は、その反動からますます「鹿児島県大島郡」という地位に帰る日を待望するようになる。ここに全琉統合への展望は読みとれない。同時に、このような連教組の沖縄観に、沖縄教職員会としていかに対応しようとしたのか、教職員会側の動きは管見のかぎり見当たらない。

もっとも、そうした論調の中でも「われわれは沖縄の教職員と共に、もつと高い見地に立つて全琉の教育向上のために、真に同憂同行の大勢が望ましい」、「全琉の幸福のためにも、全琉の教職員の統一組織を確立することが先決問題である」、「大島も沖縄も顔を洗つたり頭を冷したりして我々の相手は何処かと探す様に…焦点をはずさないで頑張れ」との提言も見出される。(10) だがそれも、一九五三年夏、奄美だけの返還が決定し、連教組が「鹿教組の傘下」に入ることが当然視されるにおよんで雲散霧消した。以後、統合問題は沖縄・宮古・八重山の三群島間での調整にかぎられ、奄美と沖縄、両教員団体の不和の記憶は掻き消された。

3 労組移行の挫折とその意義——教職員会の事実上の出発

一九五四年に入り、米軍は復帰運動に対する明確な弾圧をはじめる。同年一〇月の人民党事件にいたる反共弾圧である。矛先は教職員会にも向けられ、年明けから米民政府高官たちによる教職員会批判があいつぐ。

同じ頃、教職員会では、労働組合移行の準備が大詰めをむかえていた。一九五三年九月一日に公布された労働三法によって、組合移行を求める声が会員から高まり、また琉球政府社会局労働課もモデル組合としてその結成を奨めていた。そこで同年一〇月七日の総会では「労働法規の実施に伴ない、教職員会の在り方、将来の改組問題や日教組とのつながり等について研究する」と決議し、組合移行を正式に提起した。(11) 翌一九五四年三月の理事会で移行の具体策を検討し、四月二日の総会で最終的に移行を決定、次回総会で新発足を遂げるまでになっていた。理事会作成の組合規約案によれば、「大会・中央委員会・中央執行委員会」「中央執行委員長・書記長」など日教組とほぼ同様の組織系統や役員名称が想定されている。(12) 中央と並行して、各地区では単位教組が続々と結成されていた。

このような教職員会の成長ぶりに、米民政府が脅威をいだかないはずがない。四月二日の組合への改組決定の直後から、教職員会攻撃はいっそう露骨になる。決定的な打撃は、五月一九日のオグデン副長官による「教員と学校を人民の敵から守らなければならぬ」という激しい非難だった。[13] 翌日、教職員会の組合移行準備委員会は、急遽予定を変更して副長官談話を検討、不穏の念がひろがった。さらに二五日にはブラムリー首席民政官が屋良と直接会談して復帰運動から手を退くよう強要した。状況を憂慮した屋良は、五月二七日、緊急理事会で会長職の辞意を表明し、三一日には正式に辞表を提出した。同時に、復帰期成会会長など兼務していた役職についても辞意を表明する。

このとき、屋良は副会長等にも諮らず辞任を表明したようである。後年の屋良の回想は、辞任が組織防衛のためだけではなく、「教職員会といってもさまざまな人を抱え、組織の力は、当時はそんなに強くなかった」ため、教職員会内部の反対意見を牽制する意図をもって実行されたことをうかがわせる。[14]

当然、教職員会は内部から大きく動揺する。この時点まで唯一単位教組の結成が遅れていた那覇地区の動向が注目を集めた。延引の根拠は判然としないが、地区教組の自主性を主張して審議が大幅に遅れていたことから、教職員会中央に対する批判があったようだ。那覇地区では単位組合を結成しても、「連合体である沖教組には加盟しないか又は情勢の変化によつては組合結成は行わない方がよい」といった意見さえ出ていた。[15]

結局、七月一日の理事および中央委員による委員会は、緊急に実施した各地区アンケート調査にもとづいて組合移行を棚上げし、教職員会として再出発すると決定した。七月一一日の定期総会では、屋良会長の再選を全会一致で信任し、あらためて会員の意志の結集がはかられた。同時に会則を改正し、第一章第五条の会の目的の項から政治的地位の向上を訴える文言を削除し、「会員の経済的、社会的地位の向上をはかり」とする修正によって、方針の転換を外部に印象づけた。[16] ここで、組合移行の意志は放棄された。

この事件によって、教職員会は改組以来、執行部中心で進めてきた会運営の見直しを迫られることになった。対外的な批判の回避よりも大きな課題は、この挫折によって生じた教職員会の社会的威信の復活と、そのために必要な会の求心力の回復、会員からの新たな支持の調達にあった。教職員会執行部は、会員からの積極的支持を調達すべく、組織と運営の見直しをはかる。以下、その要点を四点にわたって指摘する。

第一に、規約の整備によって、教職員会内部の各機関の明確な位置づけと権限の分離がはたされた。決議機関としては総会と中央委員会を置き、執行機関として理事会、さらに監査機関として監事を置いた。また事務局内の専門部には総務部・経済部・教育文化部・厚生部の四部を設けた。前述した会則の削除項目に対応して、政治経済部が経済部と改称されていることがわかる。総会後の理事会で示された「組織の活用が不十分で下部との連携がうまくいかないために中央集権化のソシリがあったことは否めず、又執行機関たる理事会と決議機関たる中央委、大会の権能を混同したりすること」への反省から、地区の集会には事務局からつとめて出席することや、決議機関たる中央委員会を強化するために女性の委員を増員する案を発表している。(17)

第二は、支部組織の斉一化と統合である。組合移行作業の直前まで、各地区の教員団体は、教職員会の構成団体とはいえ名称はなおも統一されていなかった。一九五三年度の『教育関係職員録』によれば、沖縄本島全一〇地区のうち、「教職員会」と自称する組織は、糸満・那覇・胡差・久米島の四地区、対して従来の「教育会」の名称を維持していたのは知念・前原・石川・宜野座・名護・辺土名の六地区におよんだ。しかも事務局員の名簿では、一〇地区すべてが主事・書記を置くという、従来の教育会的組織を採用している。各教育会の連合体としての教連から、より強力な中央組織をめざして改組したはずが、実際は戦前以来の組織形態を地域社会では引きずっていた。(18)

組合移行にあわせて、各地区教育会はいったん単位組合へと改編された。この改編は組合移行の挫折後も維持され、教職員会は組織の斉一性をようやく実現する。各地区はすべて「教職員会」と名称を統一し、事務局組織も、会長(兼任)のもとで専任の事務局長・書記(ないしは会計)の二人体制に統一された。また組合移行と同時に予定されていた宮古・八重山の各教職員会の合流も、この時に正式に実現する。(19)これにより、名実ともに全沖縄を代表する組織となったことも、統合の強化として画期的な点である。

第三に、青年・女教員の独自性を尊重し、彼らが会活動のなかで主体性を発揮できる場を設けた。一九五四年にできた青年部と婦人部のふたつの専門部がそれである。[20] のちに前者は青年教員が自分たちの主張を反映させる拠点となり、彼らが一九六〇年代の運動をリードする基盤となる。また後者は、母親を通じて地域と提携する具体的な回路を教職員会にあたえた。[21] このときの制度改革が、その後の教職員会を支える行動力を生み出し、教連時代から懸案となっていた一般教員層の参加を制度的にようやく保証できるようになった。

第四は、一般会員からの同意の調達と、それによる求心力回復の方策である。この点で地域懇談会の開催が興味深い。中央の事務局の役職員が直接支部に出向き、意見交換や要望の聴取に努めることになった。裏返せば、従来は連絡や意志の疎通が不活発だったことを物語る。実際、労組移行の挫折や会長の辞職は、「中央の人々はいざ知らず、僻地に住む私達は何の事かさっぱり分らなかった」という状態にあった。[22] 事務局は懇談会の意見をたえず集計し、各種の資料を配布して学校分会での討議と意見の集約を会員に強く求めた。

右の四つのあらたな措置は、教職員会がそれまで宿していた教連以来の校長会的色彩を変容させる契機となった。だからこそ、校長独自の問題の解決や固有の力を発揮する場として、一九五六年にあらためて校長部が設置されたのである。

このように一九五四年の事態は、教職員会執行部に従来の会組織の脆弱性を痛感させ、種々の組織改革につながっていく。以後、一九七一年の組合移行まで、この時さだめた規約にもとづく会組織がおおむね一貫する。組合的性格を強化しつつも、教員という点で校長から一般の教員までを〝職場ぐるみ〟で包括することで、以後の教職員会の能動性と地域への影響力が同時に維持されていく。こうした態勢は、労働組合に移行した場合の法的問題や混乱・弾圧と比較すれば、むしろ好都合に機能し、彼らのその後の闘争にとって不可欠の条件となった。したがってこの年を、教職員会の第二の、そして実質的な出発の時と見なすこともできるだろう。

4 戦争責任の問題

最後に一九五〇年代の教員団体を検討するための論点として、戦争責任の問題を挙げておきたい。今日まで、米軍と闘う教職員会像が前面に出るため重視されていないが、教員の戦争責任と、それを封印してきた教員の戦後責任とは、米軍占領下でも問われ続けた。ただしその表現が公にされるのはきわめて稀であった。その数すくない事例として、一九五〇年代なかばに問題がにわかに表面化し、かつ抑圧された事例を見よう。一時は教連の専任会長にも名前のあがっていた真栄田義見は、県立二中の漢文教員以来、戦時の県下では国体論のイデオローグだった。ところが、戦後は一九五三年から一九五八年まで琉球政府文教局長をつとめ、今度は復帰運動を抑圧する立場となった。(23)

一九五四年二月、翌月の第二回立法院議員選挙に向けた教員の選挙運動を怖れた真栄田は、「選挙に際し教員に語る」と題した文書を新聞に発表して教職員会を牽制した。しかもその論旨は、教員の復帰運動への関与を全面的に否定するものだった。真栄田は、復帰運動を情緒的復古主義・功利主義の産物と断じ、「復興」とそのための米国との協調こそ現実的であるとの結論を導く。(24) これに対する教員たちの反発を、『沖縄タイムス』はつぎのように伝えている。

> 教職員に云わせると真栄田局長の論旨は戦時中、彼が提唱した「新しき倫理」と同様事大主義の極端な現われでありこの「新しき倫理」によつて若者に死を説いたものであるが、今再び正しい教職員の主張を封じようとするも〔の〕であつて、これは戦〔後〕猫の目のように変つてきた彼の「ネオ・ネオ・ネオ新しき倫理である」という事になるというもの。(25)

真栄田への非難は、文教局長としての責任だけではなく、彼の戦時中の言動にこそ向けられていた。国体論への傾斜からアメリカ民主主義の礼讃へという驚くべき権力への迎合の、戦後沖縄におけるもっとも極端な現れがここに在った。沖縄社会、すくなくともその知識人のあいだでは、彼の戦時中の振るまいは周知の事実であったが、正面からの批判はなかった。以後も真栄田批判は告発よりも揶揄のかたちをとるが、それはかえってグロテスクな皮肉としてメディアに反映している。『沖縄タイムス』は、当時、ある小欄に「〇無題／死を説いて逃れ／中を説いて偏す――新倫理」と書くのを忘れなかった。(26) 前半は戦時中の、後半はまさに現時点での、彼のつぎつぎとあたらしくなる「倫理」の浮薄をするどく抉っている。復帰運動を批判するに、「八こう《ママ》一宇、万世一系という理性の裏づけのない言葉に参つてしまつて選民思想にわざわいされたのは、ついこの間でありますと、一九五四年の時点で真栄田自身が書いて教職員会を非難するという倒錯に釣合いをとるには、この程度の陰欝な皮肉が必要とされたのだろう。(27)

だが、ここでただちに指摘しておくべきは、抗争のもう一方の当事者たる教職員会は、この真栄田の負った問題を積極的にはとりあげなかったという事実である。右の新聞評に見えるように、そこではかならずといってよいほど真栄田の戦時中の言動が問題にされ、戦争協力と現在の対米協力とが一連のものとして問われる可能性が示唆されていた。だが教職員会ではこの問題を自覚的にとりあげた様子がない。教員にとって戦争責任は、当時は二重に封印される必要があった。ひとつには、教職員会の社会への影響力もまた戦前の教育に依っている以上、もし真栄田を戦時教育の悪弊として糾弾すれば、その批判の刃は自分たちをも傷つけることになるからである。この時点では、教職員会の役員や校長たちも、戦前に真栄田とほぼ同様の経歴を担っていたことはいうまでもない。もうひとつは、もし仮にそのような自己批判にまで到達してしまえば、公教育の基礎にある日本国家の暴力性をあかるみに出してしまい、「祖国」への憧れを動因とする復帰運動のよびかけと矛盾してしまうからである。

日本本土で同時期になされた戦時教育批判の背景には、教職追放や勤評闘争を経て、教育界自身が戦争協力の問題を幾分とも問いやすい状況が存在していた。これに対して、沖縄では教育指導者の影響力の戦前・戦時を越えた継続が、教育界の自己点検には抑圧的に働いたと考えられる。この問題の克服は、一九六〇年代に入って、戦時中の少国民教育を全身に浴びた世代であるあたらしい教員たちが担っていく。しかもあたらしい世代による集団内部からの問題提起は、あたらしい世代が教職員会においてひとつの勢力をかたちづくり、教職員会の性格自体を大きく変えていく経過と連動して、組織内にきしみをともなったダイナミズムを生み出していく。(28)

（戸邉秀明）

［補注］

1 この点については、拙稿「「戦後」沖縄における復帰運動の出発―教員層からみる戦場後／占領下の社会と運動」『日本史研究』五四七号、日本史研究会、二〇〇八年（第二章）も参照されたい。なお、本稿は、拙稿「沖縄教職員会の結成と前原地区教職員会の活動」「戦災校舎復興運動と愛の教具」うるま市具志川市史編さん委員会『具志川市史』6教育編、うるま市教育委員会、二〇〇六年の関係箇所を再編・改稿し、大幅に増補したものである。

2 『沖縄毎日新聞』二九号、一九四九年二月二三日。渡嘉敷は戦前に中頭郡教育部会長を経験、戦時中は那覇国民学校長、戦後は沖縄民政府文教部視学課主任視学官を経て、沖縄群島政府では工務部長に就いた。

3 真栄田は一九五〇年二月九日の教連代議員会で専任会長に推薦されている（『沖縄毎日新聞』七九号、一九五〇年二月一六日）。だが、いくつかの理由から真栄田は躊躇し、結局、就任にはいたらなかった。

4 兼城賢松（当時コザ中学校長）は、群島政府末期に直接屋良を訪ね、屋良が琉球政府に移行・残留する意志のないことを確認すると、「コザ地区の教育連合会はさっそく屋良氏を次期の教育連合会会長に持ってこようと動き始めた」、「北部の三区はすでにほかに会長候補を擁していた」ものの、結局は中南部を中心に「ほとんどが投票の前の段階で、屋良氏を次期会長と認めていた」という。兼城賢松『沖縄教師の祈りとどけ』講談社、一九七三年、二〇六―二〇七頁。後年の回想ながら、屋良が支持を集めていく背後の動向がわかる。

5 「日本復帰を促進／教権確立など宣言／教職員大会」『沖縄タイムス』一九五二年五月一八日。

6 その経緯について、より詳細は、拙稿「一九五〇年代沖縄教職員会の地域「診断」―教育研究集会の問題構制を中心に」『史観』一四七号、早稲田大学史学会、二〇〇二年を参照されたい。

7 『沖縄教育』については、拙稿「『沖縄教育』探索始末—沖縄現代史書誌大系のために・2」『文献探索1997』文献探索研究会、一九九八年で、同誌の一九五〇年代発行分の書誌的変遷をまとめている。

8 「教育面の改善」『琉球新報』一九五二年二月一七日。

9 大勝(編集部・大勝清志)「復帰運動の方向」『教育と文化』七巻一号、一九五三年一月下旬、一六頁(五巻)。大勝(編集部・大勝清志)「大島教育は危機に立つ—民族零年への反発」『教育と文化』七巻四号、一九五三年三月上旬、一七頁(五巻)。

10 西忠茂「給与ベース改善の志向点—組合組織の改善強化の急務」『教育と文化』七巻四号、一九五三年三月上旬、九頁(五巻)。本多重一郎「組合運動の在り方—先手に先手をうて」『教育と文化』七巻五号、五三年三月下旬、四頁(五巻)。

11 「教育行政の祖国直結」『沖縄タイムス』一九五三年一〇月八日。

12 「いよいよ組合へ改組」『沖縄タイムス』一九五四年三月二三日夕刊。

13 「住民は常に反共者たれ」『琉球新報』一九五四年五月二一日夕刊。

14 屋良朝苗『屋良朝苗回顧録』朝日新聞社、一九七七年、三七頁。

15 「沖教組加盟に足踏み」『沖縄タイムス』一九五四年五月二六日。

16 「会長に屋良氏を再任」『沖縄タイムス』一九五四年七月一一日。

17 「教職員会〝中央集権を排す〟」『沖縄タイムス』一九五四年八月八日、「協調的な運営で五千教員の福利をはかる」『沖縄タイムス』一九五四年八月九日。

18 沖縄教職員会『沖縄教育関係職員録』一九五三年、一一八頁など。なお、本書一四〇頁のように前原地区は一九五二年に「前原地区教職員会」と改称しており、『職員録』の誤植の可能性もあるが、出典の統一を考慮して記載の通り数えた。

19 三群島の教員団体統合の動きは、奄美返還決定直後の一九五三年夏にさかのぼる。「三群島教職員会を統合」『沖縄タイムス』一九五三年九月二六日。

20 ふたつの専門部の設置過程については、当時の総会資料等を確認できないため、なお推測によらざるをえない。ひとつは『規約・諸規定集 一九五四年七月現在』において、これら専門部の「細則」は、ともに一九五四年七月一日より施行する旨の規定がある(同二二、二四頁)。現状維持を決定した七月一日の理事会・中央委員会合同委員会での設置決定と考えられる。その後の両専門部会の資料にも、一九五四年に組織された旨の言及が散見される(たとえば『婦人部長会一九五六年度』簿冊中の婦人部宣言決議案、『青年部記録　一九五八年四月以降』簿冊中の「第二回青年部大会経過報告」）。また、前掲『職員録』の一九五三・五四年度各版の比較でも、二専門部の記述は後者にのみみられる。

21 婦人部については、拙稿「生活改善・新生活運動の展開」、および高橋順子「沖縄教職員会と女性教員」（ともに沖縄県教育庁文化財課史料編集班編『沖縄県史』各論編8 女性史、沖縄県教育委員会、二〇一六年）も参照されたい。

22 安里武泰「教育新聞の使命」『沖教職教育新聞』七二号、一九五六年一月三〇日。

23 真栄田義見（一九〇二―一九九二年）は代用教員から出発し、文部省教員検定試験国漢科合格、国頭高等女学校教諭、沖縄県立第二中学校教諭、沖縄県教学課に勤務。戦後は那覇高校長、那覇連合区教育長、琉球政府文教局長。一九五八年に離任後は、沖縄大学学長や琉球政府文化財保護委員長などの文化行政に多くかかわる。

24 以上、真栄田義見「選挙に際し教員に語る（上中下）」『琉球新報』一九五四年二月一八、一九、二三日。同内容の文章は、真栄田義見「教員と復帰運動」と題して『沖縄タイムス』でも同時期に掲載されている。

25 「文教局長の新倫理を糾弾か」『沖縄タイムス』一九五四年二月二五日。文中の「新しき倫理」は戦時下、新聞に掲載され、県知事も関心を寄せたほどだったといわれるが、掲載紙の『沖縄新報』が戦災で失われているため、確認できない。ただ現存する真栄田の敗戦以前の文章から推測すれば、主たる内容は国体論的な東洋倫理賛美であろう。『琉球新報』での連載「東洋の道」（一九四〇年三月一二―一七日、全六回）の末尾は、「東洋の教が東洋全体に行き亘つた時東亜新秩序の平和境が実現するのではないでせうか。東洋の道が純粋に残つてゐるのは日本です、日本の東洋に於ける責任の重さを思ひます」とむすばれている。

26 那覇・偽顕生「無題」『沖縄タイムス』一九五四年三月七日。この警句は同紙の「ロータリー」と題された寸鉄警句専用のコラム欄に掲載された。筆名の「偽顕」とは、真栄田の名「義見」の音から来ているのだろう。なお「死を説いて逃れ」との部分は、真栄田が、一九四五年二月、県内政部教学課から九州の疎開学童の生活指導の命を受け「出張」したために、沖縄戦を体験していない事実を指すと考えられる。真栄田義見『ふるさと遍路』一九八九年、一四一頁。

27 引用は、真栄田義見「選挙に際し教員に語る（中）」『琉球新報』一九五四年二月一九日より。

28 その経過については、拙稿「沖縄教職員会再考のために―六〇年代前半の沖縄教員における渇きと怖れ」近藤健一郎編『沖縄・問いを立てる2　方言札――ことばと身体』社会評論社、二〇〇八年、同前「沖縄『戦後』史における脱植民地化の課題―復帰運動が問う〈主権〉」歴史学研究会『歴史学研究』八八五号、二〇一一年参照。

六　組織における変容過程

各教員団体にかかわるこれまでの分析が委細を解明してきたように、戦前期からの連続性は濃淡をともないながらも、ほぼ通底するものとして確認できる。とくに人的構成においては戦前期からの継続がないままに戦後期の運営は不可能であったことが素朴な事実として確認できる。このことは沖縄戦終結からまもない一九五〇年代初頭以前はもとより、同年代後半にいたるまであてはまる。

ただし、一口に連続性という場合でも各群島における組織の変容過程は多元性を帯びている。このため組織における連続性という現象を確認することは決して結論自体ではない。それは、むしろ分析のためのひとつの切り口、いわば出発点として位置づけられる必要がある。わたしたちはそのさきへと分析をさらに進めなければならない。そこで以上の分析にもとづき群島相互の比較考量をこころみる。

次頁の表Ⅲ―12では多元性が鮮明に見て取れる、一九五〇年代はじめまでに限定のうえ、これまでの分析結果を集約して示す。なお、あらかじめ注記しておきたいことがある。それは同表を作成するにあたり、つぎのふたつの補足をまじえたことである。ひとつは、さきにも指摘した戦後期の文教担当部局における機構と人的構成である。教員世界に視点を集中させた本書では直接には取り扱えなかったものの、各教員団体との機能的な事実上の一体性にかんがみて当該情報を別に掲出した（二〇五―二〇六頁の表Ⅲ―13から16）[1]。もうひとつは、おなじく本書が対象として設定できなかった、奄美群島における教員団体および文教担当部局の組織と人的構成であり、当該事項を同表に併記した[2]。いずれも表Ⅲ―12の外延を読み取り、しかも今後の調査研究の参考に供することを意図して付加した。

同表から文教担当部局と教員団体の変容過程における群島間の異同は、大きく以下のふたつの点に集約できる。第一は群島間による差異的な傾向である。その内実は以下の三点として説明できる。①戦前期からの機構は、

表III—12　文教担当部局と教員団体の移行過程における群島別比較（1950年代はじめまで）

群島名	戦前期の文教担当部局名／戦前期の教員団体名	戦後期の文教担当部局名／戦後期の教員団体名	戦前期からの組織機構上の連続	戦前期からの人的構成上の連続	組合への移行経緯
沖縄	沖縄県庁学務部、内務部	沖縄諮詢会教育部・文教部→沖縄民政府文教部・社会部→沖縄群島政府文教部	×	○	／
沖縄	沖縄県教育会（那覇市・首里市・島尻郡・中頭郡・国頭郡教育部会）	地区教育会→沖縄教育連合会	×	○	×
宮古	（沖縄県庁）宮古支庁	宮古支庁教学課・文教課→宮古民政府文教厚生部・文教部→宮古群島政府文教部	△	○	／
宮古	（沖縄県教育会）宮古郡教育部会	宮古郡教育部会→宮古教員組合→宮古教育会・宮古高等学校教育会	○	○	○
八重山	（沖縄県庁）八重山支庁	八重山支庁文化部→八重山仮支庁教育厚生部→八重山民政府文教部→八重山群島政府文教部	△	○	／
八重山	（沖縄県教育会）八重山郡教育部会	八重山郡教員組合→八重山教育会	×	○	○
奄美	鹿児島県庁（大島支庁）	大島支庁兵事教学課→臨時北部南西諸島政庁文教部→奄美群島政府文教部	△	○	／
奄美	鹿児島県教育会→大日本教育会鹿児島県支部大島分会	大島郡教育会→奄美大島連合教育会→奄美大島連合教職員組合	○	○	○

（出典）沖縄県公文書館『米国の沖縄統治下における琉球政府以前の行政組織変遷関係資料（1945～1952）』2000年ほか。

（注記）対象時期をおおむね1950年代はじめまでとした理由は、奄美群島をふくめた四群島を統合する琉球臨時中央政府が51年4月に設立されたことにともない、群島別分割統治体制が終結したことによる。表中「戦前期からの人的構成上の連続」は当該機構・団体以外からの就任をふくむ。機構名称などの変遷は、簡潔を旨とし一部を省略した。当該事項が確認できる場合には○を付し、おなじく確認できない場合に×を付した。双方に一元化できない場合に△を付した。

沖縄県庁が消滅していた沖縄群島の場合、文教担当部局においてはあきらかに断絶していた。宮古群島においても行政機能が停止していたことにちがいはないものの、すくなくとも形式上は従前の支庁として機構の業務が再開されており、文教担当部局の状況は沖縄群島と同一視できない。こうした特徴に照応して同群島には△を付した(この点は奄美群島についても該当する)。さらに表Ⅲ—12では略したが、さきに田中論稿でみたように自治政府の設立が先行した八重山群島での推移は、これら沖縄・宮古の両群島と同一ではなく混線していた。ただし、のちに旧八重山支庁が復活されていたことに照らし、同表では両群島とおなじく△を付した。したがって、おなじ△であっても宮古と奄美、八重山の各群島における文教担当部局の機構上の推移はかならずしも一律ではない。一方、史料的に確証を得られない部分が多いものの、沖縄群島の教員団体の場合、すくなくとも宮古群島(奄美群島)[3]においてみられた、名称にくわえて郡部会が事実上、団体としてそのまま継承されたという場合とは異なる。とりわけ民間人収容所の設置による人口変動下にあり、旧来の行政管轄区分が改変された沖縄群島ではあらたな機構として形成されたという傾向が強い。群島間のこうした差異は、戦災実態はもとより、戦闘行為に継起した軍事占領の進行経緯、また、通信設備の途絶による情報流入の制約など(八重山群島の複合的要因によってもたらされた現象でもあった。②その半面、戦前期からの人的構成においては、いずれの群島においても文教担当部局と教員団体の双方で連続性がみられた。ただし、各群島における実態は均一なものではない。このかぎりで、すべてに○を付したことには過度の単純化のきらいがつきまとう。というのは委細に立ち入れば、その内実には注目すべき濃淡が指摘できるためである。このうちとくに特徴的な場合について、ふたつの群島の事例を挙げる。宮古群島における池村恒章がそのひとつであるが、戦前期の教員団体の役員(地方部会長)がそのまま留任して戦後を迎えるという、直接的なというべき人的構成上の連続性が確認された(同群島では戦後最初期に宮古支庁教学課長を務め、のちに宮古高等学校教育会長となる垣花恵昌は一九四四年には沖縄県視学であり、ほぼ同種の事例として位置づけられる)[4]。もうひとつは、参考として示した奄美群島の場合である。戦後最初期に大島郡教育会長を務めたのは玉利源熊であった。玉利は、一九四一年時点において、のちに奄美大島連合教職員組合長となる盛景好とともに大島郡教育会監査役であり、また、おなじく奄美大島連合教職員組合長となる水間喜也については一九四二年時点で大島郡教育部会常任幹事、一九四三年時点で大島支庁振興主事を務めた。[5] 地域を異にするものの、いずれも直接的な連続性を体現した事例として共通する。しかし、この他の群島では、一九四一年時点で島尻郡教育部会長を務め、一九四三年時点では沖縄県教育会事業局に設置された国民青年学校教育部長であった宮城久栄が戦後に沖縄教育連合会副会長に就任した事例[6]をのぞき、史料的にあきらかにできた範囲にかぎれば、人的構成上の連続性にかかわり、ほぼ同格の職位が連続するといった、ここでいう直接的な事例は確認できない。むろん、この場合の人的構成上の連続は、かならずしも特定の意図にもとづき採択された計画のもたらした必然的な結果ではない。このことは各群島での実態としてすでに分析してきたことからあきらかである。むしろ、戦前期までの教育関係者――各機構や教員団体に直属していた者にとどまらない――が、軍事占領下において結果として配置されるにいたったという事実経過の反映であった。

③戦後期の教員団体に特化した場合、群島間の差異としてつぎのふたつが指摘できる。ひとつは教員団体の形態にかかわり、沖縄群島が連合体として組織され、宮古・八重山群島はいずれも単体として組織されたことである。[7] これは直接的には組織の相対的規模のちがいに起因するが、それぞれの前身団体における形態の連続でもあった。なお、奄美群島の場合、一九五三年に鹿児島県教職員組合への加盟を見越し連合体から単体へと転換しており、やや長い射程では第三の類型をなしていたといえる。[8] もうひとつは、より切要なこととして教員団体の組合への移行経緯の有無である。すなわち、沖縄群島においてそれは一貫して抑制され、結果的には実現することはなかった。一方、宮古・八重山の両群島(奄美群島をふくむ)では一時的な場合をふくめ実現をみた経緯が確認できる。したがって、群島により、組合への移行経緯は一律ではなかった。

ところで、教員団体における組合への移行経緯にかかわり、群島間にみられる差異は、連合国軍最高司令部(GHQ/SCAP)占領下にあった日本における同時代史とどのような関連性をもつのであろうか。通説では、マッカーサー総司令官から幣原喜重郎首相への指示(一九四五年一〇月一一日)において、「労働組合ノ組織奨励」が伝達された[9]ことを受け、一九四六年三月一日、旧労働組合法(法律五一号、一九四五年一二月二二日制定)が施行をみた。これらを後背として各地で教員による労働組合が結成をみたことが知られる。[10]くわえて教員適格審査のための行政機構設置を指示した「教員及教育関係官ノ調査、除外、認可ニ関スル件」(一九四五年一〇月三〇日)が日本帝国政府宛に発せられたことなどにもとづき、各都道府県において当該審査が執り行われた。[11]

むろん、戦後教育改革にかかわり、民主化を志向したこれらふたつの政策は通説が示してきたように、単線的に進行したわけではない。いずれも占領政策にとっての利益が優先されることで一定の抑制と反動をその後に受けることになる。[12]そのうえでも、これまで委細をみてきたことが明証するように、日本での戦後教育改革の経験は各群島における教員団体のたどった同時代的な経験とはあきらかに異質であった。それは同時代に進行した、先述の民主化政策に照応させ、以下の二点として説明できる。ひとつは教員による組合結成である。群島ごとの相対的なちがいはあったものの、日本においては奨励された教員による労働組合結成については、宮古と八重山の両群島における占領初期の一時期(くわえて奄美群島)という例外をのぞき、米軍政府は抑制的な姿勢を維持しつづけた。米軍占領下の各群島では、教員による組合結成は教員自身の主体的な判断によって実現できる環境にはなかった。たしかに労働者の権利擁護を規定した労働基準法、労働組合法、労働関係調整法(労働三法)は、琉球政府立法院において一九五三年九月一日に公布された。教職員をふくめた労働組合の結成がすくなくとも法制度上は可能となった。これをうけ宮古教育会では一九五二年七月五日に宮古教職員会と改称したのち、一九五四年五月二日に宮古教職員組合として改組した。おなじく八重山教育会は一九五二年八月二二日に八重山教職員会と改称ののち、一九五四年五月一七日に八重山地区教員組合を結成した。しかし、いずれも数ヶ月で元の教職員会に再転換を余儀なくされている。おなじく沖縄教職員会は組合移行を米軍によって抑止されつづけた。こうした組合への移行をめぐる差異が生起した背景と機序については、米軍側の統治機構や人的構成にもかかわり今後の解明が必要である。その前提においても推定できることがある。それは米軍政府が恐れていたのは、教員層が組合活動を通じて政治的に先鋭化するとともに、戦前期がまさしくその典例であったように民衆に対して強い影響力をおよぼすことであった。[13] もうひとつの民主化政策は教職追放をともなった教員適格審査である。管見のかぎり、米軍政府が占領下の各群島（奄美群島をふくむ）において当該審査について実施する旨を示達した形跡は、これまでに確認されない。この点にかかわり正確を期すならば、一九四七年六月の時点で沖縄民政知事の諮問機関として設置された沖縄議会において、市町村長の被選挙権の条件のひとつとして、日本政府に対するＧＨＱからの公職追放指令（「政党、政治結社、協会及びその他団体の廃止に関する覚書」SCAPIN—548、「公務従事に適せざる者の公職からの除去に関する覚書」SCAPIN—550、一九四六年一月四日）を適用するか否かが「軍政府の示唆」にもとづき審議された形跡は見出せる。ただし、この場合も同指令の適用は見送られた。それればかりか「沖縄は日本と共に戦争に参加したとは云え、沖縄程非道の戦禍を蒙った所はない」「以前の事は追及せず将来に向って善処すべき」「日本の公職追放令の適用は絶対反対」との異論が示され、「軍国主義的経歴を有する者」については「審査委員会」によって審査されるにとどまった。[14] 教員層に数多くの戦死者を出したという過酷な現実が教職追放の機会をゆるさなかったともいえるが、注目すべきなのは占領政策の質的な差異である。すなわち、単純化の弊を恐れず対比すれば、日本では戦前期教育の精算にもとづく、市民的自由と教育の民主化の定着がすくなくともその占領初期においては意図された。これとは対照的に、同時代の各群島においては占領の安定化を一義的な目的とした、戦前期における機構と人的構成のなし崩し的な利用と市民的自由の抑圧が同時に進行していた。ここから導き出せることは、米軍による直接占領下に置かれた各群島においては、朝鮮戦争をひとつの契機としたその後の日本における占領政策の転調をすでに先取りしていたということである。言い換えれば、米軍政府側において占領体制への反対勢力およびその潜在因子に対する抑制方策は同時代の日本と比較して相対的に強く意識化されていたといえる。同時代にありながら、米国政府およびその軍事組織の相貌は、このような差異をみせていたということが結論として導き出せる。どちらがその本質であったのかという議論にも増して重要なのは、非軍事化と民主化という日本での占領がもたらした表層にある相貌は、軍事優先の占領と非民主化という、もうひとつの沖縄における相貌と表裏一体であったという事実である。

あらためて表Ⅲ―12（一九八頁）の分析にもどる。群島間の異同にかかわり、第二として群島相互の類似的な傾向が指摘できる。その内実は、つぎの三点として説明される。いずれも戦後期においてみられる現象である。①素朴な事実として、沖縄人側の組織としての文教担当部局、それにくわえ教員団体の設立が、結果としてすべての群島において米軍政府によって容認されていたことがある。前者は米軍政府の諮問に応じるための民意の進達機関としていわば必然的に他の部局と同機して発足した。しかし、後者については、すくなくとも米軍政府にとっての必然性は発生していなかった。既述のように、とくに占領初期において米軍政府内部には、軍国主義や国家主義の温床と目された学校と教員層を復興することは、占領統治に抵抗する思想の流布を許してしまうことにつながりかねないとの懸念さえあった。しかし、実際に採択されたのは、戦後復興の過程において学校と教員層の再建を積極的に推進する政策であったことはこれまでにみたとおりである。ただし、教員層の再建は米軍政府にとってあくまで条件つきであった。既述のように教員団体の組合への移行については米軍政府の姿勢は一貫して抑制的であったためである。この点にかかわり宮古・八重山の両群島において一端は結成をみた教員組合が米軍政府によって解散を強いられた経緯があらためて想起されるべきである。こうした事実経過にかんがみれば、同種の懸念が米軍政府においてすくなくとも完全に払拭されていたわけではないことが推定できる。にもかかわらず行政機構としての文教担当部局にとどまらず、それとは別に教員団体の結成が容認されたのにはどのような背景があったのであろうか。

この点について、「軍政府は猫で沖縄は鼠である。猫の許す範囲しか鼠は遊べない。猫と鼠は今好い友達だが、猫の考へが違った場合は困る」とした、沖縄民政府軍民協議会における米軍政府側のよく知られた発言が象徴することに着目したい[15]。すなわち、文教担当部局や教員側の主観的な意図だけでは教員団体が結成された要因を総体として説明できない。すくなくとも教員側があたかも自力で結成にいたったとする前提は排除されなければならない[16]。したがって、この場合の仮説として、各群島での教員団体の結成は米軍政府と文教担当部局、そして教員側との三者における、いわば合作説が有効なのではないか。つまり、文教担当部局と教員側にとっては、教員の待遇にかかわる組織的な対応を実行するための団体はどうしても必要であった。一方、米軍政府にとっては、戦前期からの機構や人事の活用が占領の安定化につながると認識され、教員団体の結成はこのかぎりで許容範囲であった。(17)②いずれの群島でも教員団体の機能は、俸給をはじめとした待遇改善と相互扶助、教育環境の改善などとしておおむね通有していたことである。こうした問題への対処にくわえ、さきの数量的分析において委細をみた教員からの離職者が問題化していたことがかさなることで、教員団体の結成とその維持存続は必然化していた。③組織上は別でありながら、各群島における文教担当部局と教員団体が実際には一体化していたことである。言い換えれば、学校の復興とそれを支える教員層の安定化という最優先された課題において両者の利害関係は一致していた。ただし、一体化の内実は、確定された固定的な事実であったわけではない。時系列的にみたとき、両者の関係性は変動するためである。通説では、教員の身分保障にかかわる地方教育区公務員法および教育公務員特例法(いわゆる「教公二法」)の制定にかかわり、一九六〇年代以降、両者の一体性は離反へと転じる。本書は一九五〇年代までを分析対象としており、一体性から離反へといたる変容の経緯にかかわる分析を欠く。こうした過程を各群島における個別の実態に即して分析することが、これからの課題として展望できる。(18)

(藤澤健一)

[補注]

1 戦後期の文教担当部局における機構および人的構成の変容過程について、次頁からの表Ⅲ—13—16に群島別、および琉球政府文教局の順に集約する(各表の素案作成は高橋順子氏による)。ただし、奄美群島を除く。なお、おなじく行政組織全体の変容過程については本書巻頭にかかげたのであらためて参照いただきたい。

2 冒頭で記した理由にもとづき、本書では対象地域から奄美群島をのぞいた。これに反して表Ⅲ—12では、これからの調査研究の展望を読者と共有したいとの意図にもとづき、同群島における特徴を併記した。ただし、事柄の性質上、同群

表Ⅲ—13　沖縄群島における文教担当部局長（1945—1952年）

機構	沖縄諮詢会		沖縄民政府		沖縄群島政府
役職	教育部長	（沖縄）文教部長	文教部長	社会部長	文教部長
着任	1945年8月	1946年1月	1946年4月	1949年12月	1950年11月
氏名（生年）	山城篤男（1888）				屋良朝苗（1902）
学歴（卒業年）	沖縄師範学校本科（1907）、広島高等師範学校（1912）				広島高等師範学校（1930）
経歴	沖縄県立第二・第三中学校長、沖縄群島政府副知事、興南高等学校長				沖縄県立第二中学校教諭、台南第二中学校教諭、田井等高等学校教官、沖縄教職員会長、琉球政府行政主席

（出典）平川源宝編『沖縄名鑑』沖縄名鑑発行所、1954年、沖縄タイムス社『現代沖縄人物三千人—人事録』沖縄タイムス社、1966年ほか。

表Ⅲ—14　宮古群島における文教担当部局長（1945—1952年）

機構	宮古支庁			宮古民政府		宮古群島政府
役職	教学課長	文教課長	文教厚生部長	文教厚生部長	文教部長	文教部長
着任	1946年1月	1946年12月	1947年1月	1947年3月	1947年7月	1950年11月
氏名（生年）	垣花恵昌（1908）	砂川恵敷（1898）				垣花恵昌
学歴（卒業年）	沖縄師範学校本科二部・専攻科（1926・27）	沖縄師範学校本科一部（1919）				同前
経歴	城辺国民学校長、沖縄県視学、宮古高等学校長、琉球大学助教授、琉球政府立法院議員	平良第二小学校長、宮古教育部会長、宮古教員組合委員長、宮古地方庁長、琉球政府立法院議員				同前

（出典）平良好児編『宮古人事興信録』1956年、砂川恵敷伝刊行会『うやまい　したいて　砂川恵敷伝』1985年ほか。

表III—15　八重山群島における文教担当部局長（1945—1952年）

機構	八重山支庁			八重山仮支庁	八重山民政府		八重山群島政府
役職	文化部長			教育厚生部長		文教部長	文教部長
着任時期	1945年12月	1946年4月	1946年10月	1947年1月	1948年4月	1948年10月	1950年11月
氏名（生年）	安里栄繁（1901）	糸数用著（1901）	崎山用喬（1896）		富川盛正	高宮広雄（1903）	宮城信勇（1920）
学歴（卒業年）	広島高等師範学校（1925）	沖縄師範学校本科一部（1922）	広島高等師範学校（1922）		沖縄師範学校本科一部（1921）	沖縄師範学校本科一部（1923）	九州帝国大学（1943）
経歴	沖縄県第二中学校教諭、沖縄県立八重山中学校長、首里高等学校長	小浜国民学校長、八重山教育会長、八重山教員訓練学校長	山口県立防府中学校教諭、基隆高等女学校教諭、八重山高等学校長		沖縄師範学校附属小学校訓導、沖縄県視学、南西新報社	沖縄女子師範学校附属小学校訓導、沖縄県視学、琉球大学助教授	沖縄県立八重山中学校教諭、琉球文教図書八重山支店長、琉球政府企画局長

（出典）伊波南哲・古藤実冨編『八重山人事興信録』八重山人事興信録編集所、1951年、崎原久編『琉球人事録（再刊）』沖縄出版社、1953年、戦後八重山教育のあゆみ編集委員会『戦後八重山教育のあゆみ』1982年ほか。

表III—16　琉球政府文教局長（1952—1972年）

在任期間	1952年4月—1952年11月	1953年4月—1958年4月	1958年4月—1961年11月	1961年11月—1965年9月	1965年9月—1968年4月	1968年4月—1969年1月	1969年2月—1972年5月
氏名（生年）	奥田愛正（1903）	真栄田義見（1902）	小波蔵政光（1911）	阿波根朝次（1904）	赤嶺義信（1921）	小嶺（渡慶次）憲達（1910）	中山興真（1904）
学歴（卒業年）	東京高等師範学校教員養成所（1925）	教員検定試験（1925）	広島高等師範学校（1934）	広島高等師範学校（1929）	沖縄県立第二中学校（1941）	沖縄師範学校本科一部（1930）	沖縄師範学校本科一部・専攻科（1926・27）
経歴	大島中学校教諭、奄美群島政府文教部長	国頭高等女学校教諭、那覇高等学校長、沖縄大学学長	沖縄県立宮古中学校教諭、琉球政府行政副主席	沖縄師範学校教諭、琉球育成会理事長	琉球大学教授、琉球政府法務局長・行政副主席	国頭尋常高等小学校訓導、琉球政府文教局総務部長	沖縄県視学、宜野座地区教育会長、琉球政府文教局指導課長

（出典）『一九五八年度　沖縄人名事典』1957年、大宜味朝徳編『琉球紳士録』沖縄興信所、1962,1965年ほか。

島にかかわる事象は実証過程の開示をほぼ欠いたまま、結論のみを先行して記すことになるため、あくまで参考として供したい。同群島における教員団体の推移については、先述した復刻企画「占領下の奄美・琉球における教員団体関係史料集成」に添えられる別冊収載の解説を参照。

3 奄美群島の場合、名称とともに団体として戦後に継承された点で宮古群島に類似する。「大島郡教育会改組」『南日本新聞大島版』一九四六年四月一日、玉利源泉「新発足の精神—官製より民主的在り方へ」奄美大島連合教育会『教育大島』一巻二号(推定)一九四七年二月(一巻)。なお、教員団体における機構上の連続性については、役員などの指導者が戦前期には当然化していた支庁長による兼任などではなく、会員による選挙(あるいは推挙などふくむ)を通じて選出されていたかが判断基準になりうる。この基準に照らせば、当該類別にはより精細な判断が必要となる。ここではそうした判断基準にまでおよんでいない。

4 平良好児編『宮古人事興信録』一九五六年、三一頁ほか参照。

5 以上、大島郡教育会『会務報告』一九四一年二月(鹿児島県教職員組合奄美地区支部所蔵)ほか参照。

6 一八八八年生まれの宮城久栄は、一九四二年に同郡教育部会長から退いたため、現職の教育部会長として沖縄戦前後を生きた池村恒章と同一視できない。個人史に即していえば、沖縄戦後、宮城は知念初等学校長などを務めたのち、一九四八年に知念村長に就任し、政界に転出したという経歴をもつ。このかぎりでは人的な連続性を体現したといえる。以上、「教壇より送り出した新村長の横顔(其の一) 宮城久栄」沖縄教育連合会『新教育』一号、一九四八年八月、一一頁(七巻)、崎原久編『琉球人事興信録』沖縄出版社、一九五〇年、一八八頁。次頁の表Ⅲ—17では、一九四三年名簿に依拠して、他の地方部会長における戦後の経歴を一覧化した(以上、一一九頁の表Ⅲ—4と一部かさなる)。同表より、おなじく教育界から政界などへの転出をふくめた場合、教員団体指導者層における人的な連続性は濃厚であるといえる。他方、文教担当部局における人的な連続性については、一再ならず指摘してきた史料的な制約から、とくに一九四三年名簿以降、沖縄戦時下の推移を筆頭に依然、実態解明上の課題をのこす。

7 ただし、八重山教育会については、すくなくとも実態面において単体であったと断定することはできない。すでに当該章でみたように、一九四九年一〇月一日には、連合体を構成した分会に相当するとも解釈できる、与那国教育会が設立されていたためである。八重山教育会『新世代』四号、一九四九年一二月(六巻)。

8 『鹿教組奄美地区支部沿革誌—復帰と復興 その二三年』刊行年不詳(鹿児島県教職員組合奄美地区支部所蔵)参照。

表III—17　教育会地方部会長における沖縄戦後の経歴

1943年時点の地方部会役職名	氏名（生年）／1943年時点の勤務校・職位	沖縄戦後に確認できる経歴
国頭郡教育部会長	幸地新蔵（1891）／名護国民学校・校長	田井等高等学校今帰仁分校校長、沖縄群島政府総務部長、立法院議員
中頭郡教育部会長	渡嘉敷真睦（1891）／中城国民学校・校長	文教学校生徒主事、沖縄民政府視学、中城村長、沖縄群島政府工務部長
島尻郡教育部会長	照屋堅竹（不詳）／大里第一国民学校・校長	不詳
首里市教育部会長	兼島由明（1891）／首里第一国民学校・校長	首里市長
那覇市教育部会長	上里堅蒲（1887）／天妃国民学校・校長	大里村長
宮古郡教育部会長	池村恒章（1889）／平良第一国民学校・校長	宮古郡教育部会会長、宮古織物工業組合長
八重山郡教育部会長	宮城信範（1890）／登野城国民学校・校長	八重山郡自治会副会長

（出典）幸地新蔵先生回想録出版の会『幸地新蔵先生の思い出』1979年、『沖縄名鑑』1954年、51、120頁、崎原久編『琉球人事興信録』1950年、27頁、『宮古人事興信録』1956年、2頁、『八重山人事興信録』1951年、131頁。

（注記）職位名称は各史料にしたがった。①兼島由明の生年は当該史料の発刊時に「当年六十三才」と記されたことにもとづく。②照屋堅竹は『自由沖縄』1946年8月25日に確認できるが、慎重を期して記入しなかった。

9 「連合国最高司令官及び幕僚と本邦首相並びに各省要人との会談要録並びに往復書簡関係」(国立国会図書館所蔵)。

10 ここでは同時代の息吹を伝える好対照をなす史料として以下を挙げるにとどめる。入江道雄『教員組合の知識』文苑社、一九四五年、日本教育会『急回覧　教育会改組の手引』一九四七年参照。

11 文部大臣官房文書課『終戦教育事務処理提要』一輯、一九四五年。長野県における当該審査の実施過程について、森本弥三八『戦後教育の出発―長野県教員適格審査委員会の記録』銀河書房、一九七七年参照。

12 以上、阿部彰『戦後地方教育制度成立過程の研究』風間書房、一九八三年ほか参照。

13 たとえば、以下を参照。Social Rehabilitation: Hanna Watkins, Paper of James Watkins R6-811. ワトキンス文書刊行会『沖縄戦後初期占領史料』四一巻、緑林堂、一九九四年、二二一―二二三頁、Technical Bulletin, Head Quarters Tenth Army Office of the Commanding General, 5 February 1945. 同前『沖縄戦後初期占領史料』二一巻、一五五―一五六頁。参照すべき先行研究に、川井勇「沖縄占領と米軍の教育政策に関する一考察―米軍第一〇軍関係資料の検討を通して」『九州教育学会紀要』一一巻、一九八三年がある。

14 以上、「自第七回至第二六回沖縄議会」琉球政府文教局『琉球史料』二集(政治編二)一九五六年、六九―七三頁。

15 沖縄史料編集所『沖縄県史料　戦後1　沖縄諮詢会記録』一九八六年、四九三頁。

16 この問いについて沖縄教育連合会を事例としてみる。従来、その結成が促された背景として、予算節減と教員俸給の削減という米軍政府側からの指示に対して、行政機構にとどまらない広範な陳情の組織化が図られたことがその要因と一般に目されてきた。以上、軍政府指令二〇号、一九四六年一二月一日のほか、当該陳情について『諮詢委員会から沖縄民政府までの文書及びメモ』(R00000456B)参照。これは直接的な契機の説明としては時代背景に即して整合的である。半面、すでに確認したように、米軍政府の許容、認可がないままに、教員団体の結成はできなかったことを軽視している点で一面的である。

17 たとえば、「政治機構は戦前に近い機構が最も良い」とした、一九四六年四月一日の沖縄民政府会議における米軍政府関係者の発言。沖縄史料編集所『沖縄県史料　戦後1　沖縄諮詢会記録』一九八六年、四三〇頁。

18 一九五四年四月一日から鹿児島県教職員組合に加盟し同教組奄美地区支部となった奄美群島における教員団体については、日本における五五年体制下に組み入れられることになった。このかぎりで他の三群島とはおのずから別の枠組みにおける位置づけと固有の分析が必要である。

補論　移行期を生きた個性たち

一　新里清篤（一九〇九―一九九五年）――教員団体の要として

新里清篤（以下、新里）の社会的活動は大きく四期に分けられる。一期は戦前・戦中の教員として。二期は戦後の沖縄教育連合会から沖縄教職員会まで主事、事務局長として。三期は立法院議員、沖縄自由民主党の幹事長として。四期は琉球洋酒株式会社副社長、ナカマ造園株式会社取締役会長を務めるなど実業界に進む一方、二期から務める対馬丸遭難者遺族会長や、首里城復元期成会副会長としてそれぞれ活動する時期である。[1]このうち本稿では、一期と二期について検討する。それ以降のとくに立法院議員の時期については、方法論を異にした別の分析が必要である。三期以降につながる人脈や考え方については、ここでの検討が前提となろう。

新里清篤『私の戦後史』九集、沖縄タイムス社、1986年より

1　戦前

(1)　教員として頭角をあらわす

一九〇九年三月三一日、新里は、国頭郡大宜味村字根路銘に父清助・母マツの次男として生まれた。大宜味尋常小学校五年の五月、那覇で旅館を経営していた父の兄仁五郎・ナベ夫婦の養子となり、那覇尋常小学校に

編入。家の近くには古本屋があり、一冊一日一銭で借り出せた。「特に『豆本』と呼ばれた立川文庫風の読物との出会いは、私の生涯にわたる精神構造の基礎」となり、のちに水戸学や宮本武蔵、さらには日中戦争以降に吉田松陰や葉隠などに傾倒する前提になったという。[2] 一九二〇年四月、沖縄県立第二中学校に入学。一期先輩には、糸数昌博、稲嶺一郎、池宮城秀意、大浜皓などがおり、卒業時の校長は志喜屋孝信であった。[3] だが、在学中に養父が死去。経済的に沖縄での進学がむずかしくなり、一九二四年[4]の卒業式当日に上京する。東京では沖縄の代用教員を辞めて上京していた長兄の清太郎が出迎え、従兄弟宅に身を寄せた。近くには、早稲田大学在学中の大田政作がいた。さらに一時期、東京帝大教授・高松豊吉宅で書生奉公したがつづかず、兄の勧めで八月には帰郷した。そして翌年三月、沖縄師範学校本科二部を受ける。一九二七年三月、師範学校卒業と同時に短期現役兵として宮崎県都城歩兵第二三連隊に入隊。五ヵ月間の軍事教育を経て、同九月、伊豆味尋常高等小学校の訓導となる。[5] その「一両年ほど前から、特別な興味を覚えていた英語、英文学に凝り出すようにな」り、「研究社の英文学叢書や、月刊の英語研究の外、イギリス本国発行のロンドンタイムスの文芸附録、月刊文芸誌ロンドンマーキュリーを購読したり、小泉八雲の英文学史の翻訳にいどんだり」したことが[6]、戦後の活動に活かされることになる。一九二九年、謝花尋常高等小学校に異動すると、夏休みを利用して軽井沢での夏期大学に参加して英文学の講義を聴講したほか、国頭郡国語同好会世話役として児童文集や標準語指導のための訛言葉集などを編纂している。しかし、謝花校の四年目の年度なかばに塩屋尋常高等小学校に異動すると、「小学校教育にとって直接的には関係のない英語、英文学の勉強をぷっつりとやめて、教育実践そのものに没入するようにな」り、沖縄女子師範学校附属校の高宮広雄、中山興真から芦田式国語教授法を学んでいる。塩屋校在任中には大山千代と結婚した。[7] そしてそれまでの活動が評価され、一九三七年九月には研究訓導として広島県江田島尋常小学校に派遣。豊田校長の便宜もあって、東京高等師範学校の講習会受講、県内外の有名校視察、各種研究会参加などの機会を得た。[8] 江田島での経験は、新里に「『社会環境と教育』という課題への開眼」をもたらす。また、学区内の部落差別と「沖縄に対する無理解と偏見を結びつけ、憤りを禁ずることができなかった」。新里は「沖縄へ帰ったら、家庭教育、社会教育にうちこんでみようと決意」したという。[9] 冬休みを利用して、東京高等師範の講習会のため上京した際には、「日本の牡蠣王」と呼ばれた、いとこ叔父の宮城新昌宅に寄宿している。宮城は「国士的な人で、頭山満翁などに深く私淑し」た。水戸学よりも熊沢蕃山を宮城に勧められ、安岡正篤を紹介されるなどしており、「宮城叔父はわたくしの教育実践の道に新しい火を点じてくださった」と新里は回想している。[10] なお、新里がのちに奉護隊に参加した際、唯一持ち込んだ書物が佐藤一斎『言志四録』であった。[11] 一九三九年四月に郷里大宜味尋常小学校に赴任すると教頭に抜擢され、一九四一年には県下初の『母姉読本』を編纂したほか、婦人教室開設を行っている。[12]『母姉読本』収載の平良仁一校長による「はしがき」によれば、本書は国民学校誕生を記念し、「母姉常会の読本に、或は平生の御読物に使つて頂き、我が国の有難さ、母姉としての御心掛御子様の躾の事等を深く考へて頂くこと」がその意図であった。[13] さらに新里が指導していた根路銘の部落常会が豊平良顕（朝日新聞那覇支局長）によって「日本一の部落常会」として紹介されたのもこの頃である。[14]

(2) 戦意高揚を担って

一九四一年一二月八日の対米英開戦を新里は大宜味国民学校で迎える。新里は緒戦の「相次ぐ大勝のニュースに酔いしれ」たが、翌年四月に本部国民学校教頭に異動すると、海をへだてて伊江島飛行場建設が突貫作業で進められるのを見て、戦争が迫っていることを実感したという。[15] 同国民学校では、本部町の翼賛壮年団副団長となる一方、沖縄県から伊江村の戦意高揚指導員を命じられる。さらに県外の軍需工場に徴用された青年、婦女子の慰問激励の使節を委嘱され、川西航空、川崎造船などの青年、臼杵、小山、彦根、平塚の紡績工場の女子を激励して回った。そのような活動が評価され、沖縄師範学校男子部上級生の教育訓練や、一九四三年の沖縄県教育会夏期総会で「家庭教育について」のテーマで研究発表をしている。そして、一九四三年に沖縄県教学課が『母姉読本』を編纂した際、新里は編集委員の一人となる。[16] 同読本によれば、「戦時下子女教育の重責を擔ふ母姉の教養を高めることは焦眉の急務である」ことが編纂意図とされた。[17] しかし、一九四四年七月七日にサイパン島が陥落すると、状況は一変。沖縄からの疎開実施に際し、新里は教頭という立場から率先して自身の家族を疎開させることになる。また、兄清太郎にも家族の疎開を促した。八月二一日に両家族を乗せて那覇港を出港した対馬丸は、翌日、悪石島沖で米潜水艦ボーフィン号の魚雷攻撃を受けて沈没。身重だった新里の妻と子ども三人、養母の五名にくわえ、兄清太郎の家族七人(妻、子ども六人)が犠牲となる。[18] 失意のなかの一〇月一日、新里は当時の県下最年少校長(三五歳)として瀬底国民学校に異動する。だが、直後の一〇日には「一〇・一〇空襲」で全校舎が焼失。以降、離島の瀬底島から本島の羽地村真喜屋部落の一室を借りて御真影を移し、職員交代で奉護の任務に当った。さらに戦火が近づいた一九四五年二月末、県教学課・永山寛首席視学から奉護隊副隊長の依頼を受け、これを承諾。学校を教頭ほか職員に任せ、羽地村源河山オーシッタイ(大湿帯)部落の県有林事務所に設置された奉護所に向かう。[19] 新里は後年、「ご真影奉護は、わたくしにとって生涯第一の重大な任務であった」と述べている。[20] 三月二〇日頃には全隊員が揃う。隊長は渡嘉敷真睦(那覇国民学校長)、副隊長は新里、そのほか隊員七名で、そこに県立三中少年隊の一〇名が補助員として配属された。昼は桐の奉護函に収めた御真影を背負って避難壕に待避し、日暮れを待って事務所に帰るのが務めであった。[21]

県からの資金もないなか、源河部落から食糧米の特配を得る一方、資金や医療品を兄清太郎に頼った。清太郎が羽地村我部祖河で経営していた武田薬草園には、県衛生課の医療品が保管されていた。[22] 四月にはいり、沖縄本島での地上戦がはじまると、交通の要所であるオーシッタイ部落には避難民が流れ込むが、そのなかに志喜屋孝信・開南中学校長がおり、そのまま奉護所にとどまる。新里は、「先生を迎えたその日から六月三十日までの八十余日間、わたくしは夜毎、毛布一枚にくるまっては、あたたかい先生の体温にふれ、楽しい夢を結ぶことができた。…生涯忘れ難い思い出である」とのちに記している。[23]

県からは、米軍上陸後は隊長判断で御真影を処置するよう事前に指令が出ていた。四月八日、ひとまず昭和天皇・皇后以外の御真影（明治天皇・皇后、大正天皇・皇后）を焼却し、一〇日には難民往来の激しくなった源河山から東村有銘国民学校の勅語奉安小屋に移り、御真影奉護をつづけることになる。新里は「奉護所を離れること約四キロの俗称ターヌワタイに疎開していた沖縄新報総務部長の上地一史君（後の沖縄タイムス社長）を随時訪ねては情報を得ていた」。そして、六月二九日になり、上地から「牛島軍司令官、長参謀長らの自刃と沖縄戦終結の正式連絡を護郷隊長村上大尉から受けた」ことを伝え聞き、渡嘉敷隊長へ報告。翌三〇日には御真影を焼却し、奉護隊としての使命を終えたのである。(24)

2　戦後初期の活動

(1)　沖縄教育連合会結成まで

新里の戦後は一九四五年七月四日に避難場所から下山し、捕虜となったときにはじまる。三六歳の時である。新里は兄清太郎とともにＰＷ（Prisoner of War 捕虜）として田井等収容所に送られた。(25) 数日後、兄と親交のあった比嘉善雄に身柄を引き取られ、比嘉が「市長」（メイヤー）をしていた我部祖河部落の巡査になる。比嘉が新里と接触したのは、米軍から依頼されて志喜屋孝信を探していたためであった。(26) 兄が経営していた武田薬草園の社宅や社屋は避難民に占領されており、新里は兄とともに近くの親川清太郎宅に世話になる。同家の隣の部屋には比嘉秀平一家がいた。夜になると避難民がいた社屋に米兵が女性を襲いにやってきたことを新里は「生き地獄」として記している。(27)

志喜屋の勧めもあって、新里は、一九四五年八月二二日、対馬丸遭難の命日を期に、御真影奉護隊の際に知り合った一五歳年下である有銘国民学校教員の座間味朝子と再婚した。(28) そして、新婚宅にショーランド中尉が突然訪問し、朝子がもてなしたのを機に付き合いがはじまる。(29) 新里は、部落役場勤めに移ったのち、二十歳前後に英語の勉強に熱中したのを買われてショーランド付のキーチの通訳を務めることになった。[30] この時期、新里は規格住宅の建設など、「名護の町づくり」にかかわる。一九四六年二月一一日、新里はショーランドの懇請を受けて、教頭兼英語担任として田井等高等学校に赴任するが、新里に期待されたのは「町づくり」のノウハウを生かした「学校づくり」であった。[31] 七月、新里は担任の四年生が卒業したのを機に退職し、同時に田井等地区文化委員会を組織、事務所を自宅に置き、職員に岸本吉重を迎える。最初の事業として、愛唱歌の歌詞募集（幼稚園児向け、学童向け、一般向けの三部門）を行い、当選二作品は渡久地政一が作曲、屋部和則が舞踊振付を行い、普及活動を行った。また、謄写版とマイク備品を購入して巡回文化講座を開設し、安里源秀（英語）、比嘉松栄（保険衛生）、小橋川カナ（新しい献立とメリケンの利用）、渡久地政一（音楽）らを講師として実施した。[32] 一九四七年一月一三日、当銘由金、比嘉栄祐、牧志朝三郎らの呼びかけによって、田井等地区教育会が発足し、新里は初代主事となる。事務所は新里の自宅、書記は岸本であり、田井等地区文化委員会がそのまま衣替えした形となる。事業として『教育時報』発刊、巡回講座、教科研究会、文化講座開設などが行われた。[33]

(2) 沖縄教育連合会時代

一九四七年二月一四日、教連[34]が結成されるが、専任主事の人選は難航し、四カ月余も空席がつづく。六月末、新里のもとを安里延が訪れ、教連主事への就任を依頼。新里は、「おたがい沖縄の将来のため教育の職に骨を埋める気で頑張ろうではないか」という「殺し文句」に説得され引き受ける。[35] 渡嘉敷真睦の推挙もあったという。[36] 翌年二月五日に沖縄民政府知事官房内に情報課が新設された際には、課長就任を求められたが断り、友人の船越尚武を推薦。その後、企画室長の依頼もあったが断ったという。[37]

新里は教連機関誌『新教育』一号、一九四八年八月（七巻）に寄稿している。戦前の教育会について、「今日の如く会員互選による会長真に会員の各層を代表する代議員又は各種委員会への女性の参加等は遂に実現を見ず、結局官僚封建的組織のまゝで終つてしまつた」のであり、「会員と全然遊離した組織」だったとして、「新しい吾々の教育会は先ずこれを真実に全会員のものたらしめ、教育会事務所を教育者のメツカにまで強め、浄めねばならない」と論じた。そうしたなかで、第一の課題として、教育者の生活保障、俸給引き上げをかかげる。そして、共済組合の設立を取り上げ、医療費問題、生活物資の共同購入、学校での生産品販売、福利施設の建設などを挙げていた。(38) 一九四九年三月から六月にかけて、稲嶺一郎がＧＨＱの調査員として沖縄に派遣された際、新里宅にも何度か訪ねており、稲嶺が西銘順治に会う際には誘われて同行している。(39) 稲嶺の目的は、「米軍政がうまく機能していなかった沖縄における反米感情の原因と共産主義活動の状況を現地で探り、その対策について提言する」ことであり、そうしたなかで反共政党の組織化が可能な指導者として挙げたのが、安里延、西銘順治、崎間敏勝の三名であった。(40) それをふまえれば、新里もその協力者として期待できる人物だとみなされていたのであろう。

一九四九年七月の「グロリア台風」で家がつぶれ、新里一家は、沖縄民政府知事の事務室へ避難する。隣の船越尚武一家も避難してきたところに、当間重剛が見舞いに訪れ、「大酒宴」に興じている。その翌日、御礼の挨拶に当間を訪れた際、民政府の那覇移転を聞くと、松岡政保・工務部長、元教員で旧知の仲である翁長助静・真和志村長らの協力を得て、一一月下旬には栄町（旧女子師範・一高女跡）に教育会館を完成させている。(41)

一九五〇年九月一七日に実施された沖縄群島知事選に際しては、那覇在住の大宜味村人会一新会会長であった新里は、同郷である平良辰雄の推薦人の一人となる。(42) 知事選後、平良の依頼に応えて、文教部長に屋良朝苗、副部長に仲宗根政善を推挙し、みずからも両氏に就任を要望している。(43) 新里は選挙を省みて、「選挙民の審判が正当」であること、『「正しい者が勝つ」』事が明かにされたように思う」と述べている。(44)

知事選前の六月、米国教育協会事務局長、ウイリアム・Ｇ・カー博士から新里宛に米国視察の招待状が届いていた。滞米中の比嘉善雄とワシントン在住の島庄寛の斡旋によるものであった。もう一人の招聘者、小波蔵政光（文教部学務課長）とともに、一一月一五日にホワイトビーチを出発し、翌年六月五日に嘉手納飛行場に帰着するまで、半年余の旅程で、「国連本部、国防省、NEA、各州の教育会、全米PTA本部、小学校から大学、特殊教育学校、インディアン・スクール等の教育施設の外、州議会、工場、製材所、刑務所、農家の視察、4Hクラブ、FTA、FFA、ロータリークラブ、ボーイスカウトなどの諸行事の見学、またいくつかの州で知事や議会指導者との会談など枚挙にいとまがない」というものであった。途中ショーランドと再会したほか、沖縄出身の移民者からの世話も受けている。シカゴ滞在中に日本人総会に招かれた際には、日の丸掲揚に対して「敗戦後日の丸と遠ざかっていたわたくしの胸にジーンと沁みるものを感ずる」ものがあったという。教育に直接関わっては、「学校現場に見るアメリカ教育の第一印象は、周到な計画性であった」として、帰任後には「年間行事表」を作成し、各学校に配布している。また、社会教育やPTA活動などにも関心を寄せているが、総体としてこれまでの教連での活動に自信を得たようである。(45) 滞在中には『新教育』一四号、一九五一年一月、一五号、一九五一年四月(以上、七巻)に会員への手紙という形式で「アメリカ便り」が掲載されている。行程や教育関連組織の紹介や各種学校参観の感想などが記されているが、とくに「私は何はおいても実業教育の振興が沖縄教育の最大の課題のように信じています」と記している。(46) 帰任後には、講演のほか、『沖縄タイムス』に「沖縄教育の目標(一)―(六)」(一九五一年七月二九日―八月三日)を連載。沖縄教育の現状をふまえて、米国の教育事情や、指導者組織、実業教育などについて論じている。

教連は、その後の沖縄教職員会に比して低く評価されてきた。だが、新里や教連時代に各地区の主事として活動した当事者からするとそれは納得しがたいものであった。新里の著書『回想と提言　沖縄教育の灯』には、教連時代の地区教育会主事六名が寄稿して(47)当時の活動を具体的に振り返り、活発で内容のあるものであったと述べている。新里は「地区の各主事はまさに一騎当千の人士が揃い、多彩な活動を展開していたが、特に貿易庁を通ずる諸物資の共同購入事業にとり組み、教職員の教壇活動と生活援護に貢献してくれた」と記す。(48)

3　沖縄教職員会事務局長として

(1) 沖縄教職員会での活動

一九五二年四月一日、教連は沖縄教職員会に改組され、新里は事務局長となる。専任の会長として屋良朝苗・前文教部長を迎え、戦災校舎復興運動とともに祖国復帰運動を展開していく。[49]だが、一九五三年一二月二五日に奄美が復帰するなかで、共産主義と結び付けつつ復帰運動に対する弾圧が激しさを増していく。戦災校舎復興運動についても、一九五四年四月、本土側の募金贈呈式出席のために行った屋良会長と喜屋武真栄・政経部長の渡航申請が却下される。新里はこの事態を打開するため、上地一史・沖縄タイムス編集局長の協力を得つつ、国民指導員の組織である「みどり会」（後述）の会長としての立場を強調して渡航申請を行い、即日公布を受けた。贈呈式自体の阻止が不可能となったからか、結局、屋良、喜屋武への交付も行われた。新里は、教連以来、米軍との協調を図っており、当時も栄町教育会館にオグデン民政副長官の政治顧問である小池卯一郎が「しげしげと訪ねてきたり」、松岡政保や比嘉秀盛市町村会長らとオグデン宅に夕食に呼ばれる関係にあった。新里は屋良に相談せず「裏口から工作を進め」たのである。[50]五月下旬には、バージャー民政官が屋良会長と新里事務局長を呼び出し、戦災校舎募金と復帰運動を批判し、直接圧力をかける。結局、屋良は会長を辞任するにいたるが、七月一一日の第二回定期総会で再任された。新里らが「どうしても屋良会長の再任をはからねばと考えて工作を進め」た結果であった。[51]

(2) 日本教職員組合との距離

新里は、一九五四年一月二二日に静岡市で開催された日本教職員組合（以下、日教組）第三次教研集会および婦人教育研究協議会に派遣される。女教師二名と共に登壇して挨拶し、祖国復帰を訴え、沖縄返還のための行動を要望した。その際、「このような教研集会ではなく、あくまでも〝教育そのもの〟〝こどもそのもの〟を見つめ、政治やイデオロギーに毒されぬ純粋な教研集会を目標にせねばと強く心に期して帰任した」という。[52] また、新里は新垣孝善・総務部長とともに、「愛の教具」輸送業務を処理するため三ヵ月間東京に滞在した。[53] その際、日教組の大蔵交渉に参加する。新里によれば、「目撃した光景は、わたくしの全く想像していない暴言、暴力、野次の渦、そのものであった。……何としても良識と礼節の一かけらもない闘争という名の交渉に、わたくしは幻滅を感じ、各団体との連帯による日教組の運動にうたがいと警戒、そして嫌悪を覚えた」という。[54]

これらはもちろん後年の回想であるが、日教組とかかわった経験が自身の転機として大きな印象を残していたということはいえるだろう。

(3) 対米関係

新里の活動を見るうえで重要なのが対米関係である。[55] みずからも米国に派遣された新里は、国民指導員などに呼びかけ「みどり会」を結成した。その目的は、「一、会員の親睦を図り、二、米琉の理解と親善を増進し、三、琉球復興に関する諸問題を研究し推進する」というものであった。[56] 会の名称は知念朝功によるもので、「会員は政官界、経済界、教育界、文化界、婦人を含め多方面にわたり、その数は百名をこして」おり、上記目的のため、「親睦的な会合、米要路とのパーティ、在米県人の帰省の際の歓迎会など催した」。[57] 一九五四年には約四〇名の見聞をまとめて『みてきたアメリカ』を編集している。

新里も述べるように、「米軍政府の沖縄統治政策の中で教職員会対策は極めて高い比重を持つものであった」。[58] 先述のオグデン民政副長官宅での夕食会の際には、沖縄の教職員への日本共産党の影響力について探りを入れられている。とくに反共主義による抑圧はディフェンダーファー教育部長時代に激しかった。新里は「誠心誠意双方のパイプ役として腐心し」、時に屋良会長にも秘した行動を行っている。さきに触れた一九五四年の本土側募金贈呈式出席のための屋良らへの渡航拒否への対応のほか、ブラムリー首席民政官との会談で屋良会長が辞任に追い込まれた際、米国民政府のザレスキー情報局長と接触して関係を修復したという。[59] しかし、いつも「パイプ役」にのみ徹していたわけではない。新里は「軍政と基地にかかわることでは、正面から立ち向った」のであり、「わたくしの対米姿勢は常に是々非々の態度を堅持し得た」と主張する。その最も大きなものが島ぐるみ闘争である。教職員会はその先頭に立ったが、新里も「わたくしの生涯で初めてという程に燃えに燃えて行動した」という。[60]「会員のM君が伊佐浜で憲兵に逮捕され、その救出に単身憲兵隊本部にのり込んで釈放してもらったり、伊佐浜区民の救済運動をしたり、伊江島村民の激励に行ったり、小禄の具志部落の接収抗議集会で安里積千代氏らとともに激励演説をした」。また、第二次琉大事件で学生六名が退学となり、本土大学に転学した際には、教職員会として学資支援に奔走している。[61] さらに一九五七年にある青年教員が東京での日教組全国青年部長会議に参加した際、その旅程で復帰運動を行い、砂川闘争にも参加したことを理由に米軍に退職を迫られ、CIC（Counter Intelligence Corps 米陸軍対敵諜報隊）の取り調べが繰り返された際には、教職員会あるいは新里個人として物心両面で、本土での再就職を支援している。[62] 一九五八年一月一〇日の民立法による教育四法の実現にあたっては、米軍との駆け引きも行っている。屋良会長、新里事務局長は米国民政府のバーツ情報部長と会い、一二日に行われる「那覇市長選はいま全く予断を許さぬ接戦だといわれるが、万一平良氏が落選することがあるならば、それは軍の教育四法の拒否によるものだ。ということを早急にモーア弁務官府へ上申してほしい」と伝え、数時間後に高等弁務官の承認が下りたのである。[63]

(4) 対馬丸

新里は、「私自身五人の家族を奪われたことと、教職にあったという責任感から」、生涯をかけて対馬丸事件にかかわることになる。[64]

一九五四年五月、愛知県学童のグループ「すずしろ会」の一円募金をもとに、波上山護国寺境内に「小桜の塔」が建立された。一九五六年、新里は護国寺住職の名幸芳章大僧正から遺族関係者でつくる小桜会の会長就任を求められ了承。一九五七年には小桜会を解散して、あらたに「疎開船対馬丸遭難学童遺族会」が結成され同会長となる。そして、一九五八年以降、本土政府への遺族に対する援護の陳情を開始。一九五九年には、護国寺境内の狭隘地にあった塔を旭ヶ丘公園内に移設して新塔を建立している。[65]

(5) 事務局長退任

教連、教職員会の主事、事務局長として活動したあいだに新里は多くの組織の結成にかかわった。沖縄教育後援連合会（本書「組織」を参照）をはじめ、校長協会、子どもを守る会、四群島教職員団体協議会、児童文化協会、（教職員会、文教局、琉大など教育関係八団体による）八友会、民主教育協会、僻地教育振興会などの教育関係組織や、在京留学生のための沖映寮建設、さらには祖国復帰期成会、沖縄土地を守る会などの全県民運動団体である。くわえて琉球政府から、政府立公園審議委員会副委員長、文化財保護委員、新生活運動委員、失業対策委員、緑化運動委員などの委員委嘱も受けた。[66] これらは琉球政府と新里の個人的なつながりというよりも一九五〇年代の教職員会の立場、特徴を示すものというべきものであろう。一九六〇年六月、新里は任期満了を期に教職員会事務局長を退任する。新里は「あいさつ文」のなかで、「その理由は一言で申しますれば選手交代の原則に従って事務局の気分を清新にすることであります」と述べた。[67] しかし、五一歳という働き盛りであり、秋の立法院選への出馬が念頭にあったことは疑いない。実際、七月五日には出馬の噂、一九日には確定的と報じられ、九月一八日に沖縄自民党の第一次公認候補として正式に推薦されている。[68] 立法院選出馬は、「大田主席の強い要請と長年親交を深くして来た知友諸氏の勧めによるものであった」[69]。大田主席の出身地区である第一区、しかも社大党の現職に挑む形で出馬する。

新里は、一九五九年一〇月に保守合同によって誕生した沖縄自民党がかかげた「『伝統に立つ進歩的な新保守主義』の理念と『積み重ね方式による本土との一体化』という現実路線に共鳴した」とする。[70]当選後、「教職員会という組織の中で教育問題と取っ組み、とくに痛感したのは政治の強化が先決であるということ、国際情勢を考えた場合、沖縄の地位はあと十年で見通しがつくと思う。つまり沖縄にとって最も大事な時期に私の全力を諸問題解決のために打ち込んでみたい」と述べた。[71]新里は一年生議員ながら党幹事長となる。ただ、新里はその後、教職員会と完全に袂を分かったかといえば、かならずしもそうではない。たとえば、沖縄自民党が参加しなかった沖縄県祖国復帰協議会について、「県民の祖国復帰の悲願をもとに展開された、復帰協を主軸とするたゆまぬ運動」として肯定的に評価していることは興味深い。[72]さらにキャラウェイ旋風のなかで沖縄自民党が分裂、再合同して沖縄民主党となり、幹事長の職を離れていた一九六五年二月、日本社会党沖縄訪問団が来島した際、教職員会への影響力伸張が懸念されるなかでワトソン高等弁務官に送った親書に、新里は教職員会への評価として以下のように書いている。[73]

一、決して赤い頭の丹頂鶴といわれる日教組的なイデオロギーで指導され運営されている団体ではない。

二、この組織の指導的人々は、元来真面目な教育者であり、思想的に穏健であり、むしろ純日本的な人士たちである。

三、沖縄が何事につけ日本の影響を直接的に敏感に受けることは当然のことで、そのため若い教師たちの中に日教組の影響をうけている者がいるであろうことはいうまでもないが、その勢力は決して教職員会の支配的なものではない。

新里は、自身の所属した時期の「教連、教職員会は常に『沖縄の良心』『沖縄のバックボーン』の名で全県民に愛され支持された」と記しているが、[74] 一九六五年の段階では、まだそうした側面が維持されていたとみていたのであろう。

最後に戦前・戦中・戦後を挟んだ新里の社会的活動における特徴を指摘したい。ひとつは、戦前来の地縁や学閥、職務上の関係にもとづく人間関係が戦後に大きな役割を担ったことである。それは戦後の沖縄では教育界出身者が政治の中心に大きな地位を占めていったことも重要な前提となっている。もうひとつは、キャリア形成についてである。教員となった直後の英語学習、研究訓導の際の社会教育への関心、『母姉読本』編纂などの経験は、戦後の活動に活かされていくことになった。

ここでは十分触れられなかった点もある。それは、新里の深層ともいうべき対馬丸事件、そして沖縄戦についてである。新里は後年、つぎのように述べている。[75]

わたくしは、二十万のわが同胞の生命を奪い、わたくし自身母、妻、三人の子を失った沖縄戦を心の底から呪ったが、アメリカ及びアメリカ人に対しては憎しみを感ずることはなかった。冷静に日米戦争のよって起った原因と戦争の展開、さらに占領後の施政の現実と、伝えきく日本軍の占領地における暴虐の行為と思い比べ、敵意を抱くべき何ものもないと考え至ったからである。

時間軸が相当圧縮されたかたちで書かれているが、対馬丸遭難を伝え聞いた直後からこのように考えるにいたるまでのあいだには相当の葛藤があったことは想像に難くない。他者からの印象では「対馬丸による例の学童疎開事件で母堂、夫人、愛児のすべてを失っていながら、平素一言もこのことに触れずに淡々としてあくまで明朗活達に活動をつづけ」、その姿には「崇高なるもの」が感じられたという。[76] 黙して語らなかった新里は、その後、対馬丸遭難者遺族会長としての活動を積極的に行っていく。一九六〇年代以降の新里については、立法院時代とともにこうした点もさらに検討していくことが必要であろう。

（櫻澤誠）

［補注］

1 沖縄県議会事務局編『沖縄県議会史』二二巻資料編一九（議員名鑑）、沖縄県議会、二〇〇七年、一一八頁。
2 新里清篤『沖縄ばんざい』一九八九年、九—一四頁。
3 新里清篤「私の戦後史」『私の戦後史』九集、沖縄タイムス社、一九八六年、一二頁。同前『沖縄ばんざい』六〇頁。
4 前掲「私の戦後史」には一九二一年とあるが、新里が寄稿している江崎玄編『泉—次代への贈りもの—〈沖縄編〉』星文社いずみ編集部、一九九一年の略歴にもあるように、一九二四年の誤りであろう。
5 前掲「私の戦後史」一三—一四頁。
6 前掲『沖縄ばんざい』一九—二〇頁。
7 前掲「私の戦後史」一七頁。同前『沖縄ばんざい』二三—二四頁。
8 前掲「私の戦後史」一八頁。
9 新里清篤『回想と提言　沖縄教育の灯』一九八一年（以下『回想』と略記）四六—四七頁。
10 同前、一三八—一三九頁。なお、新里は「世界の牡蠣王」と記している。
11 同前、二四頁。
12 前掲「私の戦後史」一七頁。
13 『母姉読本』国頭郡大宜味国民学校、一九四一年。
14 前掲「私の戦後史」一七頁。
15 同前、二二頁。
16 同前、二二頁。前掲『回想』、四八頁。
17 『母姉読本』沖縄県教育会社会教育研究部・沖縄県教学課、一九四三年。

18 前掲「私の戦後史」二二―二三頁。前掲『沖縄ばんざい』四〇―四四頁。新里「胸いっぱいの悲しみと怒り」新里清篤編『記録と証言　あゝ学童疎開船対馬丸』対馬丸遺難者遺族会、一九七八年、一九一―一九七頁がもとになっている。
19 前掲『回想』二二―二四頁。
20 前掲『沖縄ばんざい』四五頁。奉護隊の時の記述は、新里清篤「御真影奉護」沖縄市町村長会編『地方自治七周年記念誌』沖縄市町村長会、一九五五年、五三―五四頁がもとになっている。
21 前掲『回想』二四―二五頁。
22 同前、二五―二六頁。
23 同前、二七―二八頁。
24 同前、二八―三一頁。
25 前掲「私の戦後史」一八―一九頁。
26 前掲『回想』三三―三四頁。
27 同前、三五―三六頁。
28 前掲「私の戦後史」一九―二〇頁。
29 前掲『回想』三七―三八頁。
30 新里清篤「平和を祈って」、前掲『泉―次代への贈りもの―〈沖縄編〉』二三二頁。前掲『回想』三四頁。
31 前掲『回想』三六―三七頁。前掲「私の戦後史」二〇頁。
32 前掲『回想』四五頁、四九―五二頁。
33 同前、五二頁。
34 教連の結成過程と活動については本書「組織」を参照。
35 同前、六八―六九頁。
36 前掲『沖縄ばんざい』五九頁。
37 前掲『回想』九三頁。
38 新里清篤「私の抱負　教育会後援会の運営について」『新教育』一号、一九四八年八月、二四―二七頁（七巻）。
39 前掲『回想』一〇八頁。

40 江上能義「沖縄議会総辞職事件と稲嶺一郎の琉球視察報告書」琉球大学法文学部『政策科学・国際関係論集』三号、二〇〇〇年、一七頁、一九頁。
41 前掲「私の戦後史」二七―二八頁。前掲『回想』九六―一〇一頁。当間の回想については、当間重剛『当間重剛回想録』一九六九年、一二五―一二六頁参照。
42 一九五〇年九月一二日付の『琉球新報』『沖縄タイムス』両誌に掲載された「推薦状」には新里清篤が名前をつらねている。
43 前掲『回想』一二三頁。
44 『沖縄タイムス』一九五〇年一〇月一二日。
45 前掲『回想』三八頁、一二二―一三三頁。
46 新里清篤「アメリカ便り」『新教育』一五号、一九五一年四月、三〇―三二頁（七巻）。
47 山川忠正（元田井等地区教育会主事）、新垣茂治（元前原地区教育会主事）、仲村喜忠（元那覇地区教育会主事）、徳里元康（元糸満地区教育会主事）、喜久山添采（元石川地区教育会主事）、上原健明（元知念地区教育会主事）。
48 前掲『沖縄ばんざい』一二三頁。
49 前掲「私の戦後史」三三頁。教職員会の活動については本書「組織」を参照。
50 前掲『回想』一四六―一四九頁。
51 同前、一六六―一六九頁。前掲「私の戦後史」三五頁。
52 前掲『回想』一五六―一五八頁。
53 同前、一五〇頁。
54 同前、一五四―一五五頁。
55 真栄田義見は、沖縄教職員会の「正史」において新里の評価が低い理由として、「軍に接近し過ぎた」ことを挙げている。真栄田義見「序にかえて」、前掲『沖縄ばんざい』四―五頁参照。
56 新里清篤「あとがき」新里清篤編『みてきたアメリカ』みどり会、一九五四年、一六六頁。
57 前掲『回想』一八〇頁。
58 同前、一八四頁。
59 同前、一八四―一八五頁。

60 同前、一八七—一八八頁。
61 同前、一九一—一九二頁。
62 吉川斐出夫「青年教師だった日に」前掲『回想』二八八—三〇三頁。
63 前掲『回想』一八五—一八七頁。
64 前掲「私の戦後史」三七頁。
65 前掲『回想』一七一—一七三頁。その後の活動をふくめた詳細については、前掲『記録と証言　あゝ学童疎開船対馬丸』参照。
66 前掲『回想』一八九—一九〇頁。
67 同前、一九五頁。
68 『琉球新報』一九六〇年七月五日、七月一九日夕刊、九月一九日。
69 前掲『回想』二〇四—二〇五頁。
70 前掲「私の戦後史」三五頁。
71 『沖縄タイムス』一九六〇年一一月一九日夕刊。
72 前掲『回想』二〇三頁。
73 同前、二二九—二三〇頁。
74 前掲「私の戦後史」三五頁。
75 前掲『回想』一八四頁。
76 事務局長退任時の記念品贈呈「趣旨文（一九六〇年七月八日）」。前掲『回想』一九九頁。

二　砂川フユ（一九〇二―一九八六年）――沖縄初の女性校長

砂川フユは、一九四八年に沖縄ではじめて、女性で校長となった人物である。しかしその功績に比して、これまで余り注目されてこなかった。校長在職期間が短かったこと、著書や伝記がなく情報がすくないことが理由として挙げられよう。そこで本稿では、資料の検索収集に努め、可能なかぎり足跡を辿り直すことをこころみる。沖縄社会がどのように女性校長を生み出し、育んだのか、育まなかったのか。彼女の人生の軌跡に注目することで、沖縄教育界における女性の位置付けをめぐる時代の変節、エリート女性の活躍と苦悩、シングルマザーとしての生活、離島という地域性といった特徴が浮かび上がる。

砂川フユ　撮影年不明（関係者所有）。許可を受け筆者が複製。

なお、名前について、資料により「冬」、「ふゆ」などの表記も見られるが、本稿では引用文などをのぞき原則的にフユと表す。

1　先行研究とフユによる著作一覧

管見のかぎり先行研究は、仲宗根將二、奥濱幸子、下地節子によるそれぞれ数頁の人物解説がある。(1) 宮古出身の著者たちによる重要な研究であり、本稿もその成果に基礎を置く。なお、下地はフユの教え子でもある。(2) これら解説が掲載された媒体の特性から、フユは、宮古の歴史や女性史、沖縄県の女性史において重視されていることがわかる。ただし、それらは事典や新聞など字数がかぎられた媒体であり、出典情報がすくないと

表補論―1　砂川フユ著作一覧

番号	著作名
1	沖縄県女子師範学校同窓会『会報』5号、1930年（石垣市立図書館所蔵）
2	砂川フユ「反省」沖縄県女教員研究会『会誌』2号、1935年（石垣市立図書館所蔵）
3	砂川冬子「私の心境と立場」沖縄教育連合会『新教育』通巻7号（2巻4号）、1949年9月（7巻）
4	砂川フユ「正月行事は政府の提唱する実践要項で率先垂範実践せよ　生活改善グループ」琉球政府経済局農務課『普及ニュース』2巻11号、1954年
5	砂川フユ「婦人の権利擁護に努力を」沖縄婦人連合会『おきなわ婦連新聞』16号、1958年4月15日
6	砂川フユ「琉球における生活改良普及事業」『今日の琉球』通巻20号（3巻6号）、琉球列島米国民政府、1959年
7	砂川フユ「十周年をお祝して」宮古婦人連合会『十周年記念誌』1960年
8	砂川ふゆ「よい家庭を作ることが国を繁栄させる道」沖縄婦人連合会『おきなわ婦連新聞』53号、1961年7月15日
9	砂川フユ「アメリカで魅せられたもの」琉球政府経済局林務課『みどり』15号、1962年
10	砂川フユ「ふんだんに水の使える生活を」金城五郎編『沖縄公論』通巻8号（3巻3号）、沖縄公論社、1963年
11	砂川フユ「思い出」（初出、1962年）北小学校創立百周年記念事業期成会『北小学校百年』1983年
12	砂川フユ「恵敷先生と宮古婦人連合会」砂川恵敷伝刊行会『うやまいしたいて―砂川恵敷伝』1985年
13	砂川フユ「記念誌によせて」創立五十周年編集委員会『宮古高等女学校創立五十周年記念誌』1986年

いうやむを得ない面もある。そこで現在までに筆者が確認することのできた本人による著作について掲載誌発行順に一覧化しておく。これは本稿の第一義的な成果といえるだろう（これらの資料を以下に引用する際、表補論1―当該番号で表す）。なお、先行研究には、フユの手記、自伝録、遺稿集などの表現があるが、(3)これは出版されたものではなく、遺族所蔵の非公開手書きノートであり、退職後の詩作が中心となっている。(4)

2　宮古島の名家に生まれて

フユは、父・砂川真修、母・カナの次女として、一九〇二年一月一八日、砂川間切西里村に生まれた。父真修は、一八九六年に帝国大学農科大学農学科乙科を卒業したのち、(5)宮古島にもどり、土地整理事業や農村の産業改良にたずさわり、また宮古郡産業組合、宮古郡砂糖同業組合を設立、一九一三年から県会議員を一期四年務め、さらに宮古初の通史[6]刊行に協力するなど、近代宮古を築いた名士として名高い[7]。ただ、産業組合の解散で莫大な借財をかかえるなど、経済的にはめぐまれなかった[8]。しかし、子どもたちにせめて学問だけはと三男七女全員を中等学校以上に進学させたという[9]。

娘たちはハツ、フユ、ナツ、ウメ、アキ、ハル、マサで、沖縄女子師範学校（以下、女子師範）や第一高等女学校（以下、一高女）を卒業し、全員が宮古で教員となった[10]。息子たちは、真一、真二、真吉で、真一は沖縄県立第二中学校在学中に病で早世し[11]、真二は陸上選手で日本体育会体操学校を卒業後、八重山農林学校教員となった[12]。

3　学生生活

平良尋常高等小学校に入学し、六年生までは楽しく過ごした[13]。一六人が進学した高等科では、怖かった思い出が多く、男生徒とは二年間口も利かず、まともに顔をみたこともなかったという。男生徒は秀才揃いの腕白揃いで、女生徒に石を投げてはよく校長室に立たされていた。受験勉強の成果が実り、一九一六年、フユは宮古から一人、女子師範に入学する。その際、海が荒れるなど色々あって、沖縄に着くのが予定よりも数日遅れ、その間の授業を受け損ねてしまった[14]。すると「英語では、同級生がもう文章を読めるようになっているなか、自分はアルファベットもわからないような状態で、とてもたいへんな思いをした」という。また、「学校では、教師を養成するためにとても厳しい教育が施されていた。寮では朝から消灯時間まで決まりがあって、勉強するのが当たり前。食事の後の寝る前の数時間は、みんな机に向かっていて、先生が見回りにきた。外出は日曜日だけ、門限は五時で、映画は厳禁」というような学校生活を過ごした。父・真修の県会議員の時期とかさなり、二学年下に妹ナツが入学したことは、宮古と離れた沖縄の地で心強かったことだろう。

4　初赴任

一九二〇年に女子師範を卒業し、宮古で教員生活の第一歩を踏み出した。当時、フユの母校は、男子部（平良尋常高等小学校）と女子部（平良女子尋常高等小学校）に分かれていて、初赴任は男子部の方に決まった。

(1)　平良尋常高等小学校

「ハイカラな美人先生が来た」と男子生徒の人気の的となる一方、[15]「全員が男の先生なので教員室にも行きにくくて、教室の隅っこで翌日の授業の準備などを一人でやっていた。男の先生が通っただけでも、顔を上げられなかった」という。[16] 学校を出たばかりで教壇に立つのがはじめてであったこと、男子部であったことでかなり苦労したようだ。「受け持ちは四年で、長い袖の着物に海老茶袴、草履に足袋ばき姿で教壇に立ちました。毎時間の教案を筆でかくのが一苦労でしたし、教室のすぐ前の運動場で号令をかけて体操を教えるのが恥づかし」かった。「運動会には指揮台に上って自分の組の指揮をするのでその日は私に取って最悪の日でした」。「受持の生徒はよく慕ってくれたので可愛いかったが、外の生徒が廊下や窓にたったり、女子部の生徒迄『女の先生が男を教えているそうだから見に行こう』と…のぞきにきたり、運動場を静々と歩いている後から上級生が袴の裾をからげて立往生させる等、いやはや教師の権威とやらも何処へやら、恥づかしがり屋で、いともおしとやかな？私は何の因果？で男の中に只一人いて苦しむのかと嘆いた」（傍点筆者）という（表補論1―11）。

フユは同校ではじめての女性教員として周囲から注目を集めたのだろう。[17] ここでは、女性教員が学校で「劣位」に置かれていた状況がよく表れている。それに対し、対抗心ではなく、羞恥心が語られており、フユのひかえめな性質がうかがえる。その後、教室である事件が起こる（同前）。

赴任間もない頃の習字の時間でした。いつも手こづっていた一生徒がみんなから紙を一枚づつ集めていたので、席につくよう注意するとニタリと笑って、窓の方へ紙を投げたので、紙は風のまにまに近くの支庁へとんで行きました。外の生徒はよろこんだ。ヒョーイ、〳〵とかけ声も勇ましく紙の後を追うてかけ出しました。全く収拾がつきません。

回想には記されていないが、じつはこの「紙ヒコーキ事件」には後日談があるという(18)。結局、となりのクラスの男性教員がきて収集させる事態となり、フユは担任を代えられることになった。ある日、その男子生徒が、祖母に連れられて、ゴーヤと自分で育てた鶏を持って、「先生のクラスに入れて下さい」と言って自宅まで謝りにきた。たいへん反省している様子で、気持ちも通って、可愛らしく思った。

(2) 平良女子尋常高等小学校

フユは、生徒を処しきれなかったことに責任を感じ、また自信をなくして、学校を辞めたいと退職を願い出たという。ところが、女子師範卒業の教員は四年間辞めることができない規則になっていたので、「どうしてもと言うなら別の離島に転勤させることになる」といわれて仕方なくのこることになった。翌年に姉ハツもいる、となりの女子部に異動することができ、勤めやすくなったという。ここでは、教師としての責任感の強さがうかがえる。さきのエピソードが示していた「控えめさ」と、このエピソードが示す「教師としての責任感の強さ」というふたつの性質は、フユの教育活動を通して貫かれることとなる。

こうして無事に四年間の勤務を終えたフユは、教員を退職し、親の決めた相手と結婚することになった。宮古出身で、現在の一橋大学を卒業後、新潟で教職に従事していた池間恵祥である(19)。

5　エリート教員への道

結論を先取りすれば、この時期のフユは父と弟の死や夫との離縁など生活状況はたいへん困難であったが、教員としてもっとも成長し、輝き、充実していたと捉えられる。新潟で暮らしていたフユだったが、もともとあまり丈夫ではなく身体の調子を崩しがちになり、養生のため、宮古島に帰郷することになった。[20] 実家に滞在するうちに帰りそびれ、家庭の事情もあり離縁となった。

一九二九年に父・真修が五七歳で死去。末の妹二人が女子師範、一高女に在学中、ふたりの弟とフユの一人息子はまだ幼く、フユが砂川家の大黒柱として借金の整理返済に二〇年ちかく苦闘することとなる。[21] また、宮古では、第一次大戦の影響による折からの不況で仕事を求めて台湾にわたるなど、教員の転出者が増加しており、フユのような有資格者が必要とされていた。

(1) 鏡原尋常高等小学校

フユはふたたび教壇に立ち始める。正確な時期は不明だが、一九二九年には訓導として勤めており、[22] 当時の教室の様子を以下のように記している（表補論1―1）。

二九年四月六日、始業式、「新入生ノ受持ヲ言ヒ渡サレテ受取ルベク何ノ準備モ無イ事ガ非常ニ不安ニ感ジラレテナラナカツタ。ガ子供達ニ接シタ時罪ノ無イ顔ニ教師ニ対シテ大キナ信頼ヲ投ゲカケテヰルヤウナ様ガ堪ラナク可愛クナツテ今先ノ不安ハ薄ラギ『此ノ可愛ラシイ天使達ヲ其ノ儘直ニ純ニ育テテヤリタイ』ト云フ大キナ希望ガ湧イテ来タ」。

四月一〇日、入学前の調査で、「文字ヲ全ク知ラヌ者ガ八十％以上アル事ト五マデシカ数ヘル事ノ出来ナイ者ガ約五十％アツタ事ト前ノ学用品調査ニ於イテ殆ンド皆無デアラウト思ツタ学用品不揃ガ数人アツタ事ニ依ツテ…多クノ子供達ガ家庭ニ於イテハ余リ顧ミラレテ井ナイ事ガ可愛想デナラナイ。其ノ子供達ハ教育ノ全部ハ学校教師ノミニ依ツテ掌ラレルモノデアルカト思ツタ時恐ラシクナツタ。『預ツタ子供達ノ教育ハ中々至難ナル哉』ト叫ハズニハ居レナイ。『教育ハ絶エザル努力ニ依ツテノミ順調ニ培ハレテ行ク事ヲ私ハ信ズル。私ガ強キ責任感ト温カキ愛情ニ富ミ、ソレニ伴フ健康体ト実行力ノ旺盛ナル教師デアツタラ子供達ハ救ハレルノデアラウガ』」（傍点筆者）。

数年のブランクを経て教壇に立ったフユが、まずは不安を覚え、子どもたちの可愛らしさと窮状（学用品不足、識字率の低さ、家庭教育のすくなさ）に触れるうち、母性的心情と教師としての自負をどんどん強くする気持ちの変化がよく表れている。

翌一九三〇年の第二回沖縄県女教員研究会では、評議員として、宮古から大山キク、与那覇八重とともに選出され、以後、継続して務める。[23] 元同僚の男性教員は、「女の先生では、大先輩の砂川冬先生」がいて、『十和田湖めぐり』の話しをされていた」、「先生はその頃、珍らしく、ヒダのないスカートを着けられていたが、明るく、頼もしく時代の先端を行く女教師像として映っていた」と印象を語る。[24]

初赴任から一〇年を経て、フユがベテラン層となる頃、沖縄県での女性教員をめぐる環境も、和装から洋装への移行、沖縄県女教員研究会の開催など、全国につらなる形で大きく変わりつつあった。

(2) 平良第一尋常高等小学校

一九三二年の第四回沖縄県女教員研究会総会で、フユはつぎつぎと発言している。「現代の世相と本県の現状に鑑み本県女教員として特に努力すべき事項」について、「女子青年団を指導して社会事業に働かせ現代世相の欠陥たる社会生活上の相互扶助共存共栄の思想を涵養していきたい」と述べ、また他府県視察報告をし「会員を啓発」した。さらに「経験発表」では、「野卑な農村の悪習慣を児童の作法教育の徹底により矯正」した事例を話し会員に「反省材料をあたへ」た。(25)

一九三五年、沖縄県女教員研究会『会誌』二号に「反省」と題する短文を寄せた(表補論1―2)。「大毎紙上で沖縄出身の小僧が大阪の或呉服屋で便所に行つても手を洗はず、…と云ふ理由で暇をだされたといふ記事を見た」、「台湾で琉球生蕃と卑しまれ他府県の人から琉球人と一種の侮蔑を以つて迎へられる問題の中には些細の出来事に過ぎない事が多い」、「家庭教育の不行届が其の大半の責を負はねばならぬとは申しながら女教員としても亦一考すべき事ではないでせうか、家事科を受持ち、作法科の指導の立場にあり社会教育指導の任に当る私共は生活改善、生活向上への途上にある事に思ひを致」すと(傍点筆者)。

他府県とのかかわりが増えるなかで、出稼ぎや移民で宮古を離れる子どもたちが困らないようにと思いをこめ、学校と家庭をつなぐ社会教育の重要性とそこにおける女性教員の責任を説く。自省の構えをとりながら、機関誌に載せることで、県内にひろく訴えかける熱い思いが伝わってくる。フユが生涯に記した著作のなかでも、教育観をもっとも色濃く示し、ひときわ目立つ啓蒙的内容となっている。

(3) 平良第二尋常高等小学校

一九三七年七月一日―一三日、九州への「女教員研究会県外視察旅行」が実施され、フユも宮古から大山キクとともに参加した。(26)戦時体制が進み、一九四一年より平良第二国民学校となる。沖縄県でも、女性教員の占める割合と役割、期待が高まるなか、フユはキャリアを積み重ね、俸給も上昇して行く。(27)そして、一九四二年八月八―九日、第二三回全国小学校女教員大会(北海道)に沖縄から一人参加し、「女教員の使命重大なるべき現下の趣向に鑑み其の実力を向上せしむべき方策」についてかかわった。(28)なお、沖縄から小学校女教員大会への参加は、第六回・武富ツル、赤嶺カマト、第八回・大山キク、第一九回・勢理客ユキ、山口常、与儀美登、二〇回・宮城ツル、金城善子[29]ほかがある。

(4) 宮古高等女学校

一九三六年、宮古で初の高等女学校が五町村組合立学校として設立され、一九四〇年に県立に移行した。フユは、一九三八年六月から翌年三月まで平良第一尋常高等小学校に勤務のかたわら嘱託教授として、裁縫で洋裁の担当となったが、ミシンも洋裁の知識もなく、今考えてもよく指導したものだと振り返っている(表補論1―13)。

6 台湾疎開と引揚げ

一九四二年一月、中国に出征していた弟・真二の戦死の報が入り、フユはたいへん心を痛めた。[30] 徐々に戦争が激しくなり、平良第二国民学校でも一九四四年五月から軍が駐屯、運動場が甘藷畑に変わり、八月に宮崎への学童疎開が実施された。フユは同年八月三一日付で退職し、九月に台湾に縁故疎開することになった。その年のある日の教室の様子を、当時一年生でフユのクラスだった下地が振り返っている。フユが生徒たちに『私たちは別れ別れになるかも知れないね。戦争って悲しいね。命がさえ《ママ》あれば会える。死んじゃだめよ。祈っておこう。ずっと、ずっと』といった。するとSさんが泣き出した。みんなも泣いた。先生も泣いた」という。[31]

フユは台湾疎開中、妹マサ、ウメ、従兄弟の家族をたよりながら、また一時期は台北の麻袋会社で会計係の仕事をするなどした。[32] フユの息子は、台北帝国大学予科のときに戦争に行き、除隊後フユと台湾で合流。二人ともマラリアに罹患するなど苦労しながら、一九四六年九月に宮古に引揚げた。[33] もどってみると家のあった場所で他人が生活をはじめていたため、他所に間借りすることになった。

7　沖縄初の女性校長

フユは濃く短い戦後の教員生活四年間を過ごすこととなる。沖縄初の女性校長は、宮古の地域性と米軍による占領政策の結節点に誕生する。

(1)　平良第一小学校

戦後、フユは教官として着任した。戦前からともに宮古の女子教育を牽引してきた大山キクは、復興を志し、婦人会の結成に立ち上がった。それを聞いたフユは、戦争によって人々は茫然自失、希望を失って心はすさみ、深刻な食糧難で余裕がなかったためあっけにとられたが、一九四七年八月の宮古婦人同志会（五〇年より宮古婦人連合会）結成時には副会長として参加した（表補論1―7）。そして会から、一九四八年三月平良市議会議員公選で元教員の大山キクと友利アイ子が当選、四月宮古議会議員補選で元教員の下地シズが当選した。

その過程で女性課長と校長を誕生させようという話しが起こり、後者はフユに白羽の矢が立てられた。「一番驚いたのは私で、『力量不足、気は弱い、責任は重い』大きな戸惑いを感じ、…逃げ切るのに必至の努力を続けた」という（表補論1―12）。幾日も考え悩んだ末、引っ込み思案で身体も大丈夫ではないが、「婦人開放のためという信念…婦人の為に開かれたこの道、この機会を逸してはいけない」という責任感から承諾したところ、具志堅宗精知事は時期尚早と難色を示したようだが、文教部長・砂川恵敷の尽力により、女性初の課長・富永晟恵子とともに発令されることになった（表補論1―3）。フユはこの時点で、宮古の女子師範卒の女性教員中、もっともキャリアが長く高給取りであり、かつ戦前から沖縄県女教員研究会の評議員を務めるなど実績と信用があったため、校長として選出する第一候補者となっていたのである。

(2) 池間小学校

一九四八年四月一日、沖縄県で初の女性校長が誕生した。フユ四六歳の時である。このことは全県的に注目され、同年五月七日『うるま新報』でも、「宮古には女校長登場」という見出しで報じられた。それに先立つ同年四月一六日『うるま新報』に「女校長遂に実現せず」という記事があり、「二人の女校長一人の女教頭を推薦したが何れも本人の辞退でものにならず沖縄教育のため惜しまれている」とあり(傍点筆者)、沖縄でも女性校長の誕生をこころみたがかなわなかったこと、引き受けるという決断が如何に大きなことであったかがわかる。

校長としてのフユを表す有名なエピソードがある。「ある日、職員会議で喧喧ごうごうとした雰囲気になった。黙って会議の成り行きを見守っていた校長が『おだまり』と一声。すると、しーんとなった。間を置いて静かな口調で『侃侃諤諤の論議はいいと思いますが、感情的な喧喧ごうごうの論議では実るものも実りません』。…普段優しく愛情に満ち、眉目秀麗で品性漂う校長の『お黙り』は効果覿面で、反発どころか『おだまり校長』の愛称」になったという。(34)

(3) 狩俣小中学校

宮古から沖縄に出向き、沖縄婦人連合会の座談会に参加して心境を語った(表補論1―3)。「女校長というものに対して男性の方が理解協力して下さるだろうか、教員の指導統制や融和を自分で図って行けるものか知らと大変に不安を抱いていた」、「一年間を、どうやら無事に過して参って今ホツとしている」、「今迄の婦人の力、お互の力をあまりに過少に評価し、卑下していた」、「私は男女平等の地位で協力することが社会の繁栄の基だと信じて」いる、「その為にはわれわれ女自身で女の新しい道を切り拓くことと…、実力、教養を身につけ自ら努力いたしまして新しい沖縄を建設すべき」と（傍点筆者）。男女平等の期待に応えるフユの活躍、振る舞いは、沖縄中で大きな励みになったことだろう。

当時の狩俣小学校は、戦災を受けた学校設備等の復旧整備のさなかで、密貿易の陽の部分の歴史として有名な根間昌徳による職員住宅などの寄贈もこの時である。[35] フユも、青年団、壮年団、部落会の協力を得ながら、たいへん苦労して運動場拡張工事にあたったという。

一九五一年三月末、まだ校長になって三年、四〇代という若さで、足掛け三〇年務めた教員を突如、退職することとなる。それには一九五〇年九月の群島知事選挙が影響している。自由党の西原雅一・知事当選後の政党人事で、フユと池村恵信校長をふくむ数名の教師が辞めさせられ、砂川恵敷・文教部長が更迭、池村恵興・教学課長が現場に転勤となったというのである。[36] 退職の顛末について、『宮古群島政府公報』一九五一年四月二九日に概略、つぎのような説明がある。宮古婦人連合会役員が留任運動に乗り出し、フユが退職するなら自分たちも総辞職すると文教部や知事に強く訴えたため、特別に監査を実施した。その結果、学区民からの意見に、「女校長」なので教化の迫力がない、職員の指導監督で権威と能力が欠如（男性教員が女性教員の住宅に侵入したり、学区内未亡人と噂になるなど風紀の乱れ）、教養の点でまだまだ早い、学校経営が不十分のため、「男子校長」を要望する声もみられたという。

ここでは、たとえ形式的だとしても行政に監査を実施させるほど宮古婦人連合会に影響力があったこと、校長の資質が不十分な根拠として「女性であること」に起因する内容が多数挙げられたことがわかる。つまり、宮古でこそ実現した女性校長であったが、宮古であるが故にその道が閉ざされることとなったと捉えられよう。女性の活躍を育む土壌はまだできておらず、時勢の影響が大きかった。その後、小橋川カナが沖縄で二人目の女性校長となるのは一九五六年のことである。復帰前の女性校長はじつにこの二名のみであった。

のちにフユは初の女性校長となったことについてつぎのように振り返る（表補論1―12）。「私にとっては、大きな試練の時期であり、…首尾よく務め得るかとの責任感との闘い」だった。「当時は女性の管理職など夢想だにしなかった処に突如として宮古で女性進出のスタートが切られたことは正に快挙であり、宮古の誇りである」（傍点筆者）。

8　行政管理職として

退職後、フユは息子や妹夫婦の住む那覇に転居し、一九五一年一〇月から沖縄婦人連合会幹事に就任した。[37]一九五三年、文部省主催の婦人指導者研修会議に団長として参加。一行はその足で東京にも赴き、羽仁説子らの講演を聞き、市川房枝らと会う機会を得た。[38]その後、一九五四年七月から一九六八年三月定年まで、琉球政府に勤務し、経済局農務課生活改善係長まで務めた。この部署は、「生活の合理化で家事軽減をし、婦人を解放させよう」という狙いで、「婦人課同様、沖婦連の設置要請が実ったところ」で、[39]経験と見識を持つフユが絶好の人材であったことは想像に難くない。一九六一年には国民指導員として三ヶ月間渡米する機会も得て、女性の権利を正当に尊重することや、家庭教育、社会教育が重要であるという考えをふかめながら、農村の生活改善指導に励んだ。しかし係長となると、「多くの自他推薦の競争のあるポストで、女性は不適任だと血判状まで送り、反対した人々がいた」[40]。女性の社会進出は茨の道であった。

フユは、一九八六年、八四歳で逝去。女性教員の多くが退職して行くなか、離島出身の女子師範卒というエリートとして戦前戦後を通して女性教員のキャリアを積み重ねたという意味で希少な人材となった。教員としても行政職員としても、婦連と連携し、後進に女性の道を切り開く役割を担った人生であったといえよう。

（高橋順子）

［謝辞］本稿では注記した方々にくわえ、仲宗根將二氏、フユの関係者の方々よりご指導、資料をいただき、奥濱幸子氏、下地節子氏にもご教示いただきました。厚く御礼申し上げます。なお、この論文の一部には第九回平塚らいてう賞（奨励）、科研

費26870626の助成を受けています。

［補注］

1 仲宗根將二「砂川フユ」平良市史編さん委員会『平良市史』八巻、一九八八年、三三一―三三二頁。奥濱幸子「砂川フユ」琉球新報社『時代を彩った女たち―近代沖縄女性史』ニライ社、一九九六年、一四九―一五三頁、同「砂川フユ」「戦後50年おきなわ女性のあゆみ」編集委員会『戦後五〇年おきなわ女性のあゆみ』一九九六年、九二―九三頁、下地節子「砂川フユ」「宮古の女性たち」編集委員会企画室男女共同参画班『時代を紡いで―宮古の女性たち』二〇〇三年、三二一―三三三頁。

2 下地節子、前掲「砂川フユ」、三三二頁。

3 奥濱幸子、前掲、一五三頁、下地節子、同前、三三三頁、小禄恵良『栄光の系譜』下巻、一九八七年、一一三―一一四頁。

4 フユの関係者へのインタビュー（二〇一三年五月著者実施）による。

5 卒業年は楢原翠邦編『沖縄県人事録』沖縄県人事録編纂所、一九一六年、五四八頁に、学科名は、帝国大学『帝国大学一覧 明治二五年―二六年』一八九二年、三四六頁による。同書の「農科大学農学科乙科第一学年」の欄に「奥平真修（沖縄）」とあり、当時は姓をふたつ以上もつことが多く「奥平」姓は宮古にも見られるため、同一人物の可能性が極めて高いという。ただし乙科であるためか、後年の同資料の卒業生名簿には記載がない。同資料について近藤健一郎氏より情報提供を受けた。

6 慶世村恒任『宮古史伝』南島史跡保存会、一九二七年。

7 たとえば、楢原翠邦編、前掲『沖縄県人事録』のほか、沖縄大百科事典刊行事務局『沖縄大百科事典』中巻、沖縄タイムス社、一九八三年、五三二頁に掲載されるなど同時代的にも歴史的にも評価されている。真修については、平良市役所企画室「砂川真修」『広報ひらら』一九八五年六月一日、山内玄三郎「『砂川真修』小論　一―四」『宮古毎日新聞』一九八五年九月五―八日、仲宗根將二「砂川真修」平良市史編さん委員会『平良市史』八巻、一九八八年、三二八―三二九頁ほかにくわしい。

8 『官報』によれば、エスエス商会合名株式会社の設立や（一九二三年四月二五日）、鉄一件、燐十件の試掘許可（一九二九年一月二二日）など、晩年まで開発にたずさわったと推測される。

9 仲宗根將二、前掲、三二九頁。

10 山内玄三郎、前掲「『砂川真修』小論（四）」、沖縄県女子師範学校同窓会『会報』四号、一九二九年、五三頁、同前七号、一九三二年、付録二五―四七頁、沖縄県女教員研究会『会誌』二号、一九三五年、付録二二頁、同前四号、一九三七年、付録三二頁、宮古教育誌編纂委員会『宮古教育誌』一九七二年、七〇一―八二六頁。

11 フユの関係者へのインタビュー（前掲）による。

12 小禄恵良、前掲、一一三―一一四頁。

13 小学校時代については表補論1―11による。

14 女子師範時代の回想はフユの関係者へのインタビュー（前掲）による。

15 奥濱幸子、前掲、一五一頁。

16 フユの関係者へのインタビュー（前掲）による。

17 ただし、宮古教育誌編纂委員会、前掲、七〇八頁では同校にフユが勤務した記録はない。同書に照らすと、着任がフユの回想通りならば同校ではじめての女性教員だと推測できるが、一九二〇年四月八日付で「真境名カメ」が訓導として着任しているので、どの程度の期間女性一人であったのか詳細は不明である。

18 フユの関係者へのインタビュー（前掲）による。

19 フユの関係者へのインタビュー（前掲）による。

20 表補論1―3によれば、一九二四年の一年間、新潟で勤務、一九二五年年八月に帰省とある。

21 山内玄三郎、前掲。

22 沖縄県教育会『沖縄県学事関係職員録』一九二九年、九七頁。宮古教育誌編纂委員会、前掲、九一頁によれば、一九二四年から一九三八年までの同校の記録はない。

23 沖縄県教育会『沖縄教育』一八四号、一九三〇年、七一頁（三七巻）ほか。

24 鏡原小学校創立六十周年記念事業期成会『鏡原小六〇年』一九八四年、六二頁。

25 沖縄県教育会『沖縄教育』一九六号、一九三二年、八二―八三頁（二三巻）。ここでの他府県視察先は示されていないが、さきの十和田湖のことをさしている可能性がある。フユの関係者へのインタビュー（前掲）によれば、フユは戦前、女子青年指導者講習会に沖縄代表二名のうちの一名に選ばれて参加しているという。

26 沖縄県女教員研究会『会誌』四号、一九三七年、六一頁。

27 宮古教育誌編纂委員会、前掲、四九頁によれば、一九四二年度のフユの担当は一年生、月俸七七円とある。
28 全国連合女教員会『教育女性』一八巻八号、一九四二年、一七頁、同前、一八巻九号、一九四二年、三二頁ほか。
29 全国小学校連合女教員会『小学校女教員』二巻七号、一九二六年、四〇頁、沖縄県教育会『沖縄教育』二八七号、一九四〇年、六九頁(三三巻)ほか。
30 小禄恵良、前掲、一一三―一一四頁参照。
31 下地節子、前掲、三三頁参照。
32 台湾疎開中の様子についてはフユの関係者へのインタビュー(前掲)による。台湾総督府『台湾総督府及所属官職員録』によればウメらしき人物の記録があり、一九四一年、台北州北港国民学校助教(月四一円)、一九四二年、台北州汐止南国民学校助教(月四五円)となっている。松田ヒロ子氏より史料の情報提供を受けた。
33 仲宗根將二、前掲「砂川フユ」三三一頁。
34 下地節子、前掲、三三頁。
35 狩俣小学校創立百周年記念事業期成会『百年誌』一九八八年、四四―四五頁、石原昌家『空白の沖縄社会史』晩聲社、二〇〇〇年、一二五―一二七頁ほか。
36 宮古教職員会二〇年史編集委員会『宮古教職員会二〇年史』一九七三年、一六―一七頁。
37 仲宗根將二、前掲、三三二頁。
38 宮里悦『やんばる女一代記―宮里悦自伝』沖縄タイムス社、一九八七年、一二五頁。
39 宮里悦、同前、一一七頁。
40 下地節子、前掲、三三頁。

三　桃原用永（一九〇四―二〇〇二年）――八重山の民主化をめざして

八重山の教育史、教員団体史は、一九三二年一二月のいわゆる教員思想事件（以下、思想事件と略記）を抜きに語ることはできない。それは教員が八重山における社会的リーダーとしての役割をはたしたという意味において、戦前と戦後を結ぶ鍵となるといえるからだ。ここでは本書の意図にかんがみ、思想事件にかかわりつつ、戦前戦後と教育界での活動をつづけた桃原用永（以下、文献注記をのぞき、用永）の個体史を描き出す。

従前、用永については、戦後に関しては教育行政や復帰運動とのかかわりで多くの記録がのこされるものの、戦前に関しては思想事件をのぞき言及されてこなかった。思想事件については石堂徳一の研究が知られる。同事件について石堂は、共産主義運動として単純化することは、過去を軽視することだとして、その実態や位置付けについて再考を促した。そして、思想事件に「生活擁護運動、民主化運動」という従来とは異なる分析をこころみた[1]。この見解に依拠すれば、事件だけでなく、用永もふくめかかわった人びとの活動などにあらたな意味を付与できるのではないかと考えられるが、その後に展開された安仁屋政昭[2]や大田静男[3]の研究は視点を異にしており、議論はふかめられなかった。また、用永自身による回想でも、同事件に言及しながら、みずからの関与や思想に関してほとんど語っていない[4]。おそらく、彼が思想事件で検挙され懲戒免職となったという経緯や、戦後は行政の要職にあったことに因るだろう。そこで、本稿では石堂の見解をふまえたうえで、用永による自伝である『八重山の民主化のために』[5]に依拠し、戦前から復帰運動にかかわるまでの用永の半生を追うことで、戦前戦後を通して用永が持ち続けた理想、およびその活動がどのようなものであったかをあきらかに

石垣市長時代の桃原用永
沖縄県公文書館所蔵（写真番号053522）

する。用永と同様に思想事件や終戦直後の「八重山共和国」とも称される住民自治にかかわった宮良長義と大浜用立(以下、それぞれ長義、用立と略記)についても、用永とのかかわりのなかで記述する。彼らの戦前戦後を連続してみることで、八重山群島における教員のライフコースの特徴を垣間見ることができるだろう。

以下、用永の半生を四期に分けて記述する。第一期は生い立ちから沖縄師範学校卒業までの時期(一九〇四—一九二三年)、第二期は思想事件で教職を追われるまでの時期(一九二三—一九三二年)、第三期は教職に復職してから、沖縄戦をはさみ教員団体の役員を務めるまでの時期(一九三二—一九五一年)、そして第四期は教員団体の役員を務めた時期(一九五一—一九五二年ごろ)である。

1　生い立ちから沖縄師範学校卒業まで

一九〇四年五月九日、用永は父・用豊、母・ヌヒのもとに大浜間切石垣で生をうけた。母の実家である仲本家は、代々頭役を務めた名家で、用永の弟は、その仲本家へ養子入りして仲本正貴となっている[6]。この仲本家が石垣南小学校の仮教場として使われていたこともあり、用永にとって小学校や教員は身近な存在であったようだ。そのことも手伝って、用永は小学校へ一年早く「就学」することとなった。本来は小学校令でさだめられた学齢に達する一九一一年度に小学校へ入学するはずであったところを、一九一〇年度から従兄弟について石垣尋常小学校へ通学をはじめている。用永自身も、事の経緯を「不法入学」[7]と振り返っている。一九一六年、用永は、登野城尋常高等小学校高等科へ進学、一九一八年に卒業して、沖縄師範学校本科第一部へ進学する。同年、登野城校からは、用永のほかに田本寛治、玻名城長輝、新垣信用、宮良寛好、伊舎堂孫可、大浜国浩、高宮広雄、仲里長亨、那根亨、大浜孫可が同校へ合格している[8]。この同級生のうち田本寛治は、後年、日本教育労働者組合八重山支部にかかわり、玻名城長輝は八重山教職員会の副会長を務める。この師範学校での日々を元に、後年の彼らの関係の基礎が形成されたであろうことは想像に難くない。一九二三年、用永は同校を卒業し教職に就く。

2　教員時代（一）　名護尋常高等小学校から思想事件にともなう退職まで

沖縄師範学校卒業と同時に用永は名護尋常高等小学校訓導に就任する。新卒生が配置されるのは、出身地から離れた土地とされる。(9)用永も例にもれず、石垣から遠く離れた国頭郡に配置となった。名護校で二年の勤務を経たのち、一九二五年、故郷である八重山（竹富尋常高等小学校訓導）へ転任、一九二六年には、母校である登野城尋常高等小学校に赴任する。この時期に用永は思想事件にかかわっていくこととなる。

用永が八重山に赴任した時期、第一次世界大戦からの不況の影響を受けて俸給不払が発生するなど、教員の生活は困窮を極めた。(10)八重山にとどまらず、日本全体の教員が同様の状況に置かれており、それに耐えかねた一部の者は声を挙げるにいたる。よく知られるように日本教育労働者組合が結成（一九三〇年一一月一九日）され、雑誌『新興教育』が刊行された。(11)八重山では、後述する日本教育労働者組合八重山支部の結成に先立つ時期より、若手教員を中心に、俸給不払いをめぐって町役場への抗議活動が行われた。(12)この教員内部からの動きは俸給問題にかぎったことではなかった。一部は、教員団体の民主化に向けて運動を行うのである。当時、すでに設置されていた八重山郡部会では幹事には校長が就任していたが、総会などでは部会長を務める支庁長を前に萎縮しきっていたという。(13)用永や、彼と行動をともにした若い教員には、組織の性格が非民主的なものに映っており、そのような状況に対し彼らは、一九二八年頃、ついに部会長の会員からの選出など部会の民主化に乗り出した。その動きは会員の支持を得て、会則改正が実現するにいたる。しかし、会長に選出された南風原英意や副会長に選出された大浜孫伴は辞退し、用永をふくむ評議員一〇名が会の運営を行うこととなった。(14)ただし、最終的には、政界からの圧力などもあり、この動きは一年足らずのうちに収束する。しかし、一部の若手教員は、再度民主的な教育界を実現させるための機をうかがっており、用永もそこに名をつらねることとなったのである。

一九三〇年一〇月に日本教育労働者組合八重山支部が結成された。(15)そこで中心的役割を担ったのは、在京中であった長義や在八重山の用立、そして用永らである。[16]長義は一九〇四年大浜間切大川に生まれ、沖縄師範学校本科を卒業後、短期現役兵を経て登野城尋常高等小学校に勤務した。半年後には同前師範学校専攻科へ入学し、卒業後は波照間尋常高等小学校に着任する。しかし、そこで教職を辞して東京物理学校で学び、日本教育労働者組合八重山支部とかかわりをもつことになった。用立は、一九〇六年、大浜間切登野城で大浜用要[17]の四男として生まれ、教員としては大浜、石垣、松山、また黒島尋常高等小学校訓導を歴任後、教員を退職し弁護士受験の目的で上京した際に同支部の立ち上げにくわわることとなった。支部委員長には用永が、書記長には大浜宣有が組合員によって選出された。[18]当時、団体の中心的メンバーとして活動を担った用永の回想によると、組合員は用立、大浜寛行、宮良高司、宮良賢貞、譜久村正一、宮良高清、細工四郎らであった。[19]さらに組織は、東京の日本教育労働者組合に直結しており長義や田本寛治も活動の支えとなっていた。

彼らは生活権の擁護、労働者・農民の貧困からの解放、社会機構の民主化を目標として活動していた。たとえば、『新興教育』では、「俸給を支払へ！で沖縄県石垣の教員五〇名が役場へデモ決行」[20]と報じられている。記事からは、このデモが彼らによって直接的に扇動されたものかは断言できない。しかし、『教育労働者』(日本教育労働者本部機関紙)に報じられた前例[21]にあるように、組織と人びとの抗議活動のあいだになんらかの関係があったことは否定できない。一方、この団体は当時の社会状況もあり、基本的には表立った活動はできなかった。用永も「集会場で使用するレポートは、必ずうすい紙にしたため万一の場合は、飲みおろすという用意周到さ」であったと回想している。[22]

ところが、そのような警戒のなかでさえも、同支部の活動は、一九三二年一二月に主要メンバーであった用立、大浜宣有、浦添為彦、[23]そして用永が治安維持法違反で検挙されたことで終焉をむかえる。[24]用永は、起訴は免れたもの[25]の懲戒免職となり、浦崎純の斡旋で久米島での土地整理事業の筆耕として従事したのち、『沖縄日報』の記者となるため、那覇へと向かう。『沖縄日報』は『沖縄日日新聞』を前身紙としており、当時の編集部は渡久地政憑や東恩納寛敷、山里(玻名城)長好といった一九二〇年代に社会主義的思想を有していた人びとによって構成されていた。[26] 山里は八重山の石垣間切の生まれであり、用永とは同郷である。[27]『沖縄日報』編集部と用永とが共有していた理想と人脈が用永の勤務を可能にしたと考えられる。

ここで重要なのは、用永や長義、用立をはじめとした思想事件で名前が挙がった人びとは、事件ののちに類似した経歴をたどったことである。戦前・戦中期にかぎれば、思想事件で教職を追われた人びとはそれぞれ数年後に復職をはたす。つまり、アジア・太平洋戦争の戦時体制下に教職に復職、または地域の青年団などの指導者層に就任することになる。たとえば、用立は教員に復職しなかったものの八重山郡翼賛壮年団長[28]を務め、用永はつぎに記すように石垣尋常小学校長や竹富国民学校長として勤務した。すくなくとも事件後には構成員も戦時体制を支持せざるを得ない立場にあった。

3 教員時代(一) 復職から教員団体役員を務めるまで

懲戒免職から三年後の一九三六年、用永は代用教員として宮古・平良第二尋常高等小学校へ復職する。この復職を支えたのは与那国善三、[29] 山里長好、志喜屋孝信であった。[30] 志喜屋は当時すでに沖縄教育界の重鎮として信頼を集めており、彼と用永は『沖縄日報』での記者時代に山里長好を介して知り合っている。志喜屋は広島高等師範学校卒業後に沖縄県立第二中学校の教員を務めており、山里はその時の教え子にあたる。この縁が志喜屋と用永を結び付け、用永をふたたび教壇に上がらせた。一九三九年、用永は宮古・西邊尋常高等小学校での勤務を経て、石垣尋常高等小学校首席訓導として八重山へともどる。指摘したように、思想事件で教職を追われた人びとが戦時体制を支持せざるをえない立場であったことは、用永の場合、国家総動員体制支持のための学校教育における標準語励行運動へのかかわりによって示される。[31] 石垣校での一年の勤務の後、一九四〇年には波照間尋常高等小学校長に就任、一九四四年[32]には竹富国民学校へと転任し戦争終結をむかえる。

八重山における教員団体史にかかわる前稿でも指摘したように、敗戦直後の八重山ではマラリアが蔓延し、食糧不足やそれにともなう社会秩序の崩壊が生じていた。そのようななかで秩序を取り戻し「平等に生きていける確実な社会」[33]の回復へと声をあげた青・壮年がいた。最初に声をあげたのは糸洲長良、用立、宮良高司、宮良孫良であった。そこに長義、安室孫利、屋嘉部長佐、浦添為貴、宮城光雄、亀谷長行、崎山里秀、本盛茂、内原英昇、石島英文、豊川善亮がくわわり、八重山自治会準備委員会が結成された。[34]経歴が判明する範囲では、大浜、宮良(長)、宮良(高)、安室、亀谷が戦前の思想事件とかかわりをもち、そうでない場合も教員を務めたことがある者として崎山と宮城の名を挙げることができる。八重山自治会の立ち上げにかかわったとされる一五名のうちすくなくとも半数の人間が教育界出身であり、そのなかで中心的役割をはたしたのは思想事件とかかわりをもった人びとであった。

用永自身は同自治会の立ち上げにはかかわらなかったものの、再興した八重山支庁の中心的役職を担う。支庁の主要職には同自治会から連続してかかわる人びとが多く、たとえば、支庁長は宮良長詳(自治会長)、衛生部長は吉野高善(副会長)、そして総務部長には長義(自治会立ち上げメンバー)が就いた。[35]用永は、一九四六年に八重山支庁文化部社会課長に任命される。社会課の任務は、社会教育と軍配給物資の管理、それに外地からの帰還者の保護管理であった。教育にかかわりつづけてきた用永の経歴との関連で、特記すべきは、社会教育の再興への取り組みだろう。戦前から社会教育を担ったのは、青年団や婦人会を中心とした組織であった。しかし、戦争終結とともにそれらの組織は自然消滅しており、組織をふたたび立ち上げることが必要であった。用永は、各字の婦人のリーダー格を集め再興について協議した。その結果、同年六月一四日には字登野城で婦人会が結成されるにいたる。[36]なお、青年団は自主的な動きもあり、婦人会に先立つ一九四六年一月頃から各地区に再興していた。[37]その後、用永は学務課長を務め、同年一〇月、宮良長詳が軍政官であったラブレス中尉の支庁に対する干渉をめぐって衝突し支庁長を辞した際に、ともに行政の一線からは身を引くこととなった。[38]その後、平真初等学校長として校長職へ復帰し、一九四八年には竹富実業高等学校初代校長に、一九四九年には白保小学校長に着任している。

4　教員団体会長として

一九五一年、白保校長としての二年の勤務を終えたのち、用永は石垣小学校長に就任する。そして、同年四月二三日の八重山教育会の定期総会で副会長に、翌年には会長に任命される。[39]八重山教職員会時代から八重山地区教員組合（のちに八重山教職員会と再度改称）の時期に副会長を務めたのは玻名城長輝であった。さきに挙げたように、玻名城は用永と師範学校での同期であり、八重山郡教員組合の時代から長年にわたって教員団体の役員を務めた。

教職員会長時代の用永の取り組みとして注目すべきは、琉球政府に対する給与不支払いについての抗議、八重山教職員共済会の設立、また組織の組合への改組の試行であろう。[40]まず、給与不支払いへの抗議についてである。一九五二年四月に琉球政府が設立されるにともない、教員給与の支払い手続きは各群島政府から琉球政府に変更されることとなった。ところが、その段で不支払いや支払いの遅れが問題化した。教育会は銀行からの借り入れによって給与の支払いをこころみるが、組織が法人ではなかったため、会長以下数人の連帯で借金をして支払うことになった。同年九月ごろ、用永は教育会を代表してこの窮状を行政主席比嘉秀平に直訴することになる。比嘉は用永の直訴を聞く耳をほとんど持たなかったが、まわりの職員、とくに八重山出身の文教局職員・大浜善亮らの助けを借りて、翌一〇月ごろに徐々に問題は解決をみることとなった。つぎに八重山教職員共済会の設立について。沖縄群島では一九五一年六月末に沖縄教職員共済会が沖縄教育連合会によって設立され、会員からの会費をもって会員の福利厚生に関する事業を行った。八重山における教職員共済会の設立は、亀谷長行が那覇への出張時に、この沖縄教職員共済会の定款を持ち帰ったことが契機となった。会の設立については、教育会の評議員会において一九五二年の年頭に討議され、会費一〇〇円を徴収し沖縄教職員共済会と同様の事業を行うことで決定される。そして、同年二月一七日に八重山教職員共済会は設立された（会長・

用永、出納主任・宮良信雄、専任主事・南風原永芳）。

用永が会長を務めた八重山教職員会は、一九五四年五月一七日に八重山地区教員組合へと改組する。ただし、この改組は突然行われたものではなく、八重山教育会関誌『新世代』にその伏線が引かれていた。おなじく八重山群島における教員団体史にかかわる前稿でみたように、機関誌『新世代』の誌面では四号以降、八重山教職員会を先導していくことになる人びとの意向を反映する議論が展開されていた。八重山教育会自体が、八重山郡教員組合の解体を避けるための隠れ蓑のような組織であったとも考えられる。表向きは組合色を排した「教育会」という団体名称を掲げながらも、八重山教育会の内実は教員「組合」を志向するものであった。給与不払いをめぐる直訴や教員団体組織の変革という活動は、戦前の「進歩的」教員として用永の動きを彷彿とさせる。戦後、教員団体を率いる時期になって、用永は戦前からの理想を積極的に具現化させていくことのできる立場にもどったともいえる。

（田中萌葵）

［補注］

1　以上、石堂徳一「昭和初期沖縄県八重山における教育運動　いわゆる『教員赤化事件』について」東京・八重山文化研究会『八重山文化』三号、一九七五年。
2　安仁屋政昭『沖縄の無産運動』ひるぎ社、一九八三年。
3　大田静男『八重山戦後史』ひるぎ社、一九八五年、同『夕凪の島―八重山歴史文化誌』みすず書房、二〇一三年。
4　桃原用永『戦後の八重山歴史』（私家版）一九八六年ほか。
5　桃原用永『八重山の民主化のために』桃原さんを励ます会・明るい石垣市をつくる会、一九七〇年。
6　戦前期に石垣国民学校訓導などを勤めた。新垣庸一編『沖縄県学事関係職員録　昭和十八年』沖縄県教育会、一九四三年ほか。
7　桃原用永、前掲『八重山の民主化のために』六頁。

8 桃原用永、同前『八重山の民主化のために』一三頁。

9 「師範学校卒業生配地《ママ》」沖縄県教育会『沖縄教育』一三五号、一九二四年四月(一一巻)に記載された情報によると、該当年度の師範本科第一部、第二部、乙種講習科卒業生は九四名であった(配属先決定済み)。そのうち、出身地とおなじ郡内に配属されたのは六五名、異なる郡に配属されたものは二九名である。郡レベルでみると用永の回想は決して正しいとはいえないが、町村レベルでの配属を確認できないため断言はできない。

10 「俸給不支払其の他」沖縄県教育会『沖縄教育』一五八号、一九二六年一一月(一七巻)。

11 『新興教育』は新興教育研究所の機関誌であった。同研究所は、プロレタリア教育科学にたつ教育研究の組織化をめざす動きと労働組合の結成をめざす動きが合流するなかで、一九二〇年代末に設立をみた。三〇年一一月に日本教育労働者組合が非公然の組織として組織されると、組合と研究所は表裏一体の組織として活動を行うようになった。

12 桃原用永、前掲『八重山の民主化のために』三五頁。

13 以下、八重山郡部会の民主化をめぐる動きについては、桃原用永、前掲『八重山の民主化のために』三六—三八頁参照。

14 玻名城長輝も評議員として選出されている。桃原用永、同前『八重山の民主化のために』三八頁。

15 嶺X生「沖縄の俺達も闘ふぞ!」『新興教育』一巻一号、一九三〇年。なお、嶺X生が用立であることは大田静男の指摘に依った。大田静男、前掲『夕凪の島—八重山歴史文化誌』二七頁。

16 桃原用永、同前『八重山の民主化のために』三八—三九頁。

17 大浜用要(一八七三—一九四五年)は、比嘉徳とならんで八重山郡部会設立の際の発起人であった。沖縄県教育会『沖縄教育』学制頒布五〇年記念号、沖縄県教育会、一九二二年一〇月、一六〇頁(三六巻)。

18 桃原用永、前掲『八重山の民主化のために』三九頁ほか。

19 桃原用永、同前『八重山の民主化のために』三九頁。他に組織に関係したものとして、富村真吏、宮良信友、清村英診、宮良孫良、安室孫利、浦添為彦の名が挙げられる(同、四一—四二頁)。

20 『新興教育』二巻一〇号、一九三一年一二月。

21 「地方状勢　沖縄支部」『教育労働者』一九三一年二月七日。該当記事では、「又×××分会では同町内の×××校より三日遅れて一二月の俸給を支給された事と、町当局と校長がグルになって俸給から税金を天引きした事に対して大衆の不平不満を利用して活発な斗争を展開した」と報じられる。

22 桃原用永、前掲『八重山の民主化のために』三九頁。

23 浦添為彦と安室孫盛（東京で『新興教育』編集にかかわり、八重山での活動も支えていた）は、沖縄県立第一中学校の同期生（一九二四年三月卒業）。師範学校以外の場でも思想事件にかかわる人脈が形成されていた。「一中卒業生一覧表」沖縄県教育会『沖縄教育』一三六号、一九二四年五月、二七頁（一二巻）。

24 「八重山教員思想事件資料」那覇市企画部市史編集室『那覇市史』資料篇二巻中の三、一九七〇年、三三八頁。

25 石堂徳一、前掲「昭和初期沖縄県八重山における教育運動　いわゆる『教員赤化事件』について」七六頁。

26 「沖縄日報」沖縄タイムス社『沖縄大百科事典』上巻、沖縄タイムス社、一九八三年ほか。玻名城は山里の旧姓。「渡久地政憑」沖縄タイムス社、同前『沖縄大百科事典』中巻。「東恩納寛敷」同前『沖縄大百科事典』中巻、一九八三年。

27 「玻名城長好」沖縄タイムス社、前掲『沖縄大百科事典』中巻。

28 「防諜講演会」『海南時報』一九四二年七月二六日、「大舛軍神の遺烈を継げ」『海南時報』一九四三年一〇月二九日。

29 確認できる範囲では、一九四七―一九四八年にかけて八重山議会参与を務める。いわば八重山の名士とも呼べる人物であった。沖縄県史料編集室『沖縄県史料』戦後四、八重山群島議会記録、沖縄県教育委員会、一九九三年。

30 桃原用永、前掲『八重山の民主化のために』五四頁。

31 桃原用永、同前『八重山の民主化のために』五六―五七頁。用永は該当箇所で、当時は国家総動員を支持する社会状況が形成されており、学校教育や教員にもそれが反映されていたと回想する。その中ではとくに、言語教育を重視して標準語励行が強制された。さらに用永は戦後にいたっても八重山の子供たちが標準語を使用できることをこの時からの指導の賜物であると振り返る。

32 用永本人の記憶では、一九四三年度は竹富国民学校勤務とされる。しかし、新垣庸一編、前掲『沖縄県学事関係職員録昭和十八年』には波照間青年学校勤務と記載される。一九四四年の職員録の現存は確認されないが、用永の経歴のうち史料によって裏付けられるものから推測するに、竹富国民学校への赴任は同年とするのが妥当と考えられる。

33 沖縄県教育委員会『沖縄県史』一〇巻沖縄戦記録二、沖縄県教育委員会、一九七四年、二〇九頁（崎山里秀証言）。

34 沖縄県教育委員会、同前『沖縄県史』一〇巻、二〇九頁（島袋全利証言）。別文献では、石島と豊川の名がくわわる。枡田武宗『八重山共和国　八日巻の夢』筑摩書房、一九九〇年、六七頁。

35 八重山民政府記念誌編纂局『新八重山』八重山復興博覧会、一九五〇年、一六頁。

36 「宇登野城　婦人会結成」『海南時報』一九四六年六月一四日。
37 戦後八重山教育の歩み編集委員会『戦後八重山教育の歩み』石垣市教育委員会、一九八二年。
38 枡田武宗、前掲『八重山共和国　八日巻の夢』一九五―二〇二頁。
39 ここで依拠した史料では、用永が教育会長に就任したことを記すものは確認できない。
40 以下、とくに断りのないかぎり、教員団体役員時代の用永については、桃原用永、前掲『八重山の民主化のために』七八―八三頁に依拠した。

沖縄の教員世界における連続と断絶――まとめと展望

本書が解明してきたことについて総体として集約するとともに、そこから導き出される、これからの展望を記す。沖縄における教員世界の移行過程にかかわる本書の分析結果は以下の三点にまとめられる。

第一は一九四〇年代から一九五〇年代にかけての二〇年におよぶ移行期の総体的な構図にかかわる。それを単純化すれば、つぎのようになる。すなわち、戦時体制下における教員世界の組織的な確立期から、沖縄戦による崩壊期を経て、戦後の再生期として、おおむね三段階から構成された。さきの数量的分析において依拠した名称をなぞれば、確立期と崩壊期、および再生期前半までは前期移行期に照応し、再生期後半は後期移行期にほぼ該当する。以下、各段階の特徴を順に集約する。

確立期は本書の対象時期としては一九四〇年代前半に相当する。戦時体制下である当該時期において、沖縄における教員層の組織化が高度に進展し確立をみていたという事実経過にもとづく名称である。たとえば、本書では数量的分析として、初等学校における教員数において、当該期には一九五〇年代なかばの規模にまですでに到達していたことをみた。くわえて当該期における組織として、沖縄県教育会、および沖縄県庁の学務担当者にかかわる分析を提示した。ただし、編者としての自己判断のおよぶかぎりでいえば、当該期にかかわる分析については本書において相対的に弱いものであったことは否めない。史料環境による制約を被ることで、空白あるいは未解明としてのこされる事象がすくなくないためである。具体的に振り返れば、沖縄県教育会機関誌『沖縄教育』は一九四二年後半以降に欠号がつづくうえ、一九四四年二月刊行の三二八号が現時点で見出せる最終号である。また、数量的分析において詳述したように、もっとも遅い時期に刊行された『沖縄県学事関係職員録』は一九四三年刊行分（一九四三年名簿）であり、同年以降がほぼ空白となる。一九四〇年に従前の各紙を統合のうえ創刊をみた『沖縄新報』は希少な位置を占めるものの、欠号が多いため一定の推移をみるうえでは限定的である。以上から当該期にかかわる史料的視野の拡充という具体的な作業課題があらためて浮き彫りとなった。なかでも戦後期へと直近した一九四四、一九四五年時点にかかわる関連史料の収集と整理がとくに切望される。

つづく崩壊期は、広義において一九四四年一〇月一〇日の奄美大島以南の島々に対する米軍による大規模な空襲に端を発する。主要な行政機関や学校が集中した那覇市を中心に空襲による被害が拡大した。本書では、空襲以後、とくに沖縄戦時下を中心とした教員層における戦死者数について、史料的な制約を前提としながらも、蓋然的な傾向としてではなく、一九四三年時点で国民学校に在職した教員三一四三名を対象に個人を単位とした悉皆性を意図した分析をこころみた。その結果、すくなくとも一一％に相当する三五二名が当該期に戦死を余儀なくされたこと、おなじく四三％（一三六〇名）のうち一定数は、依然、史料的な根拠が得られないものの、同様に戦死者とみなせることを論証した。また、教員層の組織的基軸であった沖縄県教育会は、一九四五年二月時点までは、その存在が史料的に確認できる。ただし、その機能上の実態が当該期においてどのようにあったのかについては不明としなければならない。明白なことは、一九四五年四月からの三カ月におよんだ地上戦において、行政機関と教員団体をはじめ、あらゆる教育の体系自体がほぼ崩壊していたことである。

再生期の始期は、学校の設立状況、また、米軍の進駐と占領の時期、形態から各地域において一律ではない。おおむね一九四五年なかば以降の戦後期に相当する。この場合の「再生」とは、いうまでもなく戦前期の引写しではない。あらたな統治主体としての米軍による直接占領下に各群島は置かれたのであり、正確には教育理念と内容、そして教員像の転換による教育上の「転生」というべき変化がそこにはあった。だからこそ、生き残った教員たちにおいて、その変化はにわかには受容しがたいものであった。そのうえでも、本書が解明したように、おなじく一九四三年時点で国民学校に在職した教員のうち、二六％に相当する八一四名は戦後において教員として勤務をつづけた。おなじく二〇％にあたる六一七名は史料的な確証にまでいたらないものの、同様に継続的な勤務者として推定される。したがって、両者を合算すれば一九四三年時点の在職者のうち、おおおむね半数ちかくが戦後期において教員として勤務していた。言い換えれば、多数の戦死者によって極端な減少を余儀なくされた教員層では、戦後の教育需要に応じることができず、生き残った教員の思いやためらいとは別に、教員への需要過多という現実が眼前にあった。くわえて給与をはじめとした教員への待遇の未整備から多数の離職者が出ており、需要増には拍車がかかっていた。したがって、沖縄師範学校卒業者を中心とした、戦前教員が戦後期においても勤務をつづけることは、個人の意図を超えた時代の潮流によって方向づけられていたといえる。一方、戦後教員の輩出は時系列順に、教員訓練所や沖縄文教学校をはじめ、戦後期に各地域に設置された簡易的な教員養成機関卒業者、また新制高等学校卒業者に供給源があった。一九五〇年五月に開学した琉球大学からの卒業者の輩出が本格化するのは一九五四年以後のことであった。当該卒業者はとくに新制高等学校教員を輩出する供給源として機能した。こうして一九五〇年代は戦前教員と戦後教員とが混在することであらたな教員層が形成された。各群島における文教関係部局、および教員団体は物心両面において再生期にあった教員世界を組織化する基軸として機能した。

こうした段階的な推移そのものは、戦時前後の経過としてみれば、いわば一般論に属する。このかぎりで日本での同時期のそれと表面上は類似するようにみえる。しかし、内実において両者は同質ではない。それは前者では七年の占領期間にみたなかったのに対し、後者は二七年以上におよんだという単なる期間の長短というにとどまらない。あらためて集約すれば「戦後改革」という、占領下の日本においては共有化された価値肯定的な用語は、米軍による直接占領下にあった沖縄にはあてはまらない。たしかに、一部の教員団体における組合への移行経緯としてみたように、米軍政下において民主化の唱導は皆無ではなかった。女性が小学校長に就任することは戦前期には結果的に実現をみなかったことである(補論の高橋論稿を参照)。また、本書では取り扱わなかったが、米軍による占領は、女性をふくめた参政権の付与と拡大をもたらし、また、物質的な生活水準や栄養状態の「改善」、その「近代化」を広範に提唱し、実践したという事実経過がある。しかし、軍事占領の安定的な維持存続という政策目的は、とりわけ移行期においてすべてに優先された。この目的遂行の前では、民主化の唱導は形骸化し、手段化されていたといえる。したがって、日本における「戦後改革」が冷戦体制の形成に促された再軍備などにより「逆コース」へと転じたとの通有の理解は、米軍占領下の沖縄には単純に適用できない。なぜなら、その用法の適否は措くとしても、「逆コース」と理解されるための前提となるべき民主化の過程自体が、軍事占領が優先された同時期の沖縄では形式的な水準にとどまっていたためである。公職追放をはじめとした戦前期の精算が沖縄において実施されないままにあったこと、なにより基本的人権の尊重を盛り込んだ日本国憲法が適用されなかったことは、それを明証する象徴であった。「逆コース」との用法をなぞれば、軍事占領の当初から沖縄は、いわば強化された「逆コース」下にすでにおかれていたといえる。ゆえに沖縄においては日本と同様の「戦後改革」があったとは、ひかえめに表現した場合でもいえない。どれだけ困難であろうとも施政権の返還を求める復帰運動が、知識人による思想運動としてだけではなく、広大な裾野に依拠した民衆運動として生起せざるを得なかった必然性はここに起点をもつ。ここでさらに指摘されるべきことがある。やや拙速な表現に聞こえるかもしれないが、字義に即した「戦後」といえる時代は、米軍占領下はもとより、施政権が日本に返還されたのちでさえ、沖縄には事実としておとずれていないということである。むしろ、日米両国政府の政治的、軍事的な攻略と多数派日本国民の無関心に支えられることで、現時にいたるまで沖縄は軍事的な最前線としての位置を強化されつづけている。

以上の点において、移行期における段階的な推移は日本と沖縄においてかくも相貌を異にする。ここで見過ごしてならないのは、両者の占領がほぼ同時代にはじまり、並行して進行していた時期を有することである。この単純な事実だけからも、日本の「戦後改革」に付着しているある種の作為性に思いいたるほかない。しかし、いまは現行の研究水準に照らして、この点にかかわる分析はこれ以上には進めないでおこう。かくして沖縄教員史の移行過程は、これら三段階から構成された、歴史的局面における変容過程の総和とみなせる。各段階は相互に截然と区切ることができない点で特徴的である。それらは群島などによるいくつかの異同をふくみつつ、実態として相互に錯綜し入り組んでいた。このことはつぎの分析結果にかかわる。

第二の分析結果として沖縄教員史の連続性と断絶性にかかわる、あらたな知見がある。あらためて確認すれば、沖縄教員史は、とりわけその理念と制度において沖縄戦時下に物理的な途絶を経験した。ただし、それは一時的あるいは部分的なものであり、かならずしも完全な断絶性を見出すことはできない。むしろ、それらは戦後期へといたる連続性を併せ持つものであった。このことを本書では、教員史の人的構成にかかわる数量的分析、ならびに組織分析を主要な視点として実証的に解明してきた。このうち人的構成については、すくなくとも一九五〇年代前半において、教員層の過半は本書のいう戦前教員であり、戦前教員なくして維持できる状況にはなかった。このかぎりで本書におけるひとつの素朴な結果としてあらためて導き出せることは、沖縄における教員史の展開は沖縄戦を契機として単純に区分できない連続性をもつということである。他方、戦前教員から戦後教員へという人的構成上の比重は時間の経過とともに着実に推移した。それは一九五〇年代を通じて緩慢に進行したが、おおむね同年代後半以降には後者が過半を占めるまでに変化した。したがって、人的構成という視点からいえば、むしろ戦前教員から戦後教員へと人的構成上の比重が移行した一九五〇年代なかばという、非制度的な領域に属する不可視の境界こそが事実上の断絶をなしたとみなせる。ところで、わたしたちはさきに「Ⅲ　組織」の「六　沖縄教職員会」において沖縄教職員会の機構改革が実現し、同会の組織力がその網羅性と実効性において格段に強化される同年代なかばの経過をみた。それが実現されるにいたった要因は、直接的には同時期の政治状況からの要請にくわえ、同会自体の組織的発意があったからにほかならない。しかし、より根源的な要因として、世代的な比重の移行という、同時期に進行していた、人的構成上の根拠がここで具体的にあきらかになった。一方、組織分析においては、群島などによる差異をともないながら、より顕在的な連続性がみとめられた。その背景には米軍政府が戦前の統治機構を占領政策に利用したことが指摘できる。その結果、多くの教員を戦死者として失うという明白な断絶を経験しながらも、各群島において設立された教員団体は、かならずしも一律ではなかったとはいえ、戦前期までの機構や人的構成を継承することで占領下をあゆみはじめる傾向をもった。

以上から、教員史の移行過程において、連続性と断絶性とは相互に入り組んでいたことが分析結果として導き出せる。戦時体制から米軍占領下へという明白な断絶のなかには教員層の人的構成における連続があり、そうした連続のなかには数多くの戦死者、そして教育理念の変化という断絶があった。移行期にあった沖縄の教員世界は、連続と断絶とが混在して並立するという複合性を強く帯びていた。補論として位置づけた個人史において、個別の機微に即しみたように、戦後期の人的構成や組織は、結果的にみればすでに戦前期にその基礎が準備されていた。ただし、これまでにみた連続と断絶の複合性は、沖縄全域に一律に確認できるわけではなく、その態様には多元性が見出された。このことはつぎの分析結果にかかわる。

第三として職位や群島、学校段階において連続性と断絶性には現れ方のちがいがあることを解明した。この背景には各群島の戦災状況にくわえ、あらためて指摘すれば占領にいたる経緯が群島によって一律ではないことがあった。このうち職位によるちがいとして、おなじく継続的勤務が推定される者をふくめれば、一九四三年時点の国民学校長と教頭の七一％が戦後も教員として勤務を継続したことを解明した。当該数値は教員のみに限定した場合のおなじく四三％と比較して、その連続性の度合いはあきらかに高い水準にあった。また、群島別のちがいとして、教員としての継続的な勤務者の比率は、宮古・八重山の両群島においては沖縄群島より相対的に高い水準にあったことが判明した。さらに学校段階によるちがいとして、戦後期の小中学校では戦前教員による再配置と教員養成機関卒業者の配置とが並行してなされる傾向にあった。それとは対照的に高等学校の場合、琉球大学卒業者の比率が一九五〇年代なかばを起点として急激に伸長し、同年代後半には八割以上を占めたことが示すように、戦後期に養成された若年教員が優先的に配置され、人的構成における断絶性が相対的に強く機能していたことを見出した。図式化すれば、暫定的な教員供給源として各地に設立された教員養成機関は主として小中学校での需要に応じ、琉球大学は高等学校でのそれに対応していたといえる。

とくに組織の移行過程にかかわる分析結果として、さきの群島別のちがいは看過できないだけの比重をもつ。本書では各組織における機構と人的構成について個別に解明すると同時にそれぞれの異同にかかわる比較考量を委細にわたり提示した。その結果、沖縄、宮古、八重山の各群島にくわえ、奄美群島における占領初期の文教担当部局と教員団体の実態は、安易に一元化できない多元性をもつと指摘できる。こうした群島間の多元性は、これからの研究展望を確認するうえでも示唆的である。というのは、沖縄群島での事例をもって他の群島の状況を暗黙のうちに類推することはあきらかに事実に反する。とりわけ琉球政府設立以前の時期を対象とする場合、抑制的に表現しても、各事象の分析における地域限定的な峻別が不可欠である。この点をわきまえない歴史記述は粗大さを免れないことはあきらかである。

ここまで集約したように、本書では沖縄戦をはさんだ教員世界の移行過程を対象として、その段階論、ならびに連続と断然における複合性ならびに多元性について実証的な分析を提示してきた。本書の分析では研究史においてあらたに見出されたものをふくめ、主として履歴書類や教員団体機関誌といった史料に依拠した。あらためて確認すれば、それらの視野をより拡大していくための堅調な調査研究の継続は、これからの基礎的課題としてのこる。その前提のうえでいえば、問題の端緒をつかみながらも、依然、未解明あるいは未着手としなければならなかった課題がある。それはつぎのふたつに集約される。

ひとつは戦後沖縄の占領主体であり、教育をふくめた統治権者としてあった米国側にかかわる分析の欠落という点である。確認すれば、住民による中央政府であった琉球政府は、行政権のほか、司法権と立法権を備えた自治的機構であった。半面、その自治は「琉球列島米国民政府の布告、布令及び指令に従う」かぎりとの限定が付されていた（琉球列島米国民政府布告一三号「琉球政府の設立」第一条、一九五二年二月二九日）。ひろく知られた、この条文が示すように、あくまで当該時期の沖縄は軍事が最優先された占領地域であり、統治の主体は米国であった。基本的かつ単純な事実でありながら、このことは本書の分析においてかならずしも正当に反映できたとはいえない。米軍政府を分析対象とできなかったのは対象の限定という研究の手続にかかわる一般的な原則だけが理由ではない。それは一義的にはとくに占領初期の米軍政府にかかわる教育関係史料の不足によって掣肘された結果である。じつは当該課題にかかわり、本書においてわたしたちは象徴的というべき事例にすでに遭遇している。組織のうち教員団体にかかわる各分析が明証したように、すべての群島において組織を管理統制していたはずの米国による統制方針は、群島別にみて結果的にかならずしも一元的ではなかった。そのことが、教員団体について、組合への移行が容認された、比較的、寛容な態度から、それを一貫して抑制した峻厳というべきそれにいたるまで、ある種の振幅を生み出す背景をなしていた。こうした事実にもとづき、今後の展望を仮説として示せば以下のように集約できる。すなわち、こうした振幅が生じていた背景にある、民間情報教育部など米国側の組織機構の系統ならびにその人的構成を焦点とした分析に着手することである。ここで例示した、教員団体への対応における振幅は、こうした文脈において位置づけることで正確に解釈できるのではないか。

ここで付言すれば、本書の装丁には、米国からみた沖縄・宮古・八重山、そして奄美への占領統治の態様および戦略を象徴的に示す図案を掲げた。おなじく口絵のひとつには、沖縄戦の開戦からまだ間もない一九四五年四月一六日に米国海兵隊によって撮影されたという写真を選定した。比較的、戦災のおよばなかった地域であろうか、配給のための計量係を兼務していたという、すでに「戦後」をあゆみはじめていた教員とともに、年齢もさまざまな子どもたちの形姿が写し取られている。その選定の意図はもはや明確であろう。あらたな統治権者としての米国への分析をふかめることが、これからの必然的な課題としてある。

もうひとつの課題として教育指導者層における人的構成の変容過程にかかわる分析がある。たしかに本書では、校長や教頭など、学校を単位とした場合の指導者層の人的構成については意識的に取り上げた。その結果、一般の教員層とは同一視できない固有性があることを具体的にあきらかにした。くわえて戦前期の沖縄県教育会と同県庁学務担当部局、戦後期の各教員団体における役員を中心とした人的構成にかかわる分析を提示した。しかし、いずれも時系列的な変容過程にまで立ち入った精細な分析にはおよんでいない。現時の研究水準に照らして、やむを得ないこととはいえ、すくなくとも移行期における沖縄の教育界を俯瞰する視点としては行き届いていないとの批判は免れない。付記すれば戦前期から戦後期における、視学制度、および教員養成機関スタッフへの視点の欠落がある。ゆえに今後は教員層として一括しがたい、教育指導者層における人的構成の変容過程が固有の分析対象として設定されなければならない。

この場合、本書が解明した教員層にかかわる数量的分析との比較考量という基礎的課題にくわえ、欠かしてはならない焦点がある。それは当該層における戦争責任についてである。あらかじめ記せば、ここでいう戦争責任とは、特定の個別的行為や役職などへの就任という狭義には限定されない。戦時体制下における教育者としての言動、戦争への加担や協力などを広範に包摂する概念であり、一般的には同時期を生きた教員はなんらかのかかわりをもつ。たとえば、皇国史観にもとづく国体精神を教員として唱えたことは、すくなくとも体面上、ほとんどすべての教員に該当した。ただし、ここでいう指導者層においては、その度合は相対的に高いことが予想される。このかぎりでの戦争責任について、本書はなんら言及をしなかったわけではない。戦前期に学校教育活動にたずさわった教員が戦後においても継続して勤務することへのとまどいや良心にもとづく悩み、葛藤をもち、さらにみずから勤務を断念した事例について関説した。半面、戦争責任の問題が封印され、抑圧される傾向にあったことについて論及した。さらに同時代の日本における公職追放にかかわって、米軍占領下の沖縄にあっては、米軍政府からの示唆にもかかわらず、対照的にその実施の痕跡がこれまで史料的に確認できないという事実を指摘した。[1] しかし、いずれも歴史分析としての端緒を示すにとどまった。

あらためて振り返れば、本書の主眼は戦時体制下から米軍占領下へという移行期を対象として、沖縄の教員世界における変容過程を分析することであった。したがって、教員たち自身がどのように時代に向き合ったのかという、いわば教員を歴史主体として据えた分析は個体史を例外として後景にしりぞいた。こうした選択は意識的になされたものである。つまり、後者へと行き着くためには、研究の一般的な順序性に照らし、前者にもとづく歴史の俯瞰が前提として不可欠となる。こうした前提を欠いた場合、皮相な個人的指弾として当該層の戦争責任を論じることになりかねない。これはもっとも避けなければならない戦争責任論の陥穽といえる。同時期の歴史を俯瞰することをめざした本書は、こうした意味において共有化されるべき前提を分析対象とした。本書の到達点を基礎としたうえで沖縄の教育指導者層における戦争責任という課題が再設定されなければならない。その際、大和側の戦争責任こそがなにより先んじてきびしく問われなければならないであろう。そのうえで教育指導者層をふくめ、戦後期の沖縄において戦争責任がどのように論じられてきたのか、あるいは論じられてこなかったのか、個々による戦争責任認識はどのようにあったのか、その時代背景をふくめた総合的な分析が不可欠となる。すくなくとも教育史の領域において、現行の研究水準はその域にはいまだ到達できてはいない。かさねて指摘すべきは、戦前期と比肩するとみなせる、とくに占領初期における史料環境を改善することである。くわえて透徹した史料の読み込みが不可欠である。解明されるべき領域や事象は、依然として多い。史料への沈潜をかさねることで堅調であるとともに、革新性を併せ持つ研究の進展が強く待ち望まれる。

［補注］

1 米軍占領下の沖縄（奄美）における公職追放については、その実施の有無といった表層的な次元にとどまらない分析が必要である。この場合、政策策定の過程においてどのような議論がなされたのかにかかわる基礎的な事実関係が未解明のままにある。ここでも群島別の差異に留意しなければならない。さきにひとつめの課題として示した、米国側の政策的な意図と密接不可分とみなすべき事象であり、とくに戦前期から継続的に勤務した教育指導者を分析するうえで検討しなければならない課題である。なお、視点を転じれば、日本に在勤中であった沖縄出身者、および奄美出身者には「戦争犯罪人」として収容されていた事例、また、公職追放を受けた事例がある。以上、下地敏行「統合における二、三の問題」『みやこ新報』一九四六年八月二五日、二七日、「戦犯収容二一名」『世論週報』一二号、沖縄出版社、一九五一年ほか参照。

おわりに

筆者の見立てでは、つまるところ本書は従前の研究史的な蓄積と到達点をふまえ、移行期の沖縄教員史にかかわる新機軸を打ち出した作品として位置づく。筆者が編集の任を担った前作『沖縄の教師像――数量・組織・個体の近代史』榕樹書林、二〇一四年では、沖縄県が設置された一八七九年から一九四〇年代前半までのおよそ六五年間にわたる沖縄教員史について長期的な視野のもとに展望した。最後半のかさなる期間をふくめ、その後の二〇年を対象とし該書における構成と方法を一部で踏襲した本書は、いわばその続編として江湖にまみえる。ささやかだが両著作には筆者の志というべき、一貫した問題意識がある。それは〈現在〉の沖縄をふかく理解するためには歴史的視野が不可欠ということである。歴史的に作り出されてきた問題は、歴史に立ち返ることによってのみ、その全体像をあますことなく照らし出せよう。そのうえであえていえば、歴史を断片的な情報にまで還元する、実証主義の素朴さについて筆者は懐疑的である。他方、沖縄にかかわる歴史事象について、植民地主義とかさねてみることや記述者の立場性をいうことで、なにかを説明した気になっているような心情主義的な姿勢はきわめて底があさいというべきである。沖縄は植民地主義という概念のたしからしさを確証するための手段ではない。沖縄と植民地主義との関係性を指摘することは、安定的な到達点ではなく、思考のための一契機にすぎない。そのうえで、殊更にいうまでもないことかもしれないが、現時の研究動向とこれからの課題を意識しながら、あえて記しておきたいことがある。

それは〈現在〉にとどくだけの力を備えた、沖縄教育史像を構築するための着実な経路は、あたかも石をうがつかのような地道な作業をかさねることにつきるということである。挑戦的なというにふさわしい、歴史研究を推し進めるのは、流行の概念からの裁断や理論にもとづく事例化、表層的な言説の切り貼りによる、その場かぎりのつじつま合わせではない。まして目先の成果だけを求める姿勢は、結局のところなにものこさない。

世代を超えた共同作業としての研究の営みは、積累としてある研究史から学び取り、それを継承発展させていくことにほかならない。この場合に欠かせないのは、圧倒的に欠損のいちじるしい基礎史料の系統的調査にくわえ、その透徹した読解にもとづく洞察である。沖縄の〈現在〉をめぐって、あたかも急き立てられるような時勢において、時流を鋭く感じ取りながらも、この姿勢だけは決して手放さない、これが筆者の基本的な姿勢である。

本書の軌跡を振り返れば、ハワイ大学マノア校ハミルトン図書館においてサカマキ・ホーレーコレクションと沖縄関係史料調査に傾注していた、筆者の二〇一〇年度における在外研究に端を発する。深い海のようなという形容がふさわしい同コレクションはもとより、同図書館所蔵の希少な史料群に接することで、それまでには感得しなかった、沖縄史を読み解くための視座がすこしずつだが、しかし確実に形作られた。その視座のうち、まちがいなく本書の骨格形成へとつながっているのは、沖縄戦前後の時期区分を自明視していた歴史記述の作法を問い直すことであった。学術という砦に守られ、安定的なものと見なしてきた時間軸の区画は、見方を変えればみずからを制約する桎梏であることを見出したといえば大げさであろうか。その頃から本書の刊行にいたるまで六年以上の歳月を閲したことになる。決して短くはないこの時間は筆者にとって迷いと逡巡の過程であった。さきを見通すことがむずかしい局面にたびたび遭遇し、強い向かい風に見舞われる思いであった。いまもそれは継続しているばかりか、さらに強く筆者のこころをつかんでいる。本書を終えるにあたり、なかでも筆者がみずからに問いつづけてきたことをふたつ記しておきたい。ひとつは、あまりに困難なというべき、沖縄戦をはさんだ移行期を筆者だったらどのように生きたであろうかという真正面にすぎるかもしれない問いである。むろん、わかりやすい定型的な答えなど、のぞむべくもない。しかし、この時代を歴史分析の対象として捉えようとし、みずからとの距離感をたもちつつも、この問いが筆者の頭からはなれたことはなかった。いまとなっては、この問いへの応答として、つぎのことはすくなくとも導き出せそうである。それは移行期を教員として生きた方々を傍観者として裁断し判定することはだれにもできないということである。半面、一見して矛盾をきたすようだが、後世を生きる者として、わたしたちはその時代をつぶさにみることができる位置を占める。本書はそれに見合うだけの歴史の見取り図をどこまで示すことができたのであろうか、この点はもうひとつの問いにふかくかかわる。それは、筆者にはいったいなにがいえたのかという書物の掉尾に添えるにはおそらくもっともふさわしくない問いである。むろん沖縄教員史の移行過程について本書では委曲をつくした分析をこころみた。しかし、たとえ史料にもとづく分析や実証作業といってみたところで、あれだけの破壊と惨禍、いのちの損失をもたらした沖縄戦の経験、そして、その後にはじまった軍事占領にさらされつづけてきた沖縄の〈現在〉を前にして、この問いはあまりに強くのこる。本書において描き出せたのは、ひとり一人の名を刻むことのすくない、そして、思い上がりもはなはだしい表層的な分析にとどまるのではないか。はたして本書は沖縄の歴史と記憶、その〈現在〉に届くだけの応答になりえているのか、せめて進退きわまる〈現在〉を前にして立ち尽くすほかない葛藤だけはいささかでも表現できたであろうか。

巻頭に委細を示したように、本書は六名による共同の研究成果として公刊される。執筆者の専攻は、教育学、歴史学と社会学におよび、その専門的な背景や問題意識は一様ではない。大きく一致するのは、戦争体験はいうまでもなく、「復帰運動」についても同時代的な記憶としてはもたない、いわば復帰後世代ということである。こうした共通条件は現行の研究傾向の一端を確実に反映している。また、いずれの執筆者も沖縄の外部からの眼差しを宿してきた。旧来の分類にしたがえば、本書は沖縄出身者を主体として営まれてきた沖縄学としてではなく、よりひろい参画者による、沖縄研究の系譜に属する。本書の成否にこれら諸条件がどのようにかかわるのか、筆者としてとくに注視している。

ひとつの仕事を長い期間にわたり共有できたことは、筆者にとって沖縄に向き合う姿勢を吟味し、学ぶためのまたとない機会であった。ただし、それぞれの力を合わせ、凝縮した構想力として立ち上げるという、一書を編むうえでの要の任を筆者がどこまで担えたのか、この点はご批判をまちたい。

本書を通読いただければおわかりになるように、一九四〇年代から一九五〇年代はじめにいたる、まさしく移行期にかかわる史料環境整備は、その遅れがとくにいちじるしい。ゆえに史料面において本書が依然として多大な制約を被っていることは免れない事実である。それでも本書では、従前にはない多くの新出史料を活用することができた。この背景には従前の基礎的な調査の蓄積にくわえ、関係者の寛大なお力添えにめぐまれたことが幸いしている。この場をおかりして、史料閲覧などで一方ならないお世話をいただいた、以下の方々ならびに関係諸機関のみなさまに感謝を申し上げる。上原実氏（沖縄県糸満市）、仲宗根將二氏（同県宮古島市）、瀬名波長宏氏（同県石垣市）。琉球大学附属図書館、沖縄県公文書館、沖縄県立図書館、那覇市歴史博物館、読谷村立図書館、うるま市立石川歴史民俗資料館、宮古島市史編さん室、石垣市立図書館、沖縄県教職員組合・同中頭支部、鹿児島県立奄美図書館、鹿児島県教職員組合奄美地区支部。

巻頭で紹介した編集復刻版『占領下の奄美・琉球における教員団体関係史料集成』の連携企画として本書の刊行を推進してくださったのは不二出版の小林淳子氏である。各地での調査や研究会にご同行いただき、つねに行き届いたご配慮をかたじけなくした。記して御礼を申し上げたい。

沖縄戦の帰結というべき、米軍占領と日米安保体制の檻のなかで、沖縄の人びとは苦悩と困難を強いられつづけてきた。沖縄戦ののちにも、事実上の戦争状態が沖縄の地では途切れることなく継続してきたというのは事実に即した表現である。「平和国家」日本の「戦後」は沖縄の基地負担のうえに成り立つ。沖縄において「戦後」というべき時代はおとずれてはいない。今日、在日米軍基地の安定維持を目的とした、日本政府による沖縄への威圧と暴力、分断と懐柔は現在進行形の問題として眼前にある。沖縄の自立を妨げ続けてきた支配的構造の一端に自己があるという羞恥を自覚しつつ、〈現在〉に向き合うだけの沖縄研究はどのように可能なのか。そうした支配的構造の歴史的な経緯が可能な限り精細に解明され、共有化されることをめざして、筆者は考え続けたい。

思えば、当初の予定とはうらはらに本書の刊行計画は遅延をきたした。過ぎ去るばかりの時の流れに追いつかず、筆者はあせりを募らせることが一再ならずであった。時が満ちて刊行にまでたどり着くことができたのは、いいしれぬ支えに本書がめぐまれたからにほかならない。お名前を挙げることはひかえるが、惜しみなく力をお分かちくださった方々の御恩にふかく感謝したい。歴史という回路を通じて〈現在〉を射抜くことを志した、ささやかなこころみとして本書がなにを提示できたのか、読者諸氏からの教唆と批判を待ち望んでいる。

二〇一六年一〇月　那覇

編者

［付記］

本書は、二〇一一―二〇一四年度、科学研究費補助金基盤研究（C）「沖縄における小学校教員の職歴変化に関する基礎的研究―沖縄戦前後の『連続性』分析」（23531017）（研究代表・藤澤）にもとづく研究成果である。

文献一覧

［凡例］

一　本書を作成するうえで参照した文献について、主要なものに限定のうえ、史料と研究に類別して掲出した。
二　配列は、刊行年順とした場合、著作者名などの五〇音順とした場合がある。くわえて所蔵機関別、学校種類別などにより配置した場合がある。
三　煩雑をさけるため、著作者名および所蔵機関を記載しなかった場合がある。また、機関などの名称を略称した場合がある。史料名については、適宜、簡略化した場合がある。私家版など書誌事項を省略した場合がある。
四　公文書、履歴書類は、その多くが沖縄県公文書館所蔵である。この場合、同館による資料コードを併記した。また、同館所蔵のうち、本書作成の時点で一部のみが公開されている史料および全体が閲覧制限されている史料について、今後の調査研究の参考に供するため史料類の末尾に付記した。
五　今後の参考に供するため、一部に奄美関係の史資料をくわえた。

Ⅰ　史料

一　各群島政府・琉球政府ほか

（1）職員録・広報・統計など

『沖縄民政要覧』一九四六年
『八重山民政府概況書』一九四七年（R00003019B）
『一九四七年八月以降　八重山民政府令綴』（R00160140B）
『八重山民政府要覧』一九四九年
『沖縄便覧』一九五〇年

『戦前戦後に於ける行政機構』(R00160139B)
『文教部関係名簿　一九五一年　教育史料』(R00000449B)
『沖縄群島要覧　一九五〇年版』一九五一年
『沖縄群島教育規程』一九五一年
『宮古群島経済自立計画書』一九五一年
『琉球統計報告』二巻五号、一九五二年
『自治発足一年の歩み』八重山群島政府公報九号、一九五二年(石垣市立図書館所蔵)
『琉球教育概覧(統計編)』一九五三年
『琉球政府職員録　一九五三年五月末日現在』(『情報』二四号附録)一九五三年
『宮古群島要覧　一九五三年度』(『情報』一七号、一九五四年七月)
『経済振興第一次五ヶ年計画書』一九五五年
『教育概要』一九五五年(国立国会図書館所蔵)
『教育職員の免許状取得状況調』一九五五年(R00155553B)
『那覇地区教育年報』一九五四・五五学年度合併号、一九五六年
『宮古群島要覧』一九五六年
『行政機構関係法令集』一九五八年
『行政機構図(一九五八年一月)』一九五八年
『琉球政府行政府職員録』一九五八、六四年
『一九五九学年度　公立小学校・中学校　学校一覧』一九五九年(R00095048B)
『八重山群島概況』一九六〇年
『行政機構図(一九六一年一月)』一九六一年
『行政機構図(一九六二年六月)』一九六二年
『行政機構図(一九六三年六月)』一九六三年
『教育白書』一九六五年
『行政機構図(一九六六年一月)』一九六六年
『行政機構図(一九六八年二月)』一九六八年

『琉球政府機構図(一九六九年一一月)』一九六九年
『行政機構図(一九七〇年三月)』一九七〇年
『行政機構図(一九七一年一月)』一九七一年
『琉球政府職員録』一九六八、七二年
『文書だより』一一号、一九七一年
『米国軍政府布告綴』(R00000437B)
『歴史資料収集についての諸記録　収集の趣旨　目録　収集方針　沖縄教育話合い事項』(R00098398B)

(2)『琉球教育要覧』『沖縄教育要覧』
『琉球教育要覧　一九五五年度』一九五五年
『琉球教育要覧　一九五六年度』一九五六年
『琉球教育要覧　一九五七年度』一九五七年
『琉球教育要覧　一九五八年度』一九五八年
『琉球教育要覧　一九五九年度』一九五九年
『琉球教育要覧　一九六〇年度』一九六〇年
『琉球教育要覧　一九六一年度』一九六一年
『琉球教育要覧　一九六二年度』一九六二年
『琉球教育要覧　一九六三年度』一九六三年
『沖縄教育要覧　一九六五年度』一九六六年
『沖縄教育要覧　一九六六年度』一九六七年

(3)調査報告
『学校基本調査報告書　一九五七年度』一九五八年
『学校基本調査報告書　一九五八年度』一九五九年
『学校基本調査報告書　一九五九年度』一九六〇年
『学校教員調査報告書　指定統計第四号』一九六〇年

『学校基本調査報告書　一九六四学年度』一九六五年

（4）発令簿・履歴書ほか

『発令簿　一九五〇年度』（R00162622B）
『内申書　一九五五年度』（R00162080B）
『一九五七学年度　内申書』（R00161945B）
『一九五八年以降書類綴　教育委員会関係』（R00163012B）
『一九五九年度　公立小中学校学校一覧』（R00095048B）
『招聘教育指導委員契約書綴　一九五九年度　前期、後期』（R00162154B）
『教員採用候補者名簿　一九六〇年』（R00161940B）
『文教審議会に関する書類　一九六〇年度』（R00162626B）
『一九六〇年三月　教員採用候補者名簿』（R00161940B）
『一九六一学年度以降　教員採用試験要項』（R00095593B）
『転退職希望教員調　一九六四年三月三一日付』（R00161681B）
『一九六四年度　俸給発令関係書類（表彰及び特昇）』（R00162639B）
『会計に関する書類（支出簿）　一九六六年度』（R00004334B）
『外地関係調査書』（R00003676B）
『公立小中学校勧奨退職該当者調』（R00095712B）
『行政分離後の個人別調査表』（R00000364B, 0000105883）
『学校統計報告書集計表』（R00095193B）
『小学校教諭一種普通免許状』（R00164036B）
『臨時教授認可証』（R00164041B、R00164042B）
『該当校資格別免許状調』（R00164507B）
『元外地官署職員の身分調査名簿』（R00003535B）
『総務課関係』（R00164293B, R00164294B, R00164297B）
『教員転職者待遇調』（R00094469B）

『教員俸給査定表』(R00163790B)
『職場における学歴構成の調査報告書』(0000035237)
『武富良達先生を偲ぶ　御逝去三十三年忌を迎えて』(0000061858)
National Leader List, 1950 to date March 1950-April 1963 (U00002541B)

二　地区教育委員会ほか

(1)沖縄群島

『一九五一年四月末日以降　発令簿(退職)』(R00162623B)
『一九五三年五月一日　新俸給発令簿』(R00163772B)
『一九五五年度　内申書綴』(R00162080B)
『教員氏名表』(R00163986B)
『五七年七月以降　教員採用・退職・昇給指名書綴』(R00161683B)
『一九五八年度　新規採用教員に関する書類』(R00162071B)
『免許台帳資料』(R00163987B)
『一九五九年　日誌』(R00162036B)
『一九五九年一月起　日誌』(R00163794lB)
『一九六〇年　日誌』(R00162029B)
『一九六〇年度　教職員名簿』(R00163985B)
『教員名簿並資格別免許状調査』(R00163449B)
『一九六二年度　教員異動案綴』(R00163850B)
『職員名簿』(R00163982B)
『教員異動案』(R00164528B, R00164529B, R00164530B, R00164531B, R00164536B, R00164532B, R00164538B, R00164539B
R00164543B)
『一九六四、一九六九年度　教員異動案』(R00164533B)
『一九六四年度　教員異動案』(R00164535B, R00164541B)

『一九六四年四月以降　補充教員履歴書』(R00163878B)
『一九六五年度　教員異動簿』(R00164525B, R00164527B)
『一九六六年四月以降　補充教員履歴書』(R00163879B)
『一九六六年度　教員希望者履歴書』(R00161933B)
『一九六七年度　教職員名簿』(R00095182B , R00095183B)
『一九六七年度　教職員名簿』(R00095180B, R00095181B)
『一九六七年三月十五日　元外地官署所属職員調査書』(R00163000B)
『一九六七学年度　学級編制予定表　付中学校教員採用計画』(R00164057B)
『一九六八学年度　学級編制及び教員採用計画表』(R00164059B)
『一九六八年度　転入希望者履歴書』(R00162073B)
『一九六九年三月　転入希望者履歴書』(R00163804B)
『一九六九年一月十五日現在　学校統計報告書　小学校』(R00163141B)
『教職員調査　小学校』(R00163129B)
『教職員調査　中学校』(R00163124B)
『教員異動案』(R00164542B)
『該当校資格別免許状調』(R00163450B)
『公立学校職員の外地引揚げ者調査』(R00162995B))
『公立学校職員の外地引揚げ者調査綴』(R00162995B)
『教員採用候補者名簿』(R00161940B)
『教員名簿並資格別免許状調査』(R00163448B)
『学校職員異動提案簿』(R00163852B)
『那覇地区に勤務した教員調書綴』(R00162993B)

(2) 宮古群島
『一九六七年度　履歴書綴』(R00095514B)
『一九六七年度　教職員名簿』(R00095184B)

『教育概況』一九七〇年

（3）八重山群島

『情報に関する書類（出版物の許可　行政記録資料）』（R00100234B）

「一九五三年度　臨時石垣市教育税納付告知及領収書」（石垣市立図書館所蔵）

『八重山地区　教育要覧』一九五九、六五、六八、六九、七〇年

『一九六七年度　教職員名簿』（R00095185B）

『職員録』一九六九年

三　学校関係史料

（1）沖縄県公文書館所蔵

黒島初等学校『沿革誌』（T00022449B）

黒島中学校『黒島中学校沿革誌』（T00022450B）

（2）那覇市歴史博物館所蔵

安謝小中学校『沿革誌　一九五六年調』

伊平屋初等学校『七十周年記念誌』一九五一年

垣花小学校『学校沿革史』

喜如嘉尋常小学校『喜如嘉尋常小学校　沿革誌』

久茂地小学校『学校沿革誌　一九五一年一二月以降』

城岳初等学校『学校沿革誌　一九四九年一二月起稿』

城西小学校『沿革史　昭和二一年以降』

楚辺初等学校『学校沿革誌　一九四六年六月（昭和二一年）』

大道小学校『沿革史』

渡名喜小学校『沿革誌』

那覇中学校『沿革誌』
真和志初等学校『学校沿革誌』
真和志中学校『沿革誌　昭和二三年―三二年』

（3）宮古島市史編さん室所蔵
池間小学校『沿革誌　明治二八年（創立）以降』
伊良部小学校『沿革誌　明治一九年―大正七年』
伊良部小学校『沿革誌（二）大正八年―昭和三年』
伊良部小学校『沿革誌（三）昭和一六年―昭和四二年』
西辺小学校『（一）明治二〇年―昭和五年』
上野小学校『沿革誌（一）明治二二年―大正一五年』
上野小学校『沿革誌（二）大正一五年―昭和一五年』
上野小学校『沿革誌（三）昭和一五年―昭和四六年』
大神小中学校『沿革誌　昭和一〇年―昭和五〇年』
鏡原小学校『沿革誌　大正一二年以降』
狩俣小学校『沿革誌　明治一七年創立以降』
北小学校『沿革誌（一）明治一五年―昭和八年』
北小学校『沿革誌（二）昭和九年―昭三三年』
北小学校『沿革誌（三）昭和三四年―昭和三九年』
城辺小学校『沿革誌（一）明治二三年―大正七年』
城辺小学校『沿革誌（二）』
城辺小学校『沿革誌（三）』
西城小学校『沿革誌（一）明治四一年―昭和二六年』
西城小学校『沿革誌（二）』
下地小学校『沿革誌（一）明治一九年―大正一一年』
下地小学校『沿革誌（二）』

下地小学校『沿革誌（三）』
砂川小学校『沿革誌　明治四一年』
七原尋常小学校『沿革誌　明治四三年八月』
久松小学校『沿革誌』
平良第一小学校『沿革誌（一）』
福嶺小学校『沿革誌　大正七年』
宮原小学校『沿革誌　一九四八年―』

（4）教員訓練学校・沖縄文教学校ほか
糸満教員訓練学校『一九五三年三月　第六期　学籍簿』（R00095388B）
沖縄英語学校同窓会『沖縄英語学校同窓会　三十五周年記念誌』一九九二年
沖縄文教・外語同窓会『沖縄文教・外語同窓会名簿』一九九五年
教員訓練学校・英語学校・特殊学校『一九五二年　学校要覧』（R00162660B）
教員訓練学校・英語学校・特殊学校『一九五二年　認可議案』（R00095272B）
教員訓練学校『一九五二年　学校要覧』（R00162659B）
コザ教員訓練学校同窓会『コザ教員訓練学校同窓会記念誌―戦後教育の空白を埋めて』二〇〇八年
文教局『英語学校卒業台帳』（R00162661B）
前原教員訓練学校『学校要覧』（R00162659B）
前原教員訓練所『前原教員訓練所指導案文書綴り』（那覇市歴史博物館所蔵）
『教員訓練学校　英語学校・特殊学校関係　職員発令』一九五二年（0000073143）
『一九五二年　教員訓練学校・英語学校・特殊学校関係認可議案』（R00095272B）
『一九五三年三月　糸満英語学校（2）引継書類綴』（R00162663B）
『文教学校関係雑書類綴』（那覇市歴史博物館所蔵）
『沖縄文教学校関係資料』（沖縄県立図書館所蔵）

（5）琉球大学

『学生生活実態調査報告書　一九五六年度』一九五七年
『十周年記念誌』一九六一年
『琉球大学創立二〇周年記念誌』一九七〇年
『琉球大学三〇年』一九八一年
『琉球大学四〇年』一九九〇年
『琉球大学五〇年史』二〇〇〇年

（6）その他
石川市宮森初等学校『昭和二十年度　教育進行案』（那覇市歴史博物館所蔵）
仲西初等学校『仲西初等学校例規綴』（浦添市立図書館所蔵）
沖縄県立工業高等学校『創立七〇周年記念誌』一九七四年
那覇教育史研究所編『壺屋初等学校日誌（一九四六年）』沖縄大学地域研究所地域研究叢書二巻、沖縄大学地域研究所、二〇〇四年
那覇教育史研究所編『壺屋初等学校日誌（一九四七年）』沖縄大学地域研究所地域研究叢書八巻、沖縄大学地域研究所、二〇〇六年
「波照間小学校沿革誌」竹富町史編集委員会編『竹富町史』一〇巻資料編近代五（波照間島近代資料集）二〇一〇年

四　人名録

武山宮信編『奄美名鑑（一版）』奄美社、一九二七年
関西沖縄県人会『沖縄県人住所案内』一九二八年
武山宮信編『奄美名鑑（二版）』奄美社、一九二九年
武山宮信編『奄美名鑑（三版）』奄美社、一九三三年
上原永盛編『沖縄県人物風景写真大観』一九三五年、沖縄通信社
大岡亮義編『奄美愛郷百話』全国新聞通報社、一九三六年
鹿児島県教育会『鹿児島県教育功労者略伝』一九三六年

武山宮信編『奄美名鑑（四版）』奄美社、一九三六年
高嶺朝光編『沖縄県人事録』沖縄朝日新聞社、一九三七年
大宜味朝徳編『現代沖縄県人名鑑』一九三七年
新垣庸一編『沖縄県学事関係職員録　昭和十八年』沖縄県教育会、一九四三年
崎原久編『琉球人事興信録』沖縄出版社、一九五〇年
仲井間宗裕『沖縄と人物』沖縄と人物刊行会、一九五〇年
伊波南哲・古藤実富編『八重山人事興信録』八重山人事興信録編集所、一九五一年
武山宮信編『奄美人名選全国及郷土篇』奄美社、一九五一年
沖縄朝日新聞社『沖縄大観』日本通信社、一九五三年
坂井友直編『奄美人国記』一九三七年
沖縄興信所『石川市案内―石川市と人物』一九五三年
琉球報道社『宮古群島案内』一九五三年
崎原久編『琉球人事録（二版）』上巻、沖縄出版社、一九五三年
崎原久編『琉球人事録（再刊）』沖縄出版社、一九五三年
「中央教育委員紹介」琉球政府文教局研究調査課『文教時報』五号、一九五三年六月
鹿児島県教職員組合『教職員録』一九五三、五四年
武山宮信編『奄美名鑑（五版）』奄美社、一九五三年
武山宮信編『続奄美名鑑』奄美社、一九五四年
渡慶次憲達編『昭和十八年版　沖縄県学事関係職員録』琉球政府文教局庶務課、一九五四年
平川源宝編『沖縄名鑑』沖縄名鑑発行所、一九五四年
琉球政府行政主席官房人事課『沖縄戦に於ける殉職者名簿』（R00003548B）
沖縄市町村長会『地方自治七周年記念誌』一九五五年
『沖縄官公庁実業団体芳名住所録』沖縄龍文社、一九五五年
武山宮信編『奄美人名選―鹿児島市の巻』奄美社、一九五五年
崎原久編『琉球人事録（三版）』沖縄出版社、一九五六年
平良好児編『宮古人事興信録』一九五六年

武山宮信編『郷土人物と山水』奄美社、一九五七年
『一九五八年度　沖縄人名事典』一九五七年
前里良光編『琉球人名商社団体要覧　付官公庁職員録　一九五九』琉球名刺交換会、一九五八年
前里良光編『沖縄官公・実業・団体芳名住所録』沖縄名刺交換会、一九五九年
前里良光編『琉球人名要覧　商社・団体・官公庁』琉球名刺交換会、一九五九年
武山宮信編『全奄美名鑑』奄美社、一九六〇年
前里良光編『琉球人名年鑑』琉球名刺交換会、一九六〇、六一、六二、六三、六四、六五年
徳勇吉編『奄美大島人事並に企業案内』産業奄美社、一九六一年
崎原久編『琉球人事録（四版）』沖縄出版社、一九六一年
武山宮信編『新奄美名鑑』奄美社、一九六二年
大宜味朝徳編『琉球紳士録』沖縄興信所、一九六二、六五年
崎原久編『琉球人事録（五版）』沖縄出版社、一九六三年
沖縄文教関係要覧刊行会編『沖縄文教関係要覧』一九六四年
沖縄タイムス社『現代沖縄人物三千人―人事録』沖縄タイムス社、一九六六年
沖縄興信所日本支社『本土在住沖縄県人名簿』一九六六年
『沖縄自治名鑑』一九六六年
『琉球人名年鑑　一九六六（別冊）』琉球名刺交換会、一九六六年
沖縄退職公務員連盟『一九六七年八月　会員名簿』一九六七年
崎原久編『琉球人事録（六版）』沖縄出版社、一九六七年
武山宮信編『新奄美名鑑』奄美社、一九六七年
『日本紳士名鑑　西日本篇』一九六七年
前里良光編『沖縄人名年鑑』沖縄名刺交換会、一九六七、六九、七〇、七一年
『先島知名録』八重山毎日新聞社、一九七一年
武山宮信編『奄美名鑑』奄美社、一九七二年
重信健二郎『奄美の人々（関東編）』全日興信所、一九七四年
重信健二郎『奄美の人々（関西編）』全日興信所、一九七六年

武山宮信編『奄美名鑑』奄美社、一九七六年
『奄美人名録』南海日日新聞社、一九七六年
『沖縄教育界のあゆみ』沖縄史料出版社、一九七九年
『全国版奄美人物名鑑』アド・タイムス奄美、一九八一年
神奈川県沖縄協会・川崎沖縄県人会『川崎の沖縄県人　七〇年の歩み』一九八三年
沖縄師範学校龍潭同窓会『傷魂を刻む―わが戦争体験記』一九八六年
ひめゆり平和祈念資料館建設期成会資料委員『墓碑銘―亡き師亡き友に捧ぐ』一九八九年
『沖縄県人名鑑』琉球新報社、一九九一年
右田昭進編『奄美の群像―奄美が生んだ二〇世紀の人物総覧』交文社、二〇〇〇年
沖縄県議会事務局『沖縄県議会史』二二巻資料編一九（議員名鑑）二〇〇七年
上原軟剛編『沖縄実業と文化人名録』実業と文化社、刊行年不詳

五　回想録

安里栄繁『私の浮世八十五年』一九八四年
安里源秀「私の戦後史」『私の戦後史』一集、沖縄タイムス社、一九八〇年
安里彦紀「中頭地区の思い出」沖縄教育連合会『新教育』一三号（三巻五号）一九五〇年一〇月（七巻）
阿波根朝松「私の戦後史」『私の戦後史』二集、沖縄タイムス社、一九八〇年
阿部隆範「師範生の生活調査報告―その悩みと希望について」『教育』九巻三号、岩波書店、一九四一年三月
荒井紀雄『戦さ世の県庁―記録集成』一九九二年
新垣淑明「起て中山の健男児」『おきなわ』八号（二巻一号）おきなわ社、一九五一年一月
新垣義常『わが星霜の記』一九七一年
新崎盛暉編『沖縄現代史への証言』上下、沖縄タイムス社、一九八二年
有川清蔵『思い出の佐仁校』一九六八年
池宮城秀意『沖縄に生きて』サイマル出版会、一九七〇年
池宮城秀意『沖縄のアメリカ人』サイマル出版会、一九七一年

池村恵興『教育の旅』一九七七年
池村恵興先生を偲ぶ文集刊行会『追想　池村恵興』一九九三年
池村実秀『かいま見る在りし種々』栄光出版、一九七六年
石垣正二『ドキュメント　ぼくと八重山』一九九二年
石島英文『三太の日記』一九八五年
伊志嶺賢二『回顧二十年宮古教育界夜話』南陽印刷社、一九六一年
伊集院武夫「教育北緯三十度線を行く」鹿児島県教職員組合『教育かごしま』三二・三三合併号、一九五一年一月二〇日
板良敷朝珍「戦時下の本部国民学校」『鎮魂譜—照屋忠英先生回想録』青い海出版社、一九七八年
糸数青重「民政府職員の素質」『月刊タイムス』一巻一〇号、沖縄タイムス、一九四九年一一月
糸洲長良「恩師宮良先生」『八重山文化』一七号、八重山文芸協会、一九四八年一月
稲垣国三郎『詩の国夢の国　琉球小話』盛運堂、一九三六年
稲盛定蔵『波瀾』沖縄教育出版、一九八八年
伊波圭子『ひたすらに—女性母子福祉の道』ニライ社、一九九五年
岩崎きよ『夢の風車』一九九二年
上里堅蒲「自由教育の思い出」『記念誌　佐敷小学校八十周年　佐敷中学校十五周年』一九六三年（『佐敷小学校　百周年記念誌』一九八三年）
上里堅蒲『歌集　春の衣』一九六九年
上江洲トシ『久米島女教師』繭の会、一九九五年
上原和信『読書三昧』一九八二年
牛島義友「沖縄教育の印象」文部省『文部時報』八九四号、一九五二年二月
浦崎康華『沖縄戦とその前後』一九七七年
浦崎純『沖縄戦秘史　島田知事（世論週報一一号）』沖縄出版社、一九五一年
大里康永『謝花昇伝』おきなわ社、一九三五年
大城喜久江『夫の歩んだ道』一九八三年
大田昌秀・外間守善編『沖縄健児隊』日本出版協同、一九五三年
大田昌秀『沖縄のこころ』岩波書店、一九七二年

大浜英祐『沖縄と魚』一九五七年
大浜信光「神谷巡査の話」『八重山文化』一四号、八重山文芸協会、一九四七年九月
大山朝常『大山朝常のあしおと』うるま通信社、一九七七年
大湾梅成『教育道五十年　遍歴の跡』一九七八年
沖師昭三会『昭参会誌』一九七八年
沖師昭四会『龍潭　昭四会五十周年記念誌』一九七九年
沖師昭和九年卒業昭九会『昭九会　五十年記念誌』一九八〇年
沖師昭一七会『漏刻門—卒業四〇周年記念誌』一九八二年
沖縄県師範学校『卒業記念写真帳　思出草』一九三九年
沖縄県師範学校昭和十三年卒業同期生会『龍飛　卒業五十年記念誌』一九八八年
沖縄県師範学校昭和十四年卒業寿志会『寿志　卒業五十周年記念誌』一九八九年
沖縄県師範学校本科第一部昭和十五年三月卒業生『古稀の翔』一九九〇年
沖縄県師範学校本科一部昭和十六年三月卒業生『六十路を越えて』一九八五年
沖縄師範龍潭十八会『龍潭の畔で結んだ友情』二〇〇五年
沖縄県女子師範学校昭和十一年卒業同期生会『幾山河を越えて　卒業五十周年記念誌』一九八八年
沖縄県女子師範学校卒業十七会『文集　十七会』一九九二年
沖縄県退職教職員の会婦人部『ぶっそうげの花ゆれて—沖縄戦と女教師』ドメス出版、一九八四年
沖縄県退職教職員の会婦人部『ぶっそうげの花ゆれて(二集)—沖縄戦と戦後教育』ドメス出版、一九九五年
沖縄県退職教職員の会婦人部『ぶっそうげの花ゆれて(三集)—平和を求めて』ドメス出版、二〇〇三年
沖縄師範学校昭和十九年卒同期生会『龍樋　沖縄師範学校昭和十九年卒業四十周年記念誌』一九八五年
沖縄師範学校昭和二〇年会『昇龍　沖縄師範学校昭和二〇年卒業生記念誌』一九九〇年
沖縄師範・昭十会『この道　沖縄師範昭十会五〇周年記念誌』一九八六年
沖縄タイムス社『鉄の暴風』朝日新聞社、一九五〇年
奥間徳一『働く沖縄青少年のために』一九六六年
翁長朝義『沖縄戦—一防衛隊員の手記』一九八八年
垣花尋常小(国民)学校同窓会記念誌編集委員会『垣花尋常小学校同窓会記念誌　追憶』一九八六年

勝元清『私の回顧録―日記抄』一九八四年
金井正夫『奄美大島復帰運動回顧録』一九六六年
兼城賢松『沖縄教師の祈りとどけ』講談社、一九七三年
亀川紀代『わがこころの軌跡―ひめゆりの残り香』青い海出版社、一九七九年
亀川恵信・亀川孝子『随想録』一九五三年
亀川恵信編『宮古先覚者の面影』一九五四年
義務教育課友の会『琉球政府文教局義務教育課の業務』二〇〇九年
金城芳子『なはをんな一代記』沖縄タイムス社、一九七七年
金城芳子『相思樹の花影』沖縄文化協会、一九八五年
川平朝申『終戦後の沖縄文化行政史』月刊沖縄社、一九九七年
具志川市史編さん室『一般疎開　安村静日記―宇天願から宮崎へ』一九九八年
具志堅興英『振り返る日々』一九九〇年
国吉順質『自分史　私の歩み八十五年』二〇〇〇年
慶田盛正光『島に生きる』一九八八年
小橋川カナ「私の戦後史」『私の戦後史』三集、沖縄タイムス社、一九八〇年
斉藤マサ「最果ての国　奄美」鹿児島県教職員組合『教育みなみ』九巻一七号、一九五八年二月
崎濱秀明「師範の思い出」『おきなわ』一巻七号、おきなわ社、一九五〇年一一月
崎間敏勝編『仲田精利先生の思い出』一九九二年
作井満『人間教育―教育者・本部廣哲氏の歩み』海風社、一九八七年
櫻澤誠「戦後沖縄における一教員の軌跡―新垣仁英氏に聞く」ノートル・クリティーク編集委員会『ノートル・クリティーク』六号、二〇一三年
島マス「私の戦後史」『私の戦後史』三集、沖縄タイムス社、一九八〇年
島マス先生回想録編集委員会『島マス先生のがんばり人生』一九八六年
島本英夫「仏桑華粘りて枝を離れず―沖縄の歌人小林寂鳥の人と作品」『青い海』三七号(四巻九号)、一九七四年一〇月
下地恵常先生追悼記念文集刊行会『啓蒙家　下地恵常先生』一九九七年
下地常盛「私の戦後史」『私の戦後史』八集、沖縄タイムス社、一九八五年

下門龍栄『校庭を掃く』青い海出版社、一九七八年
下門龍栄『白墨の薫り』那覇出版社、一九八〇年
殉国沖縄学徒顕彰会『沖縄の戦禍を背負ひて—金城和信の生涯』一九八二年
城岳子「我が母校二中」『おきなわ』一巻五号、おきなわ社、一九五〇年九月
新里清篤「五十万同胞の歓喜」『更生沖縄』四号、沖縄救済更生会、一九四八年一〇月
新里清篤編『証言と記録　あゝ学童疎開船対馬丸』対馬丸遭難者遺族会、一九七八年
新里清篤『回想と提言　沖縄教育の灯』一九八一年
新里清篤「私の戦後史」『私の戦後史』九集、沖縄タイムス社、一九八六年
新里清篤『沖縄ばんざい』一九八九年
新屋敷文太郎「占領下の学校づくり」那覇市企画部市史編集室『沖縄の慟哭—市民の戦時・戦後記録2（戦後・海外篇）』
一九八一年
直田昇『落木』前橋市立女子高等学校同窓会、一九六七年
砂川恵敷伝刊行会『うやまい　したいて　砂川恵敷伝』一九八五年
瀬名波長宣「岩崎卓爾のことども」『八重山文化』一七号、八重山文芸協会、一九四八年一月
「戦後五〇年おきなわ女性のあゆみ」編集委員会『戦後五〇年おきなわ女性のあゆみ』一九九六年
楚邊国民学校記念誌編集委員会『遙なり激動の少年期』一九九五年
平良恵盛先生遺稿集刊行会『薫習』一九七一年
平良仲蔵『回想　足跡を辿って—教職四十五年』一九八三年
平良浩『父・平良辰雄を語る』一九七二年
平良文太郎「帰郷雑感」『会報　昭和十年八月現在』龍潭同窓会、一九三五年
平良文太郎「私の戦後史」『私の戦後史』三集、沖縄タイムス社、一九八〇年
武田恵喜光『私の人づくり町つくり』一九八八年
玉起寿芳『私が体験した沖永良部の教育』一九九六年
玉木芳雄『あの日あの時』一九七九年
対馬丸疎開学童引率訓導証言記録プロジェクト『学童疎開船対馬丸引率訓導たちの記録』二〇一〇年
照喜納シゲ「明治の女教師—校舎のかげで授乳」『沖縄女性史研究』四号、沖縄女性史研究会、一九八二年

照屋寛吉「郷土に生きる教育家群像43　沖縄県　沖縄県民の師父　志喜屋孝信」文部省『文部時報』一三九一号、一九九二年一一月
照屋寛範『キリスト猶生きて』一九六七年
東京ひめゆり同窓会『東京ひめゆり同窓会　戦後二十周年記念誌』一九六六年
当間重剛『当間重剛回想録』当間重剛回想録刊行会、一九六九年
当銘由金「私の戦後史」『私の戦後史』五集、沖縄タイムス社、一九八一年
当銘由金『私の足あと』一九八三年
桃原用永『八重山の民主化のために』桃原さんを励ます会・明るい石垣市をつくる会、一九七〇年
当山堅一『父　正堅を偲ぶ』一九八四年
当山静江「安村つる先生」『おきなわ』一六号(二巻九号)おきなわ社、一九五一年一二月
所谷敏雄『車いすと白いつえ』一九八五年
特殊教育人物史編集委員会『戦後沖縄の特殊教育人物史』二〇一三年
徳田浚「一高女時代」『おきなわ』一巻六号、おきなわ社、一九五〇年一〇月
徳山正人「沖縄教育管見」文部省『文部時報』九八二号、一九五九年六月
徳山三雄『校庭の風』新星出版、二〇〇四年
渡名喜元尊『一教師の回想』一九八三年
豊川善佐『自叙伝』一九三七年
中頭退職教職員会『戦前・戦中・戦後を生きぬいた教職員手記』二〇一三年
長崎仁『私の国語今昔』南海日日新聞社、一九七二年
仲宗根源和『沖縄から琉球へ』評論社、一九五五年
仲宗根政善『石に刻む』沖縄タイムス社、一九八三年
仲宗根政善『ひめゆりと生きて　仲宗根政善日記』琉球新報社、二〇〇二年
仲宗根政善『教育随想録・新教育指針』(琉球大学附属図書館仲宗根文庫所蔵)
仲松源光『増補　あのときあのころ—教職四十年の回想』一九八九年
仲松源光『順風逆風』一九九一年
中村文子『わたしの中の大正・昭和』一九九一年

仲元銀太郎「旅の教師―第一、二回」『つどい』二、四号、宮古水産高等学校、一九六〇、六一年
仲元銀太郎「〃皇国の道〃に生きた教師」沖縄県教育委員会編『沖縄県史』一〇巻各論編九　沖縄戦記録2、一九七四年
仲元銀太郎『流れ流され』一九九九年
中山興真「私の戦後史」『私の戦後史』七集、沖縄タイムス社、一九八三年
仲吉良光『沖縄祖国復帰運動記―私の回想から』沖縄タイムス社、一九六四年
那根亨『思い出の記』一九七八年
那覇市立教育研究所『戦後の教育―〇からの出発』一―三、一九九八―二〇〇二年
成田千尋「昭和一桁世代の南洋移民経験と沖縄戦後闘争―有銘政夫氏に聞く」ノートル・クリティーク編集委員会『ノートル・クリティーク』七号、二〇一四年
西平英夫『ひめゆりの塔　学徒隊長の手記　新装版』雄山閣、二〇〇八年
西山清良『たわごと人生記』一九八五年
野崎文子『戦争と平和の谷間』一九九〇年
野地潤家編『高宮広雄先生に学びて』一九七四年
玻座真里芳『女性の向上と愛護』八重山婦人新聞社、一九五〇年
長谷川千代『追想の長谷川亀太郎』一九八九年
秦蔵吉『南島夜話―奈良原男爵事績』沖縄実業時報社、一九一六年
端山敏輝『歌集　試歩の朝』風根書院、一九七九年
比嘉春潮『沖縄の歳月―自伝的回想から』中央公論社、一九六九年
比嘉静観「中学時代の或る思い出」『おきなわ』二一号（三巻五号）おきなわ社、一九五二年八月
比嘉美津子『素顔の伊波普猷』ニライ社、一九九七年
比嘉善雄『わたしの戦後秘話―迷羊よいずこへ』琉球文教図書、一九七八年
平田暉子編『父、奥田愛正追想録―安陵を愛し安陵に生きた生涯』一九九一年
広田芳『私の星とともに―八十五年の足あと』一九九八年
ひめゆり同窓会相思樹会『戦争と平和のはざまで』一九九八年
ひめゆり平和祈念資料館『生き残ったひめゆり学徒たち―収容所から帰郷へ』二〇一二年
深佐源三『アメリカ占領下の苦難の奄美　うらみの北緯三〇度線』一九九二年

福山漢治『波濤を越えて―亀谷長栄伝記』葦書房、一九八六年
文教友の会『戦後沖縄教育の回顧録　文教局思い出の記』一九九三年
外間守善『回想八〇年　沖縄学への道』沖縄タイムス社、二〇一二年
外間守善『私の沖縄戦記―前田高地・六十年目の証言』角川文芸出版、二〇〇七年
真栄田義見『ふるさと遍路』一九八九年
前原信明「わが師・わが友―沖縄師範時代」『おきなわ』二九号（四巻五号）おきなわ社、一九五三年六月
牧野哲郎「教育代議士と呼ばれた人　祷苗代」「郷土の先人に学ぶ」刊行委員会『郷土の先人に学ぶ』下巻、一九八〇年
松田州弘『生り島―潮先に立って』那覇出版社、一九八一年
三木健編『沖縄を語る―金城芳子対談集』ニライ社、一九八八年
三木健「八重山『少国家』時代の原動力」『「八重山文化」解説・総目次・索引』不二出版、二〇一五年
嶺井強衛『蕃薯の花』日本文芸社、一九六二年
嶺井百合子『楽ん苦しみん―嶺井百合子回想記』若夏社、一九九七年
宮川寛雄『回想的自伝　独り物語』一九七八年
宮城真治『自らを語る―私・家族・学校』宮城真治資料編集委員会、一九九二年
宮城定蔵「思い出の三校」『回顧録　やんばるの教育』二集、国頭地区小中学校長会、一九七六年
宮里静湖『山原　教育の四季』一九七〇年
宮里テツ『テッちゃん先生はろくおんてぇぷ―沖縄離島の女教師の記録』ニライ社、一九八六年
宮良長義「私の戦後史」『私の戦後史』八集、沖縄タイムス社、一九八五年
宮山清『黒潮の譜―戦時中の十島記』一九九〇年
文部省『沖縄師範学校からの報告等　自昭和二〇年六月至二一年一一月』（国立公文書館所蔵）
柳田国男（酒井卯作編）『南島旅行見聞記』森話社、二〇〇九年
山内盛彬「私の戦後史」『私の戦後史』四集、沖縄タイムス社、一九八一年
山川忠正『想い出』一九九四年
山城善三編『当山正堅伝　附戯曲戻る道』一九五九年
山城善三『わが回想録　明治大正昭和三代八十年』一九七九年
山城宗雄「学校経営雑感」琉球政府文教局研究調査課『文教時報』七七号、一九六一年一一月

山城宗朝編『ぼくのおじいさん』刊行年不詳
屋良朝苗、（聞き手）新崎盛暉「戦後沖縄の教育―私の歩んだ道」『世界』二七一号、岩波書店、一九六八年六月
屋良朝苗『私の歩んだ道』屋良さんを励ます会、一九六八年
屋良朝苗、（聞き手）田港朝昭・浅野誠「屋良朝苗先生に聞く―私の教育実践」『教育実践』一〇号、『おきなわの教育実践』編集委員会、一九七八年
吉田賢治『軍国教師から沖縄・平和運動へ―中村文子の生涯』西日本新聞社、二〇一五年
吉田嗣延追悼文集刊行委員会編集本部『回想　吉田嗣延』一九九〇年
与那覇春吉『私の生活記録』一九六九年
和宇慶朝幸『足跡を尋ねて』一九七一年
『ちゅらぢむ―親泊朝晋先生を偲ぶ』一九六九年
「八重山の生い立ちを語る」『八重山文化』二七号、八重山文芸協会、一九四九年三月
「教育座談会」『おきなわ』一九号（三巻三号）おきなわ社、一九五二年
「座談会―終戦直後の教育を語る」『糸満小学校創立八十周年記念誌』糸満小学校創立八十周年記念事業期成会、一九六四年
「奄美大島の祖国復帰なる―二〇万人が断食した」『証言　私の昭和史』六、学芸書林、一九六九年
「下地かおる日記抄」沖縄県教育委員会『沖縄県史』一〇巻各論編九　沖縄戦記録2、一九七四年
『回想の田端一村』一九七七年
『幸地新蔵先生の思い出』幸地新蔵先生回想録出版の会、一九七九年
『師父　志喜屋孝信』志喜屋孝信先生遺徳顕彰事業期成会、一九八三年
『當銘由金―奉仕の心に生きる』同前出版委員会、一九八六年
『上里堅蒲氏　天妃国民学校長時代の日記』（那覇市歴史博物館所蔵）

六　教員団体・自治体ほか

（1）沖縄群島
糸満人物銘々伝刊行所『現代糸満実業人銘々伝』一九六八年
糸満地区教職員会『うなばら』三、四号、一九六一、六三年

上原軟剛編『新糸満町誕生記念誌』一九六一年
沖縄教育後援連合会『海外の皆様へ　感謝文集』一九四八年
沖縄教職員会『沖縄教育関係職員録』一九五二、五三、五四、五六、五七、五八、五九、六〇、六一年
沖縄教職員会『一九五四年七月現在　規約・諸規定集』一九五四年
沖縄教職員会婦人部『未亡人調査書綴』一九五七年
沖縄教職員会『沖縄教育の実態―本土に遠い教育水準』一九六一年
沖縄教職員会『復帰一〇年目の奄美教育の現状―沖縄教育との比較』一九六四年
沖縄教職員会『「沖縄県教職員組合」結成方針書（案）』一九七一年
沖縄県教育会『琉球』小澤書店、一九二五年
沖縄県教育会『旧所名蹟案内記』一九二七年
沖縄市教育委員会『沖縄市学校教育百年誌』沖縄市教育委員会、一九九〇年
具志川市史編さん委員会『具志川市史』六巻、教育編、二〇〇六年
佐敷村『佐敷村誌』一九六四年
島尻地区教職員会『一九七〇年四月一〇日現在　規約・諸規定集』一九七〇年
首里市教育部会『首里市案内』一九二七年
中頭郡教育部会国語研究会『郷土に立脚したる綴方指導書』一九三三年
名護市史編さん室『戦後五〇年記念名護市戦没者名簿　未来への誓い』一九九六年
名護市史編さん委員会『名護市史・本編六　教育』名護市役所、二〇〇三年
那覇市教育委員会『那覇市教育史』（資料編）那覇市立教育研究所、二〇〇〇年、
那覇市教育委員会『那覇市教育史』（通史編）那覇市立教育研究所二〇〇二年
那覇市教育史編さん室『聞き取り調査記録書―那覇市の戦前の学校』一九九九年
那覇市総務部女性室那覇女性史編集委員会『なは・女のあしあと―那覇女性史（近代編）』ドメス出版、一九九八年
那覇市役所企画部市史編集室『沖縄の戦後資料（一九四五―一九七二）』一集（逐次刊行物目次集）一九七七年
南風原村史編集委員会『南風原村史』一九七一年
前原地区教職員会・教職員共済会前原支部『沿革と活動概要』一九六八年（沖縄県教職員組合中頭支部所蔵）
みどり会『みてきたアメリカ』みどり会、一九五四年

「沖縄県教職員組合誕生」琉球政府労働局労務課『琉球労働』一八巻一号（七四号）一九七一年一二月

（2）宮古群島
沖縄県教職員組合宮古支部『教育会館建設記念誌』一九八九年
沖縄県宮古支庁『宮古行政史』一九九七年
平良市史編さん委員会『平良市史』八巻資料編6（考古・人物・補遺）一九八八年
宮古教育誌編纂委員会『宮古教育誌』一九七二年
宮古教職員会二〇年史編集委員会『宮古教職員会二〇年史』一九七三年
宮古郡教育部会『昭和八年度　郷土史取扱の実際方案』一九三三年
宮古郡教育部会『久松五勇士美談』一九三四年
宮古郡教育部会『宮古島郷土誌』一九三七年
宮古島市史編さん委員会『宮古島市史』一巻通史編、二〇一二年
宮古教職員会『一九五四年五月以降　従員名簿』（宮古島市史編さん室所蔵）
『教職員会関係書類綴』（宮古島市史編さん室所蔵）

（3）八重山群島
沖縄県教職員組合八重山支部『沖縄県教職員組合八重山支部設立三〇周年記念誌』一九七九年
桃原用永『八重山の復帰運動史』一九七八年
八重山教職員会『ひなわし―教育新聞特集号』一九六〇年
八重山教職員会婦人部『八重山地区　母親と女教師の大会』一九六三年（石垣市立図書館所蔵）
八重山郡教育部会『社会教育展覧会概覧』一九二三年
八重山郡教育部会『八重山郡教育概覧』一九三六年（石垣市立図書館所蔵）
八重山郡教育部会『八重山郡各小学校復興記念写真帳』一九三六年（石垣市立図書館所蔵）
八重山地区教職員会『教育会館落成記念』一九六四年（石垣市立図書館所蔵）
八重山教職員協議会『創立十周年記念誌』一九七九年
『第一回八重山地区教育研究大会』一九五四年（石垣市立図書館所蔵）

（4）奄美群島

奄美大島教職員組合『奄美大島の教育』一九五三年
衛藤助治編『沖永良部誌』一九一四年
鹿児島県『鹿児島県治概要』一九一七、三一年
鹿児島県『奄美大島の現況』一九五三年
鹿児島県大島支庁『大島郡将来ノ救済振興ニ関スル意見書』一九二六年
鹿児島県大島支庁『大島郡勢要覧』一九四〇年
鹿児島県学務部学務課『大島郡教育概要』一九二七年
鹿児島県教育委員会『本県教育の総反省と今後の方策』一九五二年
鹿児島県教育会『鹿児島県教育会沿革概要』一九三六年
鹿児島県教育長大島教育事務局『戦後の奄美の教育―祖国復帰十周年記念誌』一九六五年
鹿児島県教職員組合『一〇年のあゆみ』一九五七年
鹿児島県教職員組合奄美地区支部『鹿教組奄美支部三〇年史』一九八四年
名瀬市教育委員会編『戦後の奄美教育誌』一九九三年
『大島郡官庁団体組合職員録』一九三九年（鹿児島県立奄美図書館所蔵）

（5）その他

菊池豊三郎「教育者組織論―教育職能団体の提唱」大日本教育会『大日本教育』七九九号、一九四五年一一月
日本教育会『教育会改組の手引』一九四七年

七　新聞史料

（1）『うるま新報』

「教育界異動」一九四八年四月九日、「女校長遂に実現せず」一九四八年四月一六日、「教員異動」一九五〇年四月五日、「校長、教頭第一次異動」一九五〇年四月六日、「校長、教頭二次異動」一九五〇年四月九日、「教員異動」一九五一年四月三日

(2)『沖縄タイムス』
「校長異動」一九四八年九月一七日、「教員異動」一九五〇年四月五日、「校長異動」一九五〇年九月六日、「教員異動」一九五一年四月三日、「教連近く改組」一九五二年二月五日、「沖縄教職員会　教連解消して新発足」一九五二年二月一五日、「二万余の貧困児童に無償で教科書を」一九五二年三月一日

(3)『琉球新報』
「大政翼賛会支部委員　三十台の新人も登場」一九四〇年一一月二一日、「立候補の弁　私の抱負(2)」一九五二年二月三日

(4)『沖縄新民報』
「沖縄教育の在り方　基調を日本におく」一九五一年九月二五日、「日本の体温にふれて—沖縄教育視察団の走りがき(一、二)一九五一年一〇月一五、二五日

(5)『みやこ新報』
「教育の振興と待遇改善」一九四六年二月一七日、「国民学校教員任命」一九四六年三月一一日、『自由学園』の構想盛る」一九四六年三月二三日、「宮古教員組合組織」一九四六年九月二三日、「教員組合が機関誌発行」一九四六年一〇月二七日、「教頭異動発令」一九四六年一一月一〇日、「学校後援連合会結成」一九四七年二月二七日、「高校長発令」一九四七年三月二三日、「教育の目的達成は先づ設備の充実」一九四七年一〇月　三日、「用紙不足に関する件」一九四七年一〇月二五日、「新学制に伴ふ人事の異動発表」一九四八年四月六日、「教員の強化刷新　異動百二〇名発表」一九四九年四月七日、「教育会総会終幕」一九四九年五月一九日、「校長異動発令」一九四九年七月五日

(6)『宮古朝日新聞』
「教育委員の公選三月三十日　懸念されるボスの横行」一九五二年三月八日、「教育に理解ある人　理想選挙実現近し」一九五二年三月一八日、「教育会定期総会」一九五二年七月六日、「新教育に挺進する宮古教職員会」一九五二年八月二一日、一九五〇年八月—一〇月、一九五一年一二月、一九五二年二月

(7)『海南時報』

「郡下教員異動発令さる」一九四四年四月二日、「教員異動」一九四四年一〇月二日、「教員異動発令」一九四七年四月二日、「教員新発令」一九四七年四月一二日、「教員養成講習会」一九四七年七月二〇日、「教組部会と統合改組」一九四七年九月一一日、「教員発令」一九四七年一一月五日、「教員配置移動なる」一九四八年四月五日、「社論　平良高校長を送るに際して」一九四九年三月二〇日、「不当な支配に屈せず　純教育的配置を」一九四九年三月二九日、「一七六名の大異動」一九四九年四月二日、「一七六名の大異動」一九四九年四月一二日、「教員配置異動なる」一九四八年四月五日、「過剰教員　百十二名がはみ出る」一九五十一年四月一日、「竹富校で隣校研究会」一九五一年六月二四日、「教員異動」一九五一年九月二日、「教員減縮案に教育会『反対』発表」一九五二年三月二九日、「教員再異動発表」一九五二年四月二一日

(8)『南西新報』

「郷土の興隆へ！」一九四八年三月二七日、「教育会総会活ぱつ」一九四九年八月三日、「二月十七日高校で多彩な教育祭行事」一九五一年二月一五日、「教員の日本派遣　軍より許可」一九五二年二月一日

(9)『南琉タイムス』

「新農林校長は噂通り屋嘉宗顕氏」「退職者」一九五〇年四月四日、「教員異動大揺れ」一九五一年四月三日、「教員異動発表」一九五一年四月四日

(10)『八重山タイムス』

富川盛正「各学校との座談会を終えて」一九四八年五月一〇日、「富川文教部長退職　後任に高宮広雄氏」一九四八年一一月一日、「教職員異動」一九四九年四月四日、「一部教員異動発表」一九四九年九月一日

(11)『自由民報』

「高宮広雄氏文教部長に」一九四八年一一月三日、「教育界もこぞって政党離脱を申合す」一九四九年三月三〇日、「八重山教育会　教員配置問題等を陳情」一九四九年三月三〇日、「教員異動四月一日発令」一九四九年四月三日、「教員異動発表」一九四九年九月三日、「八重山郡ピーテーエイ　近く結成新発足か」一九五〇年三月三日、「教員異動発表さる」一九五〇年四月三日、「教員中間異動発令」一九五〇年一二月六日、「全琉教育会議　八重山より六名」一九五一年一月二八日、「教員異動」一九五一年四

月三日、「八重山の名士を斬る　糸数用著氏の巻」一九五二年一月六日、「八重山の名士を斬る　桃原用永氏の巻」一九五二年一月八日、「教職員自力で生活擁護　共済組合近く誕生」一九五二年一月一二日

(12)『自由沖縄』

「学校長任命　民主教育着々完備」一九四六年八月二五日、「教育界の先輩」一九四九年二月一七日

(13)その他

沖縄県教育庁文化財課史料編集班『沖縄県史』資料編二五（女性史新聞資料）大正・昭和戦前期編　女性史2、二〇一五年

『戦前の新聞記事　森純悟氏』（那覇市歴史博物館所蔵）

八　非公開史料（一部ふくむ）

(1)琉球政府文教局・沖縄県ほか

『一九五一年四月末日以降　退職者発令簿』(0000088009)

『職員録　一九五一年八月』(R00094466B)

『原議綴　一九五二年四月以降』(R00162655B)

『教員採用候補者選考試験判定会議資料　一九六一年以降』(R00161939B)

『辞令　一九六二年度以降』(R00094411B)

『一九六二年四月―一二月　教職員の任用昇任退職及び給料認定』(R00095263B)

『一九六二年　復員に関する書類　事務連絡』(R00083688B)

『一九六二年度　転退職希望調』(R00161671B)

『一九六三年一月―九月　教職員の任用昇任退職及び給料認定原議』(R00095262B)

『公立学校事務職員履歴書』(R00094412B)

『公立学校事務職員調書』(R00162992B)

『職員名簿　部長課長級職員名簿　一九六八年一二月現在』(R00001747B)

『一九七三年度　退職手当認定関係』(P00018822B)

『健康診断票及び事後措置記録』(R00003872B)
『履歴書　連合区教育委員会関係一』(R00003579B, R00003580B)
『俸給発令に関する文書　職員の定期昇給』(R00164753B)
『元沖縄県庁職員の履歴証明に関する書類綴』(R00003605B, R00003606B)

（2）沖縄群島

北部連合区教育委員会『一九七〇年度　給与支払名簿』(R00162745B)
北部連合区教育委員会『各官公署職員の身分調査恩給受給権者の調査綴』(R00003662B)
中部連合区教育委員会『教員採用候補者名簿　一九六〇年度』(R00161942B)
中部連合区教育委員会『一九六〇年度　普天間連合教育委員会事務局発令簿』(R00162987B)
中部連合区教育委員会『一九六一年　退職手当請求者名簿』(R00163381B)
中部連合区教育委員会『一九六三年度　勧奨退職該当者調関係書』(R00161677B)
中部連合区教育委員会『一九六四年度　連合区内異動希望者履歴書』(R00163844B)
中部連合区教育委員会『一九六二年七月一日以降一九六五年四月一日　休職教員調査表』(R00163457B)
中部連合区教育委員会『教員希望者履歴書』(R00161933B)
中部連合区教育委員会『一九六五年一月一日現在　転退職希望調』(R00161682B)
中部連合区教育委員会『一九六六年一月一日現在　転退職希望調』(R00161669B)
中部連合区教育委員会『一九六五年度　勧奨退職関係書類』(R00161673B)
中部連合区教育委員会『一九六六年七月一日現在　勧奨退職希望者調』(R00161675B)
中部連合区教育委員会『一九六七年度　勧奨退職適用希望者調』(R00161679B)
中部連合区教育委員会『一九六七年度　特別昇給該当者の名簿』(R00161838B)
中部連合区教育委員会『一九六七年度　特別昇給該当者の発令通知控』(R00168841B)
中部連合区教育委員会『一九六八年度　特別昇給該当者の内申書控』(R00161837B)
中部連合区教育委員会『一九六八年度　勧奨退職希望調』(R00161678B)
中部連合区教育委員会『一九六八年八月以降　現職教員恩給関係書類』(R00164482B)
中部連合区教育委員会『一九六八年度　転入希望者履歴書』(R00162073B)

中部連合区教育委員会『一九六九年度　公立学校職員特別昇給該当者の認定申請書』(R00161837B)
中部連合区教育委員会『一九六九年度　公立学校職員特別昇給該当の認定申請書』(R00161764B)
中部連合区教育委員会『一九六九年度　転入希望者履歴書』(R00163804B)
中部連合区教育委員会『一九六九年度　勧奨退職希望調書』(R00161674B)
中部連合区教育委員会『一九六九年度　教職員採用・転入・退職・昇任昇給認定申請書』(R00161670B)
中部連合区教育委員会『一九六三年度　教職員の任用・昇任・転入・退職・採用及び給料認定通知書』(R00161685B)
中部連合区教育委員会『一九六四年度　教職員の任用・昇任・転入・退職・採用及び給料認定通知書』(R00161689B)
中部連合区教育委員会『一九六八年度　教職員の任用・昇任・転入・退職・採用及び給料認定通知書』(R00161687B)
中部連合区教育委員会『一九六九年度　教職員の任用・昇任・転入・退職・採用及び給料認定通知書』(R00161690B)
中部連合区教育委員会『一九七〇年度　教職員の任用・昇任・転入・退職・採用及び給料認定通知書』(R00161701B)
中部連合区教育委員会『一九七一年度　教職員の任用・昇任・転入・退職・採用及び給料認定通知書』(R00161688B)
中部連合区教育委員会『一九七一年度　教職員・採用・退職認定申請書』(R00161702B)
中部連合区教育委員会『一九七〇年七月　勧奨退職に関する調査』(R00161670B)
中部連合区教育委員会『教員異動案』(R001638440B)
中部連合区教育委員会『一九六二年四月以降　長期病気教員関係綴』(R00163734B)
中部連合区教育委員会『一九六四年四月以降　補充教員履歴書』(R00163878B)
中部連合区教育委員会『各官公署職員の身分調査恩給受給権者の調査綴』(R00003661B)
中部連合区教育委員会『一九七〇年度　教職員・採用・退職・転入・昇任認定申請書』(R00161699B)
那覇連合区教育委員会『一九六六年度　給料認定履歴書綴』(R00095516B)
那覇連合区教育委員会『各官公署職員の身分調査恩給受給権者の調査綴』(R00003658B,R0003659B)
南部連合区教育委員会『へき地教員実態調査』(R00095393B)
南部連合区教育委員会『各官公署職員の身分調査恩給受給権者の調査綴』(R00003660B)

(3)宮古群島・八重山群島
宮古連合区教育委員会『一九六六年度　給料認定履歴書綴』(R00095517B)
八重山連合区教育委員会『各官公署職員の身分調査恩給受給権者の調査綴』」(R00003664B)

（4）その他
内政局『（奄美大島出身者）退職者履歴書綴』（R00002317B）
那覇日本政府南方連絡事務所長『自昭和二九年度　至同三一年度　公文履歴関係書類綴』（R00003790B）
那覇日本政府南方連絡事務所長『昭和三二年度（昭和三二年一月以降）公文履歴関係書類綴（一）』（R00003788B）

Ⅱ 研究

（1）沖縄史ほか
浅野豊美編『南洋群島と帝国・国際秩序』慈学社、二〇〇七年
浅野誠『沖縄教育の反省と提案』明治図書、一九八三年
安仁屋政昭「アメリカの沖縄占領と初期軍政」日本史研究会『日本史研究』一九四号、一九七八年一〇月
安仁屋政昭「戦後沖縄における海外引き揚げ」沖縄県立図書館史料編集室『史料編集室紀要』二一号、一九九六年
阿波根昌鴻『米軍と農民』岩波書店、一九七三年
阿波根直誠編『沖縄県の戦前における師範学校を中心とする教員養成についての実証的研究』科学研究費補助金（一般研究B）研究成果報告書、一九八〇年
阿波根直誠・川井勇・佐久川紀成「『沖縄県教員養成史関係資料文庫』所蔵目録と解題」『琉球大学教育学部紀要』二四集一部、一九八〇年
雨宮昭一『戦時戦後体制論』岩波書店、一九九七年
蘭信三編『日本帝国をめぐる人口移動の国際社会学』不二出版、二〇〇八年
新川明『反国家の兇区―沖縄自立への視点』社会評論社、一九九六年
安良城盛昭『新・沖縄史論』沖縄タイムス社、一九八〇年
安良城盛昭『天皇・天皇制・百姓・沖縄―社会構成史研究よりみた社会史研究批判』吉川弘文館、二〇〇七年
新崎盛暉『戦後沖縄史』日本評論社、一九七六年
新崎盛暉・川満信一編『沖縄・天皇制への逆光』社会評論社、一九八八年
新崎盛暉『琉球弧の視点から』沖縄同時代史二巻、凱風社、一九九二年

安藤由美『激動の沖縄を生きた人びと―ライフコースのコーホート分析』早稲田大学人間総合研究センター、一九九八年
天川晃・増田弘編『地域から見直す占領改革―戦後地方政治の連続と非連続』山川出版社、二〇〇一年
蘇鉄之進「連教組機関紙『教育と文化』について」『奄美郷土研究会報』一九号、一九七九年
伊佐真一『伊波普猷批判序説』影書房、二〇〇七年
石田正治「沖縄における初期軍政―間接統治と復帰運動」『アジアの激変と戦後日本』(年報・日本現代史)四号、現代史料出版、一九九八年
石原昌家『戦後沖縄の社会史―軍作業・戦果・大密貿易の時代』ひるぎ社、一九九五年
伊高浩昭「郷土再建と民主主義をうたう―石垣市の『旬刊民友』と『八重山文化』」思想の科学研究会『思想の科学』三〇六号、一九七八年一一月
江上能義「沖縄議会総辞職事件と稲嶺一郎の琉球視察報告書」琉球大学法文学部『政策科学・国際関係論集』三号、二〇〇〇年
大城将保「戦時下の沖縄県政―昭和十八年知事事務引継書の周辺」沖縄県沖縄史料編集所『沖縄史料編集所紀要』二号、一九七七年三月
大城将保「沖縄戦における戦死者数について」沖縄県沖縄史料編集所『沖縄史料編集所紀要』八号、一九八三年三月
大城由希江「琉球列島米国民政府メディア調査資料の紹介」『沖縄県公文書館研究紀要』一五号、二〇一三年三月
大田静男『夕凪の島―八重山歴史文化誌』みすず書房、二〇一三年
大浜郁子「沖縄出身者の台北師範学校における台湾教育経験と沖縄の『戦後』復興への取り組み」松田利彦・陳姃湲編『地域社会から見る帝国日本と植民地―朝鮮・台湾・満洲』思文閣出版、二〇一三年
岡本恵徳『「沖縄」に生きる思想―岡本恵徳批評集』未来社、二〇〇七年
小川忠『戦後米国の沖縄文化戦略―琉球大学とミシガン・ミッション』岩波書店、二〇一二年
沖縄教育実践史研究会『戦後沖縄の初等中等学校における教育実践(主に授業と生活指導)に関する実証的研究』科学研究費補助金(一般研究C)研究成果報告書、一九八一年
沖縄県教育委員会『沖縄の戦後教育史』一九七七年
沖縄県教育委員会『沖縄の戦後教育史』(資料編)一九七八年
沖縄県文化振興会公文書管理部『米国の沖縄統治下における琉球政府以前の行政組織変遷関係資料(1945～1952)』沖縄県公文書館、二〇〇〇年
沖縄総合事務局調査企画課『沖縄県における人口動態等に関する調査報告書』一九七八年

沖縄県農業教育研究会『沖縄県農業教育史』一九八二年
沖縄婦人運動史研究会『沖縄・女たちの戦後―焼土からの出発』ひるぎ社、一九八六年
沖原豊『沖縄の教育』第一法規、一九七二年
梶村光郎編『沖縄教育と近代学校に関する研究』科学研究費補助金（基盤研究C）研究成果報告書、二〇〇〇年
加藤哲郎・伊藤晃・井上学編『社会運動の昭和史―語られざる深層』白順社、二〇〇六年
鹿野政直『戦後沖縄の思想像』朝日新聞社、一九八七年
鹿野政直『沖縄の戦後思想を考える』岩波書店、二〇一一年
鹿野政直「沖縄を考える」日本社会文学会『社会文学』四〇号、不二出版、二〇一四年七月
川平成雄『沖縄　空白の一年　一九四五―一九四六』吉川弘文館、二〇一一年
川平成雄『沖縄　占領下を生き抜く―軍用地・通貨・毒ガス』吉川弘文館、二〇一二年
小池康仁『琉球列島の「密貿易」と境界線―1949–51』森話社、二〇一五年
上沼八郎『戦後沖縄教育小史―教育民立法成立の過程』南方同胞援護会、一九六二年
上沼八郎『沖縄教育論―祖国復帰と教育問題』南方同胞援護会、一九六六年
上沼八郎「戦後沖縄教育の歴史と現状―本土との比較を通して」日本教育学会『教育学研究』三〇巻一号、一九六三年三月
嘉陽安春『沖縄民政府―一つの時代の軌跡』久米書房、一九八六年
川井勇「沖縄占領と米軍の教育政策に関する一考察―米軍第一〇軍関係資料の検討を通して」『九州教育学会紀要』一一巻、一九八三年
川井勇「戦後沖縄教育『再建』の意識と構造」沖縄大学教養部『沖縄大学紀要』一〇号、一九九三年
川手摂「琉球政府の特別職公務員―その任用と『政治性』の検証」『都市問題』一〇三巻七号、二〇一二年
川手摂『戦後琉球の公務員制度史―米軍統治下における「日本化」の諸相』東京大学出版会、二〇一二年
川満彰「沖縄本島における米軍占領下初の学校『高江洲小学校』―米軍占領下初の学校設立の再考とその教員と子どもたち」沖縄大学地域研究所『地域研究』七号、二〇一〇年
川満信一『沖縄・根からの問い―共生への渇望』泰流社、一九七八年
川村純二「十島村の教育状況」『教育委員会月報』二六号、鹿児島県教育委員会事務局、一九五二年五月
漢那憲治『米軍占領下における沖縄の図書館事情―戦後沖縄の図書館復興を中心に』京都図書館学研究会、二〇一四年
北村毅『死者たちの戦後誌―沖縄戦跡をめぐる人びとの記憶』御茶の書房、二〇〇九年

儀部景俊「抵抗雑感」知念高等学校「海鳴り」同人『海鳴り』三号、一九六五年
儀部景俊「沖縄における戦争責任問題」沖縄歴史研究会『沖縄歴史研究』六号、一九六八年(加筆のうえ「沖縄における戦争責任」歴史学研究会『歴史学研究』三五七号、一九七〇年二月)
儀部景俊編『沖縄戦―県民の証言』日本青年出版社、一九七二年
儀間進「栄光と誤謬―沖縄教職員会の功罪」『新沖縄文学』二七号、沖縄タイムス社、一九七五年二月
黒柳保則「一九四六年の米軍政下旧沖縄県地域における行政統合問題」沖縄国際大学『沖縄法政研究』八号、二〇〇五年
黒柳保則「琉球政府への道―奄美・宮古・八重山群島政府の分離と統合」我部政男編『沖縄戦と米国の沖縄統治に関する総合的研究』二〇〇二―〇五年度科学研究費(基盤研究A)研究成果報告書、二〇〇六年
国場幸太郎「沖縄の非合法共産党―資料研究案内」『戦後初期沖縄解放運動資料集』三巻(沖縄の非合法共産党資料 一九五三―五七年)不二出版、二〇〇四年
寿富一郎『奄美教育―占領行政下における復帰運動と教育』海風社、一九八三年
小林茂子『「国民国家」日本と移民の軌跡―沖縄・フィリピン移民教育史』学文社、二〇一〇年
小林文人・平良研一編『民衆と社会教育―戦後沖縄社会教育史研究』エイデル研究所、一九八八年
小林文人・島袋正敏編『おきなわの社会教育―自治・文化・地域おこし』エイデル研究所、二〇〇二年
小林文人「教育基本法と沖縄―社会教育との関連をふくめて」日本教育学会『教育学研究』六五巻四号、一九九八年一二月
小松寛『日本復帰と反復帰―戦後沖縄ナショナリズムの展開』早稲田大学出版部、二〇一五年
斎木喜美子『近代沖縄における児童文化・児童文学の研究』風間書房、二〇〇四年
佐久間正夫「戦後占領初期の沖縄における教育改革に関する研究(1)―宮古教育基本法と教科書編集事情を中心に」『琉球大学教育学部紀要』八二集、二〇一三年
佐竹道盛「沖縄近代教育の特質」『北海道教育大学紀要』一部C教育科学編、二九巻一号、一九七八年
三羽光彦「戦後初期奄美地域における新制高等学校創設に関する一考察―青年学校の町村立実業高等学校への改革に着目して」中等教育史研究会『中等教育史研究』二一号、二〇一四年
芝慶輔編『密航・命がけの進学―アメリカ軍政下の奄美から北緯三〇度の波濤を越えて』五月書房、二〇一一年
島袋哲・玉城嗣久「沖縄の小学校婦人校長の進出に関する諸問題(報告Ⅰ)」『琉球大学教育学部紀要』一〇集、一九六七年
島袋哲「琉球教育法(琉球列島米国民政府布令第六六号と一六五号)と教育税(報告Ⅰ)」『琉球大学教育学部紀要』二二集一部、一九七八年

島元巌・木幡洋子「占領下における沖縄学校図書館の発展―島元巌氏への聴き取りをもとに」大阪教育大学教育学部附属教育実践総合センター『大阪教育大学教育実践研究』九号、二〇〇〇年
自由人権協会『自由人権協会沖縄調査報告』一九六一年
新里恵二「沖縄近代史のなかの教職員層―その民族意識の態様にふれつつ」『沖縄史を考える』勁草書房、一九七〇年
関広延『沖縄教職員会』三一書房、一九六八年
戦後沖縄社会教育研究会『沖縄社会教育史料（三集）証言戦時下及び戦後初期占領下の社会教育に関する実証的研究』一九七九年
戦後沖縄社会教育研究会『沖縄社会教育史料（四集）戦後奄美の社会教育』一九八二年
戦後八重山教育のあゆみ編集委員会『戦後八重山教育のあゆみ』一九八二年
泉水英計「一九五二年ＳＩＲＩ会議―琉球列島における米国文化戦略の起点」神奈川大学『国際経営フォーラム』二〇号、二〇〇九年
泉水英計「親日であれ親米であれ我が郷土―植民地台湾で育った米軍政下琉球の沖縄人文化行政官」永野善子編『植民地近代性の国際比較―アジア・アフリカ・ラテンアメリカの歴史経験』御茶の水書房、二〇一三年
曽根信一「石川学園の記録―山内繁茂氏を囲む人々」『琉球の文化』五号、琉球文化社、一九七四年
武田信也「沖縄疎開と大分県庁―昭和十九年七月―十月」大分県地方史研究会『大分県地方史』一八八号、二〇〇三年
竹前栄治『アメリカ対日労働政策の研究』日本評論社、一九七〇年
竹前栄治『戦後労働改革』東京大学出版会、一九八二年
竹前栄治『ＧＨＱの人びと―経歴と政策』明石書店、二〇〇二年
田仲康博『風景の裂け目―沖縄、占領の今』せりか書房、二〇一〇年
田仲康博『占領者のまなざし―沖縄／日本／米国の戦後』せりか書房、二〇一三年
田畑千秋「奄美大島における標準語普及―聞き書き・大正末から昭和前期の思い出」『国文学　解釈と鑑賞』六五巻七号、至文堂、二〇〇〇年
玉城嗣久『沖縄占領教育政策とアメリカの公教育』東信堂、一九八七年
坪田＝中西美貴「沖縄への引揚者による戦後沖縄社会への接続―台湾での公務経験者とその子女を中心に」沖縄移民研究センター『移民研究』九号、二〇一三年
寺崎暹『比屋根安定―草分け時代の宗教思想家』リブロポート、一九九五年
照屋信治『近代沖縄教育と「沖縄人」意識の行方―沖縄県教育会機関誌『琉球教育』『沖縄教育』の研究』渓水社、二〇一四年

東京沖縄県学生会『祖国なき沖縄』太平出版社、一九六八年
渡嘉敷唯正『戦火の中の沖縄刑務所—職員・家族・受刑者の戦時行動の記録』沖縄文教出版、一九七二年
豊見山和美「琉球列島米国民政府が実施した『国民指導員計画』について」沖縄県公文書館『沖縄県公文書館紀要』一七号、二〇一五年
中野好夫編『戦後資料　沖縄』日本評論社、一九六九年
長野浩典「太平洋戦争末期における沖縄住民の疎開と大分」大分県地方史研究会『大分県地方史』一六九号、一九九八年
仲程昌徳『「ひめゆり」たちの声—『手記』と「日記」を読み解く』出版舎Ｍｕｇｅｎ、二〇一二年
仲程昌徳『宮城聡—『改造』記者から作家へ』ボーダーインク、二〇一四年
仲程昌徳「仲宗根政善—方言研究に込めた平和への希求」吉見俊哉編『万博と沖縄返還—一九七〇年前後』(ひとびとの精神史五巻)岩波書店、二〇一五年
西原文雄『近代沖縄経済史の方法』ひるぎ社、一九九一年
西村浩子「奄美諸島における昭和期の『標準語』教育—方言禁止から方言尊重へ」『松山東雲女子大学人文学部紀要』六巻、一九九八年
日本基督教団沖縄教区『二七度線の南から—沖縄キリスト者の証言』日本基督教団出版局、一九七一年
日本共産党奄美地区委員会『奄美の烽火』一九八四年
南風原英育『南の島の新聞人—資料にみるその変遷』ひるぎ社、一九八八年
萩原真美「占領初期沖縄における歴史教育の志向性—『沖縄歴史参考資料』を手がかりに」教育史学会『日本の教育史学』五八集、二〇一五年
間弘志『全記録　分離期・軍政下時代の奄美復帰運動、文化運動』南方新社、二〇〇三年
八八会発足二〇年記念誌編集員会『奄美教育余情』一九八四年
比嘉徳政「沖縄における中学校体育の教員構成及び施設用具とその影響について(一)—教員構成について」『琉球大学教育学部紀要』九集、一九六六年
平田嗣一『終戦直後の沖縄郵政史』工務交通局郵政課、刊行年不詳
広島大学教育学部沖縄教育研究会『沖縄教育に関する研究』民主主義研究会、一九六六年
広島大学沖縄教育研究会『沖縄の本土復帰と教育』葵書房、一九七一年
比屋根照夫『近代日本と伊波普猷』三一書房、一九八一年

比屋根照夫『近代沖縄の精神史』社会評論社、一九九六年
比屋根照夫『戦後沖縄の精神と思想』明石書店、二〇〇九年
福地曠昭『戦後二〇年・教育の空白―本土と沖縄の比較』沖縄教職員会、一九六五年
福地曠昭『村と戦争』「村と戦争」刊行会、一九七五年
福地曠昭「沖縄の戦争責任を問う」『新沖縄文学』七二号、沖縄タイムス社、一九八七年六月
福地曠昭『教育戦後史開封―沖縄の教育運動を徹底検証する』閣文社、一九九五年
福地洋子「中央教育委員会会議録の紹介」『沖縄県公文書館研究紀要』一〇号、二〇〇八年
防衛庁防衛研修所戦史室『沖縄方面陸軍作戦』朝雲新聞社、一九六八年
前泊朝雄『琉球教育史』琉球大学校外普及部、一九五二年
牧港篤三「新聞人の戦争責任」『新沖縄文学』七四号、沖縄タイムス社、一九八七年一二月
ましこひでのり『増補新版　イデオロギーとしての「日本」―「国語」「日本史」の知識社会学』三元社、二〇〇三年
増田幸一「沖縄青年教師の生活態度について」『青年心理』五巻三号、金子書房、一九五四年
増田弘『公職追放―三大政治パージの研究』東京大学出版会、一九九六年
増田弘『公職追放論』岩波書店、一九九八年
松田清『奄美社会運動史』ＪＣＡ出版、一九七九年
三上謙一郎『沖縄学童集団疎開―宮崎県の学事記録を中心に』鉱脈社、二〇〇四年
皆村武一『戦後日本の形成と発展―占領と改革の比較研究』日本経済評論社、一九九五年
宮城悦二郎「米統治下の沖縄における英字新聞・雑誌についての考察（その一）―『モーニング・スター』の場合」琉球大学法文学部『琉球大学法文学部紀要　社会学篇』一八号、一九七五年
宮城悦二郎「米統治下の沖縄における英字新聞・雑誌についての考察（その二）」琉球大学法文学部『琉球大学法文学部紀要　社会学篇』一九号、一九七七年
宮城悦二郎『占領者の眼』那覇出版社、一九八二年
宮城悦二郎『占領二七年　為政者たちの証言』ひるぎ社、一九九三年
宮城悦二郎「初期軍政（1945―1946）―ワトキンズ・コレクションより」琉球大学法文学部『琉球大学法文学部紀要　地域・社会科学系篇』一号、一九九五年
宮城悦二郎「初期軍政（1945―1946）2―ワトキンズ・コレクションより」琉球大学法文学部『琉球大学法文学部紀要　地域・

社会科学系篇』二号、一九九六年
宮里政玄編『戦後沖縄の政治と法―1945-1972年』東京大学出版会、一九七五年
宮里政玄『日米関係と沖縄―一九四五―一九七二』岩波書店、二〇〇〇年
村上寛治「沖縄教職員会の光と影」『朝日ジャーナル』一二巻一五号、朝日新聞社、一九七〇年四月
村田典枝「戦後初期沖縄におけるガリ版刷り初等学校英語教科書の研究」日本英語教育史学会『日本英語教育史研究』二七号、二〇一二年
村山家国『奄美復帰史』南海日日新聞、一九七一年
森亜紀子編『日本統治下南洋群島に暮らした沖縄移民―いま、ひとびとの経験と声に学ぶ』二〇一三年
森宣雄・鳥山淳編『「島ぐるみ闘争」はどう準備されたか―沖縄が目指す〈あま世〉への道』不二出版、二〇一三年
森田俊男『アメリカの沖縄教育政策』明治図書、一九六六年
森田俊男『沖縄問題と国民教育の創造』明治図書、一九六七年
森田俊男『安保教育体制と沖縄問題』明治図書、一九七〇年
森田満夫「戦後沖縄における平和教育実践考―新・旧世代教員の自己形成を手がかりに」立教大学教職課程『教職研究』二一号、二〇一一年
門奈直樹『アメリカ占領時代沖縄言論統制史―言論の自由への闘い』雄山閣、一九九六年
屋嘉比収「沖縄で戦争責任は問われたか」『沖縄を深く知る事典』日外アソシエーツ、二〇〇三年
屋嘉比収『沖縄戦、米軍占領史を学び直す―記憶をいかに継承するか』世織書房、二〇〇九年
山下重一「解題―田島利三郎の生涯と業績」田島利三郎『琉球文学研究』復刻版、第一書房、一九八八年
山城千秋『沖縄の「シマ社会」と青年会活動』エイデル研究所、二〇〇七年
油井大三郎『増補新装版　未完の占領改革―アメリカ知識人と捨てられた日本民主化構想』東京大学出版会、二〇一六年
吉田裕久『占領下沖縄・奄美国語教科書研究』風間書房、二〇一〇年
吉本秀子『米国の沖縄占領と情報政策―軍事主義の矛盾とカモフラージュ』春風社、二〇一五年
吉本秀子「米国スミス・ムント法と沖縄ＣＩＥの情報教育プログラム 1948-1952」日本マス・コミュニケーション学会『マス・コミュニケーション研究』八八号、二〇一六年
琉球銀行調査部『戦後沖縄経済史』琉球銀行、一九八四年
琉球新報編集局『燃える青春群像―沖縄文教・外国語学校』琉球新報社、一九八八年

琉球政府『沖縄県史』四巻(教育)一九六六年
琉球政府立那覇高等学校六期生『戦時下の学童たち―那覇高六期生「戦争」体験記』戦争体験記発行委員会、二〇一一年
若林千代『ジープと砂塵―米軍占領下沖縄の政治社会と東アジア冷戦 1945-1950』有志舎、二〇一五年
和田敦彦「教科書史・教材史と読者研究―端緒としての沖縄」『早稲田大学国語教育研究』三三号、二〇一三年
ワーナー・ゴールドン『戦後の沖縄教育史』日本文化科学社、一九七二年
X・Y・Z生「沖縄教育における戦争責任の問題について」竹内淑郎編『沖縄の教師の記録』宇野書店、一九六七年
『沖縄県史』資料編1沖縄戦1、沖縄県教育委員会、一九九五年
『沖縄県史』資料編2沖縄戦2、沖縄県教育委員会、一九九六年
「座談会　沖縄文教・外国語学校を語る」『具志川市史だより』一三号、一九九八年
『米国陸海軍　軍政/民事マニュアル』竹前栄治・尾崎毅(訳)、みすず書房、一九九八年
『沖縄県史』資料編9現代1、沖縄県教育委員会、二〇〇〇年
『沖縄県史』資料編12沖縄戦5、沖縄県教育委員会、二〇〇一年
『沖縄県史』資料編14現代2、沖縄県教育委員会、二〇〇二年
『沖縄県史』資料編20現代4、沖縄県教育委員会、二〇〇五年
『琉球列島の占領に関する報告書(原文・和文)』二〇〇六年

(2)教員史ほか

阿部彰『文政審議会の研究』風間書房、一九七五年
阿部彰『戦後地方教育制度成立過程の研究』風間書房、一九八三年
天野郁夫『学歴主義の社会史―教育と日本の近代』平凡社、二〇〇五年
荒敬編『占領期都道府県軍政資料の収集・整理及び分析とその効果的な公開利用方式の確立』科学研究費補助金(基盤研究A)研究成果報告書、二〇〇六年
新井淑子「戦前における女教師の地位向上をめぐる動向について―全国小学校女教員大会を中心に」日本教育学会『教育学研究』四九巻三号、一九八二年
池田種生「教員組合論―あわせて教員の本質を分析する」社会教育連合会『教育と社会』三巻一一号、一九四八年
池田種生『プロレタリア教育の足跡』新樹出版、一九七一年

石戸谷哲夫『日本教員史研究』講談社、一九六七年
石戸谷哲夫・門脇厚司編『日本教員社会史研究』亜紀書房、一九八一年
市川正午『専門職としての教師』明治図書、一九六九年
伊藤敏行『日本教育立法史研究序説―勅令主義を中心として』福村出版、一九九三年
稲垣忠彦・寺崎昌男・松平信久編『教師のライフコース―昭和史を教師として生きて』東京大学出版会、一九八八年
稲垣忠彦・久冨善之編『日本の教師文化』東京大学出版会、一九九四年
井野川潔・川合章編『日本教育運動史』一巻(明治・大正期の教育運動)三一書房、一九六〇年
井上惠美子編『戦前日本の初等教員に求められた教職教養と教科専門教養に関する歴史的研究―教員試験検定の主要教科とその受験者たちの様態の分析』科学研究費補助金(基盤研究B)研究成果報告書、二〇〇六年
岩手県一関国民教育研究会『教師の戦争体験の記録』労働旬報社、一九六九年
上田庄三郎「教育団体史―教育会の発展と没落」石山脩平・海後宗臣・村上俊亮・梅根悟編『教育文化史体系』V、金子書房、一九六四年
海原徹『明治教員史の研究』ミネルヴァ書房、一九七三年
海原徹『大正教員史の研究』ミネルヴァ書房、一九七七年
海老原治善『現代日本教育政策史』三一書房、一九六五年
海老原治善『続　現代日本教育政策史』三一書房、一九六七年
海老原治善『現代日本教育実践史』明治図書、一九七五年
エルダー・グレン・H、本田時雄・川浦康至ほか(訳)『新版　大恐慌の子どもたち―社会変動と人間発達』明石書店、一九九一年
遠藤健治「地方補助教員資格制度史研究―第二次小学校令期、府県により創設された准教員資格制度の構造」『美作大学・美作大学短期大学部紀要』五三号、二〇〇八年
大矢一人「占領初期における軍政組織の教育施策―軍政(ナンバーMG)レポートを中心にして」教育史学会『日本の教育史学』五一集、二〇〇八年
岡村達雄編『改訂版　日本近代公教育の支配装置―教員処分体制の形成と展開をめぐって』社会評論社、二〇〇三年
岡本洋三『教育労働運動史論』新樹出版、一九七三年
小川勝治「教師集団―教育会と教員組合を中心に」日本教育社会学会『教育社会学研究』八集、一九五五年
荻野富士夫『戦前文部省の治安機能―「思想統制」から「教学錬成」へ』校倉書房、二〇〇七年

尾﨑公子『公教育制度における教員管理規範の創出―「品行」規範に着目して』学術出版会、二〇〇七年
海後宗臣編『教員養成』（戦後日本の教育改革　八巻）東京大学出版会、一九七一年
柿沼肇『新興教育運動の研究―一九三〇年代のプロレタリア教育運動』ミネルヴァ書房、一九八一年
籠谷次郎『近代日本における教育と国家の思想』阿吽社、一九九四年
笠間賢二『地方改良運動期における小学校と地域社会―「教化ノ中心」としての小学校』日本図書センター、二〇〇三年
梶山雅史編『近代日本教育会史研究』学術出版会、二〇〇七年
梶山雅史編『続・近代日本教育会史研究』学術出版会、二〇一〇年
門脇厚司『東京教員生活史研究』学文社、二〇〇四年
金子照基『明治前期教育行政史研究』風間書房、一九六七年
金子孫市「教育雑誌概観」『社会と学校』三巻七号、一九四九年七月
唐澤富太郎『教師の歴史―教師の生活と論理』創文社、一九五五年
川合章・佐藤一子・新井淑子『女教員会に関する教育史的研究』一九八〇年
河田敦子『近代日本地方教育行政制度の形成過程―教育制度と地方制度の構造的連関』風間書房、二〇一一年
管忠道・海老原治善編『日本教育運動史』三巻（戦時下の教育運動）三一書房、一九六〇年
神田修『明治憲法下の教育行政の研究』福村出版、一九七〇年
木戸若雄『昭和の教育ジャーナリズム』大空社、一九九〇年
木村元編『人口と教育の動態史―一九三〇年代の教育と社会』多賀出版、二〇〇五年
木村元「東井義雄の戦中・敗戦経験とペダゴジー―戦後教育実践に刻んだもの」三谷孝編『戦争と民衆―戦争体験を問い直す』旬報社、二〇〇八年
清川郁子『近代公教育の成立と社会構造―比較社会論的視点からの考察』世織書房、二〇〇七年
教職員レッド・パージ三十周年記念刊行会『三十余年の星霜を生きて』あゆみ出版、一九八三年
グッドソン・アイヴァー・F、藤井泰・山田浩之編（訳）『教師のライフヒストリー―「実践」から「生活」の研究へ』晃洋書房、二〇〇一年
久冨善之編『教員文化の社会学的研究』多賀出版、一九八八年
久冨善之編『教員文化の日本的特性―歴史、実践、実態の探求を通じてその変化と今日的課題をさぐる』多賀出版、二〇〇三年

久保義三『日本ファシズム教育政策史』明治図書、一九六九年
久保義三『新版　昭和教育史―天皇制と教育の史的展開』東信堂、二〇〇六年
玖村敏雄編『教育職員免許法・同法施行法解説（法律篇）』学芸図書、一九四九年
玖村敏雄編『教育職員免許法施行規則・同法施行法施行規則解説（命令篇）』学芸図書、一九四九年
黒滝チカラ・伊藤忠彦編『日本教育運動史』三巻（昭和初期の教育運動）一九六〇年、三一書房
国分一太郎「戦後の教育運動」海後勝雄編『戦後教育の功罪』黎明書房、一九五二年
国分一太郎『教師』岩波書店、一九五六年
佐藤秀夫『教育の文化史3　史実の検証』阿吽社、二〇〇五年
佐藤幹男『近代日本教員現職研修史研究』風間書房、一九九九年
佐藤幹男『戦後教育改革期における現職研修の成立過程』学術出版会、二〇一三年
時事通信社『例解・教育職員免許法』時事通信社、一九四九年
篠田弘・手塚武彦編『学校の歴史』五巻（教員養成の歴史）第一法規出版、一九七九年
陣内靖彦『日本の教員社会―歴史社会学の視野』東洋館出版社、一九八八年
陣内靖彦『東京師範学校生活史研究』東京学芸大学出版会、二〇〇五年
鈴木英一『日本占領と教育改革』勁草書房、一九八三年
高井良健一『教師のライフヒストリー―高校教師の中年期の危機と再生』勁草書房、二〇一五年
高野桂一「教師の職制―その歴史と課題」日本教育社会学会『教育社会学研究』一三号、一九五八年
高野桂一『学校経営の科学化を志向する学校内部規程の研究』明治図書、一九七六年
高野良子『女性校長の登用とキャリアに関する研究―戦前期から一九八〇年代までの公立小学校を対象として』風間書房、二〇〇六年
高山国広「職場集団と組織化―教師のばあい」日本社会学会『社会学評論』一三巻二号、一九六二年八月
竹中暉雄『囲われた学校　一九〇〇年―近代日本教育史論』勁草書房、一九九四年
田村武夫「教師の人事異動の研究―主として教師の出身学校の側面から」日本教育社会学会『教育社会学研究』一八集、一九六三年
俵木浩太郎「戦前・戦後の『教育』概念への問い」教育哲学会『教育哲学研究』七五号、一九九七年
田甫桂三『近代日本教育の構造』学文社、一九九七年

千葉正士『学区制度の研究—国家権力と村落共同体』勁草書房、一九六二年
塚田守『女性教師たちのライフヒストリー』青山社、二〇〇二年
デューク・ベンジャミン・C、市川博(訳)『日本の戦闘的教師たち』教育開発研究所、一九七六年
寺崎昌男編『教師像の展開』(近代日本教育論集　六巻)国土社、一九七三年
寺崎昌男編『総力戦体制と教育—皇国民「錬成」の理念と実践』東京大学出版会、一九八七年
東北大学教員養成制度研究会・中島太郎編『教員養成の研究』第一法規出版、一九六一年
戸田金一『昭和戦前期の国民学校』吉川弘文館、一九九三年
仲新『明治初期の教育政策と地方への定着』講談社、一九六二年
仲新・伊藤敏行・久原甫・内田紀・浅見弘・鈴木正幸「東海地方における近代学校の発達—愛知県教員履歴書調査報告」『名古屋大学教育学部紀要』一〇巻、一九六三年
中内敏夫・川合章編『日本の教師1　小学校教師の歩み』明治図書、一九六九年
中内敏夫・川合章編『日本の教師4　女教師の生き方』明治図書、一九七四年
中内敏夫・川合章編『日本の教師5　教師像の探究』明治図書、一九七四年
中内敏夫・川合章編『日本の教師6　教員養成の歴史と構造』明治図書、一九七四年
中内敏夫『改訂増補　新しい教育史—制度史から社会史への試み』新評論、一九九二年
中島太郎編『教員養成の研究』第一法規出版、一九六一年
中野光『大正自由教育の研究』黎明書房、一九九八年
中道実編『日本官僚制の連続と変化—ライフコース編』ナカニシヤ出版、二〇〇七年
中村隆英・宮崎正康編『過渡期としての一九五〇年代』東京大学出版会、一九九七年
長浜功『教育の戦争責任』明石書店、一九八四年
名倉英三郎「明治六年小学校教員の構成—近代日本教育制度の発達」『東京女子大学附属比較文化研究所紀要』七巻、一九五九年
羽田貴史「教育公務員特例法の成立過程(そのⅠ—Ⅲ)」『福島大学教育学部論集』三二号の三、三四号、三七号、一九八〇、八二、八五年
花井信『近代日本地域教育の展開』梓出版社、一九八六年
速水融・鬼頭宏・友部謙一『歴史人口学のフロンティア』東洋経済新報社、二〇〇一年
速水融『歴史人口学の世界』岩波書店、二〇一二年
平田宗史『明治地方視学制度史の研究』風間書房、一九七九年

土方苑子『近代日本の学校と地域社会—村の子どもはどう生きたか』東京大学出版会、一九九四年
深谷昌志・深谷和子『女教師問題の研究』黎明書房、一九七一年
福島鑄郎『福島鑄郎所蔵占領期雑誌目録』文生書院、二〇〇五年
船寄俊雄『近代日本中等教員養成論争史論—「大学における教員養成」原則の歴史的研究』学文社、一九九八年
フリダンソン・パトリック、小田中直樹（訳）「組織、あらたな研究対象」『思想』一〇八六号、二〇一四年一〇月
逸見勝亮『師範学校制度史研究—一五年戦争下の教師教育』北海道大学図書刊行会、一九九一年
細谷恒夫編『教師の社会的地位』有斐閣、一九五六年
本間康平『教職の専門的職業化』有斐閣、一九八二年
牧昌見『日本教員資格制度史研究』風間書房、一九七一年
増淵穣『日本教育労働運動小史』新樹出版、一九七二年
松平信久・山﨑準二「教師のライフヒストリー」『教師像の再構築』（岩波講座　現代の教育　六）岩波書店、一九九八年
水原克敏『近代日本教員養成史研究—教育者精神主義の確立過程』風間書房、一九九〇年
宮澤康人『大人と子供の関係史序説—教育学と歴史的方法』柏書房、一九九八年
三好信浩『日本師範教育史の構造—地域実態史からの解析』東洋館出版社、一九九一年
明神勲『占領下の教職追放が教育行政機関・教育団体の人的構成・機能に及ぼした影響』科学研究費補助金（一般研究C）研究成果報告書、一九九八年
民間教育史料研究会『教育の世紀社の総合的研究』一光社、一九八四年
民間教育史料研究会『教育科学の誕生』大月書店、一九九七年
宗像誠也・五十嵐顕・持田栄一「占領下の教育改革」『日本資本主義講座Ⅱ　戦後日本の政治と経済』岩波書店、一九五三年
森本弥三八『戦後教育の出発—長野県教員適格審査委員会の記録』銀河書房、一九七七年
持田栄一『持田栄一著作集６　教育行政学序説—近代公教育批判（遺稿）』明治図書、一九七九年
本山幸彦編『帝国議会と教育政策』思文閣出版、一九八一年
本山幸彦編『京都府会と教育政策』日本図書センター、一九九〇年
森川輝紀『大正自由教育と経済恐慌—大衆化社会と学校教育』三元社、一九九七年
山口近治『治安維持法下の教育労働運動』新樹出版、一九七七年
山﨑準二『教師のライフコース研究』創風社、二〇〇二年

山﨑準二『教師の発達と力量形成―続・教師のライフコース研究』創風社、二〇一二年
山住正己・堀尾輝久『教育理念』（戦後日本の教育改革　二巻）東京大学出版会、一九七六年
山田恵吾『近代日本教員統制の展開―地方学務当局と小学校教員社会の関係史』学術出版会、二〇一〇年
山田昇『戦後日本教員養成史研究』風間書房、一九九三年
山田浩之『教師の歴史社会学―戦前における中等教員の階層構造』晃洋書房、二〇〇二年
山本信良・今野敏彦『近代教育の天皇制イデオロギー―明治期学校行事の考察』新泉社、一九七三年
山本信良・今野敏彦『大正・昭和教育の天皇制イデオロギー（Ⅰ）―学校行事の宗教的性格』新泉社、一九七六年
山本信良・今野敏彦『大正・昭和教育の天皇制イデオロギー（Ⅱ）―学校行事の軍事的・擬似自治的性格』新泉社、一九七七年
山本礼子『占領下における教職追放―ＧＨＱ・ＳＣＡＰ文書による研究』明星大学出版部、一九九四年
山本礼子『米国対日占領下における「教職追放」と教職適格審査』学術出版会、二〇〇七年
横畑知己「一九四三年『師範教育令』に関する一考察―師範学校昇格運動とその思想」日本教育学会『教育学研究』五四巻三号、一九八七年
渡部宗助『府県教育会に関する歴史的研究―資料と解説』科学研究費補助金（一般研究Ｃ）研究成果報告書、一九九一年
Donald R. Thurston, Teachers and Politics in Japan, Princeton University Press, 1973.
Robert W. Aspinall, Teachers' Unions and the Politics of Education in Japan, State University of New York Press, 2011.

沖縄教員史関係年表（一九四一―一九五九年）

［凡例］

一　本書の内容に照らし、対象時期を一九四一年から一九五九年までとした。
二　各事項を「教員団体および関連組織」「学校制度」「その他」の三つに編成した。
三　特定の地域や群島にかかわる項目には以下の略称を付した。
　日本＝（日）
　沖縄群島＝（沖）
　宮古群島＝（宮）
　八重山群島＝（八）
　奄美群島＝（奄）

年	月	日	教員団体および関連組織	学校制度	その他
1941	1	7			教職員共済組合令公布
	3	1			国民学校令公布
	4	1		国民学校制度施行	
	12	8			アジア・太平洋戦争勃発
1942	8	21			閣議「中学校・高等学校学年短縮要綱」決定
	11				沖縄県『会話読本』を国民学校へ配布
1943	3	8			師範教育令改正
	4	1		沖縄師範学校男子部・女子部	
	10	12			閣議「教育に関する戦時非常措置方策」決定

1944	2	9			文部省「中等学校の教育内容の戦時措置」決定
		16			国民学校令等戦時特例公布
		17		青年師範学校創設	文部省、軍人・吏員等を無試験で国民学校・青年学校・中等学校教員とする臨時特例、師範教育令改正
	5	12	帝国教育会が大日本教育会に再編（日）		
		22			閣議「決戦教育要綱」決定
1945	3			中等教育学校生徒の動員相次ぐ	
		18			閣議「決戦教育措置要綱」決定
	4	6		具志川市に高江洲初等学校開校	
		22			戦時教育令公布（日）
					米国海軍軍政布告第一号（ニミッツ布告）、宮古・八重山はAの一号
	5	7		石川市に城前初等学校開校	
	6	23			沖縄島における組織的戦闘終結（沖）
	7	30		石川高等学校開校	
				大浦崎高等学校開校	
	8	15			ポツダム宣言受諾発表（日）
		20			沖縄諮詢会設置（委員長・志喜屋孝信）（沖）
		29			沖縄諮詢会教育部長・山城篤男
	10	7		コザ高等学校開校	
	11	12		前原高等学校開校	
		16		知念高等学校開校	
		30	大日本教育会改組（日）		

1945	11			久志高等学校開校	
	12	1	全日本教職員組合結成（日）		
		2	日本教育者組合結成（日）		
		15			八重山自治会結成（八）
		22			労組法公布（四六年三月一日施行）（日）
		28			八重山支庁設置（八）
		30		青年学校廃校（八）	八重山支庁文化部長・安里栄繁（八）
1946	1	2			教育部を沖縄文教部と改称（沖）
		4			八重山支庁文化部学務課長・糸数用著（八）
		10		沖縄文教学校開校（校長・島袋俊一）（沖）	
		11			沖縄文教部（部長・山城篤男）（沖）
		16		糸満高等学校開校（沖）	
		24		田井等高等学校開校（沖）	
		28		北部農林高等学校開校（沖）	
		29			宮古支庁学務課長・垣花恵昌（宮） GHQ／SCAP、日本本土と北緯三〇度奄美諸島以南の行政分離声明
	2	2			大島支庁発足（奄）
		11		宜野座高等学校開校（沖）	
		26			文教部『文教時報』創刊
	3	12			宮古支庁教学課（宮）
		13			北部南西諸島軍政府開設（奄）
		20			大島支庁教学課長・大重栄寛（奄）
		30		高等学校入学者選抜試験実施（沖）	

1946

月	日			
3	31		首里高等学校独立（沖）	幼稚園（一年）初等学校（八年）高等学校（四年）の学制改革 全校の校長・教頭・教諭・訓導・保母らが文教部長名で発令（沖） 教員無試験認定委員会を設置、国民学校教員無試験認定実施（八）
4	1		宮古中学校普通科、農科・水産科併置（宮）	
	13			初等学校・高等学校職員に辞令交付（沖）
	24			初等学校令公布（沖）
	29			教科書編纂委員委嘱（八）
5	1			賃金制実施（沖）
	3	全日本教育労働組合結成（日）		
	6			へき地手当支給規程制定（八）
	8			初等学校教員無試験認定実施（沖）
6	26	日本教育労働組合結成（日）		
7	21	日本教育者組合連合（日）		
			宮古高等学校男子部、宮古高等学校女子部（宮） 国民学校を初等学校に名称変更（宮）（八） 職名の変更実施（訓導は教官などに）（宮）	
8	1		八重山農学校、八重山農林学校に改称（八）	
			沖縄外国語学校独立（沖）	財団法人沖縄県学徒援護会結成（日）

1946	9	1		沖縄開洋高等学校開校（沖）	
		16		職名の変更実施（訓導は教官などに）（八）	
		21	宮古教員組合結成（委員長・砂川恵敷）（宮）		
	10	3			臨時北部南西諸島政庁設置（奄）
		21			八重山支庁文化部長・崎山用喬（八）
		25	八重山郡教員組合結成（八）		
	11	3			日本国憲法公布（四七年五月三日施行）（日）
	12	22	全日本教員組合協議会結成（日）		
		31			宮古支庁文教課（教学課）（課長・砂川恵敷）（宮）
1947	1	14		青年高等学校設立認可、設置（沖）	宮古支庁文教厚生部（部長・砂川恵敷）（宮）
		20			宮古支庁文教厚生部教学課長・与那覇寛長（宮）
		28			八重山仮支庁文化部、教育厚生部（八）
	2	14	沖縄教育連合会結成（会長・島袋俊一）（沖）		八重山仮支庁教育厚生部（文化部）（部長・崎山用喬）（八）
		22	宮古学校後援会結成（会長・亀川恵信）（宮）		
			首里・那覇・糸満に青年教育者連盟（沖）		
	3	21			宮古・八重山民政府設置（宮）（八）
		31			教育基本法・学校教育法公布（日）
					初等学校教員認定委員会設置（宮）

年	月	日			
1947	4	1		市町村立実業高等学校設置（奄） 中部農林高等学校独立（沖） 宮古高等学校、宮古女子高等学校、宮古英語教員養成所設置（宮） 八重山高等学校設立（八）	六三三制と八四制の二本立て学制実施（八）
					教育審議会設置（宮）
	5	17			臨時北部南西諸島政庁文教部長・大重栄寛（奄）
		31		辺土名高等学校独立（沖）	
	6	8	日本教職員組合結成（日）		
	7	4			宮古民政府文教部、厚生部（文教厚生部）（文教部長・砂川恵敷）（宮）
		22	宮古教育会結成（会長・池村恵信）（宮）		
		25			初等学校教員養成講習会（八）
	9	1	宮古教育会機関誌『宮古教育』創刊（宮）	青年実業学校開設（宮）	
	11	3		実業高等学校設置認可（八）	
	12	10	沖縄教育後援連合会結成（会長・当間重剛）（沖）		
1948	2			那覇高等学校独立（沖）	
	3	23		野嵩高等学校独立（沖）	
		26	八重山教育会結成（八）		
		31			初の女性校長・池間小学校・砂川フユ（宮）

年	月	日			
1948	4	1		沖縄工業高等学校開校（沖）、久米島高等学校独立（沖） 宮古高等学校男子部を宮古高等学校に改称、宮古農林高等学校独立、宮古水産高等学校独立（宮） 宮古臨時教員養成所設置（宮）	六三三制度（奄）、文教部（文化部）、学務課（視学課）、六三三制の学制改革、七四制併設、高等学校における男女共学制度実施（初等教育令廃止）（沖）、宮古群島教育基本法・学校教育法公布、六三三制（宮）
		5			八重山民政府教育厚生部長・富川盛正（八）
	5	10		臨時教員養成所設置（八）	
		26		職名の変更実施（教官は教諭などに）（宮）	
					本土より教科書入荷（沖）
	7	3		北山高等学校独立（沖）	八重山民政府文教部（教育厚生部）（八）
				沖縄外国語学校名護分校開校（沖）	
	8	3		名護高等学校開校（沖）	
			沖縄教育連合会機関誌『新教育』創刊（沖）		
	10	1		南部農林高等学校開校（沖）	
		5			教育委員選挙
		31			八重山民政府文教部長・高宮広雄（八）
	11				教育委員会発足
	12	24	八重山教育会機関誌『新世代』創刊（八）		
1949	1	1		宮古教員養成所開設（宮）	
	3	31		実業高等学校、臨時教員養成所廃止（八）	宮古民政府文教部教学課長・池村恵興、視学・池村一男（宮）

年	月	日			
1949	3		奄美大島連合教職員組合結成（奄）		
	4	1		八重山高等学校附属中学校（八）	学制改革（六三三制）（八）、八重山群島教育基本法・学校教育法施行（八）
		7		中学校教員養成のため宮古男子高等学校に専攻科附設（宮）	
	5	14	宮古教育会小・中学校と高校に二分（会長・池村恵信）（宮）		
		16			教育基本法、学校教育令公布（奄）
		17	奄美大島連合教職員組合結成（組合長・盛景好）（奄）		
	6	30			臨時北部南西諸島政庁文教部長・奥田愛正（奄）
	8	3			教育指導委員制実施（沖）、宮古民政府諸学校の官制公布（宮）
	12	9			全島および各地区に教育長・教育委員任命（沖）
		28			社会部（文教部）（部長・山城篤男）（沖）
1950	2	13		琉球大学学長代理・安里源秀（沖）	
	3	31		名護教員訓練所開所（沖）宮古臨時教員養成所廃止（宮）	
	4	7		読谷高等学校独立（沖）	
		15	宮古教育会機関誌『教育時報』創刊（宮）	臨時教員養成所再開（八）	

1950	4			教員訓練所（糸満・名護・前原・コザほか）・英語学校（名護・コザ・前原・糸満）設置、沖縄文教学校・沖縄外国語学校廃止（沖）	
		22		琉球大学開学（沖）	
	5		四群島教職員団体協議会結成		
	11	4		琉球大学初代学長・志喜屋孝信（沖）	
		7			各群島政府文教部長・奥田愛正（奄）、屋良朝苗（沖）、垣花恵昌（宮）、宮城信勇（八）
		21			宮古群島政府文教部学務課長・安慶田能央（宮）
		29			戦後初の全島校長会議「教育行政の本土との一体化」決議（沖）
1951	1	10			琉球大学基本法（民政布告第三〇号）公布（沖）
	3	25			教員資格認定試験（八）
		31			沖縄群島教育基本条例、学校教育条例公布（沖）
					教員資格認定規則（八重山群島政府令第三号）制定（八）
	4	1		職名の変更実施（教官は教諭、教官補は助教諭に）（沖）、那覇商業高等学校開校（沖）	教育委員会条例施行（沖）
	5	1			八重山群島政府文教部指導課（教育課）、指導主事をおく（八）
		12	宮古教育会、高等学校教育会と統合（会長・与那覇春吉）（宮）		
		25			中央教育委員会設置（沖）
	6	19			文教局発足（仮文教局長・奥田愛正）

1951	6	28	沖縄教職員共済組合設置（組合長・島袋俊一）（沖）		
	8		宮古教職員共済組合設立（組合長・与那覇春吉）（宮）		奄美群島政府文教部長・西山清良（奄）
	10	19			臨時中央政府文教局設置法（琉球臨時政府立法第一二号）公布
				宮古教員講習所開設（宮）	
	12	5			北緯二九度以北が日本復帰（日）
		10			四群島文教部長会議
1952	2	15	第一回沖縄教育者団体代表者会議		
		17	八重山教職員共済会設立（会長・桃原用永）（八）		
		28			琉球教育法（布令第六六号）公布
	3	17			教育区教育委員及会計係特別選挙法（布令第七〇号）公布
	4	1	沖縄教職員会結成（沖）	琉球政府立那覇商業高等学校開校	文教局長・奥田愛正
		28			対日講和条約発効
				名護教員訓練学校開校	資格免許委員会設置、留日研究教員制度実施
	5	5		琉球大学大島分校開校	
		11			第一回教育区教育委員選挙実施
	6	1			全琉教育長一八名中央教育委員会で決定
	7	5	宮古教職員会結成（会長・与那覇春吉）（宮）		
	8	22	八重山教職員会結成（会長・桃原用永）（八）		

1952	9	8	社団法人沖縄教職員共済会設置認可（会長・屋良朝苗）		
		22			琉球育英会法公布
	10	1		八重山教員訓練学校開校（八）	
	12				沖縄戦災校舎復興促進期成会結成（会長・屋良朝苗）
1953	3	1			特殊法人琉球育英会創立（会長・志喜屋孝信）
		2			教育職員免許規則制定
	4	1	奄美大島教職員組合結成（奄）	教員訓練所、英語学校廃止	琉球政府文教局長・真栄田義見、義務教育費国庫負担法施行（日）
					公費琉球学生（国費沖縄学生）制度実施
	5	12	財団法人沖縄ＰＴＡ連合会結成		
	6	16			文教局、日本より講師を招いて全琉教員の夏季講習会を実施することを決定
	7	1			教育課程委員会設置
		13		沖縄職業学校女子ホーム開所	
		24			労働三法可決（一〇月一日施行）
	9	21	組織統一について沖縄・宮古・八重山三教職員会代表者会議		
	10			沖縄（名護）英語学校開校	
	11	1	沖縄・宮古・八重山三教職員会統合（会長・屋良朝苗）		

1953	12	18			沖縄子どもを守る会結成（会長・屋良朝苗）
		25		琉球大学大島分校廃止	奄美群島施政権返還
		30			在沖縄奄美大島人臨時措置令（臨時措置指令第一五号）公布
1954	1	15			教育課程委員会規定制定
		16			米民政府、沖縄教職員会の「教育新聞」を復帰運動に利用することを禁止
		20			民政官、教職員会に「教職員は児童生徒の教育に専念せよ」との書簡
		26	宮古教職員会機関誌『宮古教育時報』継続発行許可		
	2		沖縄教職員会総会、労働組合移行決定（沖）		
	3	23			教育委員選挙（宮）
	5	2	宮古教職員組合結成（執行委員長・与那覇春吉）（宮）		
		17	八重山地区教員組合結成（執行委員長・桃原用永）（八）		
	6	8			教員・校長・教育長免許令（布令第一三四号）公布
		30		宮古女子高等学校廃止	
	8	6	宮古教職員会結成（会長・与那覇春吉）（宮）		
		20	八重山連合ＰＴＡ結成（八）		

1954	8	27			中央教育委員会、教育委員会法などの基本方針決定
	11	27			教育職員単位追認規定制定
	12	7			八重山教職員会主催第一回八重山地区教研集会、宮古教職員会第一次教研集会開催
					宮古子どもを守る会結成（会長・与那覇春吉）
1955	1	9			臨時教員採用試験
		17			第一次沖縄教研中央大会開催
	3	23			宮古育英会設立（会長・亀川恵信）
	4	20			人事委員会給与改定勧告
	9	27			中教委、教育基本法、教育委員会法などの基本方針決定
		30			教員・校長免許状切替
1956	1	30			立法院、教育四法案可決
	2	4			八重山子どもを守る会結成（会長・桃原用永）
		24			教育四法、米国民政府の不承認により廃案
	4	1			文教局主催「中学校教諭養成講習会」開設（八）
	6	5			僻遠地所在公立学校在勤教育職員の勤務手当補助金交付に関する臨時措置規制を制定し、へき地校指定
					母親と女教師の会結成
	10	25			教育四法案再び廃案
	11	26		財団法人嘉数学園、同沖縄高等学校設置認可	
1957	3	2			教育法（布令第一六五号）公布
		13		名護高等学校伊平屋・伊是名分校廃止	

年	月	日			
1957	3	31			教育長事務所、文教局の支部局より分離
	4	27		私立沖縄高等学校開校	
	5	11	宮古PTA連合会結成（会長・玉木玄教）（宮）		
	6	5			高等弁務官制度実施
	7	1		普天間高等学校開校	
		11		財団法人コザ中央高等学校設置認可	
	8				幼、小、中、高校の基準教育課程について中央教育委員会の訓令公布
	9	25			立法院三度教育四法案可決
	10	5			民政府教育部長・ボーナ・M・クロフォード
1958	1	7			高等弁務官、教育四法を承認
		10			教育四法署名公布
	3	27			中央教育委員会、幼小中高校設置基準並びに学校教育法案施行規則可決する
	4	5		財団法人嘉数学園沖縄短期大学設置認可	文教局長・小波蔵政光
	6	23			中央教育委員会教公二法案決定
	9	26			へき地教育振興法公布
	11	4			教育職員免許法、同施行法、軍から条件付きで承認
		10			教育職員免許法、同法施行法公布
	12	6			中央教育委員会教員委員第一回公選
1959	1	21			文教局、民立法施行で新免許状公布
	2	28		財団法人沖縄キリスト教学院短期大学設置認可	

1959	5	19			沖縄へき地教育連盟結成
	6	15		財団法人コザ学園琉球国際短期大学設置認可	
		30			米軍ジェット機、宮森小学校に墜落
	10	12			民政府教育部長・ロバート・キンカー
					勤務評定をめぐる議論激化

（作成　田中萌葵）

[人名索引]

【あ】

【か】

【さ】

【た】

【や】

【ら】

［事項索引］

【あ】

【か】

【さ】

【た】

【な】

【や】

【ら】

【わ】

図表一覧

［図］

［表］

執筆者紹介　（氏名50音順）

近藤　健一郎（こんどう　けんいちろう）

現在：北海道大学教員

専攻：教育学（日本教育史）

著作：『近代沖縄における教育と国民統合』北海道大学出版会　2006年、「アジア太平洋戦争下における府県教育会機関誌の『休刊』と敗戦直後におけるその『復刊』」全国地方教育史学会『地方教育史研究』33号 2012年

櫻澤　誠（さくらざわ　まこと）

現在：大阪教育大学教員

専攻：歴史学（日本近現代史・沖縄現代史）

著作：『沖縄の復帰運動と保革対立―沖縄地域社会の変容』有志舎　2012年、『沖縄現代史―米国統治、本土復帰から「オール沖縄」まで』中公新書 2015年

高橋　順子（たかはし　じゅんこ）

現在：日本女子大学非常勤講師

専攻：社会学（歴史社会学）

著作：『沖縄〈復帰〉の構造―ナショナル・アイデンティティの編成過程』新宿書房 2011年、「戦後沖縄におけるナショナリズムに関する試論」早稲田社会学会『社会学年誌』57号 2016年

田中　萌葵（たなか　もえぎ）

現在：北海道大学大学院博士後期課程大学院生

専攻：教育学（日本教育史）

著作：「沖縄県の児童は卒業まで小学校に通い続けたのか―1920年代半ばから40年代半ばまでの『文部省年報』をもとに」法政大学沖縄文化研究所『沖縄文化研究』43号 2016年

戸邉　秀明（とべ　ひであき）

現在：東京経済大学教員

専攻：歴史学（日本・沖縄近現代史）

著作：「現代沖縄民衆の歴史意識と主体性」歴史科学協議会『歴史評論』758号 2013年6月、「沖縄戦の記憶が今日によびかけるもの」成田龍一・吉田裕編『記憶と認識の中のアジア・太平洋戦争』岩波講座アジア・太平洋戦争 戦後篇 岩波書店 2015年

編著者

藤澤　健一　（ふじさわ　けんいち）

現在：福岡県立大学教員

専攻：教育学（教育制度・政策）

著作：単著に『近代沖縄教育史の視角――問題史的再構成の試み』社会評論社 2000年、『沖縄／教育権力の現代史』同前 2005年、編著に『反復帰と反国家――「お国は？」』シリーズ沖縄・問いを立てる6巻 同前 2008年、『沖縄の教師像――数量・組織・個体の近代史』榕樹書林 2014年。論文に「教育行政学における権力認識の展望――国民の教育権論をめぐる学説史の基礎的検討を通して」日本教育行政学会『学会創立40周年記念　教育行政学の課題と展望』教育開発研究所 2006年、「近代沖縄における研究訓導制度史の研究――その運営過程と効果に注目して」日本教育制度学会『教育制度学研究』19号 2012年ほか。

移行《いこう》する沖縄《おきなわ》の教員世界《きょういんせかい》―戦時体制《せんじたいせい》から米軍占領下《べいぐんせんりょうか》へ

2016年10月31日　初版第1刷発行　　定価（本体 4,000円＋税）

編著者　藤澤健一
発行者　細田哲史
発行所　不二出版株式会社
〒113-0023 東京都文京区向丘1-2-12
電話 03(3812)4433 振替 00160-2-94084
E-mail:administrator@fujishuppan.co.jp
URL:http://www.fujishuppan.co.jp
編集協力　編集工房BAKU
印刷製本　でいご印刷

ISBN978-4-8350-8019-2